"博学而笃志，切问而近思。"

(《论语》)

博晓古今，可立一家之说；
学贯中西，或成经国之才。

复旦博学·复旦博学·复旦博学·复旦博学·复旦博学·复旦博学

黄瑚，男，博士，现任复旦大学新闻学院教授、博士生导师，并担任教育部高等学校新闻传播学类专业教学指导委员会副主任、中国新闻史学会副会长等兼职。1986年7月起在复旦大学执教至今，期间曾在美国、英国的大学做访问学者，在我国香港、澳门、台湾地区的大学担任客座教授。著有《新闻法规与新闻职业道德》、《中国近代新闻法制史论》、《中国新闻事业发展史》（第一版、第二版）、《新闻伦理学》、《新闻法规与职业道德教程》、《网络传播法规与道德教程》、《新闻传播法规与职业道德教程》、《新闻传播伦理与法规实用教程》等专著或教材，发表过论文数十篇。曾获国家级教学成果奖二等奖、上海市教学成果奖特等奖、中国新闻奖三等奖、上海新闻奖二等奖、上海高校优秀教材奖二等奖等。

新闻与传播学系列教材／新世纪版

博学

新闻传播法规与职业道德教程

（第三版）

主　编 黄　瑚

副主编 杨桃莲

本书撰写人员（按拼音顺序排列）

蔡美华　　陈堂发　　顾理平　　黄　瑚　　黄裕峰

纪　莉　　柯达群　　林爱珺　　王　军　　王天定

王咏梅　　杨桃莲　　钟　瑛

JC

复旦大學 出版社

内 容 提 要

　　本书是在《新闻传播法规与职业道德教程（第二版）》的基础上，经大规模修订而成。新版延续了集体编写的做法，重新调整了编写大纲，增补了大量新内容。

　　第三版主要作了如下修订：第一，增加了大量有关网络与新媒体法治与伦理的内容，以顺应当下新闻传播发展的新需求、新动向与新潮流。第二，增加了香港、澳门、台湾地区新闻传播法制与伦理及其建设的内容。第三，不少撰稿人还与自己的科研项目结合，所撰内容并未停留在梳理、阐述前人成果层面，还有不少撰稿人自己的创新之见，为本教材增添了不少研究性色彩。第四，在体例上，第三版也有较大的变化。全书分为3篇15章：上篇为新闻传播法规部分，共8章；下篇为新闻传播职业道德部分，共5章；补篇为中国香港、澳门、台湾地区新闻传播法制与伦理概述，共2章。

　　本教材自第一版出版后，深获读者喜爱。先后被国家教育部评定为普通高等教育"十一五""十二五"国家级规划教材。

　　本书既可作为高校新闻传播学专业教材，亦可作为新闻宣传从业人员的自学和进修读物。

目　录

下篇 新闻传播职业道德

补篇 中国香港、澳门、台湾地区
新闻传播法制与伦理概述

三版前言

　　本教材自2003年问世以来,承蒙国内高校新闻传播院系师生及广大读者不弃,至今已有14个年头。

　　遥想14年前,主编在复旦大学出版社的支持下,邀约当时在国内各高校从事新闻传播法与伦理教学与研究工作的钟瑛(兼任副主编)、王军、顾理平、王天定、陈堂发、纪莉、蔡美华、蔡铭泽及其学生陈义珠等同仁,共同编写了这本教材,初名《新闻法规与职业道德教程》,由复旦大学出版社出版发行。本教材出版发行后,自2003年9月至2010年7月先后印刷了17次,累计印数为9万册,期间荣获2007年度上海市优秀教材三等奖,被国家教育部评定为普通高等教育"十一五"国家级规划教材。2009年,主编邀约第一版作者钟瑛、王军、顾理平、王天定、陈堂发、纪莉、蔡美华(兼任副主编)以及新加盟的作者林爱珺、杨桃莲(兼任副主编)等同仁,对本教材进行修订,其结果是2010年底本教材第二版的问世。第二版更名为《新闻传播法规与职业道德教程》,自2010年12月出版至今印刷了14次,累计印数11万册,期间被国家教育部评定为普通高等教育"十二五"国家级规划教材。进入2016年后,主编邀约第一、二版作者钟瑛、王军、顾理平、王天定、纪莉、蔡美华、林爱珺、杨桃莲以及新加盟的作者王咏梅、柯达群、黄裕峰等同仁,进行第二次修订,其修订之成果即本教材第三版的问世。

　　在内容上,本教材第三版除了反映自第二版问世以来我国新闻传播法治与职业道德建设的发展状况、汲取近年来国内外新闻法与新闻职业道德研究的重要成果之外,还具有下述3个具有创新性价值的特点:一是增加了大量有关网络与新媒体法治与伦理的内容,以顺应当下新闻传播发展的新需求、新动向与新潮流。虽然本教材第二版在修订时已经注意到了这一点,但第三版的相关内容较第二版明显增多。二是增加了香港、澳门、台湾地区新闻传播法制与伦理及其建设的内容。香港、澳门、台湾3个地区虽然在意识形态、政治制度上与大陆相异,但同为中国的组成部分之一,理应在阐述中国某一学科、某一领域或某一问题的教材或专著中占有一席之地。当下不少有关教材或专著缺少香港、澳门、台湾地区元素,实属不当。三是不少撰稿人还与自己的科研项目结合,所撰内容并未停留在梳理、阐述前人成果层面,还有不少个人的创新之见,为本教材增添了不少研究性色彩。例如,本教材第七章《传媒监督与司法公正》是撰稿人王军主持的2010年度国家社科基金项目“媒介融合环境下传媒法规与伦理研究”(项目编号10BXW016)的研究成果之一。又如,第十五章《台湾地区新闻传播法制与伦理概述》是主编黄瑚及撰稿人黄裕峰参加国家两岸关系和平发展协同创新中心(2011协创项目)的研究成果之一。在体例上,本教材第三版也较第二版有较大的变化。全书分为3编15章:上编为新闻传播法规部分,共8章(第一至第八章);下编为新闻传播职业道德部分,共5章(第九至第十三章);补编为中国香港、澳门、台湾地区新闻传播法制与伦理概述,共2章(第十四、十五章)。

　　本教材第三版主编为复旦大学教授黄瑚,副主编为东华大学副教授杨桃莲。撰稿人除主编、副主编外还有:华中科技大学教授钟瑛、南京师范大学教授顾理平、中国传媒大学教授王军、中国海洋大学教授王天定、暨南大学教授林爱珺、山东大学教授王咏梅、武汉大学教授纪莉、上海体育学院教授蔡美华、香港珠海学院副教授柯达群、厦门大学副教授黄裕峰。其撰稿分工情况如下:黄瑚(第一、十、十三章),王咏梅(第二章),杨桃莲(第三章),林爱珺(第四、五章),顾理平(第六章),王军(第七章),纪莉(第八章),王天定(第九章),蔡美华(第十一章),钟瑛(第十二章),柯达群(第十四章),黄裕峰(第十五章)。

　　本教材第三版的问世,还得益于编辑以及其他为本教材出版有所贡献的人员。在此,主编暨编撰同仁谨向复旦大学出版社的顾潜、章永宏、朱安奇 3 位编辑,参加第一、二版撰写工作的蔡铭泽及其学生陈义珠、陈堂发 3 位作者,以及其他为本教材的撰写、编辑、出版与发行等诸多环节做出有关贡献的先生或女士们,致以衷心的感谢!

《诗》云:"嘤其鸣矣,求其友声。"主编暨编撰同仁诚望新闻传播界同仁及读者诸君予以批评指正。

主编

2017 年 6 月

上篇

新闻传播法规

第一章

新闻传播法规的基础知识

第一节　法的基本概念与中国
现行法律制度概说

一、法的基本概念

1. 法是什么?

法是什么? 就其本质而言,法是一种具有强制性的社会控制手段,即人类社会用来指导、约束社会上各种个体与群体的一套行为规范。社会上各种个体与群体,为了生存与发展,必然要结群而居并通过劳动或生产以满足各种物质的或精神的需要。为了共同的利益,他们离不开交流、协调与合作,但同时又为了各自的利益而不断发生冲突。为了处理好社会上各种利益之间的相互关系,使各种利益之间的相互关系得到制衡,于是就产生了法、道德等各种社会控制手段。这些社会控制手段的基本功能,一是确立标准,即从人生目标、价值选择、生活方式、行为方式等方面规定人在社会中可以做什么、不可以做什么,应该做什么、不应该做什么,使人能理解他人、社会、群体的要求;二是规范行为,即引导人们在参与社会生活时按照社会的要求调节个体或群体的行为;三是制止冲突,即控制个体或群体的越轨行为,保护现实社会秩序。在当今社会,法已发展成为最重要的一种社会控制手段。

法的基本内涵,按照马克思主义的观点,大致有五点:一是由社会物质生活条件所决定。任何法律,不可能脱离当时当地的社会物质条件,都体现着当时当地社会生产力的发展水平。这是马克思主义有关法的学说的最基本的观点。二是国家意志的表现。国家意志,说到底,无非是掌握国家政权的社会集团的共同意志的体现,目的是维护国家的根本利益。既然要维护国家的根本利益,消除解决各种社会冲突,使各种不同的社会利益得到协调与平衡,因而在形式上就不得不强调平等、公平、正义等准则。三是由国家制定或认可。所谓制定,是指国家立法机关按照一定的立法程序制定的规范性文件,一般是通过一定文字形式表现出来的成文法;所谓认可,是指国家立法机关将社会上已经存在,且有利于统治阶级的风俗习惯、道德规范等行为规范,确认为法律规范,赋予法律效力。四是由国家强制力量来保证实施。国家强制力量,主要指警察、监狱等国家暴力工具。五是以权利和义务为主要内容。法通过对人们的权利与义务的规定,确认、保护和发展有利于掌握国家政权的社会集团的社会关系和社会秩序。一般说来,国家允许的行为,就是公民享有的法律上的权利;国家要求的行为,就是公民应负的法律上的义务;国家禁止的行为,就是公民不得侵犯别人的权利或拒绝履行自己的义务,否则就要受到法律的制裁。

在古希腊,象征法律精神的正义女神的雕像,也隐含着上面所说的某些内涵:正义女神的左手拿着一个神圣的天平 Libra,象征着权衡和平等;她的右手拿着宝剑,象征着裁决和力量;她的眼睛被布蒙着,象征绝对的公正无私。时至今日,西方不少国家的法院门口,仍然矗立着这尊正义女神的雕像。

在讨论有关法的问题时,最常用的是"法""法律"和"法规"三个名词。在中国,"法""法律"和"法规"这三个名词从广义上说是同义的、可互相通用的,都是指国家制定或认可,并由国家以强制力保证其实施的行为规范的总和。但后两个名词还有其自身的含义。"法律",除了在广义上与"法"同义外,从狭义上说,是指一种法律规范的表现形式,其法律效力低于宪法,常常与宪法等其他法律规范的表现形式并列使用,如我们常说的"一切违反宪法、法律的行为必须予以追究"。"法规",就其法律规范的简称这一含义而言与"法""法律"是同义的,但它与法律一样,还有其狭义上的含义,它也是一种法律规范的表现形式,是"行政法规"的简称,其法律效力又低于法律,常常与宪法、法律等其他法律规范的表现形式并列使用。在本书中,"新闻传播法""新闻传播法规"也是两个可互相通用的名词,并在大多数的情况下使用

"新闻传播法规"一词。因为,在中国开始讨论研究新闻传播法问题之初,"新闻法"是作为一部专门规范新闻传播活动的法律而提出的名词。在阐述有关规范新闻传播活动的法律的总和时,为避免歧义而常用"新闻法规"一词。

2. 法制与法治

法的基本概念很多,显然是无法在此一一阐述的。但是,除了法这个概念(我们已经在上面作了简要阐述)之外,法制、法治这两个概念,也因其具有重要意义而有必要作一番阐述,特别是这两个概念在中国还有过一段特殊的遭遇。

在中国,社会主义社会也需要"法"这一社会控制手段的理念成为共识,是在 1978 年年底中国共产党第十一届三中全会召开后。在加强社会主义法制的过程中,"法制"这一概念首先被引进。法制,英文为 legal system,可解释为法律制度或法律和制度的总和,是指掌握政权的社会集团或执政者按照自己的意志,通过国家政权建立起来的,用以维护其社会关系和社会秩序的法律和制度的总和。法制,随着国家的产生而产生。有国家即有法制,历史上各种不同类型的国家都有自己的法制。法制,就其本质而言,是指法的规范化与制度化,有四个基本特性:一是根本性。它与政治制度、文化制度、军事制度等属于同一系列,是上层建筑制度中的重要组成部分,体现社会的根本性质和特征,决定着国家的命运,影响每一个人的思想和行为。二是普遍性。它存在于一切国家之中,同时贯穿于社会的各个方面,在国家权力所涉及的范围内普遍有效,如有违反,就会受到法律制裁。三是相对稳定性。它是规范化的社会形式,反映一定历史时期生产力发展和社会状况,具有相对稳定和长期有效的特点。四是阶级性。它是统治阶级意志的制度化、法律化,是统治阶级的经济制度、政治制度、文化制度以及其他社会制度的法律化。历史上各种不同类型的国家,都有一整套有利于统治的法制。

但是,"法治"这一概念在中国建设社会主义法制的初期,却被认为是资本主义的意识形态而拒之于国门之外。西方进入近代社会后提出的"法治",英文是 rule of law,作为一种治国思想和治国方式,是指依法治国,即依照体现人民意志和社会发展规律的法律治理国家,而不是依照个人的意志和主张治理国家(即"人治"),要求国家的政治、经济运作和社会各方面的活动都要依照法律进行,而不受任何个人意志的干预、阻碍或破坏。作为一种治理国家的政治理念,法治与人治相对立。法律面前人人平等,是法治的核心概念。一个社会或国家,能否称之为法治社会或法治国家,就看它是否以法律面前人人平等作为根本原则。当然,既然要强调社会主义也需要法,上述法治的重要内涵也不可能弃而不顾,于是就有人把上述重要内涵逐渐地、"润物细无声"地引进到法制这一概念中。在 20 世纪 80 年代,法制这一概念在中国不仅被理解为法的规范化、制度化,还被理解为与民主紧密相连而与专制根本对立的、平等执行和遵守法律、依法办事的原则和制度。直至 20 世纪 90 年代后,随着思想的进一步解放、观念的进一步更新,西方的法治这一概念才在中国被普遍认同。在加强社会主义法制的同时,实行社会主义法治的治国思想被提了出来,先是作为一个学术问题被研讨,后来作为一个治国理念被接受。1997 年,中共十五大报告把建设社会主义法治国家确定为社会主义现代化建设的目标。1999 年 3 月 15日,第九届全国人大第二次会议通过的《宪法修正案》第 13 条规定:在《宪法》第五条中增加一款:"中华人民共和国实行依法治国,建设社会主义法治国家。"并将这一款作为第 5 条的第 1 款。2012 年,中共十八大报告明确指出要"全面推进依法治国"。2016 年 4 月 28 日,十二届全国人大常委会第二十次会议通过了《关于开展第七个五年法治宣传教育的决议》,首次改用"法治"以替代之前的"法制"。

　　总之,法制与法治,是既有一定区别、又有紧密联系的两个概念或范畴。法制所表达的是一个静态的概念,仅仅表明特定社会中存在着一种独立的、与其他各种制度不同的法律制度,可能是一套较为完备的法律制度。而法治所表达的主要是法律运行的状态、方式、程序的过程,其关注的焦点是法律的至上权威。法治社会,是指在特定的社会中法律是最高权威,公民、团体和政府必须依据法律行事,法律对公民、组织和政府行为,特别是对合理运用公权力的政府,具有有效的制约力。法制与法治的辩证关系是:法制完备不能直接导致法治状态,但法治状态必须以法制完备作为基础。

　　3. 法与政策的关系

　　法是什么,在前面已作过较多的阐述。政策是什么? 政策是指政党或国家为实现一定历史时期的路线、方针和任务而规定的行为准则,即关于行动方向和原则的指导性、规范性的规定。政策是一切实际行动的出发点,并且表现于行动的过程和归宿。

法与政策的关系,最基本的有以下两点:其一,法是政策体系的一种表现形式。政策有多种表现形式:政党或国家各类权力及其执行机关作出的决定、决议、指示和批示;政党或国家各类权力及其执行机关制定的规章制度;国家立法机关制定的法律规范,简称法或法规;等等。其二,法在政策体系中具有十分重要的地位。首先,法是成熟、稳定的政策。某一政策出台,最初不会采用法的形式,一般要在这一政策趋于成熟后,才会采用法的形式。而政策一旦采用了法的形式,则比采用其他形式具有更大的稳定性。而且,法是以国家强制力为保证的政策。采用法的形式,在执行上比采用其他形式具有更大的力度和效度。

二、中国现行法律制度概说

中国现行法律制度的主要内容,包括宪法制度,与法律的创制或实施与保障相应的立法制度、司法制度等,与法律门类相应的刑事法律制度、民商法律制度、行政法律制度、诉讼与非诉讼程序法律制度等。在这里仅对宪法制度、立法制度和司法制度作简要的介绍与阐释。

1. 宪法制度

宪法制度,是指以宪法为核心的民主政治制度。中国实行的是以《中华人民共和国宪法》(以下简称《宪法》)为核心的人民民主专政的政治法律制度,《宪法》是国家根本大法。《宪法》在《序言》中写道:"本宪法以法律的形式确认了中国各族人民奋斗的成果,规定了国家的根本制度和根本任务,是国家的根本法,具有最高的法律效力。全国各族人民、一切国家机关和武装力量、各政党和各社会团体、各企业事业组织,都必须以宪法为根本的活动准则,并且负有维护宪法尊严、保证宪法实施的职责。"

在中国,以《宪法》为核心的宪法制度,其主要内容包括以下几个方面。

(1) 国家根本制度。

一是实行社会主义制度。中华人民共和国是中国共产党执政的、实行人民民主专政的社会主义国家。作为唯一的执政党,中国共产党过去是、现在是、将来仍然是中国人民的领导者。《宪法·序言》写道:"中国新民主主义革命的胜利和社会主义事业的成就,是中国共产党领导中国各族人民,在马克思列宁主义、毛泽东思想的指引下,坚持真

理,修正错误,战胜许多艰难险阻而取得的。""中国各族人民将继续在
中国共产党领导下,在马克思列宁主义、毛泽东思想、邓小平理论和'三
个代表'重要思想指引下,坚持人民民主专政,坚持社会主义道路,坚持
改革开放……把我国建设成为富强、民主、文明的社会主义国家。"

二是国家的一切权力属于人民。人民通过各种途径和形式,管理
国家、经济、文化以及社会事务。全国人民代表大会和地方各级人民代
表大会是人民行使国家权力的机关。

三是实行依法治国、民主集中以及民族区域自治等各项原则与
制度。

(2)公民的权利与义务。

根据《宪法》的规定,公民在法律面前一律平等,享有选举权和被选
举权,享有思想和言论出版自由、批评和建议、宗教信仰自由、人身自由、
要求国家赔偿、通信自由等权利。公民还享有劳动和福利、接受教育、从
事学术和创作自由等权利以及承担相应的义务。妇女在政治的、经济
的、文化的、社会的和家庭的生活等各方面享有同男子平等的权利。此
外,公民必须履行依照法律纳税、服兵役和参加民兵组织等义务。

(3)宪法的解释、修改和监督实施制度。

宪法的解释权属于全国人大常委会,解释宪法一般采取制定法律、
发布决定、决议等形式。宪法的修改,由全国人大常委会或者五分之一
以上的全国人大代表提议,并由全国人大以全体代表的三分之二以上
的多数通过。在监督宪法实施方面,由全国人大履行这一职权。

2. 立法制度

立法,是指由特定主体依据一定职权和程序,对个体、群体和机构
在一定的纪律和规则下的实践进行总结并提升,制定、认可和变动法这
种特定社会规范的活动。立法制度是国家法律制度整体中前提性、基
础性的组成部分。没有好的立法制度,就不可能有好的法律、法规、规
章和其他规范性文件,因而再好的执法、司法制度就不可能发挥应有的
作用,实现法治或建设现代法治国家也就没有起码的条件。中国现行
立法制度,正处于走向完善的发展过程之中。《宪法》对立法制度作了
原则性规定,《立法法》对现行立法制度作了具体规定。

中国现行立法制度是中央统一领导和一定程度分权,多级并存、多
类结合的立法权限划分制度。其特点有三:一是中央统一领导和一定
程度分权。最高国家权力机关及其常设机关统一领导,国务院行使相

当大的权力,地方行使一定权力,是中国现行立法权限划分体制突出的特征。二是多级(多层次)并存。全国人大及其常委会制定国家法律,国务院及其所属部门分别制定行政法规和部门规章,一般地方的有关国家权力机关和政府制定地方性法规和地方政府规章。这些不同级别的立法和规范性法律文件并存于现行中国立法体制中。三是多类结合。上述立法及其所制定的法律规范性文件,同民族自治地方的立法及其所制定的自治法规,以及经济特区和港澳特别行政区的立法及其所制定的法律规范性文件,在类别上有差别。

具体而言,中国立法有全国人民代表大会及其常委会立法、国务院及其职能部门立法和地方立法等多种形式。其中地方立法,包括一般地方立法、民族自治地方立法、经济特区立法和特别行政区立法四种不同情形。

(1)全国人民代表大会及其常务委员会立法。

全国人民代表大会立法,是中国最高国家权力机关依法制定和变动、效力可及于全国的法律规范性文件活动的总称,是中国中央立法的首要组成部分。全国人大行使最高立法权,包括立宪权、法律制定和变动权、立法监督权等。全国人大产生的宪法和法律,在整个法的体系和法的渊源中居于最高地位。

全国人大常委会立法,是中国最高国家权力机关的常设机关依法制定和变动、效力可及于全国的规范性法律文件活动的总称,与全国人大立法共同构成中国国家立法的整体,是中国中央立法的非常重要的方面。全国人大常委会的立法权,主要包括制定和变动法律权、解释宪法和法律权、立法监督权。

(2)国务院及其所属部门立法。

国务院立法,是中国最高国家行政机关即中央政府依法制定和变动行政法规、参与国家立法活动以及从事其他立法活动的总称。一是制定和变动行政法规。行政法规在法的形式或渊源中处于比宪法、法律低但比一般地方性法规高的地位,其效力可及于全国。行政法规调整的社会关系和规定的事项,远比全国人大及其常委会的法律调整的社会关系和规定的事项广泛、具体。在立法实践中,不少法律规定该法的实施细则由国务院制定,这是行政法规立法权的一种特殊形式。二是向全国人大及其常委会提出法律案。这一法律提案权,是整个立法权力体系不可或缺的组成部分,也是国务院立法权的重要组成部分。

三是根据授权立法。国务院可以行使全国人大及其常委会授予其行使的立法权。四是行使一定范围内的立法监督权。国务院有权改变或撤销其所属各部门发布的不适当的命令和指示、地方各级国家行政机关的不适当的决定和命令,以及不适当的部门规章和地方政府规章。部门规章之间、部门规章与地方政府规章之间对同一事项的规定不一致时,由国务院裁决;地方性法规、自治条例和单行条例、部门规章和地方政府规章,均应当报国务院备案。

国务院所属部门的立法,是中国最高国家行政机关所属部门依法制定和变动行政规章以及从事其他立法性活动的总称。行政规章的效力等级低于宪法、法律和行政法规。国务院部门规章与地方性法规之间对同一事项的规定不一致时,由国务院裁决。

(3)地方立法。

地方立法,指特定的地方国家政权机关,依法制定和变动效力可及于该行政区域内的法律规范性文件活动的总称。在中国,地方立法目前由一般地方立法、民族自治地方立法、经济特区立法和特别行政区立法四个方面构成。

一是一般地方立法,是一般地方的有关国家政权机关依法制定和变动、效力可及于该地范围内的法律规范性文件活动的总称。从层次上说,由省、自治区、直辖市、较大的市(省、自治区政府所在地的市、经济特区所在地的市、经国务院批准的较大的市)的立法所构成。

二是民族自治地方立法,是指民族自治地方的自治机关依法制定和变动、效力可及于该民族自治地方的自治条例和单行条例的活动的总称。民族自治地方的立法权,从民族自治的角度和与一般地方相区别的角度来看,主要是制定和变动自治条例和单行条例的权力。自治条例和单行条例可以作为民族自治地方的司法依据。

三是经济特区立法,在地理意义上理解为经济特区所有立法的总称。但是,作为地方立法的一种特殊形式,经济特区立法应该在性质意义上理解为自20世纪80年代以来中国经济特区有关国家机关,基于全国人大或其常委会的专门授权而形成的,制定效力限于经济特区范围内的法律规范性文件的一种地方立法。

四是特别行政区立法。特别行政区,是以"一国两制"思想为指导,以宪法为根据,为合理解决香港、澳门问题所设置的直辖于中央人民政府的特殊行政区域。香港、澳门特别行政区实行高度自治,有独立的、源自全国人民代表大会以特别行政区基本法所专门授权的立法权。

3. 司法制度

司法,是指国家司法机关及司法组织在办理诉讼案件和非讼案件过程中的执法活动。司法制度,是指司法机关及其他的司法性组织的性质、任务、组织体系、组织与活动的原则以及工作制度等方面规范的总称。

中国现行的司法制度,包括检察制度、审判制度、侦查制度、监狱制度、司法行政管理制度、人民调解制度、律师制度、公证制度、国家赔偿制度等。这一司法制度,在整个国家体制中具有非常重要的地位和作用。这里只对检察制度、审判制度作简要介绍。

(1) 检察制度。

检察制度,是指国家检察机关的性质、任务、组织体系、组织和活动原则以及工作制度的总称。中国的检察制度,根据《宪法》和《人民检察院组织法》的规定,人民检察院是国家的法律监督机关,行使国家的检察权。

中国设立最高人民检察院、地方各级人民检察院和军事检察院等检察机构。最高人民检察院是国家最高检察机构,领导地方各级人民检察院和专门检察院的工作。地方各级人民检察院包括:省、自治区、直辖市人民检察院;省、自治区、直辖市人民检察院分院,自治州和省辖市人民检察院;县、市、自治县和市辖区人民检察院。专门人民检察院主要包括军事检察院、铁路运输检察院等,各级人民检察院,与各级人民法院相对应而设置,以便依照刑事诉讼法规定的程序办案。人民检察院由同级人民代表大会产生,向人民代表大会负责并报告工作。

人民检察院的内部组织机构,主要包括检察委员会及其他具体工作机构。各级人民检察院设立的检察委员会,实行民主集中制,在检察长的主持下,讨论决定重大案件和其他重大问题。如果检察长在重大问题上不同意多数人的决定,可以报请本级人民代表大会常务委员会决定。人民检察院的检察官,包括各级人民检察院的检察长、副检察长、检察委员会委员、检察员和助理检察员。

检察工作制度,是根据检察业务的范围和活动而形成的一些规则制度,主要有五:一是侦查监督制度,即人民检察院对公安机关(包括国家安全机关)的刑事侦查活动实行的监督制度,包括审查批准逮捕、审查起诉、对侦查活动的监督等内容。二是自侦制度,即人民检察院直接受理案件并立案侦查的制度。三是公诉制度,即根据《刑法》和《刑事诉讼法》的规定对大多数犯罪活动进行公诉的制度。凡需公诉的案件,一律由人民检察院向有管辖权的人民法院提起公诉;对公安机关移送起诉的案件,一律由人民检察院进行审查并在一个月内作出是否起诉的决定,重大复杂的案件可以延长半个月。经审查认为犯罪嫌疑人的犯罪事实已经查清,证据确凿、充分,依法应当追究刑事责任的,应向有管辖权的人民法院提起公诉。四是审判监督制度,即人民检察院对人民法院的民事、刑事、行政等审判活动进行监督的制度。例如,在刑事审判活动中,检察官出庭既是为支持公诉,又是以国家法律监督者的身份出庭监督法庭的审判活动。同时检察院还有权对错误的刑事判决和裁定提出抗诉。五是对刑事判决的执行和监所的监督制度,主要包括:对执行死刑判决的监督;对监所执行刑罚的监督;对看守所和劳动教养的活动是否违法进行监督。

(2) 审判制度。

审判制度就是法院制度。人民法院是国家审判机关,其组织体系是地方各级人民法院、专门人民法院和最高人民法院。各级各类人民法院的审判工作统一接受最高人民法院的监督。

地方各级人民法院,根据行政区划设置,分为基层人民法院、中级人民法院、高级人民法院。专门人民法院,是指根据实际需要在特定部门设立的审理特定案件的法院,目前在中国设军事、海事、铁路运输法院等专门法院。

最高人民法院设于首都北京,是国家的最高审判机关,依法行使国家最高审判权,同时监督地方各级人民法院和专门人民法院的工作。最高人民法院行使下列职权:一是监督地方各级人民法院和专门人民法院的工作。对地方各级人民法院和专门人民法院已经发生法律效力的判决和裁定,如果发现确有错误,有权提审或者指令下级人民法院再审。二是审判下列案件:法律规定由它管辖的和它认为应当由自己审判的第一审案件,如全国性的重大刑事案件、全国范围内有重大影响的民事案件和经济纠纷案件及全国范围内重大、复杂的行政案件;对高级人民法院、专门人民法院判决和裁定的上诉案件和抗诉案件以及最高人民检察院按照审判监督程序提出的抗诉案件;核准判处死刑的案件。三是进行司法解释。对于各级人民法院在审判过程中如何具体应用法律、法令的问题进行解释。四是领导和管理全国各级人民法院的司法行政工作事宜。人民法院的审判组织,目前有以下三种形式:独任庭,是由审判员一人审判简易案件的组织形式;合议庭,是由三名以上审判员或者审判员和人民陪审员集体审判案件的组织形式;审判委员会,由院长主持,讨论重大的或者疑难的案件、总结审判经验和讨论其他有关审判工作的问题。

中国审判工作的基本制度,有以下八项:一是公开审判制度。公开审判制度是指人民法院审理案件,除法律规定的特殊情况外,一律公开进行。对于开庭审判的全过程,除合议庭评议外,都允许公民旁听,允许新闻记者采访和报道。不公开审理的案件有涉及国家机密、涉及个人隐私和未成年人犯罪三类案件,但也要公开宣判。二是辩护制度。犯罪嫌疑人、被告人有权获得辩护,除自己行使辩护权外还可以委托一至两人作为辩护人。可以作为辩护人的有律师、人民团体或者犯罪嫌疑人、被告人所在单位推荐的人,以及犯罪嫌疑人、被告人的监护人、亲友。但正在被执行刑罚或依法被剥夺、限制人身自由的人不得担任辩护人。三是两审终审制度。两审终审制,是指一个案件经过两级法院审判就宣告终结的制度。如果当事人对第一审案件的判决或裁定不服,可以在法定期限内向上一级人民法院提出上诉;如果人民检察院认为一审判决或裁定确有错误,可以在法定期限内向上一级人民法院提出抗诉。如果在上诉期限内,当事人不上诉,人民检察院不抗诉,这个一审判决或裁定就是发生法律效力的判决和裁定。上级人民法院对上诉、抗诉案件,按照第二审程序进行审理后所作的判决或裁定就是终审的判决和裁定。除判处死刑的案件需要依法进行复核外,其他就立即发生法律效力。此外,根据法律规定,下列案件实行一审终审:最高人民法院审理的第一审案件;基层人民法院按照《民事诉讼法》的特别程序审理的选民资格案件,认定公民无行为能力或限制行为能力案件,宣告失踪案件,宣告死亡案件和认定财产无主案件。四是合议制度。合议制度,是指由三人以上审判员或三人以上审判员和人民陪审员组成合议庭审判案件的制度,又称合议制。除第一审的简单的民事案件和法律另有规定的案件外,都要组成合议庭进行。五是回避制度。司法人员与其经办的案件或者案件的当事人有某种特殊的关系,可能影响案件的公正处理,因而必须回避,不得参加处理这个案件。六是死刑复核制度。死刑复核制度,是指审查核准死刑案件所遵循的程序和方式方法的规则。死刑案件除由最高人民法院判决的以外,应当报请最高人民法院核准。七是审判监督制度。审判监督制度,又称再审制度,是指人民法院对已经发生法律效力的判决和裁定依法重新审判的一种特别的审判工作制度。审判监督制度是实行两审终审制度的一个补救。八是司法协助制度。司法协助制度,是指一国的司法机关(主要是法院)根据国际条约或双边、多边协定,在没有条约的情况下则按互惠原则,应另一国司法机关或有关当事人的请求,代为履行诉讼过程的司法行为。

第二节　新闻传播法规与新闻传播法制

一、新闻传播法规、法制及法律关系

1. 新闻传播法规及其渊源

新闻传播法规,即广义的新闻传播法,是指由国家制定并由国家强制力保证其实施的,体现这一国家的统治阶级意志的,用于调整人们在新闻传播活动中所产生的社会关系的法律规范的总称,包括《宪法》的有关规定、有关法律、有关行政法规与规章等各种法律规范性文件。在中国,自 1978 年年底提出加强社会主义法制建设后,有关新闻传播活动的法律规范不断应时出台,一个比较完备的新闻传播法律规范制度已初具规模。

狭义的新闻传播法,是指专门适用于新闻传播活动的一部法律。在中国,近 30 年来新闻界内外呼吁早日出台的《新闻法》,是指从狭义上理解的新闻传播法,即一部由国家制定的、调整与规范新闻传播活动的法律。

新闻传播法规的渊源,即新闻传播法规的各种表现形式,主要有法律、判例、习惯和条约等。在中国,新闻传播法规的渊源,主要包括宪法、法律、行政法规、行政规章、地方性法规与规章、特别行政区的法律与法规、法律解释、国际条约与协定等。

具体而言,主要有以下四种:一是宪法。宪法是由最高国家权力机关全国人民代表大会制定的国家根本大法,具有最高的法律地位和法律效力。《宪法》对新闻事业所作的原则性规定,是新闻法规的主要渊源和新闻立法的法律依据。二是法律。法律由全国人民代表大会及其常委会制定,其法律地位与法律效力仅次于宪法。中国现行《刑法》

《民法通则》以及拟于 2017 年 10 月 1 日施行的《民法总则》等为数不少的法律中,都含有与新闻传播活动直接或间接有关的规定。三是行政法规。行政法规由国务院制定与批准,称为条例、实施细则等。在中国,有关新闻传播活动的法律规范性文件,大部分是行政法规,如 1997 年 1 月首次发布、现行版为 2016 年修订发布的《出版管理条例》,1997 年 8 月首次发布、现行版为 2013 年修订发布的《广播电视管理条例》,等等。四是行政规章。行政规章由国务院各部、委以及其他直属机构制定,称为规定、命令等,如国家新闻出版总署制定的《报纸出版管理规定》、国家广播电影电视总局制定的《广播电视广告播出管理办法》、国家互联网信息办公室颁布的《互联网新闻信息服务管理规定》等。

2. 新闻传播法制与新闻传播法律关系

新闻传播法制,是指新闻传播法的规范化与制度化。新闻传播法制的定义,就是掌握着国家政权的社会集团将本集团的意志以国家意志的形式出现,通过国家机关制定的调节新闻传播活动中各种关系的法律与制度的总和。

新闻传播法制主要有两大类型:一是以立法形式制定有关新闻传播活动的法律规范性文件。可分两种情形:一种是制定专门用于调整新闻传播活动中各种关系的法律,即《新闻法》。例如,俄罗斯等欧洲部分国家采取此种方式,其特点是法院审理案件只能依据和服从《新闻法》。另一种是根据具体情况在特殊领域制定有关新闻传播活动的法律,同时在《宪法》《刑法》《民法》以及其他法律中包含有调整新闻传播活动的规定。中国目前的新闻传播法制就是这种情形。二是以最高法院和上级法院的判例为标准来审理新闻传播案件,即判例法。这主要在英美法系的国家中通用,但目前在这类国家中也常在某些特殊领域采取立法形式。

新闻传播法律关系,是指新闻传播法所确认和调整的在新闻传播活动过程中参与者各方所形成的权利与义务关系。

新闻传播法律关系的特点,主要有四点。一是国家意志的体现。新闻传播法律关系是根据新闻传播法所建立的关系,是新闻传播法在新闻传播活动中的实现与体现。二是它以法律上的权利和义务为内容。在法律上,权利与义务是统一的,即一方享有权利必须以另一方履行义务为前提,一方履行义务必须以另一方享受权利为前提。而且,这些权利与义务,都是现实的、具体的。三是由国家强制力作保障。如果新闻传播法律关系的参加者违背或破坏所规定的权利和义务,将受到法律的惩罚。四是属于思想社会关系的范畴。思想社会关系,作为物质社会关系的上层建筑,归根到底都取决于社会的经济基础,它的形成依赖于人们的意志和意识。每一个具体的新闻传播法律关系,通常都反映出它的参加者的实际状况。

新闻传播法律关系的主体,是指在新闻传播活动中享有权利和承担义务的人或组织。这些法律关系的主体,首先必须具备能够享有参加新闻传播活动的权利和承担新闻传播活动义务的资格。在中国,新闻传播法律关系的主体,主要包括以下几类:一是新闻传播媒体。它是最重要的新闻传播法律关系的主体,具有法人主体的资格。目前,中国新闻传播媒体主要有报刊、广播电台、电视台、互联网等。二是记者、编辑等新闻传播专业从业者,包括从事新闻传播行业中采访、编辑、管理、印刷、发行、广告等各个环节的所有人员。在法律上,新闻传播从业者首先是公民(自然人),享有法律所赋予的公民的民事权利资格和民事义务资格。同时,就其职务活动而言,新闻传播从业者受新闻传播媒体的指派而履行其职务行为,因而他们在从事新闻传播活动中享有一定的职务权利和职务义务,以便于更好地完成职务行为。三是政府、公民、法人和社会团体、群众团体。政府是执行国家意志的国家行政机关,行使国家事务的决策、组织、领导、调控和管理职能。公民是指具有中华人民共和国国籍的自然人。作为新闻传播法律关系的主体之一,公民在新闻传播活动中具有三种身份:表达者、被报道对象、普通受众。作为表达者,公民可以通过投稿、作为嘉宾接受访谈、专家点评等方式参与到新闻传播活动之中,借助新闻传播媒体表达自己的意见、建议、观点。在互联网时代,公民的表达权已通过手机等自媒体和社交媒体得到广泛的传播。作为新闻传播活动中的主体之一,网民也必须受到新闻传播法规的制约。作为被采访对象,公民对于新闻传播从业者的采访有三种选择形式:接受、拒绝、保持沉默。作为普通受众,公民可以自由地选择欣赏新闻传播媒体所提供的新闻、广告各种内容,也可以拒绝接受这些内容,或由于新闻、广告等内容侵犯了他们的合法权益而依法向新闻传播媒体及其从业人员提出起诉。法人是具有民事权利能力和民事行为能力,依法独立享有民事权利和承担民事义务的社会组织。非法人的社会团体、群众团体,在新闻传播法律关系中多是以被采访对象的身份出现,他们开展活动时一般会主动与新闻传播媒体联系采访报道的事宜,以扩大社会团体和群众团体的社会影响力。

新闻传播法律关系的客体,是指在新闻传播活动中新闻传播法律关系主体的权利和义务所指向的对象,包括物、新闻行为和智力成果三种。一是物,即与新闻传播活动相关的物品和物质财富。物是新闻传播活动基础。一切思想的、意识的行为都必须借助物化的形式来表现,以达到广为传播的目的。新闻传播活动的全过程几乎都离不开"物"的帮助。采集新闻需要使用笔记本、话筒、采访机、摄像机,或手机、电脑等;制作、编辑新闻需要使用的电脑、编辑机;出版、发行报纸杂志需要大量的新闻纸、供文字输入的电脑、文字编辑后供印刷的胶片、油墨、色彩等。要实现传播新闻信息的目的,报刊社要靠报纸、杂志这些纸质媒介来承载信息,这中间不仅包含着记者、编辑的脑力劳动,还包含着排版、印刷、发行、投递部门的体力劳动;广播电台、电视台要借助广播电视的发射机、微波站、信号接收天线、收音机或电视机等物质载体;进入互联网时代,已逐渐实现新媒体与传统媒体的融合。二是新闻传播行为。新闻传播行为是指新闻传播从业者在新闻传播活动过程中所实施的理性行为。例如,报刊工作者所作的采集、编辑、出版、发行等行为;广播电视工作者所作的采编、制作、播出等行为;等等。在新闻传播法律关系中的行为,凡与法的要求相一致的行为都是合法行为,如新闻传播从业者在法律许可的范围内所从事的新闻传播活动;凡是与法的要求不一致的行为都是违法行为,如实施危害国家安全、泄露国家秘密、传播淫秽色情内容、损害司法尊严、侵犯公民合法权益等行为。三是智力成果,即新闻传播法律关系主体通过智力活动所创造的精神财富,如新闻文字作品、广播电视节目作品等。这些精神财富,又称和人身相联系的非物质财富,当它们成为权利和义务指向的对象时就成了新闻传播法律关系的一种客体。

新闻传播法律关系的内容,是指新闻传播法律关系主体所享有的权利和义务。权利是指由新闻传播法律规范所规定的、新闻传播法律关系主体所享有的做出一定行为的许可和保障。义务是指新闻传播法律规范所规定的、新闻传播法律关系主体所承担的某种行为的必要性。

二、中国新闻传播法制的基本原则与主要内容

中国实行的是以宪法为核心的政治法律制度,《宪法》是中华人民

共和国的根本大法,也是中国新闻传播法制建设的基本依据。中国新闻传播法制的基本原则,源自《宪法》中有关新闻传播活动的原则性规定,主要有三条:一是言论出版自由的原则;二是"两个服务"方向的原则;三是国家发展与行政管理的原则。

1. 言论出版自由的原则

言论出版自由的原则,最初是作为新闻传播活动的道德原则提出的。在封建制社会末期,随着资本主义商品经济的发展,专以获取并发布新闻信息作为谋生手段的新闻传播从业者开始出现,古代的新闻信息传播活动首先在欧洲大陆发展成为一个独立的社会职业,即新闻传播事业。鉴于新闻传播事业具有巨大的社会影响力,当时欧洲各国封建统治阶级为了维护自身的利益,先后采用了出版特许制度、保证金制度、预先检查制度等新闻传播统制手段,极力钳制新闻出版事业的发展,堵塞新闻信息流通的渠道,致使报刊只能刊登"一些鸡毛蒜皮的琐事的记叙"(伏尔泰语)。在卢梭看来,当时法国出版的报刊是"既无价值又无益处的昙花一现的著作","文人们以轻率的态度诵读这些东西,仅仅是给未受教育的女人们和为虚荣心所驱使的蠢人们听的"。狄德罗在《百科全书》中评价说:"所有这些报刊文章,对于无知者犹如食粮;对于只愿谈论而不愿读书的人犹如锦囊;而对于劳动者,则犹如灾祸和令人生厌的东西。它们从来没有为有才华的人说过半句好话,也从来没有阻止过蹩脚的作家发表坏作品。"①对此,新兴的资产阶级提出了言论、出版自由的思想原则,以反对封建新闻统制制度,捍卫新闻真实性等新闻传播道德要求。言论、出版自由的思想原则的提出,为资产阶级新闻传播职业道德的确立与发展奠定了坚实的理论基础,形成了一种崭新的、生气勃勃的新闻传播职业道德观念。在欧洲资产阶级革命时期,言论、出版自由的口号更是新兴的资产阶级同封建统治阶级进行斗争的主要思想武器。

资产阶级革命胜利后,欧洲不少国家先后步入资本主义社会,言论、出版自由的思想原则不仅上升为占社会统治地位的新闻传播职业道德的基本原则,而且成为资产阶级建设新闻传播法制的基本原则。1789 年法国大革命爆发,8 月国民议会通过了著名的《人权宣言》,其

---

① 〔法〕皮埃尔·阿贝尔等:《世界新闻简史》,许崇山等译,中国新闻出版社 1985 年版,第 13 页。

中第 11 条规定:"自由传达思想和意见乃是人类最宝贵的权利之一;因而,每个公民都有言论、著作和出版自由,但在法律所规定的情况下,应对滥用此项自由承担责任。"《人权宣言》是人类历史上第一个明确规定言论出版自由的正式法律文件。1791 年,美国《宪法》第一修正案第 1 条规定:"国会不得制定关于下列事项的法律:确立宗教或禁止信仰自由;剥夺人民言论或出版的自由;剥夺人民和平集会及向政府请愿的权利。"1948 年 12 月,《世界人权宣言》第 19 条规定:"任何人都有通过一切手段不受国界限制寻求、接受、传达信息及思想的自由。"

目前,世界各国都在很大程度上对言论出版自由给予宪法和法律的保障。但值得注意的是,世界各国在对言论出版自由给予宪法和法律保障的同时,往往还有不得滥用言论出版自由权利的原则性规定。依法限制滥用言论出版自由的主要原则有:公共利益原则;事后限制原则;明显而即刻的危险原则;等等。

在中国,《宪法》确立的言论出版自由的原则,有两层内涵:一是公民享有言论出版自由权利。《宪法》第 35 条规定:"中华人民共和国公民有言论、出版、集会、结社、游行、示威的自由。"言论自由,是指公民享有发表意见、交流思想、抒发感情、传播信息、传授知识等而不受干涉的自由。出版自由,是指公民享有通过以印刷或广播、电视乃至当今的互联网等各类复制手段制成的出版物或信息载体公开表达和传播意见、思想、感情、信息、知识等的自由。此外,《宪法》第 41 条规定:"中华人民共和国公民对于任何国家机关和国家工作人员,有提出批评和建议的权利;对于任何国家机关和国家工作人员的违法失职行为,有向有关国家机关提出申诉、控告或者检举的权利,但是不得捏造或者歪曲事实进行诬告陷害。"可见,公民享有的言论自由权利,还包括公民有权对任何国家机关及其工作人员提出批评和建议,在新闻传播活动中表现为舆论监督。在新闻传播活动中,言论、出版自由被表述为新闻传播自由。新闻传播自由的内容,包括:公民有通过报纸和新闻期刊等出版物表达思想见解的权利;公民通过广播、电视、互联网等出版手段即复制手段发表意见的权利;公民通过新闻传播媒介了解国内外大事,获得各种信息,表达并传播各种思想和见解,参与国家生活和社会生活的政治权利。

二是言论出版自由权利不可滥用。根据《宪法》第 51 条规定,任何自由权利都不是绝对的、毫无限度的。新闻传播事业及其从业人员在行使言论出版自由这项权利时,必须注意遵守宪法和法律,尊重社会公德和他人的人格尊严,"不得损害国家的、社会的、集体的利益和其他公民的合法的自由和权利"。新闻传播媒介及其从业者如果滥用言论出版自由权利,违反宪法和法律,不仅将在道德上遭到谴责,还可能导致违法乃至犯罪行为的发生。

新闻传播违法行为,是指新闻传播媒体及其从业者在主观过错的支配下实施的违反法律规范要求的危害社会的行为。依据其违反的法律的不同,可以分为新闻传播刑事违法行为和新闻传播民事违法行为两大类。

新闻传播刑事违法行为,又称新闻传播犯罪行为,是指新闻传播媒体及其从业者在新闻传播活动中触犯刑事法律规范、严重危害社会的行为。认定刑事违法行为的基本依据是现行《刑法》第 13 条:"一切危害国家主权、领土完整和安全,分裂国家、颠覆人民民主专政的政权和推翻社会主义制度,破坏社会秩序和经济秩序,侵犯国有财产或者劳动群众集体所有的财产,侵犯公民私人所有的财产,侵犯公民的人身权利、民主权利和其他权利,以及其他危害社会的行为,依照法律应当受到刑罚处罚的,都是犯罪,但是情节显著轻微危害不大的,不认为是犯罪。"

新闻传播民事违法行为,是指新闻传播媒体及其从业者在新闻传播活动中触犯民事法律规范、不履行民事法律义务,因而必须承担相应的民事法律责任的过错行为。认定新闻传播民事违法行为的基本依据,是 1986 年 4 月 12 日第六届全国人大第四次会议通过的《中华人民共和国民法通则》和 2017 年 3 月 15 日第十二届全国人大第五次会议通过的《中华人民共和国民法总则》。《民法通则》对中国基本的民事法律关系作了明确的规定,主要调整的对象是平等主体之间的财产关系和民事范围内的人身关系。新闻传播民事违法行为,大部分是新闻传播侵权行为,包括新闻传播侵害名誉权、荣誉权、隐私权、肖像权、姓名权、名称权以及著作权等不法行为。2017 年 10 月 1 日起施行的《民法总则》,基本吸收了《民法通则》规定的民事基本制度和一般性规则,同时也作了大量的补充、完善和发展。《民法通则》因其规定的合同、所有权及其他财产权、民事责任等具体内容尚须在下一步编纂民法典各分编时进行系统整合而暂不废止,但《民法总则》与《民法通则》的规定不一致的,根据新法优于旧法的原则,适用《民法总则》的规定。

2."两个服务"方向的原则

"两个服务",是指"为人民服务、为社会主义服务",是《宪法》规定的中国新闻传播法制的基本原则之一。新闻传播活动,作为社会主义精神文明建设的工具和手段,必须坚持"两个服务"的方向。

《宪法》第22条明确规定:"国家发展为人民服务、为社会主义服务的文学艺术事业、新闻广播电视事业、出版发行事业、图书馆博物馆文化馆和其他文化事业,开展群众性的文化活动。"据此,1990年12月25日新闻出版署公布的《报纸管理暂行规定》第7条把"两个服务"称为"基本方针":"我国的报纸事业是中国共产党领导的社会主义新闻事业的重要组成部分,必须坚持为社会主义服务、为人民服务的基本方针,坚持以社会效益为最高准则,宣传马克思列宁主义、毛泽东思想,宣传中国共产党和中华人民共和国政府的方针和政策;传播信息和科学技术、文化知识,为人民群众提供健康的娱乐;反映人民群众的意见和建议,发挥新闻舆论的监督作用。"现行的《出版管理条例》和《广播电视管理条例》两个行政法规把"两个服务"明确为"方向":"出版活动必须坚持为人民服务、为社会主义服务的方向","广播电视事业应当坚持为人民服务、为社会主义服务的方向"。可见,为人民服务、为社会主义服务是中国新闻出版广播电视以及其他一切新闻传播活动的根本方针和基本方向。

为人民服务,是因为人民是我们国家的主人,新闻传播事业只能以广大人民群众为自己的服务对象,必须把社会效益放在首位,努力实现社会效益和经济效益的统一,而不能同西方新闻传播媒体一样以追逐商业利润为最高目标。坚持为人民服务的原则,就是要以最广大人民的根本利益为最高利益,一切从人民的利益出发,坚持群众观点,走群众路线,大力讴歌人民群众的生动实践和英雄业绩,反映人民群众意愿,努力满足人民多方面、多层次的精神文化、新闻信息需求,使新闻工作成为党和政府联系人民群众的纽带和桥梁。

为社会主义服务,是对中国新闻传播事业的政治性质和指导思想的规定。中国是中国共产党领导的、人民民主专政的社会主义国家,社会主义制度是国家的根本制度。经济基础决定上层建筑,上层建筑对经济基础又有巨大的反作用。因此,新闻传播事业不仅要具有社会主义性质,还必须以为社会主义服务为基本方针,坚持社会主义新闻事业的党性原则,其传播的内容必须带有明确的社会主义意识形态性质,坚持社会主义意识形态的主导地位,抵制和反对资本主义的、封建主义的和其他的腐朽思想。

最后还需要指出的是,为人民服务与为社会主义服务,在理论上是完全一致的,在实践中是不可分割的。社会主义代表了中国最广大人民群众的根本利益、长远利益和最高利益。坚持为人民服务,必定要坚持社会主义;反之亦然。如果新闻传播事业所传播的内容背离了社会主义,那必然对人民有害,更不用谈什么为人民服务了。

3. 国家发展与行政管理的原则

《宪法》确立的国家发展与行政管理的原则,有两层内涵:一是指国家发展新闻传播事业;二是指国家通过政府管理部门对新闻传播事业实行行政管理。

《宪法》中有关国家发展与行政管理原则的条款,主要有三条。第22条规定:"国家发展为人民服务、为社会主义服务的文学艺术事业、新闻广播电视事业、出版发行事业、图书馆博物馆文化馆和其他文化事业,开展群众性的文化活动。"在这里,《宪法》提出了"国家发展"这一概念。第89条规定国务院即中央人民政府行使的职权中有一项是"领导和管理教育、科学、文化、卫生、体育和计划生育工作",第107条规定县级以上地方各级人民政府有管理本行政区域内包括新闻传播事业在内的各项文化事业的职权。

根据《宪法》的上述原则性规定,全国人大常委会、国务院及其有关职能部门制定了不少有关国家发展新闻传播事业并对其实行行政管理的法律、行政法规、规章等法律规范性文件,其中重要的有《出版管理条例》《广播电视管理条例》《全国人大常委会关于维护互联网安全的决定》《互联网新闻信息服务管理规定》等。此外,在《中华人民共和国国务院组织法》等法律、行政法规与规章等法律规范性文件中,也含有不少有关国家发展和行政管理的规定。

在上述法律、行政法规与规章等法律规范性文件中,国家发展新闻传播事业的规定,主要有以下内容。《出版管理条例》第10条规定:"国务院出版行政部门制定全国出版单位总量、结构、布局的规划,指导、协调出版事业发展。"《广播电视管理条例》第4条规定:"国家发展广播电视事业。县级以上人民政府应当将广播电视事业纳入国民经济和社会发展规划,并根据需要和财力逐步增加投入,提高广播电视覆盖率";"国家支持农村广播电视事业的发展";"国家扶持民族自治地方和边远贫困地区发展广播电视事业"。第8条规定:"国务院广播电视行政部门负责制定全国广播电台、电视台的设立规划,确定广播电台、电视台的总量、布局和结构。"第10条规定:"广播电台、电视台由县、不设区的市以上人民政府广播电视行政部门设立,其中教育电视台可以由设区的市、自治州以上人民政府教育行政部门设立。其他任何单位和个人不得设立广播电台、电视台";"国家禁止设立外资经营、中外合资经营和中外合作经营的广播电台、电视台"。至于网络传播媒体的设立,早在2005年9月25日颁布的《互联网新闻信息服务管理规定》等有关法规、规章中就体现了国家发展的原则,2017年5月2日新颁布的同名行政规章进一步明确了这一原则,规定"申请互联网新闻信息服务许可"的首要条件就是"在中华人民共和国境内依法设立的法人","申请互联网新闻信息采编发布服务许可的,应当是新闻单位(含其控股的单位)或新闻宣传部门主管的单位"(第6条)。"任何组织不得设立中外合资经营、中外合作经营和外资经营的互联网新闻信息服务单位。"(第7条)

国家通过政府管理部门对新闻传播事业实行行政管理的规定,主要有以下内容。《出版管理条例》第6条规定:"国务院出版行政部门负责全国的出版活动的监督管理工作。国务院其他有关部门按照国务院规定的职责分工,负责有关的出版活动的监督管理工作。""县级以上地方各级人民政府负责出版管理的行政部门(以下简称出版行政部门)负责本行政区域内出版活动的监督管理工作。县级以上地方各级人民政府其他有关部门在各自的职责范围内,负责有关的出版活动的监督管理工作。"第7条规定:"出版行政部门根据已经取得的违法嫌疑证据或者举报,对涉嫌违法从事出版物出版、印刷或者复制、进口、发行等活动的行为进行查处时,可以检查与违法活动有关的物品;对有证据证明是与违法活动有关的物品,可以查封或者扣押。"《广播电视管理条例》第5条规定:"国务院广播电视行政部门负责全国的广播电视管理工作";"县级以上地方人民政府负责广播电视行政管理工作的部门或者机构(以下统称广播电视行政部门)负责本行政区域内的广播电视管理工作"。2017年5月2日新颁布的《互联网新闻信息服务管理规定》第4条规定:"国家互联网信息办公室负责全国互联网新闻信息服务的监督管理执法工作。地方互联网信息办公室依据职责负责本行政区域内互联网新闻信息服务的监督管理执法工作。"

国家发展新闻传播事业,是由中国新闻传播事业的社会主义性质所决定的。中国实行的是社会主义制度,以公有制为主体、多种所有制经济共同发展的基本经济制度和社会主义经济基础,决定了中国新闻传播事业是在社会主义经济基础之上建立和发展起来的新闻传播事业,是社会主义性质的新闻传播事业,人民是新闻传播事业的主人。为了保证人民在新闻传播事业中的主人翁地位,保证新闻传播事业掌握在广大人民群众手中、归全民所有,报纸、新闻期刊、通讯社、广播电台、电视台等传统新闻传播媒体必须归全体人民利益的代表者国家所有,由国有制组织出资创办,其资产必须是国有资产。

国家发展新闻传播事业的结果是,所有的新闻传播机构都是依法经国家有关新闻传播行政管理机关批准、由国家有关新闻传播行政管理机关管理的企事业单位,其中报刊社、广播电台、电视台等传统新闻传播媒体都是国有事业单位。因此,新闻传播机构及其从事的新闻传播活动,必然要由国家通过行政机关对其实施各项管理活动,受国家机关行政手段的直接干预。这就是我们所说的新闻传播事业的行政管理,即国家通过行政机关对包括报刊业、广播电视业、网络新闻业等以及包括涉外新闻传播交流活动在内的其他一切新闻信息传播活动实行管理的活动。此外,在中国,报刊社、广播电台、电视台等国营新闻传播媒体,运用国家给予的权力,使国家的方针政策有效地在本机构内贯彻执行的管理活动,在本质上也属于行政管理的范畴。

中国新闻传播法制的主要内容,包括:新闻传播媒体的行政管理;新闻、广告等各类信息的发布;新闻传播与维护国家安全;新闻传播与维护公序良俗;新闻传播与维护公民权利;新闻传播与维护司法独立;等等。由于内容较多,因而在此从略,拟在以下有关章节中予以阐述。

学习思考题:

1. 简述法制与法治之异同。

2.《宪法》主要包括哪些内容?

3. 中国现行立法制度的特点是什么?

4.《宪法》为中国新闻传播立法确定了哪些基本原则?

5. 根据《宪法》规定,言论出版自由原则有哪些内涵?

第二章

新闻传播媒体的行政管理

第一节　新闻传播媒体的法律地位

一、国家发展、国资所有

　　新闻传播媒体的行政管理,包括报业管理、广播电视业管理、网络传播业管理以及记者站的创建与监管等,是指国家通过行政机关对新闻传播媒体实行管理的活动。从狭义上理解,也可指新闻机构运用国家给予的权力,使国家的方针政策有效地在本机构内贯彻执行的活动。中华人民共和国国务院及其所属广播电影电视总局、新闻出版总署,具有代表国家对广播电视业或报业行使行政管理的职权。各地各级广播(电影)电视厅(局)、新闻出版局,具有在该地区内行使新闻事业行政管理的职权。新闻事业行政管理的法律依据,主要有《中华人民共和国宪法》第3章第89条以及其他条款的规定、《中华人民共和国国务院组织法》等法律的有关规定、国务院及其职能部门发布的有关行政法规与规章等法律性文件等。

　　中国《宪法》第22条规定:"国家发展为人民服务、为社会主义服务的文学艺术事业、新闻广播电视事业、出版发行事业、图书馆博物馆文化馆和其他文化事业,开展群众性的文化活动。"由此可见,国家负有积极推进文化事业的首要责任。在社会主义国家里,报纸、电台、电视台、通讯社等各种新闻传播媒体都是建立在社会主义公有制经济基础上的上层建筑,是全体人民的公共财产。社会主义新闻传播事业不仅是社会主义公有制经济基础在上层建筑的反映,而且还反过来为这个经济基础服务。因此,全心全意为人民服务、一切对人民负责,是社会主义新闻工作的根本宗旨,是社会主义新闻工作的基本出发点和落脚点。在社会主义中国,只有坚持中国共产党的领导,坚持社会主义道路,才能真正维护全体人民的权益。2016 年 2 月 19 日,习近平在北京召开的党的新闻舆论工作座谈会上强调:"党的新闻舆论工作坚持党性原则,最根本的是坚持党对新闻舆论工作的领导。党和政府主办的媒体是党和政府的宣传阵地,必须姓党。党的新闻舆论媒体的所有工作,都要体现党的意志、反映党的主张,维护党中央权威、维护党的团结,做到爱党、护党、为党;都要增强看齐意识,在思想上政治上行动上同党中央保持高度一致;都要坚持党性和人民性相统一,把党的理论和路线方针政策变成人民群众的自觉行动,及时把人民群众创造的经验和面临的实际情况反映出来,丰富人民精神世界,增强人民精神力量。"①我国新闻传播媒体所具有的国家发展、国资所有的性质,正是基于上述的认知与论断。

二、事业单位,企业化经营

中共十一届三中全会后,中国社会主义新闻体制也借改革开放的东风作了重要的改革。社会主义新闻体制的改革,在媒介内部的经营管理方面,主要表现在:实行"事业单位,企业化经营"方针,开展多种经营,在人事管理上采用聘任制等重要举措。中国新闻媒介一直被看作事业机构,由国家财政支持和补贴,在相当长的时间内,按照计划经济的模式进行新闻产品的生产。新闻媒介既没有自主经营的愿望,也没有自主经营的条件。改革开放之后,这种状况发生了根本性变化,报纸、电台、电视台等新闻媒介从单纯生产型向经营型转变,走事业单位、企业化管理的道路,开展多种经营,增强创收和自我发展能力,取得了很大成效。这一改革,始于 20 世纪 70 年代末 80 年代初。

1978 年,财政部批准了人民日报等 8 家新闻单位试行企业化管理的报告。1979 年 4 月,财政部转批《关于报社试行企业基金的管理办法》中,再次明确报社是党的宣传事业单位,在财务管理上实行企业管

---

① 详见《人民日报》2016 年 2 月 20 日第 1 版报道。

理的办法。此后,"事业单位,企业化管理"的经济管理体制在全国报业中迅速推广。1983年,吉林日报社实行一业为主、多种经营、自负盈亏的企业化经营方针。1984年10月,中共十二届三中全会通过《关于经济体制改革的决定》后,新闻事业经营体制和运行机制的改革开始全面展开。1987年,国家科委首次将"新闻事业"和"广播电视事业"纳入"中国信息商品化产业"序列,标志着国家对新闻事业产业属性的认可。1988年,新闻出版署同国家工商行政管理局联合发布《关于报社、期刊社、出版社开展有偿服务和经营活动的暂行办法》,第一次以政府部门的规范性文件承认了媒体的广告、印刷等经营活动可以独立出来,组建公司。

20世纪90年代,新闻媒介经济实力增长很快,一些新闻媒介开始走上"集团化"道路。实行"企业化经营"方针后,新闻媒介的广告业务开始恢复。新闻媒介在强调社会效益第一的前提下,将一定的版面或时间用于广告的发布,一方面为经济建设服务,另一方面增加报社的经济收入。1979年1月4日,《天津日报》率先恢复商业广告;1月23日,上海的《文汇报》刊登第一条外商广告;1月28日,上海电视台播出了中国电视史上第一条广告。同年5月,中宣部发文给上海市委宣传部,肯定了报纸恢复广告的做法,并对刊登广告作出了一些具体规定。从此,报纸和其他新闻媒体的广告业务有了突飞猛进的发展,并逐渐成为新闻媒体的经济支柱。报纸发行工作也打破了由邮局统一发行的局面,一些报刊开始自办发行。1985年1月1日,河南的《洛阳日报》率先宣布脱离邮局,挣脱束缚,大胆闯新路,实行自办发行。之后,由于纸价上扬,邮局的发行费率上调,一些日报与晚报也纷纷加入自办发行的行列。1986年《太原日报》等6家报刊转入自办发行;1987年又有《武汉晚报》等11家报社参加到自办发行的队伍中;1988年《天津日报》等16家报社加盟;1989年《长江日报》等68家报社汇入自办发行的大潮。进入20世纪90年代之后,几乎全部的中等或中等偏大的城市党报、独立核算自负盈亏的广播电视报以及文化、生活、消费类报纸,都纷纷自办发行,城市报纸基本上确立了自办发行体制。自1988年起,各新闻媒体还根据有关政策和法规的精神,开始从事有偿服务和多种经营活动,进一步促进了新闻事业经营管理的发展。

在人事管理上,许多新闻媒介打破了过去的"大锅饭"体制,实行聘任制,将采编人员的工资、奖金、级别、职称、住房等同工作表现结合起来,充分调动了人员积极性,使其获得长足发展。社会主义新闻传播体制的改革,在社会管理层面上,除了继续加强党对新闻工作的领导外,还提出了新闻法制与新闻职业道德及其建设的新概念与新手段。新闻职业道德及其建设的提出,是社会主义新闻改革后出现的一个十分重要的新现象。

近年以来,文化体制改革开始破冰,2005 年 12 月中共中央、国务院发出《关于深化文化体制改革的若干意见》,明确了文化体制改革的指导思想、原则要求和目标任务。深化文化体制改革,进一步解放文化生产力,提供更多的优质精神产品,满足人民群众日益增长的文化需求,是建设社会主义精神文明的题中应有之义。发展社会主义先进文化,与发展社会主义市场经济、社会主义民主政治具有同等重要的地位。对于公益性文化事业单位与经营性文化企业单位的改革分别进行、协调发展,分别制定公益性文化事业政策和经营性文化产业政策。新闻媒体、出版社、党报、党刊、电台、电视台等重要新闻媒体和重要出版社,是重要思想文化阵地,实行国有事业体制,享受扶持政策。进一步深化内部改革,转换经营机制,加强管理,降低成本,增强活力。党报、党刊、电台、电视台等重要新闻媒体和重要出版社的广告、印刷、发行、传输等经营服务部分,可转制为企业,面向市场,搞好经营,接受所属社、台、集团的领导和监督,确保正确经营方向,为壮大主业服务。经批准转制为企业的报刊社、出版社,要建立现代企业制度,实行自主经营,自负盈亏,自我发展,自我约束。

第二节　新闻传播媒体的创建

一、报刊社、网络出版物的创建

1. 关于报刊业行政管理法律规范性文件

关于中国报刊业行政管理的法律规范性文件,最先出现的是 1987 年后由国家新闻出版署颁布的行政规章,如新闻出版署 1988 年颁布的《期刊管理暂行规定》、1990 年颁布的《报纸管理暂行规定》等。1997 年 1 月,由时任总理签署、国务院令第 210 号发布的《出版管理条例》

是第一部由国务院发布的行政法规。这些行政管理法规、规章,对报刊的创办、出版与经营等内容作了规定。后来,随着中国改革开放事业的深入进行,特别是中国加入WTO以后,经济与文化领域的法治进程加速进行,依法行政的理念日益深化,《行政许可法》《著作权法》等一系列对报刊出版行政管理具有指导意义的上位法相继实施,原有的《出版管理条例》等法规、规章也相继根据上位法的立法思想和基本原则多次作了修正。在报刊管理的两个《暂行规定》基础上,依据《行政许可法》《出版管理条例》《国务院对确需保留的行政审批项目设定行政许可的决定》,以及《著作权法》及其《实施条例》《行政处罚法》《公司法》《广告法》等,同时还参照了《报社记者站管理办法》《新闻记者证管理办法》等规定,包括依据和吸收了有关报刊管理的政策规定,主要是中办、国办文件以及总署《关于规范期刊合订本制作的通知》《关于期刊出版增刊审批问题的通知》《关于进一步加强和改进报刊审读工作的通知》等有关配套文件,新闻出版总署在2005年颁布实施了《期刊出版管理规定》和《报纸出版管理规定》,2016年又颁布实施了《网络出版服务管理规定》。在新规定施行后,新闻出版署《报纸管理暂行规定》《期刊管理暂行规定》《〈期刊管理暂行规定〉行政处罚实施办法》和《互联网出版管理暂行规定》同时废止;此前新闻出版行政主管部门对报刊出版活动的其他规定,凡与新规定不一致的,皆以新规定为准。《出版管理条例》则在2011年后已经过四次修订,现行的是根据2016年2月6日《国务院关于修改部分行政法规的决定》进行修订的第四次修订版。这些法规、规章,对报纸、期刊、网络出版物的界定以及报纸、期刊、网络出版物的设立等均作了明确、具体的规定。

2. 关于创办报纸、期刊的管理规定

根据《报纸出版管理规定》的规定,所谓"报纸",是指有固定名称、刊期、开版,以新闻与时事评论为主要内容,每周至少出版一期的散页连续出版物。报纸由依法设立的报纸出版单位出版。报纸出版单位出版报纸,必须经新闻出版总署批准,持有国内统一连续出版物号,领取《报纸出版许可证》。所谓"报纸出版单位",是指依照国家有关规定设立,经新闻出版总署批准并履行登记注册手续的报社。法人出版报纸不设立报社的,其设立的报纸编辑部视为报纸出版单位。

根据《期刊出版管理规定》的规定,所谓"期刊"又称杂志,是指有固定名称,用卷、期或者年、季、月顺序编号,按照一定周期出版的成册连续出版物。期刊由依法设立的期刊出版单位出版。期刊出版单位出版期刊,必须经新闻出版总署批准,持有国内统一连续出版物号,领取《期刊出版许可证》。所谓"期刊出版单位",是指依照国家有关规定设立,经新闻出版总署批准并履行登记注册手续的期刊社。法人出版期刊不设立期刊社的,其设立的期刊编辑部视为期刊出版单位。期刊发行分公开发行和内部发行,内部发行的期刊只能在境内按指定范围发行,不得在社会上公开发行、陈列。

关于报纸的创办与报纸出版单位的设立,在中国实行批准登记制。设立报纸出版单位,由其主办单位向所在地省、自治区、直辖市人民政府出版行政主管部门提出申请;省、自治区、直辖市人民政府出版行政主管部门审核同意后,报国务院出版行政主管部门审批。设立的报纸出版单位为事业单位的,还应当办理机构编制审批手续。

凡是创办报纸、设立报纸出版单位,必须具备下列条件:① 有确定的、不与已有报纸重复的名称;② 有报纸出版单位的名称、章程;③ 有符合新闻出版总署认定条件的主管、主办单位;④ 有确定的报纸出版业务范围;⑤ 有30万元以上的注册资本;⑥ 有适应业务范围需要的组织机构和符合国家规定资格条件的新闻采编专业人员;⑦ 有与主办单位在同一行政区域的固定的工作场所;⑧ 有符合规定的法定代表人或者主要负责人,该法定代表人或者主要负责人必须是在境内长久居住的中国公民;⑨ 法律、行政法规规定的其他条件。除上述条件外,还须符合国家对报纸及报纸出版单位总量、结构、布局的规划。

创办报纸、设立报纸出版单位,由报纸出版单位的主办单位提出申请,并提交以下材料:① 按要求填写的《报纸出版申请表》;② 主管单位的有关资质证明材料;③ 拟任报纸出版单位法定代表人或者主要负责人的简历、身份证明文件及国家有关部门颁发的职业资格证书;④ 新闻采编人员的职业资格证书;⑤ 报纸出版单位办报资金来源及数额的相关证明文件;⑥ 报纸出版单位的章程;⑦ 工作场所使用证明;⑧ 报纸出版可行性论证报告。新闻出版总署自收到创办报纸、设立报纸出版单位申请之日起60日内,作出批准或者不批准的决定,并直接或者由省、自治区、直辖市新闻出版行政主管部门书面通知主办单位;不批准的,应当说明理由。

报纸主办单位应当自收到新闻出版总署批准决定之日起60日内办理注册登记手续:① 持批准文件到所在地省、自治区、直辖市新闻

出版行政主管部门领取并填写《报纸出版登记表》，经主管单位审核签
章后，报所在地省、自治区、直辖市新闻出版行政主管部门；②《报纸
出版登记表》一式五份，由报纸出版单位、主办单位、主管单位及省、自
治区、直辖市新闻出版行政主管部门各存一份，另一份由省、自治区、直
辖市新闻出版行政主管部门在15日内报送新闻出版总署备案；③ 省、
自治区、直辖市新闻出版行政主管部门对《报纸出版登记表》审核无误
后，在10日内向主办单位发放《报纸出版许可证》，并编入国内统一连
续出版物号；④ 出版单位属于事业单位法人的，持出版许可证向事业
单位登记管理机关登记，依法领取事业单位法人证书；属于企业法人
的，持出版许可证向工商行政管理部门登记，依法领取营业执照。

　　报纸主办单位自收到新闻出版总署的批准文件之日起60日内未
办理注册登记手续，批准文件自行失效，登记机关不再受理登记，报纸
主办单位须把有关批准文件缴回新闻出版总署。报纸出版单位自登记
之日起满90日未出版报纸的，由新闻出版总署撤销《报纸出版许可
证》，并由原登记的新闻出版行政主管部门注销登记。因不可抗力或
者其他正当理由发生前款所列情形的，报纸出版单位的主办单位可以
向原登记的新闻出版行政主管部门申请延期。报社应当具备法人条
件，经核准登记后，取得法人资格，以其全部法人财产独立承担民事责
任。报纸编辑部不具有法人资格，其民事责任由其主办单位承担。中
央报纸出版单位组建报业集团，由新闻出版总署批准；地方报纸出版单
位组建报业集团，向所在地省、自治区、直辖市新闻出版行政主管部门
提出申请，经审核同意后，报新闻出版总署批准。

• 案例

　　2009年9月11日，被全国"扫黄打非"办和公安部列为重点督办
的重庆"八·二九"制售非法报刊特大团伙网络案在重庆公开开庭审
理。重庆德林传媒有限公司在未经国家出版行政部门审批且无出版物
出版、批发资格的情况下，于2005年7月至2007年6月，先后以《武汉
商报》《汉江商报》《消费者导报》的刊号，出版非法报纸《国际时事周
刊》《大星期》，在交华商重庆分公司印刷后将报纸批发给重庆、四川、
云南等地的出版物经营者，共计销售这些非法报纸586 461份。此外，
德林公司还于2006年10月至2007年7月，通过彭琴从北京市无业人
员林巧、陈武(均另案处理)处购进《军事时讯》《国际军事纵横》等14

种非法报纸共计 212 750 份,由德林公司批发给重庆市的出版物经营者。法院审理认为,被告单位重庆德林传媒有限公司的经营范围是零售图书、报刊,其在未经国家有关机关批准取得出版物出版、印刷、发行的情况下,出版、印刷、发行严重危害社会秩序和扰乱市场秩序的 16 种非法报纸,共计 162 万余份,情节特别严重,其行为已构成非法经营罪。重庆市第五中级人民法院对此案作出一审判决,重庆德林传媒有限公司犯非法经营罪,被判处罚金 40 万元;该案主犯潘江因非法经营罪被判处有期徒刑 10 年,并处罚金 20 万元,彭琴被判有期徒刑 5 年,并处罚金 10 万元。

关于期刊的创办和期刊出版单位的设立,在中国也实行批准登记制。凡是创办期刊和设立期刊出版单位的,所必须具备的一系列条件以及相关审批程序与报纸的创办与报纸出版单位的设立类似。

• 案例

《中国经贸》杂志社驻新疆记者站站长刘明轩等人用非法手段,以《中国经贸》杂志社名义在新疆及其他地区非法组织、编辑、出版、发行《中国经贸·俄罗斯·中亚版》,并向企业收取费用。期间,《中国经贸》杂志社多次要求刘明轩将新疆记者站有关法律文件和相关材料上交总社,以便自检自查。但是刘明轩拒不执行杂志社决定,并且以非法手段通过 2008 年度记者站年检。2009 年 5 月,刘明轩被杂志社免职。2009 年,新闻出版行政部门注销了《中国经贸》杂志社新疆记者站。目前,新闻出版行政部门已将刘明轩列入新闻采编不良从业记录,5 年内禁止从事新闻采编工作。

3. 关于申办网络出版服务的管理规定

网络出版物,是指通过信息网络向公众提供的,具有编辑、制作、加工等出版特征的数字化作品,范围主要包括:① 文学、艺术、科学等领域内具有知识性、思想性的文字、图片、地图、游戏、动漫、音视频读物等原创数字化作品;② 与已出版的图书、报纸、期刊、音像制品、电子出版物等内容相一致的数字化作品;③ 将上述作品通过选择、编排、汇集等方式形成的网络文献数据库等数字化作品;④ 国家新闻出版广电总局认定的其他类型的数字化作品。

根据《网络出版服务管理规定》的规定,国家新闻出版广电总局作为网络出版服务的行业主管部门,负责全国网络出版服务的前置审批和监督管理工作。工业和信息化部作为互联网行业主管部门,依据职责对全国网络出版服务实施相应的监督管理。地方人民政府各级出版行政主管部门和各省级电信主管部门依据各自职责对本行政区域内网络出版服务及接入服务实施相应的监督管理工作并做好配合工作。

从事网络出版服务,必须依法经过出版行政主管部门批准,取得《网络出版服务许可证》。图书、音像、电子、报纸、期刊出版单位从事网络出版服务,应当具备以下条件:① 有确定的从事网络出版业务的网站域名、智能终端应用程序等出版平台;② 有确定的网络出版服务范围;③ 有从事网络出版服务所需的必要的技术设备,相关服务器和存储设备必须存放在中华人民共和国境内。

其他单位从事网络出版服务,除上述所列条件外,还应当具备以下条件:① 有确定的、不与其他出版单位相重复的,从事网络出版服务主体的名称及章程;② 有符合国家规定的法定代表人和主要负责人,法定代表人必须是在境内长久居住的具有完全行为能力的中国公民,法定代表人和主要负责人至少 1 人应当具有中级以上出版专业技术人员职业资格;③ 除法定代表人和主要负责人外,有适应网络出版服务范围需要的 8 名以上具有国家新闻出版广电总局认可的出版及相关专业技术职业资格的专职编辑出版人员,其中具有中级以上职业资格的人员不得少于 3 名;④ 有从事网络出版服务所需的内容审校制度;⑤ 有固定的工作场所;⑥ 法律、行政法规和国家新闻出版广电总局规定的其他条件。

中外合资经营、中外合作经营和外资经营的单位不得从事网络出版服务。网络出版服务单位与境内中外合资经营、中外合作经营、外资经营企业或境外组织及个人进行网络出版服务业务的项目合作,应当事前报国家新闻出版广电总局审批。

申请从事网络出版服务,应当向所在地省、自治区、直辖市出版行政主管部门提出申请,经审核同意后,报国家新闻出版广电总局审批。国家新闻出版广电总局应当自受理申请之日起 60 日内,作出批准或者不予批准的决定。不批准的,应当说明理由。从事网络出版服务的申报材料,应该包括下列内容:①《网络出版服务许可证申请表》;② 单位章程及资本来源性质证明；③ 网络出版服务可行性分析报告，包括资金使用、产品规划、技术条件、设备配备、机构设置、人员配备、市场分析、风险评估、版权保护措施等；④ 法定代表人和主要负责人的简历、住址、身份证明文件；⑤ 编辑出版等相关专业技术人员的国家认可的职业资格证明和主要从业经历及培训证明；⑥ 工作场所使用证明；⑦ 网站域名注册证明、相关服务器存放在中华人民共和国境内的承诺。图书、音像、电子、报纸、期刊出版单位从事网络出版服务的，仅提交前款①、⑥、⑦项规定的材料。

设立网络出版服务单位的申请者应自收到批准决定之日起 30 日内办理注册登记手续：① 持批准文件到所在地省、自治区、直辖市出版行政主管部门领取并填写《网络出版服务许可登记表》；② 省、自治区、直辖市出版行政主管部门对《网络出版服务许可登记表》审核无误后，在 10 日内向申请者发放《网络出版服务许可证》；③《网络出版服务许可登记表》一式三份，由申请者和省、自治区、直辖市出版行政主管部门各存一份，另一份由省、自治区、直辖市出版行政主管部门在 15 日内报送国家新闻出版广电总局备案。《网络出版服务许可证》有效期为 5 年。有效期届满，需继续从事网络出版服务活动的，应于有效期届满 60 日前提出申请。出版行政主管部门应当在该许可有效期届满前作出是否准予延续的决定。批准的，换发《网络出版服务许可证》。网络出版服务经批准后，申请者应持批准文件、《网络出版服务许可证》到所在地省、自治区、直辖市电信主管部门办理相关手续。

网络出版服务单位变更《网络出版服务许可证》许可登记事项、资本结构，合并或者分立，设立分支机构的，应办理审批手续，并应持批准文件到所在地省、自治区、直辖市电信主管部门办理相关手续。

网络出版服务单位中止网络出版服务的，应当向所在地省、自治区、直辖市出版行政主管部门备案，并说明理由和期限；网络出版服务单位中止网络出版服务不得超过 180 日。网络出版服务单位终止网络出版服务的，应当自终止网络出版服务之日起 30 日内，向所在地省、自治区、直辖市出版行政主管部门办理注销手续后到省、自治区、直辖市电信主管部门办理相关手续。省、自治区、直辖市出版行政主管部门将相关信息报国家新闻出版广电总局备案。

网络出版服务单位自登记之日起满 180 日未开展网络出版服务

的,由原登记的出版行政主管部门注销登记,并报国家新闻出版广电总局备案。同时,通报相关省、自治区、直辖市电信主管部门。因不可抗力或者其他正当理由发生上述所列情形的,网络出版服务单位可以向原登记的出版行政主管部门申请延期。

网络出版服务单位应当在其网站首页上标明出版行政主管部门核发的《网络出版服务许可证》编号。互联网相关服务提供者在为网络出版服务单位提供人工干预搜索排名、广告、推广等服务时,应当查验服务对象的《网络出版服务许可证》及业务范围。网络出版服务单位应当按照批准的业务范围从事网络出版服务,不得超出批准的业务范围从事网络出版服务。网络出版服务单位不得转借、出租、出卖《网络出版服务许可证》或以任何形式转让网络出版服务许可。网络出版服务单位允许其他网络信息服务提供者以其名义提供网络出版服务,属于前款所称的禁止行为。

二、广播电台、电视台、专网等的创建

1. 关于广播电视业行政管理重要法规

广播电视事业是以无线电波或电缆导线为载体、将广播电视节目讯息符号传送给听众观众的新闻媒介,包括广播电台、电视台与广播电视传输覆盖网三大组成部分。广播电视事业行政管理的主要内容包括广播电台与电视台的创办、广播电视传输覆盖网的建设与管理、广播电视节目的制作与播放等广播电视活动的各个方面。现行有关广播电视事业行政管理的法规约有数十个,其中重要的有：1984 年广播电视部发布的《关于市、县建立广播电台、电视台的暂行规定》,1993 年国务院发布的《卫星电视广播地面接收设施管理规定》,1994 年广播电影电视部发布的《有线电视管理规定》,1997 年国务院令 228 号发布的《广播电视管理条例》(现行的是 2013 年修订发布的版本)等。

根据《广播电视管理条例》等法规的规定,广播电视事业应当坚持为人民服务、为社会主义服务的方向,坚持正确的舆论导向。国务院广播电视行政部门负责制定全国广播电台、电视台的设立规划,确定广播电台、电视台的总量、布局和结构。广播电台、电视台是指采编、制作并通过有线或者无线的方式播放广播电视节目的机构。

设立广播电台、电视台,应当具备下列条件：① 有符合国家规定

的广播电视专业人员；② 有符合国家规定的广播电视技术设备；③ 必要的基本建设资金和稳定的资金保障；④ 有必要的场所。审批设立广播电台、电视台，除前述条件外，还应当符合国家的广播电视建设规划和技术发展规划。广播电台、电视台由县、不设区的市以上人民政府广播电视行政部门设立，其中教育电视台可以由设区的市、自治州以上人民政府教育行政部门设立。其他任何单位和个人不得设立广播电台、电视台。

• **案例**

2016 年，山东省邹城市文化执法局通过监听发现频率为FM100.1MHz的广播电台，每天 24 小时滚动播放保健类涉性药品广告，语言极具挑逗性，涉嫌为非法电台。济宁市文化执法局、市无线电管理委员会开展联合检查，经济宁市无线电管理委员会确认，该广播电台未申请备案，属于擅自设置、使用无线电站，擅自占用频率，违反了《无线电管理条例》第 11 条及《广播电视管理条例》第 10 条第 1 款的规定。邹城市文化执法局向公安局发函，建议立案侦查，并组成联合检查组赶赴并控制现场。经过缜密侦查，成功锁定并刑事拘留该犯罪嫌疑人。

国家禁止设立外资经营、中外合资经营和中外合作经营的广播电台、电视台。中央的广播电台、电视台由国务院广播电视行政部门设立。地方设立广播电台、电视台的，由县、不设区的市以上地方人民政府广播电视行政部门提出申请，本级人民政府审查同意后，逐级上报，经国务院广播电视行政部门审查批准后，方可筹建。中央的教育电视台由国务院教育行政部门设立，报国务院广播电视行政部门审查批准。地方设立教育电视台的，由设区的市、自治州以上地方人民政府教育行政部门提出申请，征得同级广播电视行政部门同意并经本级人民政府审查同意后，逐级上报，经国务院教育行政部门审核，由国务院广播电视行政部门审查批准后，方可筹建。经批准筹建的广播电台、电视台，应当按照国家规定的建设程序和广播电视技术标准进行工程建设。建成的广播电台、电视台，经国务院广播电视行政部门审查符合条件的，发给广播电台、电视台许可证。广播电台、电视台应当按照许可证载明的台名、台标、节目设置范围和节目套数等事项制作、播放节目。

● **案例**

2016年6月,北京市文化市场行政执法总队查获了北京某公关公司未经批准擅自制作广播电视节目案。该公司在未取得《广播电视节目制作经营许可证》的情况下,于2014年9月至2015年3月期间擅自制作了10集广播电视节目。这一行为违反了《广播电视管理条例》第31条的规定。执法总队依据《广播电视管理条例》第48条的处罚规定,依法对该公司作出没收移动硬盘1个、光盘10张、罚款人民币5万元的行政处罚。

广播电台、电视台变更台名、台标、节目设置范围或者节目套数的,应当经国务院广播电视行政部门批准。但是,县级、设区的市级人民政府广播电视行政部门设立的广播电台、电视台变更台标的,应当经所在地省、自治区、直辖市人民政府广播电视行政部门批准。

广播电台、电视台不得出租、转让播出时段。广播电台、电视台终止,应当按照原审批程序申报,其许可证由国务院广播电视行政部门收回。广播电台、电视台因特殊情况需要暂时停止播出的,应当经省级以上人民政府广播电视行政部门同意;未经批准,连续停止播出超过30日的,视为终止,应当依照前款规定办理有关手续。乡、镇设立广播电视站的,由所在地县级以上人民政府广播电视行政部门负责审核,并按照国务院广播电视行政部门的有关规定审批。机关、部队、团体、企业事业单位设立有线广播电视站的,按照国务院有关规定审批。

2. 关于申办专网及定向传播视听节目服务管理规定

专网及定向传播视听节目服务,是指以电视机、各类手持电子设备等为接收终端,通过局域网络及利用互联网架设虚拟专网或者以互联网等信息网络为定向传输通道,向公众定向提供广播电视节目等视听节目服务活动,包括以交互式网络电视(IPTV)、专网手机电视、互联网电视等形式从事内容提供、集成播控、传输分发等活动。

根据《专网及定向传播视听节目服务管理规定》的规定,国务院广播电影电视主管部门负责全国专网及定向传播视听节目服务的监督管理工作。县级以上地方人民政府广播电影电视主管部门负责本行政区域内专网及定向传播视听节目服务的监督管理工作。从事内容提供、集成播控、传输分发等专网及定向传播视听节目服务,应当取得《信息网络传播视听节目许可证》。《信息网络传播视听节目许可证》由国务院广播电影电视主管部门根据专网及定向传播视听节目服务的业务类别、服务内容、传输网络、覆盖范围等事项分类核发。专网及定向传播视听节目服务业务指导目录由国务院广播电影电视主管部门制定。

申请从事专网及定向传播视听节目服务的单位,应当具备下列条件:① 具备法人资格,为国有独资或者国有控股单位;② 有健全的节目内容编审、安全传播管理制度和安全保护措施;③ 有与其业务相适应的技术能力、经营场所和相关资源;④ 有与其业务相适应的专业人员;⑤ 技术方案符合国家有关标准和技术规范;⑥ 符合国务院广播电影电视主管部门确定的专网及定向传播视听节目服务总体规划、布局和业务指导目录;⑦ 符合法律、行政法规和国家规定的其他条件。外商独资、中外合资、中外合作机构,不得从事专网及定向传播视听节目服务。

申请从事内容提供服务的,应当是经国务院广播电影电视主管部门批准设立的地(市)级以上广播电视播出机构或者中央新闻单位等机构,还应当具备 2 000 小时以上的节目内容储备和 30 人以上的专业节目编审人员。申请从事集成播控服务的,应当是经国务院广播电影电视主管部门批准设立的省、自治区、直辖市级以上广播电视播出机构。申请从事交互式网络电视(IPTV)传输服务、专网手机电视分发服务的,应当是国务院工业和信息化主管部门批准的具有合法基础网络运营资质的单位,并具有一定规模的公共信息基础网络设施资源和为用户提供长期服务的信誉或者能力。

申请从事专网及定向传播视听节目服务,应当向省、自治区、直辖市人民政府广播电影电视主管部门提出申请,中央直属单位可直接向国务院广播电影电视主管部门提出申请。省、自治区、直辖市人民政府广播电影电视主管部门应当自收到申请之日起 20 日内提出初核意见,并将初核意见及全部申请材料报国务院广播电影电视主管部门审批;国务院广播电影电视主管部门应当自收到申请或者初核意见之日起40 日内作出许可或者不予许可的决定,其中专家评审时间为 20 日。予以许可的,向申请人颁发《信息网络传播视听节目许可证》,并向社会公告;不予许可的,应当书面通知申请人并说明理由。《信息网络传播视听节目许可证》有效期为 3 年。有效期届满,需继续从事专网及定向传播视听节目服务的,应当于有效期届满前 30 日内,持相关材料,按照规定的审批程序办理续办手续。专网及定向传播视听节目服务单位变更《信息网络传播视听节目许可证》载明的业务类别、服务内容、传输网络、覆盖范围等业务项目以及变更股东、股权结构等重大事项的,应当事先按规定办理审批手续。专网及定向传播视听节目服务单位的单位名称、办公场所、法定代表人依法变更的,应当在变更后 15 日内向原发证机关备案。专网及定向传播视听节目服务单位采用合资、合作模式开展节目生产购销、广告投放、市场推广、商业合作、收付结算、技术服务等经营性业务的,应当在签订合资、合作协议后 15 日内向原发证机关备案。专网及定向传播视听节目服务单位应当在取得《信息网络传播视听节目许可证》90 日内提供服务。未按期提供服务的,由原发证机关注销其《信息网络传播视听节目许可证》。如因特殊原因,延期或者中止提供服务的,应经原发证机关同意。申请终止服务的,应提前 60 日向原发证机关申报,由原发证机关注销其《信息网络传播视听节目许可证》。未经申报,连续停止业务超过 60 日的,由原发证机关按终止业务处理,并注销其《信息网络传播视听节目许可证》。

三、网络传播媒体的创建

1. 关于互联网信息服务管理办法

为了规范互联网信息服务活动,促进互联网信息服务健康有序发展,2000 年 9 月《互联网信息服务管理办法》经国务院通过,予以公布施行。

依据该《办法》规定,所谓互联网信息服务,是指通过互联网向上网用户提供信息的服务活动。互联网信息服务被划分为经营性和非经营性两类。所谓经营性互联网信息服务,是指通过互联网向上网用户有偿提供信息或者网页制作等服务活动。而非经营性互联网信息服务,是指通过互联网向上网用户无偿提供具有公开性、共享性信息的服务活动。国家对经营性互联网信息服务实行许可制度;对非经营性互联网信息服务实行备案制度。未取得许可或者未履行备案手续的,不得从事互联网信息服务。从事新闻、出版、教育、医疗保健、药品和医疗器械等互联网信息服务,依照法律、行政法规以及国家有关规定须经有关主管部门审核同意的,在申请经营许可或者履行备案手续前,应当依法经有关主管部门审核同意。

2. 经营性互联网信息服务的申办

从事经营性互联网信息服务,除应当符合《中华人民共和国电信条例》规定的要求外,还应当具备下列条件:① 有业务发展计划及相关技术方案;② 有健全的网络与信息安全保障措施,包括网站安全保障措施、信息安全保密管理制度、用户信息安全管理制度;③ 服务项目属于新闻、出版、教育、医疗保健、药品和医疗器械等范围的,已取得有关主管部门同意的文件。

从事经营性互联网信息服务,应当向省、自治区、直辖市电信管理机构或者国务院信息产业主管部门申请办理互联网信息服务增值电信业务经营许可证。省、自治区、直辖市电信管理机构或者国务院信息产业主管部门应当自收到申请之日起 60 日内审查完毕,作出批准或者不予批准的决定。予以批准的,颁发经营许可证;不予批准的,应当书面通知申请人并说明理由。申请人取得经营许可证后,应当持经营许可证向企业登记机关办理登记手续。从事非经营性互联网信息服务,应当向省、自治区、直辖市电信管理机构或者国务院信息产业主管部门办理备案手续。办理备案时,应当提交下列材料:主办单位和网站负责人的基本情况;网站网址和服务项目;取得有关主管部门的同意文件。省、自治区、直辖市电信管理机构对备案材料齐全的,应当予以备案并编号。

从事互联网信息服务,拟开办电子公告服务的,应当在申请经营性互联网信息服务许可或者办理非经营性互联网信息服务备案时,按照国家有关规定提出专项申请或者专项备案。省、自治区、直辖市电信管理机构和国务院信息产业主管部门应当公布取得经营许可证或者已履行备案手续的互联网信息服务提供者名单。互联网信息服务提供者应当按照经许可或者备案的项目提供服务,不得超出经许可或者备案的项目提供服务。非经营性互联网信息服务提供者不得从事有偿服务。互联网信息服务提供者变更服务项目、网站网址等事项的,应当提前 30 日向原审核、发证或者备案机关办理变更手续。互联网信息服务提供者应当在其网站主页的显著位置标明其经营许可证编号或者备案编号。

至于网络新闻信息服务单位的设立,2005 年 9 月 25 日颁布、2017 年 5 月 2 日修订颁布的《互联网新闻信息服务管理规定》第 6 条规定:"申请互联网新闻信息服务许可,应当具备下列条件:① 在中华人民共和国境内依法设立的法人;② 主要负责人、总编辑是中国公民;③ 有与服务相适应的专职新闻编辑人员、内容审核人员和技术保障人员；④ 有健全的互联网新闻信息服务管理制度；⑤ 有健全的信息安全管理制度和安全可控的技术保障措施；⑥ 有与服务相适应的场所、设施和资金。""申请互联网新闻信息采编发布服务许可的,应当是新闻单位(含其控股的单位)或新闻宣传部门主管的单位。"第 7 条进一步规定:"任何组织不得设立中外合资经营、中外合作经营和外资经营的互联网新闻信息服务单位";"互联网新闻信息服务单位与境内外中外合资经营、中外合作经营和外资经营的企业进行涉及互联网新闻信息服务业务的合作,应当报经国家互联网信息办公室进行安全评估"。

2016 年,国家新闻出版广电总局还下发了《关于加强网络视听节目直播服务管理有关问题的通知》,重申互联网视听节目服务机构开展直播服务,必须符合《互联网视听节目服务管理规定》和《互联网视听节目服务业务分类目录》的有关规定。《通知》指出,开展网络视听节目直播服务应具有相应资质。不符合相关条件的机构及个人,包括开设互联网直播间以个人网络演艺形式开展直播业务但不持有《信息网络传播视听节目许可证》的机构,均不得通过互联网开展相关活动、事件的视音频直播服务,也不得利用网络直播平台(直播间)开办新闻、综艺、体育、访谈、评论等各类视听节目,不得开办视听节目直播频道。未经批准,任何机构和个人不得在互联网上使用"电视台""广播电台""电台""TV"等广播电视专有名称开展业务。《通知》还对开展网络视听节目直播服务的单位应具备的技术、人员、管理条件,直播节目内容,相关弹幕发布,直播活动中涉及的主持人、嘉宾、直播对象等作出了具体要求。《通知》要求各省(区、市)新闻出版广电行政部门对辖区内网络视听节目直播活动情况进行全面排查,对违反相关规定的要予以查处。

第三节　新闻传播媒体运作的监管

一、报刊、网络出版的监管

1. 关于报刊出版的监管

根据《报纸出版管理规定》的规定,中国的报纸出版实行编辑责任制度,保障报纸刊载内容符合国家法律、法规的规定。报纸不得刊载《出版管理条例》和其他有关法律、法规以及国家规定的禁止内容。

报纸开展新闻报道必须坚持真实、全面、客观、公正的原则,不得刊载虚假、失实报道。报纸刊载虚假、失实报道,致使公民、法人或者其他组织的合法权益受到侵害的,其出版单位应当公开更正,消除影响,并依法承担相应民事责任。报纸刊载虚假、失实报道,致使公民、法人或者其他组织的合法权益受到侵害的,当事人有权要求更正或者答辩,报纸应当予以发表;拒绝发表的,当事人可以向人民法院提出诉讼。报纸因刊载虚假、失实报道而发表的更正或者答辩应自虚假、失实报道发现或者当事人要求之日起,在其最近出版的一期报纸的相同版位上发表。报纸刊载虚假或者失实报道,损害公共利益的,新闻出版总署或者省、自治区、直辖市新闻出版行政主管部门可以责令该报纸出版单位更正。

报纸发表或者摘转涉及国家重大政策、民族宗教、外交、军事、保密等内容,应严格遵守有关规定。报纸转载、摘编互联网上的内容,必须按照有关规定对其内容进行核实,并在刊发的明显位置标明下载文件网址、下载日期等。报纸发表新闻报道,必须刊载作者的真实姓名。

报纸出版须与《报纸出版许可证》的登记项目相符,变更登记项目须按本规定办理审批或者备案手续。一个国内统一连续出版物号只能对应出版一种报纸,不得用同一国内统一连续出版物号出版不同版本的报纸。出版报纸地方版、少数民族文字版、外文版等不同版本(文种)的报纸,须按创办新报纸办理审批手续。同一种报纸不得以不同开版出版。报纸所有版页须作为一个整体出版发行,各版页不得单独发行。报纸专版、专刊的内容应与报纸的宗旨、业务范围相一致,专版、专刊的刊头字样不得明显于报纸名称。报纸在正常刊期之外可出版增期。出版增期应按变更刊期办理审批手续。增期的内容应与报纸的业务范围相一致;增期的开版、文种、发行范围、印数应与主报一致,并随主报发行。报纸出版单位因重大事件可出版号外;出版号外须在报头注明"号外"字样,号外连续出版不得超过 3 天。报纸出版单位不得出卖、出租、转让本单位名称及所出版报纸的刊号、名称、版面,不得转借、转让、出租和出卖《报纸出版许可证》。

报纸刊登广告须在报纸明显位置注明"广告"字样,不得以新闻形式刊登广告。报纸出版单位发布广告应依据法律、行政法规查验有关证明文件,核实广告内容,不得刊登有害的、虚假的等违法广告。报纸的广告经营者限于在合法授权范围内开展广告经营、代理业务,不得参与报纸的采访、编辑等出版活动。

报纸出版单位不得在报纸上刊登任何形式的有偿新闻。报纸出版单位及其工作人员不得利用新闻报道牟取不正当利益,不得索取、接受采访报道对象及其利害关系人的财物或者其他利益。

报纸采编业务和经营业务必须严格分开。新闻采编业务部门及其工作人员不得从事报纸发行、广告等经营活动;经营部门及其工作人员不得介入新闻采编业务。报纸出版单位的新闻采编人员从事新闻采访活动,必须持有新闻出版总署统一核发的新闻记者证,并遵守新闻出版总署《新闻记者证管理办法》的有关规定。

报纸出版活动的监督管理实行属地原则。省、自治区、直辖市新闻出版行政主管部门依法负责本行政区域报纸和报纸出版单位的登记、年度核验、质量评估、行政处罚等工作,对本行政区域的报纸出版活动进行监督管理。其他地方新闻出版行政主管部门依法对本行政区域内报纸出版单位及其报纸出版活动进行监督管理。

报纸出版管理实施报纸出版事后审读制度、报纸出版质量评估制度、报纸出版年度核验制度和报纸出版从业人员资格管理制度。报纸出版单位应当按照新闻出版总署的规定,将从事报纸出版活动的情况向新闻出版行政主管部门提出书面报告。新闻出版总署负责全国报纸审读工作。地方各级新闻出版行政主管部门负责对本行政区域内出版的报纸进行审读。主管单位须对其主管的报纸进行审读,定期向所在地新闻出版行政主管部门报送审读报告。报纸出版单位应建立报纸阅评制度,定期写出阅评报告。新闻出版行政主管部门根据管理工作需要,可以随时调阅、检查报纸出版单位的阅评报告。

新闻出版总署制定报纸出版质量综合评估标准体系,对报纸出版质量进行全面评估。经报纸出版质量综合评估,报纸出版质量未达到规定标准或者不能维持正常出版活动的,由出版行政主管部门责令限期改正;逾期仍未改正的,由新闻出版总署撤销《报纸出版许可证》,所在地省、自治区、直辖市新闻出版行政主管部门注销登记。

关于期刊出版的监管,与报纸出版的监管类似,在此不再赘述。

2. 关于网络出版的监管

网络出版服务,是指通过信息网络向公众提供网络出版物。《网络出版服务管理规定》规定,网络出版服务单位实行编辑责任制度,保障网络出版物内容合法。网络出版服务单位实行出版物内容审核责任制度、责任编辑制度、责任校对制度等管理制度,保障网络出版物出版质量。在网络上出版其他出版单位已在境内合法出版的作品且不改变原出版物内容的,须在网络出版物的相应页面显著标明原出版单位名称以及书号、刊号、网络出版物号或者网址信息。

网络出版物不得含有以下内容:① 反对宪法确定的基本原则的;② 危害国家统一、主权和领土完整的;③ 泄露国家秘密、危害国家安全或者损害国家荣誉和利益的;④ 煽动民族仇恨、民族歧视,破坏民族团结,或者侵害民族风俗、习惯的;⑤ 宣扬邪教、迷信的;⑥ 散布谣言,扰乱社会秩序,破坏社会稳定的;⑦ 宣扬淫秽、色情、赌博、暴力或者教唆犯罪的;⑧ 侮辱或者诽谤他人,侵害他人合法权益的;⑨ 危害社会公德或者民族优秀文化传统的;⑩ 有法律、行政法规和国家规定禁止的其他内容的。为保护未成年人合法权益,网络出版物不得含有诱发未成年人模仿违反社会公德和违法犯罪行为的内容,不得含有恐怖、残酷等妨害未成年人身心健康的内容,不得含有披露未成年人个人隐私的内容。

网络出版服务单位出版涉及国家安全、社会安定等方面重大选题的内容,应当按照国家新闻出版广电总局有关重大选题备案管理的规定办理备案手续。未经备案的重大选题内容,不得出版。

网络游戏上网出版前,必须向所在地省、自治区、直辖市出版行政主管部门提出申请,经审核同意后,报国家新闻出版广电总局审批。

网络出版物的内容不真实或不公正,致使公民、法人或者其他组织合法权益受到侵害的,相关网络出版服务单位应当停止侵权,公开更正,消除影响,并依法承担其他民事责任。

国家对网络出版物实行标识管理,具体办法由国家新闻出版广电总局另行制定。网络出版物必须符合国家的有关规定和标准要求,保证出版物质量。网络出版物使用语言文字,必须符合国家法律规定和有关标准规范。网络出版服务单位应当按照国家有关规定或技术标准,配备应用必要的设备和系统,建立健全各项管理制度,保障信息安全、内容合法,并为出版行政主管部门依法履行监督管理职责提供技术支持。

网络出版服务单位在网络上提供境外出版物,应当取得著作权合法授权。其中,出版境外著作权人授权的网络游戏,须按本规定办理审批手续。网络出版服务单位发现其出版的网络出版物含有本规定第24条、第25条所列内容的,应当立即删除,保存有关记录,并向所在地县级以上出版行政主管部门报告。网络出版服务单位应记录所出版作品的内容及其时间、网址或者域名,记录应当保存60日,并在国家有关部门依法查询时,予以提供。网络出版服务单位须遵守国家统计规定,依法向出版行政主管部门报送统计资料。

二、广播电视节目播放、专网及定向传播视听节目服务的监管

1. 关于广播电视节目播放的监管

根据《广播电视管理条例》的规定,广播电台、电视台应当按照国务院广播电视行政部门批准的节目设置范围开办节目。广播电视节目由广播电台、电视台和省级以上人民政府广播电视行政部门批准设立的广播电视节目制作经营单位制作。广播电台、电视台不得播放未取得广播电视节目制作经营许可的单位制作的广播电视节目。

广播电台、电视台应当提高广播电视节目质量,增加国产优秀节目数量,禁止制作、播放载有下列内容的节目:① 危害国家的统一、主权和领土完整的;② 危害国家的安全、荣誉和利益的;③ 煽动民族分裂,破坏民族团结的;④ 泄露国家秘密的;⑤ 诽谤、侮辱他人的;⑥ 宣扬淫秽、迷信或者渲染暴力的;⑦ 法律、行政法规规定禁止的其他内容。

广播电台、电视台对其播放的广播电视节目内容,应当依照规定进行播前审查,重播重审。广播电视新闻应当真实、公正。设立电视剧制作单位,应当经国务院广播电视行政部门批准,取得电视剧制作许可证后,方可制作电视剧。电视剧的制作和播出管理办法,由国务院广播电视行政部门规定。广播电台、电视台应当使用符合国家法律规定和有关标准、规范的语言文字。

地方广播电台、电视台或者广播电视站,应当按照国务院广播电视行政部门的有关规定转播广播电视节目。乡、镇设立的广播电视站不得自办电视节目。广播电台、电视台应当按照节目预告播放广播电视节目;确需更换、调整原预告节目的,应当提前向公众告示。

用于广播电台、电视台播放的境外电影、电视剧,必须经国务院广

播电视行政部门审查批准。用于广播电台、电视台播放的境外其他广播电视节目,必须经国务院广播电视行政部门或者其授权的机构审查批准。向境外提供的广播电视节目,应当按照国家有关规定向省级以上人民政府广播电视行政部门备案。广播电台、电视台播放境外广播电视节目的时间与广播电视节目总播放时间的比例,由国务院广播电视行政部门规定。广播电台、电视台以卫星等传输方式进口、转播境外广播电视节目,必须经国务院广播电视行政部门批准。广播电台、电视台播放广告,不得超过国务院广播电视行政部门规定的时间。广播电台、电视台应当播放公益性广告。

教育电视台应当按照国家有关规定播放各类教育教学节目,不得播放与教学内容无关的电影、电视片。举办国际性广播电视节目交流、交易活动,应当经国务院广播电视行政部门批准,并由指定的单位承办。举办国内区域性广播电视节目交流、交易活动,应当经举办地的省、自治区、直辖市人民政府广播电视行政部门批准,并由指定的单位承办。未经批准,任何单位和个人不得举办广播电视节目的交流、交易活动。对享有著作权的广播电视节目的播放和使用,依照《著作权法》的规定办理。

2. 关于专网及定向传播视听节目服务的监管

根据《专网及定向传播视听节目服务管理规定》的规定,专网及定向传播视听节目服务单位应当按照《信息网络传播视听节目许可证》载明的事项从事专网及定向传播视听节目服务。

专网及定向传播视听节目服务单位应当建立健全与国家网络信息安全相适应的安全管理制度、保障体系和技术保障手段,履行安全保障义务。专网及定向传播视听节目服务单位应当为广播电影电视主管部门设立的节目监控系统提供必要的信号接入条件。专网及定向传播视听节目服务单位相互之间应当按照广播电影电视主管部门的管理规定和相关标准实行规范对接,并为对接提供必要的技术支持和服务保障。用于专网及定向传播视听节目服务的技术系统和终端产品,应符合国家有关标准和技术规范。任何单位不得向未取得专网及定向传播视听节目服务许可的单位提供与专网及定向传播视听节目服务有关的服务器托管、网络传输、软硬件技术支持、代收费等服务。

专网及定向传播视听节目服务单位传播的节目应当符合法律、行政法规、部门规章的规定,不得含有以下内容: ① 违反宪法确定的基本原则,煽动抗拒或者破坏宪法、法律、行政法规实施;② 危害国家统一、主权和领土完整,泄露国家秘密,危害国家安全,损害国家荣誉和利益;③ 诋毁民族优秀文化传统,煽动民族仇恨、民族歧视,侵害民族风俗习惯,歪曲民族历史和民族历史人物,伤害民族感情,破坏民族团结;④ 宣扬宗教狂热,危害宗教和睦,伤害信教公民宗教感情,破坏信教公民和不信教公民团结,宣扬邪教、迷信;⑤ 危害社会公德,扰乱社会秩序,破坏社会稳定,宣扬淫秽、赌博、吸毒,渲染暴力、恐怖,教唆犯罪或者传授犯罪方法;⑥ 侵害未成年人合法权益或者损害未成年人身心健康;⑦ 侮辱、诽谤他人或者散布他人隐私,侵害他人合法权益;⑧ 法律、行政法规禁止的其他内容。专网及定向传播视听节目服务单位传播的电影、电视剧、动画片、纪录片等节目,应当符合国家广播电影电视相关管理规定。

专网及定向传播视听节目服务单位传播的时政类视听新闻节目,应当是地(市)级以上广播电台、电视台制作、播出的新闻节目。专网及定向传播视听节目服务单位不得转播、链接、聚合、集成非法广播电视频道节目、非法视听节目网站的节目和未取得内容提供服务许可的单位开办的节目。

专网及定向传播视听节目服务单位应当遵守著作权法律、行政法规的规定,采取版权保护措施,保护著作权人的合法权益。内容提供服务单位,负责建设和运营内容提供平台,组织、编辑和审核节目内容。内容提供服务单位播出的节目应当经过集成播控服务单位设立的集成播控平台统一集成后提供给用户。内容提供服务单位应当选择依法取得集成播控服务许可的单位提供接入服务。内容提供服务单位负责审查其内容提供平台上的节目是否符合上述规定和版权管理要求,并进行播前审查。内容提供服务单位应当建立健全节目审查、安全播出等节目内容管理制度,配备专业节目审查人员。所播出节目的名称、内容概要、播出时间、时长、来源等信息,应当至少保留60日,并配合广播电影电视主管部门依法查询。内容提供服务单位发现含有违反本规定的节目,应当立即删除并保存有关记录,并向广播电影电视主管部门报告,落实广播电影电视主管部门的管理要求。

集成播控服务单位,负责集成播控平台的建设和运营,负责对内容提供服务单位播出节目的统一集成和播出监控,负责电子节目指南、用户端、计费、版权等管理。集成播控服务单位发现接入集成播控平台的节目含有违反本规定的内容时,应立即切断节目源,并向广播电影电视主管部门报告。集成播控服务单位应当建立健全安全播控管理制度,采取技术安全管控措施,配备专业安全播控管理人员,按照广播电影电视主管部门的管理规定集成播控节目。集成播控服务单位在提供接入服务时,应当查验内容提供服务单位的《信息网络传播视听节目许可证》,并为其提供优质的信号接入服务,不得擅自插播、截留、变更内容提供服务单位播出的节目信号。集成播控服务单位和内容提供服务单位应在播出界面显著位置标注国务院广播电影电视主管部门批准的播出标识、名称。传输分发服务单位应当遵守广播电影电视主管部门有关安全传输的管理规定,建立健全安全传输管理制度,保障网络传输安全。传输分发服务单位在提供传输分发服务前,应当查验集成播控服务单位的《信息网络传播视听节目许可证》。

不得擅自插播、截留、变更集成播控平台发出的节目信号和电子节目指南、用户端、计费、版权等控制信号。省级以上广播电影电视主管部门应建立健全节目监管系统,建立公众监督举报制度,加强对专网及定向传播视听节目服务的监督管理。广播电影电视主管部门发现专网及定向传播视听节目服务单位未及时处置违法违规内容、落实监管措施的,可以对其主要负责人、法定代表人、总编辑进行约谈。

三、网络传播活动的监管

根据《互联网信息服务管理办法》的规定,在网络传播活动中,互联网信息服务提供者不得制作、复制、发布、传播含有下列内容的信息:① 反对宪法所确定的基本原则的;② 危害国家安全,泄露国家秘密,颠覆国家政权,破坏国家统一的;③ 损害国家荣誉和利益的;④ 煽动民族仇恨、民族歧视,破坏民族团结的;⑤ 破坏国家宗教政策,宣扬邪教和封建迷信的;⑥ 散布谣言,扰乱社会秩序,破坏社会稳定的;⑦ 散布淫秽、色情、赌博、暴力、凶杀、恐怖或者教唆犯罪的;⑧ 侮辱或者诽谤他人,侵害他人合法权益的;⑨ 含有法律、行政法规禁止的其他内容的。互联网信息服务提供者发现其网站传输的信息明显属于上述内容之一的,应当立即停止传输,保存有关记录,并向国家有关机关报告。

经营性互联网信息服务提供者申请在境内境外上市或者同外商合

资、合作,应当事先经国务院信息产业主管部门审查同意;其中,外商投资的比例应当符合有关法律、行政法规的规定。

国务院信息产业主管部门和省、自治区、直辖市电信管理机构,依法对互联网信息服务实施监督管理。新闻、出版、教育、卫生、药品监督管理、工商行政管理和公安、国家安全等有关主管部门,在各自职责范围内依法对互联网信息内容实施监督管理。制作、复制、发布前述禁止传播内容,构成犯罪的,依法追究刑事责任;尚不构成犯罪的,由公安机关、国家安全机关依照有关法律、行政法规的规定予以处罚;对经营性互联网信息服务提供者,并由发证机关责令停业整顿直至吊销经营许可证,通知企业登记机关;对非经营性互联网信息服务提供者,并由备案机关责令暂时关闭网站直至关闭网站。

• 案例

2009 年 4 月,原在中国食品质量报福建记者站工作的朱炳生调到报社新闻部任副主任。期间,朱炳生违反规定私自成立福州共创文化传媒有限公司,注册成立食品安全网上投诉中心(www. cfqn12315. com)、华夏质量安全网上投诉中心(www. hxjc365.com)等投诉类网站,朱炳生任网站负责人,对企业食品质量问题进行曝光,并以网站名义向企业发出投诉核实函,要求"企业在三个工作日内回复,并根据处理结果和回复内容决定是否安排特约媒体记者进行调查报道"。2010 年 5 月,中国食品质量报社辞退朱炳生。之后,新闻出版行政部门已吊销朱炳生新闻记者证,并将其列入新闻采编不良从业记录,5 年内禁止从事新闻采编工作。

关于互联网新闻信息服务,根据 2005 年 9 月 25 日颁布、2017 年 5 月 2 日修订的《互联网新闻信息服务管理规定》的有关规定,互联网新闻信息服务提供者应当设立总编辑,总编辑对互联网新闻信息内容负总责;互联网新闻信息服务提供者应当健全信息发布审核、公共信息巡查、应急处置等信息安全管理制度,具有安全可控的技术保障措施;互联网新闻信息服务提供者为用户提供互联网新闻信息传播平台服务,应当按照《网络安全法》的规定,要求用户提供真实身份信息;互联网新闻信息服务提供者对用户身份信息和日志信息负有保密的义务,不得泄露、篡改、毁损,不得出售或非法向他人提供;互联网新闻信息服务提供者及其从业人员不得通过采编、发布、转载、删除新闻信息,干预新闻信息呈现或搜索结果等手段谋取不正当利益;互联网新闻信息服务提供者和用户不得制作、复制、发布、传播法律、行政法规禁止的信息内容;互联网新闻信息服务提供者转载新闻信息,应当转载中央新闻单位或省、自治区、直辖市直属新闻单位等国家规定范围内的单位发布的新闻信息,注明新闻信息来源、原作者、原标题、编辑真实姓名等,不得歪曲、篡改标题原意和新闻信息内容,并保证新闻信息来源可追溯。

第四节　新闻单位驻地方机构的创建与监管

一、新闻单位驻地方机构的设立和规范

为规范新闻单位驻地方机构(以下称驻地方机构)的新闻采编活动,加强驻地方机构的管理,促进新闻事业健康有序发展,国家新闻出版广电总局根据国家有关规定,制定了《新闻单位驻地方机构管理办法(试行)》,2016 年 12 月 30 日予以公布,自 2017 年 6 月 1 日起施行。

驻地方机构,是指依法批准的新闻单位设立的从事新闻采编活动的派出机构。本办法适用于下列新闻单位派出的驻地方机构从事新闻采编活动的管理:① 报纸出版单位、新闻性期刊出版单位;② 通讯社;③ 广播电台、电视台、广播电视台;④ 新闻网站、网络广播电视台;⑤ 其他新闻单位。国家对设立驻地方机构实行许可制度,未经批准不得设立,任何单位和人员不得以驻地方机构名义从事新闻采编活动。新闻单位不得以派驻地记者方式代替设立驻地方机构从事新闻采编活动。

新闻单位设立驻地方机构应当符合国务院新闻出版广电主管部门对驻地方机构总量、布局、结构的规划,并具备下列条件:① 在派驻地确有新闻采编需要;② 有健全的驻地方机构人员、财务、新闻采编活动等管理制度;③ 有指导、管理驻地方机构的条件和能力;④ 驻地方机构负责人具有新闻、出版、播音主持等专业的中级以上职称或者有 5 年以上新闻采编、新闻管理工作经历;⑤ 驻地方机构有符合业务需要的持有新闻记者证的新闻采编人员;⑥ 驻地方机构有满足业务需要

的固定工作场所和经费；⑦ 国家规定的其他条件。

　　申请设立驻地方机构的报纸出版单位,仅限于每周出版四期以上的报纸出版单位,不包括教学辅导类报纸、文摘类报纸、高等学校校报等出版单位。申请设立驻地方机构的新闻网站,仅限于中央主要新闻单位所办中央重点新闻网站。申请设立驻地方机构的新闻性期刊出版单位、广播电台、电视台、广播电视台、网络广播电视台,应当经国务院新闻出版广电主管部门认定。新闻单位在同一城市只能设立一个驻地方机构。报业集团、期刊集团或者有多家子报子刊的新闻单位应当以集团或者新闻单位名义设立驻地方机构,其下属新闻单位不得再单独设立驻地方机构。

　　新闻单位设立驻地方机构,经其主管单位审核同意后,向驻地方机构所在地省、自治区、直辖市新闻出版广电主管部门提出申请。其中,中央主要新闻单位设立驻地方机构,须先经国务院新闻出版广电主管部门审核同意。中央重点新闻网站设立驻地方机构,经驻地方机构所在地省、自治区、直辖市网信主管部门审核,并经国家网信主管部门审查同意后,向所在地省、自治区、直辖市新闻出版广电主管部门提出申请。新闻单位设立驻地方机构,应提交申请书及下列材料：① 驻地方机构负责人、新闻采编人员等的基本情况及其从业资格证明；② 符合本办法规定的驻地方机构人员编制或者劳动合同、聘用合同等证明；③ 驻地方机构经费来源的证明；④ 驻地方机构工作场所的证明；⑤ 主管单位同意设立驻地方机构的证明；⑥ 报纸出版单位出具报纸刊期的证明；⑦ 新闻性期刊出版单位、广播电台、电视台、广播电视台、网络广播电视台出具国务院新闻出版广电主管部门认定的证明；⑧ 中央重点新闻网站出具国家网信主管部门审查同意的证明。

　　省、自治区、直辖市新闻出版广电主管部门自受理申请之日起 20日内,作出批准或者不批准的决定。批准的,发放新闻单位驻地方机构许可证；不批准的,应当说明理由。驻地方机构名称由新闻单位名称和驻地方机构所在行政区域及单位名称组成。驻地方机构的登记地址、联系方式、负责人、新闻采编人员等发生变更,驻地方机构应当在变更后 90 日内到所在地省、自治区、直辖市新闻出版广电主管部门办理变更登记手续。新闻单位终止其驻地方机构业务活动,应当在 30 日内到所在地省、自治区、直辖市新闻出版广电主管部门办理注销登记手续,交回新闻单位驻地方机构许可证。新闻单位驻地方机构许可证由国务院新闻出版广电主管部门统一印制,有效期 6 年。新闻单位应当在取得新闻单位驻地方机构许可证后 30 日内派遣新闻采编人员等到驻地方机构开展工作。新闻单位应当建立健全新闻线索集中管理和统一安排采访制度,规范驻地方机构的新闻采编活动。新闻单位应当建立规范的驻地方机构人员用工制度,签订劳动合同或者聘用合同,保障员工的薪酬、社会保障等各项权益。新闻单位应当确保驻地方机构正常开展工作所需经费,不得向驻地方机构及其人员下达经营创收指标、摊派经营任务、收取管理费等。新闻单位应当建立健全驻地方机构人员培训和在职教育制度,提升从业人员素质。新闻单位应当建立健全驻地方机构负责人任期、轮岗、审计、约谈、问责等内部管理制度,对出现违法违规问题造成恶劣影响的,要撤换驻地方机构负责人并依法依规追究责任。新闻单位应当建立健全巡视检查制度,定期开展巡视检查,强化对驻地方机构的日常管理。新闻单位应当建立健全社会监督机制,公示驻地方机构及其负责人、新闻采编人员名单,接受社会监督。新闻单位、驻地方机构及其人员不得以承包、出租、出借、合作等任何形式非法转让驻地方机构的名称、证照、新闻业务等。

驻地方机构应当在批准范围内从事与新闻单位业务范围相一致的新闻采编活动。驻地方机构及其人员不得从事广告、出版物发行、开办经营实体等与新闻采编业务无关的活动。驻地方机构负责人应当落实国家有关新闻采编的管理规定,对本机构的新闻采编工作全面负责。驻地方机构应当建立新闻采编工作记录制度、自查评估制度。

驻地方机构及其人员不得有下列违法违规和违反职业道德的行为:① 编发虚假报道;② 有偿新闻、有偿不闻、新闻敲诈等;③ 利用职务影响和职务便利要求采访、报道对象及相关单位和人员做广告、订报刊、提供赞助等;④ 其他谋取不正当利益的行为。驻地方机构不得以任何名义设立分支机构、聘用人员,不得与党政机关混合设立,党政机关工作人员不得在驻地方机构兼职。驻地方机构负责人原则上不得同时在两个以上驻地方机构任职。

二、新闻单位驻地方机构活动的监管和法律责任

国务院新闻出版广电主管部门负责全国驻地方机构的监督管理,制定全国驻地方机构的设立规划,确定总量、布局、结构。县级以上地

方人民政府新闻出版广电主管部门负责本行政区域内驻地方机构的监督管理。新闻单位负责其驻地方机构从事新闻采编等活动的日常管理,保障驻地方机构依法运行。

驻地方机构及其人员从事新闻采编活动应当以人民为中心,坚持为人民服务、为社会主义服务,坚持正确舆论导向,弘扬社会主义核心价值观,弘扬民族优秀文化。驻地方机构及其人员从事新闻采编活动应当遵守法律法规,尊重社会公德,恪守职业道德,深入基层、深入群众、深入生活,确保新闻报道真实、全面、客观、公正。驻地方机构及其人员从事新闻采编等活动受法律保护。任何单位和人员不得干扰、阻挠驻地方机构及其人员的正常工作,不得假冒、盗用驻地方机构名义开展活动。

国务院新闻出版广电主管部门负责指导、协调地方新闻出版广电主管部门对全国驻地方机构的监督管理。

国务院新闻出版广电主管部门负责中央主要新闻单位和中央重点新闻网站驻地方机构执行本办法情况的监督抽查;负责督办、查处驻地方机构及其人员违反本办法的重大案件;负责依法将驻地方机构及其人员违反本办法受到行政处罚的情形记入新闻采编不良从业行为记录。

省、自治区、直辖市新闻出版广电主管部门负责本行政区域内驻地方机构的日常监督管理。省、自治区、直辖市新闻出版广电主管部门应当建立健全准入退出、综合评估、监督抽查、年度核验、信息通报和公告等制度,负责查处本行政区域内驻地方机构及其人员违反本办法的行为。省、自治区、直辖市新闻出版广电主管部门应当向国务院新闻出版广电主管部门定期报告驻地方机构准入退出、综合评估、监督抽查、年度核验和公告等情况。地方各级新闻出版广电主管部门应当建立健全社会监督机制,受理对违反本办法行为的投诉、举报,并及时核实、处理、答复。

国务院新闻出版广电主管部门发现中央主要新闻单位和中央重点新闻网站驻地方机构有违反本办法行为的,可以对新闻单位相关负责人进行约谈,向有关部门提出处理建议。省、自治区、直辖市新闻出版广电主管部门发现本行政区域内驻地方机构有违反本办法行为的,可以对新闻单位相关负责人,或者驻地方机构负责人进行约谈,向有关部门提出处理建议。省、自治区、直辖市新闻出版广电主管部门应当与网信主管部门建立协作机制,通报本行政区域内中央重点新闻网站驻地方机构准入退出、变更备案、年度核验、案件查处等信息。

新闻单位的主管单位应当督促所属新闻单位及其驻地方机构执行本办法的各项管理规定,及时发现并纠正所属新闻单位、驻地方机构及其人员的违法行为,并依法追究所属新闻单位主要负责人和直接责任人的责任。

省、自治区、直辖市新闻出版广电主管部门每两年对本行政区域内驻地方机构统一组织年度核验,重点核查驻地方机构下列内容:① 新闻采编工作情况;② 负责人、持有新闻记者证的新闻采编人员等变更情况;③ 是否存在违反本办法的行为及其处理情况。

驻地方机构应当按时将下列材料报省、自治区、直辖市新闻出版广电主管部门进行年度核验:① 驻地方机构年度工作总结报告;② 驻地方机构年度主要新闻报道目录或者证明其新闻采编业绩的有关材料;③ 新闻单位对驻地方机构的年度评估报告;④ 其他必需的有关材料。

中央重点新闻网站驻地方机构还应当提供省、自治区、直辖市网信主管部门提出的审核意见。省、自治区、直辖市新闻出版广电主管部门应当及时向社会公告年度核验合格的驻地方机构名录;在年度核验中发现驻地方机构及其人员有违法行为的,应当依法处理;对不再具备行政许可法定条件的,应当责令限期改正,未按期改正的,应当依法撤销行政许可。

新闻出版广电主管部门或者其他有关部门工作人员有下列情形之一,尚不构成犯罪的,依法给予处分:① 利用职务便利收受他人财物或者其他好处的;② 违反本办法规定进行审批活动的;③ 不履行监督职责的;④ 发现违法行为不予查处的;⑤ 干扰、阻挠驻地方机构及其人员正常的新闻采编活动、妨碍舆论监督的;⑥ 其他违反本办法规定滥用职权、玩忽职守、徇私舞弊的情形。

驻地方机构出现下列情形之一的,由国务院新闻出版广电主管部门或者省、自治区、直辖市新闻出版广电主管部门责令新闻单位限期改正;新闻单位未按期改正的,由省、自治区、直辖市新闻出版广电主管部门撤销其新闻单位驻地方机构许可证:① 驻地方机构不具备本办法规定的许可条件的;② 新闻单位在取得新闻单位驻地方机构许可证后,未在 30 日内派遣新闻采编人员等到驻地方机构开展工作的。

新闻单位及其驻地方机构有下列行为之一的,国务院新闻出版广电主管部门或者省、自治区、直辖市新闻出版广电主管部门可以采取通报批评、责令公开检讨、责令整改等行政措施,情节严重的,可以给予警告,可以并处 3 万元以下罚款: ① 驻地方机构的登记地址、联系方式、负责人、新闻采编人员等发生变更,驻地方机构未在变更后 90 日内到所在地省、自治区、直辖市新闻出版广电主管部门办理变更登记手续的;新闻单位终止其驻地方机构业务活动,未在 30 日内到所在地省、自治区、直辖市新闻出版广电主管部门办理注销登记手续,交回新闻单位驻地方机构许可证的; ② 新闻单位未建立健全新闻线索集中管理和统一安排采访制度,规范驻地方机构的新闻采编活动的;新闻单位未建立规范的驻地方机构人员用工制度,签订劳动合同或者聘用合同,保障员工的薪酬、社会保障等各项权益的;新闻单位未建立健全驻地方机构人员培训和在职教育制度,提升从业人员素质的;新闻单位未建立健全驻地方机构负责人任期、轮岗、审计、约谈、问责等内部管理制度,对出现违法违规问题造成恶劣影响的,未撤换驻地方机构负责人并依法依规追究责任的;新闻单位未建立健全巡视检查制度,定期开展巡视检查,强化对驻地方机构的日常管理的;新闻单位未建立健全社会监督机制,公示驻地方机构及其负责人、新闻采编人员名单,接受社会监督的; ③ 驻地方机构负责人未落实国家有关新闻采编的管理规定,对本机构的新闻采编工作全面负责的;驻地方机构未建立新闻采编工作记录制度、自查评估制度的; ④ 驻地方机构未按时将下列材料报省、自治区、直辖市新闻出版广电主管部门进行年度核验的:驻地方机构年度工作总结报告;驻地方机构年度主要新闻报道目录或者证明其新闻采编业绩的有关材料;新闻单位对驻地方机构的年度评估报告;其他必需的有关材料。中央重点新闻网站驻地方机构未提供省、自治区、直辖市网信主管部门提出的审核意见的。

新闻单位及其驻地方机构有下列行为之一的,国务院新闻出版广电主管部门或者省、自治区、直辖市新闻出版广电主管部门可以采取通报批评、责令公开检讨、责令整改等行政措施,可以给予警告,可以并处 3 万元以下罚款,情节严重的,撤销其新闻单位驻地方机构许可证: ① 新闻单位未确保驻地方机构正常开展工作所需经费,向驻地方机构及其人员下达经营创收指标、摊派经营任务、收取管理费的; ② 新闻单位、驻地方机构及其人员以承包、出租、出借、合作等任何形式非法转让驻地方机构的名称、证照、新闻业务等的；③ 驻地方机构从事与新闻采编业务无关的活动或者从事违法违规和违反职业道德行为的；④ 驻地方机构违规设立分支机构、聘用人员，与党政机关混合设立，党政机关工作人员在驻地方机构兼职的。擅自设立驻地方机构或者采取假冒、盗用等方式以驻地方机构或者驻地记者名义开展活动的，由省、自治区、直辖市新闻出版广电主管部门予以取缔，可以并处 3 万元以下罚款，没收违法所得。

第五节　新闻从业人员职务行为信息管理

近年来，新闻从业人员滥用职务行为信息的现象时有出现。有的随意散布、传播涉密信息，有的擅自将职务活动中知悉的信息通过网络平台发布，有的将本新闻单位未播发的报道交由其他境内外媒体刊播，有的利用新闻单位资源谋取不正当利益，干扰了正常的新闻传播秩序，损害了党和国家利益。为切实加强新闻从业人员职务行为信息的管理，根据《保守国家秘密法》《劳动合同法》《著作权法》等有关法律法规，国家新闻出版广电总局制定了《新闻从业人员职务行为信息管理办法》，自 2014 年 6 月 30 日起施行。

《管理办法》所称新闻从业人员职务行为信息，是指新闻单位的记者、编辑、播音员、主持人等新闻采编人员及提供技术支持等辅助活动的其他新闻从业人员，在从事采访、参加会议、听取传达、阅读文件等职务活动中，获取的各类信息、素材以及所采制的新闻作品，其中包含国家秘密、商业秘密、未公开披露的信息等。

《管理办法》规定：新闻单位要坚持依法依规、趋利避害、善管善用、可管可控的原则，加强职务行为信息管理，确保新闻从业人员职务行为信息使用科学合理、规范有序。新闻单位应健全保密制度，对新闻从业人员在职务行为中接触的国家秘密信息，应明确知悉范围和保密期限，健全国家秘密载体的收发、传递、使用、复制、保存和销毁制度，禁止非法复制、记录、存储国家秘密，禁止在任何媒体以任何形式传递国家秘密，禁止在私人交往和通信中涉及国家秘密。新闻从业人员上岗应当经过保密教育培训，并签订保密承诺书。新闻单位应按照《劳动合同法》的有关规定,与新闻从业人员就职务行为信息中的商业秘密、未公开披露的信息、职务作品等与知识产权相关的保密事项,签订职务行为信息保密协议,建立职务行为信息统一管理制度。保密协议须分类明确新闻从业人员职务行为信息的权利归属、使用规范、离岗离职后的义务和违约责任。

新闻从业人员不得违反保密协议的约定,向其他境内外媒体、网站提供职务行为信息,或者担任境外媒体的"特约记者""特约通讯员""特约撰稿人"或"专栏作者"等。新闻从业人员不得利用职务行为信息谋取不正当利益。新闻从业人员以职务身份开设博客、微博、微信等,须经所在新闻单位批准备案,所在单位负有日常监管职责。新闻从业人员不得违反保密协议的约定,通过博客、微博、微信公众账号或个人账号等任何渠道,以及论坛、讲座等任何场所,透露、发布职务行为信息。新闻从业人员离岗离职要交回所有涉密材料、文件,在法律规定或协议约定的保密期限内履行保密义务。新闻单位须将签署保密承诺书和职务行为信息保密协议作为新闻从业人员劳动聘用和职务任用的必要条件,未签订的不得聘用和任用。

新闻采编人员申领、换领新闻记者证,须按照《新闻记者证管理办法》的规定提交有关申报材料,申报材料中未包含保密承诺书和职务行为信息保密协议的,不予核发新闻记者证。新闻单位应在参加新闻记者证年度核验时,向新闻出版广电行政部门报告新闻从业人员保密承诺书和保密协议签订、执行情况。新闻从业人员违反保密承诺和保密协议、擅自使用职务行为信息的,新闻单位应依照合同追究违约责任,视情节作出行政处理或纪律处分,并追究其民事责任。新闻单位的主管主办单位应督促所属新闻单位健全保密承诺和保密协议制度,履行管理责任;新闻出版广电行政部门应加强本行政区域内新闻单位职务行为信息管理情况的日常监督检查。新闻从业人员擅自发布职务行为信息造成严重后果的,由新闻出版广电行政部门依法吊销新闻记者证,列入不良从业行为记录,做出禁业或限业处理。新闻单位对新闻从业人员职务行为信息管理混乱,造成失密泄密、敲诈勒索、侵权等严重问题的,由新闻出版广电行政部门等依法查处,责令整改,对拒不改正或整改不到位的不予通过年度核验,情节严重的撤销许可证,并依法追究新闻单位负责人和直接责任人的责任。新闻从业人员违反规定使用职务行为信息造成失密泄密的,依法追究相关人员责任,涉嫌违法犯罪的移送司法机关处理。

学习思考题：

1. 中国新闻传播媒体的创办实行批准登记制度的主要内容及意义。

2. 报纸出版秩序方面存在哪些较为突出的违法、违规现象？

3. 网络新闻传播与播放视听节目监管应遵循哪些管理原则？

4. 对新闻从业人员的职业行为有哪些限制性规定？

第三章

新闻、广告等各类信息的发布

第一节　重大新闻的发布与新闻
发布会制度的建立

一、重大政务新闻的发布与报道

所谓重大政务新闻,主要是指:党和政府的重大政策、决定;重要文件;重要会议新闻;中央领导人的重要活动;中央领导人同外宾会见、会谈时发表的涉及国内国际重大问题的谈话;重要人事任免;领导人去世等。

关于重大政务新闻的发布与报道,自中华人民共和国成立以来,一直实行由新华通讯社统一发布的制度,以确保重大政务新闻的权威性、真实性与准确性。

早在新中国成立之初,中央人民政府政务院及有关部门颁发过一系列法律规范性文件,确立了重大政务新闻由新华通讯社统一发布的原则与制度。1949 年 12 月 9 日,中央人民政府政务院颁布《关于统一发布中央人民政府及其所属各机关重要新闻的暂行办法》,规定:一切公告及公告性新闻,均由新华通讯社统一发布。1982 年 8 月 23 日,第五届全国人民代表大会常务委员会第五次会议决定指出,新华社是全国集中统一的新闻发布机关。

此后,国家还根据实际情况发布过一些相关法律规范性文件,作出新的规定,以保证与完善重大新闻由新华社发布的制度。1987 年,中宣部等部门发布《关于改进新闻报道若干问题的意见》,重申新华社是"党和国家发布新闻的机关",负责准确地、及时地统一发布党和政府的重要新闻是其主要职能之一。《意见》还对这类重大政务新闻的时效作了规定,即力争发在外电外台之前。领导人和知名人士逝世,应尽可能在当天对内对外报道。凡有外国记者在场或涉及外国人的事件,都应及时报道,并力争发在外国记者之前。《意见》认为,在这些重大问题上,有一个统一的发布口子和口径,可以避免因多种版本的报道而引起的混乱,以及因着重点不同而引起的外界猜测和流言蜚语。

时至今日,新华社作为党和国家发布新闻的机关,凡党和政府的重大政策、决定、重要文件、重要会议新闻、中央领导人的重要活动和同外宾会见、会谈时发表的涉及国内国际重大问题的谈话、重要人事任免、领导人去世等新闻,以及中共中央政治局会议和书记处会议决定中一些可以公开报道的内容,均由新华社及时发布新闻。为了充分发挥广播、电视的作用,新华社在发布重大新闻时,还采取措施以保证中央人民广播电台、国际广播电台和中央电视台同时发出。

关于发表有关党和国家主要领导人的新闻报道以及其他各类作品,中共中央宣传部、新闻出版署于1990年5月5日专门颁布《关于对描写党和国家主要领导人的出版物加强管理的规定》,新闻出版署于1993年又颁布行政规章《关于发表和出版有关党和国家主要领导人工作和生活情况作品的补充规定》。根据上述两个文件的规定,发表有关党和国家主要领导人的作品,在发表前必须送审。党和国家主要领导人,包括现任或曾任中共中央政治局常委,国家主席、副主席,国务院总理,中央军委主席,全国人大常务委员会委员长,全国政协主席。有关党和国家领导人的作品,是指描写、记述或涉及上述人物工作和生活情况的图书、报刊文章、音像制品、电影、电视作品。关于新闻报道,由《人民日报》、新华社、中央电视台、中央人民广播电台发表的,按照各自的审批程序报批;由其他中央或地方新闻单位发表的,报送党和国家主要领导人指定的部门或人员审批。关于报刊文章,由中央级报刊发表的,报主管部门审核,由主管部门提出意见后报新闻出版署审批;由地方报刊发表的,报省级政府主管部门审核,由主管部门提出意见并经省、自治区直辖市党委宣传部同意后,报新闻出版署审批。新闻出版署在审批时,可视情况分别转请中央文献研究室、中央党史研究室和军事科学院等部门协助审核。发表和出版涉及健在的领导人的作品,包括报道领导人的活动、发表他的谈话，还必须征得本人同意。此外，报纸、期刊发表或转载这类作品，要与各自的性质、分工相符，不符的不得刊载。

二、新闻发布会制度的建立

中国新闻发布会始于 1965 年 9 月 29 日陈毅举行的中外记者招待会，内容是反对霸权主义国家对中国的军事包围。1982 年 3 月，外交部第一次以发言人形式举行新闻发布会。1983 年 2 月，中央要求外交部和对外交往较多的国务院各部门建立新闻发布制度，定期或不定期地发布新闻。1983 年 3 月，外交部建立新闻发言人制度。1983 年 4 月，中国一些国家机关和人民团体开始实行新闻发言人制度。设立新闻发言人的目的是：加强同外国驻京记者或临时来访记者的联系，向他们提供中国的情况，阐明中国的立场和方针、政策，并解答他们提出的问题，以扭转西方媒体多年来丑化、歪曲中国形象的行为，树立、维护社会主义中国的形象，增进世界人民对中国的了解。

1983 年 6 月，第六届全国人大第一次会议和第六届全国政协第一次会议在北京召开，引起了海内外众多传媒的广泛关注。为了使国际社会更好地了解中国、了解中国的改革开放和社会主义现代化建设的进程、了解中国人大和中国政协在社会主义民主政治建设中所起的重要作用，国家有关方面经过慎重考虑，决定扩大"两会"对外开放的程度，召开"两会"的新闻发布会。6 月 4 日上午，"两会"首任新闻发言人——六届全国人大一次会议副秘书长曾涛、全国政协六届一次会议副秘书长孙起孟，分别受各自会议秘书处的委托，同时向中外记者发布了关于召开"两会"的新闻。"两会"的新闻发布会制度由此建立，并一直延续至今。

20 世纪 80 年代后期，新闻发布会已蔚然成风。从中央到地方、从国家机关到企事业单位，无不建立起新闻发布会制度。但由于缺乏管理监督，新闻发布会，特别是在北京举办的新闻发布会出现了过多、过滥的现象，一些地方、部门以至企事业单位争相在北京举办新闻发布会，而且往往由领导同志带领大批人员来京进行组织工作，宴请宾客，馈赠礼品，广拉关系。这种奢侈、铺张之风，完全违背了中央有关为政要廉洁的要求，恶化了人民群众与政府的关系。

为了使新闻发布会沿着健康的道路发展,严格控制在北京举办新闻发布会,刹住由新闻发布会引发的一些不良风气,国务院办公厅于20世纪80年代末90年代初,多次颁发有关新闻发布会和记者招待会的管理工作的通知。如1988年7月30日发布的《关于严格控制新闻发布会和周年纪念活动的通知》、1992年5月29日发布的《关于在京举办新闻发布会问题的通知》、1993年8月8日发布的《关于在京举办新闻发布会问题的补充通知》。根据上述通知的精神和中国新闻发布会的现实情况,新闻出版署于1993年9月8日颁发《在京举办新闻发布会登记暂行办法》。这些法规、文件的颁行,使中国新闻发布会制度趋向完善。

根据有关新闻发布会制度的规定,在北京举办新闻发布会,实行登记与审核制度。国务院各部门和各省、自治区、直辖市及计划单列市在北京举办新闻发布会可自行决定,抄报新闻出版署备案;北京市所属单位在北京召开新闻发布会,报北京市人民政府批准,批件抄报新闻出版署;国务院部门和省、自治区、直辖市、计划单列市的所属单位,以及企事业、群众团体和个人在北京举办新闻发布会,应先分别由国务院有关部门和有关省、自治区、直辖市、计划单列市人民政府审核批准,然后持审核同意的批件到新闻出版署办理登记手续。办理在北京举办新闻发布会的登记手续,举办者须在举办日期的7日前到登记机关提出书面申请。新闻发布会涉及对外宣传,需邀请外国及港、澳、台新闻机构的记者或驻华使馆人员参加的,应由新闻出版署和国务院新闻办公室共同审核同意后方可办理登记手续。举办新闻发布会必须严格遵守宪法和法律,不得违反《通知》的有关规定。应登记而未按规定登记的新闻发布会,不得在北京举行,违者由有关部门追究举办单位负责人和直接责任人员的责任。对应登记未按规定登记而举办的新闻发布会,新闻单位不予采访,不予报道。

新闻发布会的主要内容,应以改革开放、经济建设、精神文明建设和人民群众关心的重大问题为主。一般企业开业、产品上市等商业活动不宜举办新闻发布会。要严格遵守新闻必须真实的原则。凡涉及物质产品、科技成果、技术专利等内容的新闻发布会,登记时应提供省、自治区、直辖市、计划单列市以上质量、监督、检验、专利等主要部门的认定书或证明书。要严格遵守宪法和法律,不得泄露党和国家的机密。举办新闻发布会,还要贯彻节俭精神。新闻发布会的规模要适当,要讲求实效,不得以任何名义向记者和新闻单位赠送礼金、有价证券。

尽管中国从 1983 年就已着手开始建立政府新闻发言人制度,但在较长一段时间内新闻发布会并没有引起各界重视。随着中国加入 WTO,政府对信息发布的内容扩大,媒体对信息报道权限要求加大,公众对政务信息知情权要求增大。2003 年的"非典"等突发事件,加速了中国新闻发布制度改革的步伐。2003 年 1 月 9 日,北京市委、市政府要求北京市局级以上单位都要建立新闻发言人制度。之后,中国政府的新闻发布会开始逐渐制度化、规范化和日常化。2006 年 9 月,国务院 70 个部门、31 个省区建立了新闻发布和新闻发言人制度。2008 年 5 月 1 日,《中华人民共和国政府信息公开条例》正式施行,首次在法律上对政府信息公开作了明确规定,而举行新闻发布会则是政府信息公开的一个重要渠道。2008 年 6 月 20 日,胡锦涛总书记在视察人民日报社时的讲话中指出:"要完善新闻发布制度,健全突发公共事件新闻报道机制,第一时间发布权威信息,提高时效性,增加透明度,牢牢掌握新闻宣传工作的主动权。"为适应这种形势,各种各样的新闻发布会在不同行业不同领域兴起。

值得一提的是 2008 年 5 月 12 日四川汶川地震后,作为中国政府对外宣传的最高机构——国务院新闻办公室在震后不到 24 小时即举办新闻发布会,开创中国重大突发事件新闻发布会的最高效率。此后连续 18 天举行 20 场新闻发布会,创造了新中国成立以来新闻发布会之最。之后的 2008 年 8 月至 9 月,举世瞩目的北京奥运会和残奥会期间,北京奥运会、残奥会新闻发言人亮相,举行了上百场涵盖北京奥运和中国经济社会各方面的新闻发布会。

据统计,不包括北京奥运会期间举办的 300 多场新闻发布活动,2008 年国务院新闻办公室、中央各部门和各省区市人民政府三个层次举办的新闻发布会的总数已达 1 587 场,大大超过了往年。单是国务院新闻办公室就举办了 83 场新闻发布会,是历史上数量最多的一年。

关于新闻发布会的类型,常见的主要有以下 6 种:例行新闻发布会、突发事件新闻发布会、重大活动新闻发布会、宣告性新闻发布会、首脑新闻发布会和网络新闻发布会。

例行新闻发布会,是由政府设立相对固定的新闻发言人,定期将政府所做的重要决策、通过的重要决定以及近期工作安排及时向社会各界进行发布,说明就某个事件、某个问题政府所持的立场和采取的措施,并就国内外媒体和公众关心的问题作出回答。目前,国家级例行新闻发布会主要有两种形式:一是以新闻发言人的名义,定人、定时、定点举办新闻发布会,如外交部等;二是如国务院新闻办公室,定期邀请国务院各部门负责人或发言人介绍有关情况。它通常是定期或在信息大量汇总、负有指导内外重要事务的时候召开。例行新闻发布会具有定期召开的特性,是新闻发布经常化、规范化、制度化的体现。相比其他类型的新闻发布会,它举办的次数多、时间固定,是公众接触最多的一种新闻发布会。

突发事件是超越常规突然发生的、需要立即处理的事件,包括造成重大人员伤亡或者有重大影响、可能产生重大后果的自然灾害、安全事故、重大刑事案件、社会群体性事件、恐怖主义的破坏活动以及重大的涉华外交事件等。突发事件因为具有新鲜性、重要性、显著性,又因为它的复杂、敏感,涉及人民的生活、社会的安定,甚至重大的国际关系等特点,成为传媒报道的焦点。因而,对此类事件的发布应讲求时效性。

重大活动新闻发布会是指在重大社会活动之前、之中或结束后举行的新闻发布会。它的特点是:有充分的准备和材料,具有宣传、动员的性质,也有树立活动组织者形象的目的,新闻发布会往往和活动相配合,活动的内容也是新闻发布会的内容。

宣告性新闻发布会是指社会组织就做出的重大决定、重大方针及重大人事变动,以及举行重要会议、制定的重要计划或即将发生的其他重大事变,临时举行的新闻发布会,具有向外界庄严宣布声明、公告世界的性质,是社会组织进行自我宣传、影响社会舆论的一种形式。宣告性新闻发布会内容集中,时间较短;新闻发言人可以由常任者,也可由某一职务的人担任,在中国大都由秘书长或办公室主任之类的人士担任。

首脑新闻发布会是由国家元首、政府最高行政长官、政党领袖作为新闻发言人,发布相关的新闻或阐述对某一问题的立场。只有涉及全局或外事方面十分重大的事务、必须由首脑发表意见的时候,才需要及时举行。

网络新闻发布会是在虚拟的新闻发布现场通过网络将分散的与会者组织起来完成信息初始发布及交流探讨的传播活动。它不受时间与空间的限制,基本上等同于现场直播,直接参与人数、发布信息数量也基本不受限制。在内容上,它可以做到图文并茂,音频、视频、图片、文字并举,充分提供与新闻发布主题相关的新闻背景、链接。在形式上,可以单独举行网上新闻发布,也可以在现场新闻发布的同时进行网上直播,并在新闻发布会后在网上组织专家和嘉宾访谈,呼应和解释新闻发布的某些重要内容等。如 2000 年 3 月 20 日,由国务院新闻办公室批准,北京艺百网络举办了"中国首次网上新闻发布会"。

第二节　特殊新闻与信息的发布与报道

一、灾害新闻与气象信息的发布与报道

在中国,有关地震、传染病等各类天灾人祸,以及气象预报和灾害性天气警报的新闻与信息的发布,根据有关法律、法规的规定,均由国家指定的部门统一发布,新闻传播媒介不得擅自报道,以保证新闻与信息的准确无误,避免不实传闻影响社会安定与秩序,给公众带来惊扰与损失。

1. 有关地震新闻与信息的发布

自 1988 年以来,国家先后制定了一系列有关法律、法规,成为世界上唯一的对地震新闻与信息的发布实行法制化管理的国家。1988 年 8 月 9 日,国务院批准、国家地震局颁布《发布地震预报的规定》。1995 年 2 月 11 日,中华人民共和国国务院公布《破坏性地震应急条例》,1995 年 4 月 1 日施行,后于 2011 年 1 月 8 日公布《破坏性地震应急条例》修正版。1998 年 12 月 17 日,国务院发布《地震预报管理条例》,同时宣告废止 1988 年颁布的《发布地震预报的规定》。1997 年第八届全国人大常委会通过的《防震减灾法》,经第十一届全国人大常委会第六次会议于 2008 年 12 月 27 日修订,并通过新的《中华人民共和国防震减灾法》,自 2009 年 5 月 1 日起施行。

根据上述法律、法规,"国家对地震预报实行统一发布制度"(《地震预报管理条例》第 14 条,《防震减灾法》第 29 条)。地震预报分为长期、中期、短期、临震四种。长期预报,是指对未来 10 年内可能发生破坏性地震的地域的预报;中期预报,是指对未来一二年内可能发生破坏性地震的地域和强度的预报;短期预报,是指对 3 个月内将要发生地震的时间、地点和震级的预报。临震预报,是指对 10 日内将要发生地震

的地点、时间、震级的预报(《地震预报管理条例》第3条)。全国范围内的地震长期和中期预报意见,由国务院发布。省、自治区、直辖市行政区域内的地震预报意见,由省、自治区、直辖市人民政府按照国务院规定的程序发布(《防震减灾法》第29条)。北京市的地震短期预报和临震预报,由国家地震局和北京市政府负责管理地震工作的机构提出预报意见,经国家地震局组织评审后,报国务院批准,由北京市政府发布(《地震预报管理条例》第23条)。在地震发生后,"地震灾区的县级以上地方人民政府应当及时将地震震情和灾情等信息向上一级人民政府报告,必要时可以越级上报,不得迟报、谎报、瞒报。地震震情、灾情和抗震救灾等信息按照国务院有关规定实行归口管理,统一、准确、及时发布"(《防震减灾法》第52条)。

除上述国家有关机关外,其他任何组织或者个人不得发布地震预报。报刊、广播、电视等新闻媒体刊登或者播发地震预报消息,必须依照《地震预报管理条例》第14条等有关规定,"以国务院或者省、自治区、直辖市人民政府发布的地震预报为准"。地震发生后,广播电台、电视台等新闻单位应当根据抗震救灾指挥部提供的情况,按照规定及时向公众发布震情、灾情等有关信息,并做好宣传、报道工作(《破坏性地震应急条例》第32条),开展地震灾害预防和应急、自救互救知识的公益宣传(《防震减灾法》第44条)。

对传播地震信息的违法行为,据《地震预报管理条例》第五章的规定,地震工作专业人员擅自向社会散布地震预测意见、预报意见及其评审结果,依法给予行政处分。制造谣言、扰乱社会正常秩序的,给予治安管理处罚。又据《破坏性地震应急条例》第37条规定,不按照规定和实际情况报告灾情的,散布谣言,扰乱社会秩序,影响破坏性地震应急工作的,对负有直接责任的主管人员和其他直接责任人员依法给予行政处分;属于违反治安管理行为的,依照《治安管理处罚条例》给予处罚;构成犯罪的,依法追究刑事责任。而据《防震减灾法》第89条规定,地震灾区的县级以上地方人民政府迟报、谎报、瞒报地震震情、灾情等信息的,由上级人民政府责令改正;对直接负责的主管人员和其他直接责任人员,依法给予处分。

• 案例

2008年5月12日四川汶川地区发生8.0级地震,政府不仅允许中央和地方媒体积极投入前方报道,甚至对境外和西方媒体赴灾情现场也报以欢迎的态度,不设限制。就在汶川地震发生后的短短几分钟后,新华社就发布了汶川县发生地震的消息。32分钟后中央电视台新闻频道首发新闻,52分钟后即推出直播特别节目《关注汶川地震》,自5月12日15点20分至5月13日20点整,节目跨度超过26小时,以"同一主题不间断播出",对白天和午夜时段实施了直播全覆盖。其中,自5月12日22点起,综合频道还与新闻频道实现了同步并机播出,将汶川地震的相关消息传播给每一个观众和听众。地震发生后两个半小时,中央电视台第一批记者奔赴灾区,新华社采访小分队徒步赶到汶川县境深入重灾区采访;上海文广新闻传媒集团电视新闻中心也派出多路记者进入灾区,发回大量珍贵的报道。据不完全统计,自汶川发生8.0级大地震以来,全国有超过2 000名记者深入灾区,报道之详、内容之深、覆盖之全均为此前所鲜见。

2. 有关传染病疫情的新闻与信息的发布

根据2013年6月29日中华人民共和国第十二届全国人民代表大会常务委员会第三次会议修订公布的《中华人民共和国传染病防治法》第38条规定:"国务院卫生行政部门定期公布全国传染病疫情信息。省、自治区、直辖市人民政府卫生行政部门定期公布本行政区域的传染病疫情信息。传染病暴发、流行时,国务院卫生行政部门负责向社会公布传染病疫情信息,并可以授权省、自治区、直辖市人民政府卫生行政部门向社会公布本行政区域的传染病疫情信息。公布传染病疫情信息应当及时、准确。"

为了及时向社会通报和公布法定传染病疫情和突发公共卫生事件信息,引导舆论,满足公民的知情需求,增强人民群众的防病意识,有效控制传染病疫情,妥善处置突发公共卫生事件,卫生部按照《中华人民共和国传染病防治法》《突发公共卫生事件应急条例》《国家突发公共卫生事件应急预案》和《突发公共卫生事件与传染病疫情监测信息报告管理办法》的有关规定,于2003年制定了《卫生部关于法定传染病疫情和突发公共卫生事件信息发布方案》,又于2006年3月公布了修订后的方案。方案规定,对法定传染病和突发公共卫生事件总体信息实行定期发布制度,卫生部以月报、年报方式在《卫生部公报》和卫生部网站上公布中国法定传染病疫情和突发公共卫生事件总体信息,必要时授权主要新闻媒体发布或召开新闻发布会通报有关情况。卫生部定期发布的法定传染病疫情和突发公共卫生事件信息由主管业务司局提供,经主管司局长审定后,以卫生部新闻办公室的名义对外发布。各省、自治区、直辖市卫生行政部门按照月报、年报的要求定期发布本辖区内法定报告传染病疫情和突发公共卫生事件总体信息,具体发布时间、方式和程序自行确定。必要时,可实行相关传染病疫情周发布和日发布。对于特别重大(Ⅰ级)的突发公共卫生事件个案信息,卫生部领导、新闻发言人和新闻办公室有关人员参加国务院应急指挥机构新闻报道领导小组工作,通过召开新闻发布会、散发新闻稿、接受记者采访等多种形式进行突发公共卫生事件信息和新闻发布,并对中央新闻单位重要的新闻稿件进行审核。对于重大(Ⅱ级)的突发公共卫生事件,各省、自治区、直辖市卫生行政部门在地方政府应急指挥部的统一指挥下,向社会发布本辖区内突发公共卫生事件信息,并配合宣传主管部门做好舆论宣传和引导工作。对于较大(Ⅲ级)和一般(Ⅳ级)的突发公共卫生事件,各省、自治区、直辖市卫生行政部门应及时发布有关信息,释疑解惑,做好疾病预防和控制的科普教育工作。

针对重大传染病、食物中毒和职业中毒等突发公共卫生事件发生的特点和季节性特征,卫生部和各省、自治区、直辖市卫生行政部门应及时进行分析和预测,必要时可向社会发布传染病疫情、食品安全和职业安全的预警信息,宣传普及传染病防控和预防食物中毒、职业中毒的知识,增强群众的防病意识,提高群众自我防护能力,保障群众的健康安全。有关传染病疫情和突发公共卫生事件发生后,各级卫生行政部门和有关单位要积极主动配合新闻宣传主管部门和新闻媒体,规范传染病疫情和突发公共卫生事件信息的宣传报道工作。密切关注媒体对传染病疫情和突发公共卫生事件的新闻报道。及时安排和协调记者的采访活动,审定有关稿件。对中央主要新闻媒体的有关采访活动要给予支持和帮助。加强舆情收集,有针对性地解答公众的疑惑,发现错误或片面的报道倾向时,应及时核实了解情况,迅速发布权威信息,澄清不实报道和谣言,防止媒体炒作。

2006年3月20日,卫生部又颁布了《卫生部办公厅关于进一步规范信息发布和接受媒体采访工作的通知》,该通知规定办公厅新闻办公室归口管理新闻媒体对部机关的采访工作:对新闻媒体采访部领导或向部领导约稿,由办公厅新闻办公室根据新闻单位的采访要求拟采访提纲,报经部领导本人同意后,安排采访事宜。采访内容需经办公厅审核并报被采访领导审定方可刊载。对于影响较大的突发公共卫生事件和社会高度关注的敏感问题,相关主管司局和部直属单位应当选择权威专家,主动配合中央主流媒体的采访需求,积极解疑释惑,传播科学知识,以避免新闻单位刊播不科学、不准确的信息,误导群众。部机关新闻采访实行预约制,对未经预约直接到办公室或打电话要求采访的,被采访者应当将其介绍到办公厅新闻办公室履行预约程序。对于无法核实对方身份的,不应直接接受其采访,以免带来负面影响。国外新闻机构常驻中国记者和港澳台地区记者的采访由办公厅新闻办直接受理和安排。无常驻记者的国外新闻机构的采访申请,由新闻办公室配合国际司进行受理和安排。

对于违反上述法律、法规的,将予以行政处罚乃至追究刑事责任。地方各级人民政府未依照本法的规定履行报告职责,或者隐瞒、谎报、缓报传染病疫情,由上级人民政府责令改正,通报批评;造成传染病传播、流行或者其他严重后果的,对负有责任的主管人员,依法给予行政处分;构成犯罪的,依法追究刑事责任。

据 2003 年 5 月 13 日通过的《最高人民法院、最高人民检察院关于办理妨害预防、控制突发传染病疫情等灾害的刑事案件具体应用法律若干问题的解释》,以依法惩治妨害预防、控制突发传染病疫情等灾害的犯罪活动,保障预防、控制突发传染病疫情等灾害工作的顺利进行,切实维护人民群众的身体健康和生命安全。《解释》明确规定,在国家对突发传染病疫情等灾害采取预防、控制措施后,"隐瞒、缓报、谎报或者授意、指使、强令他人隐瞒、缓报、谎报疫情、灾情,造成传染范围扩大或者疫情、灾情加重的",属于刑法第 409 条规定的"情节严重",将从重予以刑事处罚(第 16 条)。而若"编造与突发传染病疫情等灾害有关的恐怖信息,或者明知是编造的此类恐怖信息而故意传播,严重扰乱社会秩序的,依照刑法第 291 条之一的规定,以编造、故意传播虚假恐怖信息罪定罪处罚。""利用突发传染病疫情等灾害,制造、传播谣言,煽动分裂国家、破坏国家统一,或者煽动颠覆国家政权、推翻社会主义制度的,依照刑法第 103 条第 2 款、第 105 条第 2 款的规定,以煽动分裂国家罪或者煽动颠覆国家政权罪定罪处罚。"(第 10 条)

3. 有关防汛新闻与信息的发布

根据 2011 年 1 月 8 日国务院重新公布的《中华人民共和国防汛条

例》第 29 条的规定："电视、广播、新闻单位应当根据人民政府防汛指挥部提供的汛情,及时向公众发布防汛信息。"核实和统计洪涝灾情,应由地方各级人民政府防汛指挥部报上级主管部门和同级统计部门,有关单位和个人不得虚报、瞒报、伪造、篡改(《防汛条例》第 37 条);若有虚报、瞒报洪涝灾情,或者伪造、篡改洪涝灾害统计资料的,将依照《中华人民共和国统计法》及其实施细则的有关规定处理(《防汛条例》第 45 条)。

4. 有关核事故信息的发布

1994 年 10 月 8 日卫生部发布的《核事故医学应急管理条例》第 27 条规定："核事故应急救援的有关信息由国务院卫生行政部门统一发布。"2011 年 1 月 8 日国务院修正发布的《核电厂核事故应急管理条例》第 23 条规定："省级人民政府指定的部门在核事故应急响应过程中应当将必要的信息及时地告知当地公众。"第 28 条规定："有关核事故的新闻由国务院授权的单位统一发布。"

5. 有关天气预报和灾害性天气警报等气象信息的发布

这方面也有一系列法规、规章作了明确规定。国务院第九十八次常务会议于 2010 年 1 月 20 日通过了《气象灾害防御条例》,自 2010 年 4 月 1 日起施行。2014 年 8 月 31 日,第十二届全国人民代表大会常务委员会第十次会议第二次修正公布的《中华人民共和国气象法》,在规范气象工作,促进气象事业发展,有效防御和减轻气象灾害,保障人民生命财产安全,推动经济和社会全面、协调和可持续发展方面发挥了重要作用。此外,国家气象局于 2015 年 3 月 12 日公布了《气象预报发布与传播管理办法》,自 2015 年 5 月 1 日起施行,同时废止 2003 年 12 月 31 日国家气象局公布的《气象预报发布与刊播管理办法》。

根据以上法规、规章规定,中国对天气预报和灾害性天气警报实行统一发布制度(《中华人民共和国气象法》第 22 条、《气象预报发布与刊播管理办法》第 5 条、《气象灾害防御条例》第 30 条)。《中华人民共和国气象法》第 22 条规定："国家对气象预报和灾害性天气警报实行统一发布的制度。"气象预报,是指可向社会发布的灾害性天气警报、日常中短期天气预报、短期气候预测、气候变化预评估等。气象灾害,是指台风、暴雨(雪)、寒潮、大风(沙尘暴)、低温、高温、干旱、雷电、冰雹、霜冻和大雾等所造成的灾害,而关于此类天气对可能危及的区域以天气预报的形式向公众发布的紧急通报即为灾害性天气警报。对于气象预报和灾害性天气警报,应由国家气象局所属的各级气象台站按照职责公开发布,并根据天气变化情况及时补充或者订正,其他组织和个人不得向社会公开发布。"各级广播、电视台站和省级人民政府指定的报纸,应当安排专门的时间或者版面,每天播发或者刊登公众气象预报或者灾害性天气警报",而"对国计民生可能产生重大影响的灾害性天气警报和补充、订正的气象预报,应当及时增播或者插播"(《中华人民共和国气象法》第 24 条)。其他媒体需刊播气象预报的,应当与当地气象主管机构所属气象台站签订刊播协议,双方根据协议提供和刊播气象预报。媒体刊播气象预报,必须使用当地气象主管机构所属气象台站提供的实时气象预报,并注明发布台站的名称和发布时间。媒体不应以任何形式转播、转载其他来源的气象预报。未经发布气象预报台站的同意,媒体不得更改气象预报的内容(《气象预报发布与刊播管理办法》第 6 条、第 10 条)。《气象灾害防御条例》第 31 条也规定,"广播、电视、报纸、电信等媒体应当及时向社会播发或者刊登当地气象主管机构所属的气象台站提供的适时灾害性天气警报、气象灾害预警信号,并根据当地气象台站的要求及时增播、插播或者刊登"。"广播、电视、报纸、电信等媒体应当及时、准确地向社会传播气象灾害的发生、发展和应急处置情况。"(《气象灾害防御条例》第 40 条)《条例》同时也规定,若媒体未按照要求播发、刊登灾害性天气警报和气象灾害预警信号的,由县级以上气象主管机构责令改正,给予警告,可以处 5 万元以下的罚款;构成违反治安管理行为的,由公安机关依法给予处罚。对气象预报和灾害性天气警报实行统一发布的制度,旨在保证向社会公开发布天气预报和灾害性天气警报的准确性,更好地为国民经济建设和保障人民生命财产安全服务。

二、证券信息和新闻的发布与报道

证券,是指股票、公司债券以及政府债券、金融债券等。在中国,证券市场始建于 20 世纪 80 年代后期。1988 年 4 月,国务院批准在上海、沈阳、深圳、武汉、重庆、哈尔滨等七城市首批开展国库券(即政府债券)转让交易业务。接着,公司债券和金融债券也开始上市流通。1990 年 11 月 26 日,上海证券交易所成立,并于 12 月 19 日正式开业;1991 年 7 月 1 日,先于上海证交所试营业的深圳证券交易所正式开业。1992 年年底,国务院证券委员会和中国证券监督管理委员会成立,并开始建立政府监管制度。

随着证券市场的发展,证券信息与新闻的发布与报道,成为中国新闻传播活动的一项新的重要内容,对投资者乃至整个社会都有着非常重要的影响。1987 年,上海出版的《新闻报》率先刊登证券行情,每月一次,1990 年 7 月创办"证券市场专版",是国内第一个定期的证券新闻专版(专栏)。1991 年 6 月 10 日,上海证券交易所主办的内部专刊《上海证券》创刊,7 月 1 日正式出版,为全国第一张专业性的证券类报纸。1993 年 1 月 2 日起,上证所与新华社上海分社联合主办的正式报纸《上海证券报》创刊,向社会公开发行,后由新华社上海分社主办、国内外公开发行。1993 年 1 月 3 日,新华社主办的《中国证券报》在北京创刊,周二刊,1994 年 1 月 1 日改为日报。1993 年 11 月 28 日,《证券时报》在深圳创刊。之后,各种证券类报刊大量涌现。其他新闻媒介,包括综合类报纸、对象性报纸、经济类报纸、晚报等各类报刊以及电台、电视台等,几乎都设有"证券新闻"栏目和"财经新闻"专版,而中证网则是目前中国最权威的证券财经资讯网站。

然而,一些新闻媒体由于其证券专业素养不高以及受某种经济利益的驱使,往往会传播一些失实和虚假的证券信息,有些媒体采用引导性、预测性的描述,故意夸大某些利好消息或利空消息,使投资者对证券市场或某只个股产生过高的期望或者严重悲观的情绪;更有甚者,一些媒体成了某些证券公司、咨询机构甚至是庄家向市场散布消息的工具,为他们拉升某只股票、打压某些股票或者出货撤离摇旗呐喊;还有一些媒体专门为证券公司设立了专版,任其向广大投资者推荐股票。这些行为的出现,严重影响了投资者的投资判断和决策,甚至产生严重的误导,扰乱了市场的正常秩序①。

1. 对证券信息的披露和传播的规范与管理

1997 年 12 月,经国务院批准,国务院证券委员会发布《证券、期货投资咨询管理暂行办法》;与之配套,中国证监会、新闻出版署等六部门又联合发布《关于加强证券期货信息传播管理的若干规定》,对刊发和传播证券信息的媒体的范围、分析股市行情、提供具体投资建议的作者的资格等事项作了严格规定。2010 年 12 月 17 日,新闻出版总署、

---

① 刘磊:《证券新闻传播的规范管理》,《新闻爱好者》2011 年第 7 期,第 123 页。

中国证券监督管理委员会发布《关于加强报刊传播证券期货信息管理工作的若干规定》,自 2011 年 2 月 1 日起执行。此外,中国证券监督管理委员会还曾屡次发布规范性文件,加强对证券信息披露和传播的监管。2008 年 4 月 25 日,中国证券监督管理委员会还公布了《证券期货监督管理信息公开办法(试行)》,自 2008 年 5 月 1 日起施行。2013 年 12 月 28 日第十二届全国人民代表大会常务委员会第六次会议通过了修订后的新《中华人民共和国公司法》,自 2014 年 3 月 1 日起实施,对各种公司包括上市公司的组织和行为制定了完整的法律规范,也为规范证券信息的披露和传播提供了法律依据,其中第 12 章《法律责任》有追究公司向公众提供虚假情况行为的法律责任的规定。2014 年 8 月 31 日第十二届全国人民代表大会常务委员会第十次会议第三次修正《中华人民共和国证券法》。《证券法》总结以前行政法规、规章有关内容,对证券信息和新闻的发布、传播作了系统的规定,连同以前法规、规章中仍然有效的内容,构成证券信息和新闻传播活动的比较完整的法律规范。为了规范首次公开发行股票并上市的行为,保护投资者的合法权益和社会公共利益,根据《证券法》《公司法》,中国证券监督管理委员会于 2015 年 12 月 30 日修正《首次公开发行股票并上市管理办法》(2006 年 5 月 17 日发布)。2015 年 8 月 29 日,第十二届全国人民代表大会常务委员会第十六次会议通过修订后的《中华人民共和国刑法》,明确界定了与信息披露和新闻传播活动有关的编造并传播证券、期货交易虚假信息罪、内幕交易、泄露内幕信息罪等。

2. 证券信息发布与报道的注意要点

根据上述法律、法规的有关规定,证券信息的发布与报道,要做到如下几点:

一要公开、公平、公正。《证券法》第 3 条规定:"证券的发行、交易活动,必须实行公开、公平、公正的原则。"公开发行证券,必须符合法律、行政法规规定的条件,并依法报经国务院证券监督管理机构或者国务院授权的部门核准;未经依法核准,任何单位和个人不得公开发行证券(《证券法》第 10 条)。证券发行人在首次公开发行证券时,应当依法如实披露有可能影响投资者作出决策的所有信息,如国务院证券监督管理机构依法核准股票发行申请的程序和国务院授权部门对审批公司债券发行申请的程序应当公开;证券经核准或审批后公开发行前,发行人应当公告公开发行募集文件,并将该文件置备于指定场所供公众查阅;股票或公司债券上市交易前,上市公司或公司债券发行人应当公告有关文件,并将该文件置备于指定场所供公众查阅;等等。《证券法》第 64 条规定:"经国务院证券监督管理机构核准依法公开发行股票,或者经国务院授权的部门核准依法公开发行公司债券,应当公告说明书、公司债券募集办法。依法公开发行新股或者公司债券的还应当公告财务会计报告。"

信息公开义务贯穿整个证券发行和证券交易的全过程,包括发行公开和发行后的持续信息公开。证券发行后,发行人应当定期向社会提供经营与财务状况的信息,以及随时公告有可能影响公司经营活动的重大事项等。对于上市公司来说,凡是证监会要求披露的信息都是公开信息,只有商业秘密、证监会在调查违法行为过程中获得的非公开性信息和文件以及有关法律、法规规定可不披露的信息和文件除外。特别是发生可能对上市公司股票交易价格产生较大影响、而投资者尚未得知的重大事件时,上市公司应当立即将有关该重大事件的情况向国务院证券监督管理机构和证券交易所报送临时报告,并予公告,说明事件的起因、目前的状态和可能产生的法律后果。

信息的公开,通常采取公布的形式,《证券法》第 70 条规定:"依法必须披露的信息,应当在国务院证券监督管理机构指定的媒体发布,同时将其置备于公司住所、证券交易所,供社会公众查阅。"为了提高中国证券监督管理委员会监管透明度,中国证监会也应当公开监管信息。《证券期货监督管理信息公开办法(试行)》第 8 条规定:"中国证监会及其派出机构对外公布监管信息,应当自该信息形成或者变更之日起 20 个工作日内予以公开。法律、行政法规对监管信息公开的期限另有规定的,从其规定。"其公开的监管信息主要有:中国证监会及其派出机构的机构设置、工作职责、联系方式;证券期货规章、规范性文件;证券期货市场发展规划、发展报告;纳入国家统计指标体系的证券期货市场统计信息;行政许可事项、依据、条件、数量、程序、期限、材料目录、审批机构和核准结果等;证券、期货交易所上市品种的批准结果;市场禁入、行政处罚、行政复议决定;等等。

为了使接收信息者享有获得信息的均等机会,《证券法》《公司法》等有关法规还规定,证券市场中各类重大信息和文件的发布都有明确的时限:招股书在发股前 2 至 5 日发布,上市公告在上市前 5 日发布,公司年度报告应当在每一会计年度的上半年结束之日起 4 个月内公告,中期报告在 2 个月内公告,临时发生的重大事件立即报告,收购事件在 3 个工作日内公告,等等。发生可能对上市公司股价产生较大影响的重大事件必须在一个工作日内立即公告,超过发布时间隐匿不报就要受到违规处罚。关于临时发生的重大事件信息,即可能对上市公司的股票的市场价格产生较大影响、而投资者尚未得知的事件,必须在证券交易所和证监会获得后,由各家传媒同时公开发布。对于内幕信息,即在证券交易活动中涉及公司的经营、财务或者对公司证券的市场价格有重大影响的尚未公开的信息,任何知情人都不得公开或泄露。

二要真实、准确、完整。《首次公开发行股票并上市管理办法》第 4 条规定:"发行人依法披露的信息,必须真实、准确、完整,不得有虚假记载、误导性陈述或者重大遗漏。"《证券法》第 78 条规定:"禁止国家工作人员、传播媒介从业人员和有关人员编造、传播虚假信息,扰乱证券市场。""各种传播媒介传播证券交易信息必须真实、客观,禁止误导。"若违反规定,导致"所披露的信息或报告有虚假记载、误导性陈述或者重大遗漏的,责令改正,给予警告,并处以三十万元以上六十万元以下的罚款。对直接负责的主管人员和其他直接责任人员给予警告,并处以三万元以上三十万元以下的罚款"(《证券法》第 193 条)。《关于加强报刊传播证券期货信息管理工作的若干规定》第 3 条规定:"传播证券期货信息,必须遵守国家法律、法规、规章,坚持正确的舆论导向,遵循真实、客观、禁止误导的原则";第 5 条规定:"严格报刊新闻采编管理,确保信息来源合法真实"。为确保真实性,证券新闻报道"须严格以证券期货监管部门正式发布的信息为依据";新闻题材"涉及证券期货行业重要政策及其他可能影响市场稳定的重要信息,须事先向证券期货监管部门核实,涉及上市公司等市场主体的重要新闻信息应向所涉对象事先核实";记者"应尽量进行全面采访,并对信息源多渠道核实,信息来源应相互印证、真实可靠";报刊转载证券期货新闻信息必须"事先核实",确保新闻事实真实准确后方可转载,不得转载未经核实的新闻报道、社会自由来稿和互联网信息,不得摘转内部资料或非法出版物上的内容,不得随意转载境外媒体信息。

《关于加强对地方报刊及其他媒体传播证券期货市场信息的监管的通知》也规定地方报刊及电台、电视台等不得误传或编造有关证券主管部门的信息,不得误传或编造公司发行、上市、配股等有关事项的信息,不得刊播明显误导市场的股评信息等,传媒"在刊播证券期货市场信息是,依据要真实、准确、完整、充分,不得断章取义"。《证券期货投资咨询管理暂行办法》也规定投资咨询人员"不得断章取义地引用或者篡改有关信息、资料"。为了确保信息的真实准确,上市公司的信息披露还实行审查验证制度。未经验证的信息,新闻媒介不得公开报道或作为报道的依据。一旦发生误导性消息违规发表的情况,有关法规还要求误导性消息的当事人立即出面澄清。

3. 关于实行证券信息的"指定披露制度"

为了在制度上保证证券信息统一披露和信息的真实、准确、完整,中国实行"指定披露制度"。目前,中国证监会指定的披露上市公司信息的媒体平台有"七报一刊三网":《经济日报》、《金融时报》、《中国日报》、《中国证券报》、《上海证券报》、《证券时报》、《中国改革报》、《证券市场周刊》、巨潮资讯网、上海证券交易所网和深圳证券交易所网。根据中国证监会、新闻出版署等六部门发布的《关于加强证券期货信息传播管理的若干规定》,其他可以刊播证券期货信息的新闻媒介是:经批准公开发行的证券期货专业报刊,经批准公开发行的综合类、经济类报刊,各类通讯社、经批准设立的电台、电视台、有线台。综合类报刊开设证券期货专刊、专版或刊发投资咨询文章,需经新闻出版署审批。上述新闻媒体不得向任何机构和个人出租版面(节目时间)开设证券期货栏目(节目),不得与个人合办证券期货栏目(节目);与机构合办栏目(节目),稿件终审权在报刊社或电台、电视台,合作方工作人员不得以记者身份从事采访活动。证券期货市场利益主体不得出版报刊。根据2008年10月9日新闻出版署发布的《关于对证券、期货专业报纸和期刊加强管理的通知》的规定,国家和地方证券、期货管理部门(包括中央和地方的证券监督管理委员会),证券、期货交易所,证券交易中心,证券、期货经营机构、证券投资(咨询)机构,上市公司以及其他有关利益主体,既不能成为证券期货报刊的主管、主办单位,也不能成为合办、协办、联办、参股、参与、资助单位。上述单位的在职人员,不得在证券期货报刊任职或兼职,也不得担任顾问或各种名誉职务。

尤其值得注意的是,在证券新闻、特别是证券评论中,要反映不同的观点并力求使这些不同观点保持平衡,不得片面诱导。运用公开信息和资料,对证券市场包括个股走势进行预测分析并见诸报端,这在法律上是允许的,但这些股评不能片面地诱导公众,要充分揭示推动市场上扬或下跌的多种因素,并运用版面语言进行平衡处理,让读者自己择其善者而从之。新闻出版署《关于对证券、期货专业报纸和期刊加强管理的通知》规定:"实际存在着观点完全对立或完全不同的股评时,在同一专栏同时刊登。"

第三节　境外新闻在境内的发布与境外报刊的进口

一、境外新闻在境内的发布

1. 关于境外新闻在中国境内发布的管理

关于境外新闻在中国境内发布的问题,实质上就是中国新闻媒介是否可以直接使用境外新闻媒介采写的新闻报道的问题。早在 1949 年 1 月,中共中央就曾规定:各地所有公私报纸、刊物,一律不得登载西方国家通讯社的电讯。一切国际新闻,均须根据新华总社广播稿发表。1992 年,中宣部等部门重申:西方四大通讯社(指合众社、美联社、路透社、法新社)和其他外国通讯社,除与新华社无偿交换新闻外,各类新闻稿仍不得在中国发布。

2006 年 9 月 10 日新华通讯社发布《外国通讯社在中国境内发布新闻信息管理办法》(以下简称《管理办法》)后,情形有了改观,《管理办法》第 3 条规定,"新华通讯社对外国通讯社在中国境内发布新闻信息实行统一管理"。第 4 条又规定,根据《国务院对确需保留的行政审批项目设定行政许可的决定》,外国通讯社在中国境内发布新闻信息,应当经新华通讯社批准,并由新华通讯社指定的机构代理。外国通讯社不得在中国境内直接发展新闻信息用户。除指定机构外,任何单位和个人不得经营、代理外国通讯社的新闻信息。《管理办法》规定,新华通讯社对外国通讯社在中国境内发布的新闻信息有选择权,发现含有被禁止发布内容的,应当予以删除。《管理办法》还规定,香港特别行政区、澳门特别行政区、台湾地区的通讯社,以及其他具有通讯社性质的新闻发布机构,在内地发布新闻信息参照本办法执行。

自新华社实施《管理办法》以来,一批外国通讯社获得了在中国境内发布新闻信息的合法资质,并已开始按照《管理办法》的规定,通过新华社指定代理机构在中国境内开展新闻信息发布业务。最初获准在中国境内发布新闻信息的四家境外通讯社有：英国路透集团下属的路透亚太有限公司、日本时事通讯社、香港经济通通讯社和日本亚洲网下属的上海时迅商务咨询有限公司。后来又批准了俄罗斯新闻社、法国西霸图片社和法国颐德雅图片集团，在中国境内发布经济信息或新闻图片的资格。

2. 关于电台、电视台播出国外新闻节目的管理

至于电台、电视台等其他新闻媒介，根据有关规定，也不得直接向外国通讯社购买新闻，不得播出外国新闻节目。1996 年 6 月 20 日广电部颁布的《关于加强广播电台、电视台、有线电视台播出管理的通知》规定，地方各级广播电台、电视台、有线电视台只能播出中央人民广播电台、中国国际广播电台、中央电视台的国际新闻节目和新华社总社的国际电讯稿，严禁擅自播出从境外卫星电视收录的或从其他渠道获得的广播电视国际新闻节目和国际时事政治专题节目，不得将新华社的电讯稿配以境外卫星电视的图像。2006 年 4 月 11 日，国家广电总局印发《广电总局关于重申电视国际新闻管理规定的通知》，再次强调，不准各电视台在编发国际电视新闻的时候擅自使用境外卫星电视中的素材。

3. 关于对境外引进影视剧的管理

对于电影、电视剧以及其他非新闻类的境外广播电视节目，中国的各级广播电台、电视台自改革开放后已开始引进与播出。为了实行必要的管理，2000 年 6 月 15 日，国家广播电影电视总局发布了《电视剧管理规定》。2004 年 6 月 18 日，广电总局发布了《境外卫星电视频道落地管理办法》，自当年 8 月 1 日起施行。广电总局还发布了《关于重申严禁通过广电有线网传送境外卫星电视节目的通知》，自 2004 年 8 月 31 日起施行。2004 年 9 月 23 日，国家广播电影电视总局发布《境外电视节目引进、播出管理规定》，自当年 10 月 23 日起施行，同时废止广播电影电视部 1994 年颁布的《关于引进、播出境外电视节目的管理规定》。2005 年 8 月，中宣部、文化部、广电总局、新闻出版总署、商务部、海关总署等六部门联合下发了《关于加强文化产品进口管理的办法》。2013 年 12 月，国务院修订了 1997 年颁布的《广播电视管理条例》行政法规。以上法律法规对境外电视剧、影视动画片及电视节目的引进与播放有明确的规定。

根据《广播电视管理条例》等法规、规章的规定,境外节目,是指中国从外国及台、港、澳地区购买、交换或由对方赠送的供电视台播出的专题节目、动画节目、电视剧(含电视录像带、激光视盘等),以及境内影视机构与境外影视机构或其他机构合作摄制的供电视台播出的各类节目。

用于广播电台、电视台播放的境外电影、电视剧,必须经国务院广播电视行政部门审查批准。用于广播电台、电视台播放的境外其他广播电视节目,必须经国务院广播电视行政部门或者其授权的机构审查批准(《广播电视管理条例》第 39 条)。广播电台、电视台以卫星等传输方式进口、转播境外广播电视节目,必须经国务院广播电视行政部门批准(《广播电视管理条例》第 41 条)。根据《广播电视管理条例》《卫星电视广播地面接收设施管理规定》及总局《关于严禁通过广电有线网传送境外卫星电视节目的通知》等行政法规,未经国务院广播电视行政部门批准,有线网络不得传送境外卫星电视节目。

《境外电视节目引进、播出管理规定》第 3、4、5 条指出,广电总局负责境外影视剧引进和以卫星传送方式引进境外其他电视节目的审批工作。省级广播电视行政部门受广电总局委托,负责本辖区内境外影视剧引进的初审工作和其他境外电视节目引进的审批和播出监管工作。地(市)级广播电视行政部门负责本辖区内播出境外电视节目的监管工作。未经广电总局和受其委托的广播电视行政部门审批的境外电视节目,不得引进、播出。引进境外影视剧和以卫星传送方式引进其他境外电视节目,由广电总局指定的单位申报。该《管理规定》要求,经批准引进的其他境外电视节目,应当重新包装、编辑,不得直接作为栏目在固定时段播出。节目中不得出现境外频道台标或相关文字的画面,不得出现宣传境外媒体频道的广告等类似内容。电视台播出境外影视剧,应在片头标明发行许可证编号。各电视频道每天播出的境外影视剧,不得超过该频道当天影视剧总播出时间的 25%;每天播出的其他境外电视节目,不得超过该频道当天总播出时间的 15%。未经广电总局批准,不得在黄金时段(19 点至 22 点)播出境外影视剧。

4. 关于对境外卫星电视频道的落地管理

《境外卫星电视频道落地管理办法》指出,国家广播电影电视总局(以下简称广电总局)负责对境外卫星电视频道落地实行归口管理,对境外卫星电视频道落地实行审批制度。经广电总局批准,境外卫星电视频道可以在三星级以上涉外宾馆饭店、专供境外人士办公居住的涉外公寓等规定的范围及其他特定的范围落地。对于 1 个境外广播电视机构,原则上只批准其所属的 1 个卫星电视频道在规定的范围内落地;原则上不批准新闻类境外卫星电视频道在境内落地;不批准境内广播电视机构及其他有关部门、团体、企业、个人在境外开办、合办的卫星电视频道在境内落地。特殊情况,须报广电总局特殊批准。如 2008 年 2 月 18 日,广电总局批准美国有线电视新闻网(CNN)、家庭影院亚洲频道(HBO)、CINEMAX 亚洲频道(CINEMAX)、CNBC 财经电视台亚洲频道(CNBC Asia Pacific)、全球音乐电视台中文频道(MTV Mandarin)等 33 个境外卫星电视频道在 2008 年度内继续供国内三星级以上涉外宾馆等单位申请接收。上述 33 个境外卫星电视频道,通过国家广电总局境外卫星电视平台加密定向传送(亚太六号卫星,东经 134 度),由中国国际电视总公司独家代理其落地所有相关事宜,并统一定向发放国家广电总局境外卫星电视平台专用解码器。

5. 关于加强文化产品进口的管理

《关于加强文化产品进口管理的办法》规定,广播电影电视行政部门负责广播电视节目、电影、电视剧、动画片进口,中外合作制作电影电视剧动画片和境外卫星电视频道落地等方面的监督管理工作。境外电视剧、影视动画片及电视节目的引进,报广电总局审批,实行引进项目申报制,由具备资格的单位按规定申报。合拍电影片在境内发行放映,合拍电视剧、动画片在境内发行和电视台播出,须取得广电总局颁发的许可证。严禁非法引进、盗版播放和网上非法传播。《办法》规定,原则上不再批准境外卫星电视频道在境内落地。切实加强对现有获准落地的境外电视频道的管理。采取必要监控手段,有效防止有害节目的侵入。未经批准,个人和单位不得设置、使用卫星电视接收设施。严禁通过有线广播电视网络、电信网络等各种信息网络非法传送境外卫星电视节目,严禁擅自在境内开展境外卫星电视频道和有关接收设备的推广介绍活动。《电视剧管理规定》第 27 条也规定,进口电视剧由国家广播电影电视总局指定的机构按照规定的程序进行。其他任何单位和个人不得从事电视剧的进口业务。

6. 关于互联网视听节目的管理

国家广播电影电视总局于 2004 年 7 月 6 日发布《互联网等信息网络传播视听节目管理办法》,自 2004 年 10 月 11 日起施行。第 3 条规定:国家广播电影电视总局负责全国互联网等信息网络传播视听节目的管理工作。县级以上地方广播电视行政部门负责本辖区内互联网等信息网络传播视听节目的管理工作。第 23 条规定："利用信息网络转播视听节目,只能转播广播电台、电视台播出的广播电视节目,不得转播非法开办的广播电视节目,不得转播境外广播电视节目。利用信息网络链接或集成视听节目,只能链接或集成取得《信息网络传播视听节目许可证》机构开办的视听节目,不得链接或集成境外互联网站的视听节目。"若有违反,将由县级以上广播电视行政部门责令停止违法活动、给予警告、限期整改,可以并处 3 万元以下的罚款;构成犯罪的,依法追究刑事责任。

二、境外报刊的进口发行

中国实行改革开放政策后,境外报刊的进口量大增。为加强贸易性进口书刊资料审批管理,把反映国外科技先进水平的、对中国有参考使用价值的书刊资料引进来,为社会主义现代化建设服务,同时在进口过程中防止资本主义某些不良病毒的侵袭和扩散,1984 年 2 月 15 日国家科委、中共中央宣传部批准发布《中国图书进出口总公司书刊资料审批管理规定》,并自批准之日起施行。1989 年 12 月 2 日,中共中央宣传部、新闻出版署发布《关于加强对外国和港、澳、台报刊进销管理的意见》,对统一进销渠道、控制进口的原则与重点、进销管理的具体措施等方面作了进一步的规定。2001 年 12 月 25 日国务院公布、并自次年 2 月 1 日起施行的《出版管理条例》,于 2016 年进行了第 4 次修订,对出版物进口有专门的规定。中宣部等六部门于 2005 年 8 月下发的《关于加强文化产品进口管理的办法》,其中也有对报刊进口发行的相关规定。

根据上述法规的规定,进口外国和港澳台报刊是一项政策性很强的工作,境外报刊在境内的发行,严格执行分类管理和订户订购制度。《关于加强文化产品进口管理的办法》规定,任何单位和个人不得擅自在市场上销售境外报刊,国内单位和个人向报刊进口经营单位订购境外报刊,须履行审批手续。《办法》指出,书报刊、电子出版物、音像制品、电影、电视剧、动画片和广播电视节目等文化产品进口业务,须由文化部、广电总局、新闻出版总署指定或许可的国有文化单位经营。最新修订的《出版管理条例》第 41 条也规定:"出版物进口业务,由依照本条例设立的出版物进口经营单位经营;其中经营报纸、期刊进口业务的,须由国务院出版行政部门指定。未经批准,任何单位和个人不得从事出版物进口业务;未经指定,任何单位和个人不得从事报纸、期刊进口业务。"出版物进口经营单位经营应当向国务院出版行政部门申请获得经营许可证,再到工商行政管理部门依法领取营业执照。而要获得审批需要具备如下 7 个条件:有出版物进口经营单位的名称、章程;是国有独资企业并有符合国务院出版行政部门认定的主办单位及其主管机关;有确定的业务范围;有与出版物进口业务相适应的组织机构和符合国家规定的资格条件的专业人员;有与出版物进口业务相适应的资金;有固定的经营场所;具备法律、行政法规和国家规定的其他条件。除此 7 大条件外,还需符合国家关于出版物进口经营单位总量、结构、布局的规划(《出版管理条例》第 42 条)。出版物进口经营单位应当在进口出版物前将拟进口的出版物目录报省级以上人民政府出版行政部门备案;省级以上人民政府出版行政部门发现有禁止进口的或者暂缓进口的出版物的,应当及时通知出版物进口经营单位并通报海关。对通报禁止进口或者暂缓进口的出版物,出版物进口经营单位不得进口,海关不得放行(《出版管理条例》第 45 条)。发行进口出版物的,必须从依法设立的出版物进口经营单位进货;其中发行进口报纸、期刊的,必须从国务院出版行政部门指定的出版物进口经营单位进货(《出版管理条例》第 46 条)。出版物进口经营单位在境内举办境外出版物展览,必须报经国务院出版行政部门批准。未经批准,任何单位和个人不得举办境外出版物展览(《出版管理条例》第 47 条)。

外国和港澳台报刊的进口和国内征订工作统由中国图书进出口总公司(以下简称中图)、教育图书进出口公司(以下简称教图)负责,其他任何单位未经中宣部和新闻出版署批准,一律不准进口。对未按规定批准擅自进口的,均予没收。经批准进口的报刊由中图、教图负责审查,海关可以根据情况抽查。每年年底,中图、教图负责向有关海关提供第二年度经新闻出版署批准进口的第二、三类报刊名单及数量,供海关备查。对超出批准范围的报刊应予查扣(《关于加强对国外和港澳台报刊进销管理的意见》)。

但是在特殊时期,也会出现对"外刊"的适当"解禁",如北京奥运会期间,中图公司在奥林匹克核心区域共建立了 8 个奥运会书报亭。其中奥运村 1 处、媒体村 3 处、主新闻中心(MPC)1 处、国际广播中心

（IBC）1处、国际新闻中心（服务非注册记者的BIMC）1处。为满足奥运会的需要，奥运报刊亭除了提供近40种国内报刊外，最大的特色在于销售包括世界主要新闻类和体育类报刊在内的约100种原版境外报刊。这些报刊来自美国、英国、韩国、日本、法国、德国、加拿大、澳大利亚、希腊等国和中国的台港澳地区，如《时代》《国际先驱论坛报》《朝日新闻》《读卖新闻》《每日电讯报》《泰晤士报》《中央日报》等。美国的《纽约时报》《华盛顿邮报》，德国的《体育画报》，意大利的《体育报》等都是第一次走进中国的零售书报亭。除了奥运村内的书报亭，119家奥运签约酒店中的74家与中图公司签约，在酒店内设立了书报亭或奥运专架。在首都机场的书店内，也设立了十余处奥运书报刊专架。普通中国老百姓只要能进入到这些奥运场地、酒店、机场，就可以购买这些境外刊物。中图公司为了在最短时间内运送境外报刊，在海关、机场等各个运输环节做了大量的工作，日本、韩国等周边国家及中国香港等周边地区印刷的境外报刊，基本上能在当天下午送达奥运书报亭，从其他较远国家运输的境外报刊也都在"合理时间"内送达。

第四节　广告的发布及其规范

一、广告与广告立法

广告，是客户利用一定的媒介向公众传播商品信息和其他信息，以达到某种特定目的（如推销商品、介绍服务事项等）的宣传方式。广告伴随着商品的产生而出现，在商品交换中起促进商品流通、扩大经济交往的积极的作用。而且，随着经济的发展，广告也日益发展。在交换规模日趋扩大、经济交往日益频繁的社会中，人们对广告的需求日益增强。广告在现代经济活动中既极为普遍，又十分活跃，起着重要的作用，成为推动经济交流、扩大商品流通、促进市场经济发展的一项有力手段。广告与新闻业有着密不可分的关系，对广告来说，报纸、广播、电视等新闻媒介是广告宣传最有力的载体，是广告客户联系消费者最经常利用、最有效果的工具。对于新闻业来说，广告在新闻媒介上不仅占有一席之地，而且占有极为重要的地位。新闻媒介的广告是市场经济直接的、具体的新闻信息,是市场经济不可缺少的信息产业。新闻媒介经营广告业务,不仅对于促进市场经济的发展具有重要的意义,还是新闻媒介补贴新闻传播的亏损、扩大再生产的主要经济手段与收入来源。

在中国,广告业在新中国成立后的几十年中,走过了一条曲折的发展道路。改革开放以前,由于实行高度的计划经济模式,除外贸企业为国际市场出口产品而在一些对外经济洽谈场所或委托境外机构进行广告宣传外,国内市场几乎见不到商业广告的影子。作为生产企业或商业、服务等经济组织,也不允许其在广告宣传方面的财务支出。指令性的生产安排和计划调拨,不需要企业通过广告宣传自己和自己的产品及服务,广告也不可能成为参与竞争的有力工具。改革开放后,随着商品经济和市场竞争的发展,中国的广告业也迅速恢复和发展,形成了具有一定质量和规模的、业务门类和媒介种类比较齐全的广告产业,在当今的经济建设中发挥着极为重要的作用。报纸、电视、广播、杂志四大传统媒介,因其受众多、影响大而成为中国最重要的广告发布媒体。1979 年 1 月 28 日,上海《解放日报》刊登《上海工艺美术工业公司所属部分工厂产品介绍》,在国内率先恢复刊登商业广告。翌日,上海电视台播出中国电视史上的第一个电视广告"参桂补酒",以及第一部由外商提供的瑞士雷达表电视广告片。在互联网未成规模前,报纸、电视、广播、杂志四大媒介的广告业务发展得极为迅速,每年广告营业额占整个广告业营业额的一半左右,使广告经营成为中国新闻媒介产业迅猛发展的经济支柱。据统计,从 1979 年上海电视台和上海人民广播电台分别播出新中国第一条电视和广播商业广告以来,中国广播电视广告发展迅速,2007 年全国广播电视广告营业额已超 600 亿元[①]。

但是,广告也有其消极之处,常常被利用来误导消费者、欺骗消费者,成为一种不正当的谋利手段。为了充分发挥广告的积极作用,同时切实防止和限制其消极的一面,当今世界各国的通用手段是制定有关广告活动的法律规范,以保护广告活动中的正当行为,排除不良行为,惩处违法犯罪行为。在中国,广告法制建设始于 20 世纪 80 年代初。1982 年 2 月 6 日,国务院发布了新中国第一个有关广告的行政法规

---

① 璩静、白瀛:《广电广告经营管理高发六种违法违纪行为》,新华网,2009 年 5 月 11 日。

《广告管理暂行条例》，并自 5 月 1 日起施行。该《暂行条例》共 19 条。对广告的管理机关、广告业务的登记与审批程序、广告内容的发布以及广告违法行为的处罚等，均作了具体规定。1987 年 10 月 26 日，国务院又根据《广告管理暂行条例》的施行情况予以修订，并发布新的行政法规《广告管理条例》，自同年 12 月 1 日起施行。这一《条例》在指导思想上体现了"宏观管住、微观搞活"的原则，确定了广告事业的行政管理机关和广告工作的基本制度，规定了广告宣传的基本原则和违反有关法律规定应承担的法律责任，等等。为配合《条例》的施行，国家工商行政管理局于 1988 年 1 月 19 日颁布了《〈广告管理条例〉施行细则》，后经修订，国家工商行政管理总局于 2004 年 11 月 30 日公布新的《广告管理条例施行细则》，自 2005 年 1 月 1 日起施行。

中共十四大确定了发展社会主义市场经济的改革目标后，为了更好地发挥广告在社会主义市场经济中的积极作用，制定一部具有更高的法律效力的广告法典被提上了议事日程。1994 年 10 月，第八届全国人民代表大会常务委员会第十次会议正式通过了《中华人民共和国广告法》，规定自 1995 年 2 月 1 日起施行，使中国成为世界上少数几个设有广告专门法的国家之一。2015 年 4 月 24 日，第十二届全国人民代表大会常务委员会第十四次会议修订公布新的《中华人民共和国广告法》，自 2015 年 9 月 1 日起施行。

由于广告活动是一项涉及范围极其广泛的民事经营活动，因而除了《广告法》以及其他广告管理法规外，不少民事法律、法规也含有规范有关广告活动的内容。其中比较重要的有《商标法》《专利法》《产品质量法》《消费者权益保护法》《反不正当竞争法》《食品卫生法》《药品管理法》《烟草专卖法》《文物保护法》以及《标准化条例》《化妆品卫生监督条例》等。这些法律、法规也是有关广告发布与管理的重要渊源。

除以上法律法规外，中国还颁布了大量的广告部门规章，规范特殊的广告行为。这些部门规章有：《店堂广告管理暂行办法》（1997 年 12 月 31 日）；《广告语言文字管理暂行规定》（1998 年 12 月 3 日）；《临时性广告经营管理办法》（1998 年 12 月 3 日）；《食品广告管理办法》（1993 年 8 月 30 日）、《食品广告发布暂行规定》（1998 年 12 月 3 日）；《酒类广告管理办法》（2005 年 9 月 28 日）；《医疗器械广告审查办法》（2009 年 4 月 7 日）、《医疗器械广告审查发布标准》（2009 年 4 月 28

日）、《医疗广告管理办法》（2016 年 9 月 1 日）；《药品广告管理办法》
（1992 年 6 月 1 日）、《药品广告审查发布标准》（2007 年 3 月 3 日）、
《药品广告审查办法》（2007 年 3 月 13 日）；《农药广告审查办法》
（1998 年 12 月 22 日）、《农药广告审查发布标准》（2015 年 12 月 24
日）；《兽药广告审查发布标准》（2015 年 12 月 24 日）；《化妆品广告管
理办法》（2005 年 9 月 28 日）；《印刷品广告管理办法》（2004 年 11 月
30 日）；《户外广告登记管理规定》（2006 年 5 月 22 日）；《房地产广告
发布规定》（2015 年 12 月 24 日）等。此外，为了更好地规范广告业，国
家工商局还发布了《广告经营资格检查办法》（1998 年 12 月 3 日发
布）、《关于利用音像制品发布烟草广告有关问题的答复》（1998 年 11
月 19 日）、《关于加强自费出国留学中介服务广告管理的通知》（1999
年 7 月 17 日）、《关于加强美术展览活动广告管理的通知》（1998 年 7
月 2 日）等行政解释。这些规章和行政解释从广告市场主体的资格审
查，到广告的设计、发布、代理、制作进行了系统的规定。它们从不同的
方面具体规范中国的广告市场。

二、广告发布的原则及行为准则

　　广告必须真实、合法、符合社会主义精神文明建设的要求，这是中
国广告发布的三条基本原则，在《广告法》第 3 条等有关法律、法规中
有明确的规定。
　　广告必须真实，这是中国广告发布的首要原则。广告的真实性，是
提高商品生产经营者和服务提供者的商业信誉、树立企业良好形象的
客观要求。对广告主来讲，广告保持真实性，关系到其长远的营销战略
和在市场上的竞争能力，是企业保持生存并不断发展的重要条件。对
于社会和广大消费者来讲，广告具有真实性、向广大消费者传播准确的
商品和服务信息，可以使消费者对广告保持一种良好的心理状态，愿意
接受传播最新商务和服务信息的各种广告，根据广告的指引选择适用
的商品和服务，满足生产和生活的各种需要。
　　因此，为了维护广告的真实性这一基本原则，我们必须坚决反对与
禁止虚假广告的发布。《广告法》第 4 条明确规定：“广告不得含有虚
假或者引人误解的内容，不得欺骗、误导消费者。广告主应当对广告内
容的真实性负责。”搞虚假广告，即利用广告形式对所推销的商品或提

供的服务进行欺骗性宣传,使广告的接受者产生误解而作出错误的判断和选择,必然会对社会造成危害性后果,或是损害了消费者的利益,造成消费者的财产损失甚至人身伤害与死亡,或是侵害了其他合法经营者的权益,造成市场竞争秩序的混乱。这种行为,对于广告主自身来说,也只能得手于一时而最终受到巨大损失,因为这种行为违反了有关广告的法律规定,广告主将因此而承担法律责任,最终将损害自己企业的生产经营活动。

在广告主、广告经营者、广告发布者三者之间的各种关系中,广告必须真实这一基本原则可具体化为公平、诚实信用的原则。在广告活动中,遵守公平原则,就是在竞争中应当合理公平,正当地行使自己的权利,同时兼顾他人和社会利益;遵守诚实信用原则,就是在广告活动中应当诚实待人,严守信用,不得弄虚作假,损人利己。公平、诚实信用的原则,是人类在长期的商品生产和市场竞争活动的实践中逐渐形成的维护正常竞争秩序、协调各个竞争者利益的商业道德准则。广告活动是市场经济条件下的一种竞争行为,它的活动性质属于一般的商事活动,因而也应遵循这一商业道德准则。

广告必须合法,这是广告发布的另一条重要原则。广告合法性,是指广告内容和形式都必须在法律允许的范围内,必须符合强制性的法定要求,不得违背社会秩序和社会利益的要求。不管是中国还是外国的广告主、广告经营者、广告发布者,在中国境内从事广告活动,都必须遵守中国的有关法律、法规。广告内容的合法性,主要表现在四个方面:一是不得对国家禁止生产的商品或开展的服务事项作广告;二是虽然属于允许生产的商品或开展的服务,但国家禁止作广告宣传的,不得在广告中宣传上述商品或服务;三是广告内容与其所推销的商品或所介绍的服务相一致,不得含有虚假的成分;四是广告内容不得含有法律明文禁止使用的表现方式。广告形式的合法性,主要表现在三个方面:一是广告发布符合法定程序,必须通过合法的媒介或其他法律允许的形式;二是发布的广告应当有广告标记,不得采用有偿新闻报道形式作变相广告;三是广告形式本身应当符合法律允许的设置要求,如户外广告不得置于法律、法规禁止设置的场合或场所。

广告必须促进精神文明建设,这是中国广告发布的特有原则。《广告法》第3条规定,广告应当"以健康的表现形式表达广告内容,符合社会主义精神文明建设和弘扬中华民族优秀传统文化的要求"。广告通过文字、语言、画面等形式,利用艺术与内容结合的手段,作用于人们的感官和思想,从内容到形式都反映着一定的社会意识形态。广告不仅宣传企业及其商品或服务,也在宣传生活方式,因而对社会风气与习俗、对人们的消费观念与价值观念都有不可忽视的感染和导向作用。向公众发布的广告,既是经济行为,也是对公众进行宣传教育的文化现象。

有关广告发布的具体行为准则,根据《广告法》等有关法律、法规分三类情况作了具体规定。

1. 第一类:在各种广告中都必须禁止的行为

具体而言,广告不得有下列 11 种情形: ① 使用或者变相使用中华人民共和国的国旗、国歌、国徽,军旗、军歌、军徽。② 使用或者变相使用国家机关、国家机关工作人员的名义或者形象。③ 使用"国家级""最高级""最佳"等用语。广告应当真实、明白,不得误导消费者,使用最高级形容词是不实、含混广告的一个具体体现,因而在广告中必须禁止使用这些用语。④ 损害国家的尊严或者利益,泄露国家秘密。⑤ 妨碍社会安定,损害社会公共利益。⑥ 危害人身、财产安全,泄露个人隐私。⑦ 妨碍社会公共秩序或者违背社会良好风尚。社会公众秩序包括生产秩序、工作秩序、教学秩序、交通秩序、公共场所秩序、群众生活秩序等。遵守社会公共秩序是公民的基本义务之一,社会良好风尚是历代相沿积久而成的善良习俗,是中国民族精神与风貌的体现。⑧ 含有淫秽、色情、赌博、迷信、恐怖、暴力的内容。上述这些内容,不论以何种形式表现出来,都与社会良好风俗相悖,与社会主义精神文明建设的要求相悖,理当予以禁止。⑨ 含有民族、种族、宗教、性别歧视的内容。《宪法》第 4 条规定:"中华人民共和国各民族一律平等","禁止对任何民族的歧视和压迫";第 36 条规定:"中华人民共和国公民有宗教信仰自由",任何国家机关、社会团体和个人"不得歧视信仰宗教的公民和不信仰宗教的公民";第 48 条规定:"中华人民共和国妇女在政治的、经济的、文化的、社会的和家庭的生活等方面享有同男子平等的权利"。⑩ 妨碍环境、自然资源或者文化遗产保护。保护环境和自然资源是中国的一项基本国策,《宪法》第 26 条规定:"国家保护和改善生活环境和生态环境,防治污染和其他公害";第 9 条规定:"国家保护自然资源的合理利用","禁止任何组织或者个人用任何手段侵占或者破坏自然资源"。《中华人民共和国环境保护法》第 6 条规定:"一切单位和个人都有保护环境的义务"。⑪ 法律、行政法规规定禁止的其他情形。"其他情形"包括：注册会计师不得"对其能力进行广告宣传以招揽业务"（2015 年《注册会计师法》第 22 条）；如果广告中出现商标的，该商标不得使用 2013 年《商标法》第 10 条所禁止使用的文字和图形，不得使用与同一种商品或者类似商品已注册的商标相同或者近似的商标，并不得出现其他侵犯他人商标权的情形（《商标法》第 57 条）；新闻、广播等宣传单位不得登载、播送非正式出版物的出版消息和广告（《国务院批转国家出版局等单位〈关于制止滥编滥印书刊和加强出版管理工作的报告〉的通知》）；等等。

2. 第二类：在广告活动中必须遵守的规则

主要有下列六条：① 对商品的性能、功能、产地、用途、质量、成分、价格、生产者、有效期限、允诺等，或者对服务的内容、提供者、形式、质量、价格、允诺等有表示的，应当准确、清楚、明白。广告中表明推销的商品或者服务附带赠送的，应当明示所附带赠送商品或者服务的品种、规格、数量、期限和方式。② 不得损害未成年人和残疾人的身心健康。③ 广告使用数据、统计资料、调查结果、文摘、引用语等引证内容的，应当真实、准确，并表明出处。引证内容有适用范围和有效期限的，应当明确表示。这是为了制止借用伪造、捏造、断章取义、片面引用、曲解原意等手段来欺骗或者误导消费者。④ 涉及专利产品或者专利方法的，应当标明专利号和专利种类。未取得专利权的，不得在广告中谎称取得专利权。禁止使用未授予专利权的专利申请和已经终止、撤销、无效的专利作广告。⑤ 不得贬低其他生产经营者的商品或者服务。这是针对比较型广告而作的规定，必须鼓励正当的竞争，反对不正当地利用广告的手段。在中国，虽然并未像有些国家那样禁止使用比较型广告，但是对比较法的使用有严格的要求，即不得贬低其他生产商品经营者的商品或者服务，否则将承担法律责任。⑥ 广告应当具有可识别性，能够使消费者辨明其为广告。大众传播媒介不得以新闻报道形式变相发布广告。通过大众传播媒介发布的广告应当显著标明"广告"，与其他非广告信息相区别，不得使消费者产生误解。广播电台、电视台发布广告，应当遵守国务院有关部门关于时长、方式的规定，并应当对广告时长作出明显提示。

3. 第三类：对特殊商品广告的特殊规定

① 麻醉药品、精神药品、医疗用毒性药品、放射性药品等特殊药

品,药品类易制毒化学品,以及戒毒治疗的药品、医疗器械和治疗方法,不得作广告。前款规定以外的处方药,只能在国务院卫生行政部门和国务院药品监督管理部门共同指定的医学、药学专业刊物上作广告。② 医疗、药品、医疗器械广告不得含有下列内容:表示功效、安全性的断言或者保证;说明治愈率或者有效率;与其他药品、医疗器械的功效和安全性或者其他医疗机构比较;利用广告代言人作推荐、证明;法律、行政法规规定禁止的其他内容。③ 保健食品广告不得含有下列内容:表示功效、安全性的断言或者保证;涉及疾病预防、治疗功能;声称或者暗示广告商品为保障健康所必需;与药品、其他保健食品进行比较;利用广告代言人作推荐、证明;法律、行政法规规定禁止的其他内容。④ 农药、兽药、饲料和饲料添加剂广告不得含有下列内容:表示功效、安全性的断言或者保证;利用科研单位、学术机构、技术推广机构、行业协会或者专业人士、用户的名义或者形象作推荐、证明;说明有效率;违反安全使用规程的文字、语言或者画面;法律、行政法规规定禁止的其他内容。⑤ 烟草广告禁止在大众传播媒介或者公共场所、公共交通工具、户外发布。禁止向未成年人发送任何形式的烟草广告。禁止利用其他商品或者服务的广告、公益广告,宣传烟草制品名称、商标、包装、装潢以及类似内容。烟草制品生产者或者销售者发布的迁址、更名、招聘等启事中,不得含有烟草制品名称、商标、包装、装潢以及类似内容。⑥ 酒类广告不得含有下列内容:诱导、怂恿饮酒或者宣传无节制饮酒;出现饮酒的动作;表现驾驶车、船、飞机等活动;明示或者暗示饮酒有消除紧张和焦虑、增加体力等功效。⑦ 教育、培训广告不得含有下列内容:对升学、通过考试、获得学位学历或者合格证书,或者对教育、培训的效果作出明示或者暗示的保证性承诺;明示或者暗示有相关考试机构或者其工作人员、考试命题人员参与教育、培训;利用科研单位、学术机构、教育机构、行业协会、专业人士、受益者的名义或者形象作推荐、证明。⑧ 招商等有投资回报预期的商品或者服务广告,应当对可能存在的风险以及风险责任承担有合理提示或者警示,并不得含有下列内容:对未来效果、收益或者与其相关的情况作出保证性承诺,明示或者暗示保本、无风险或者保收益等,国家另有规定的除外;利用学术机构、行业协会、专业人士、受益者的名义或者形象作推荐、证明。⑨ 房地产广告,房源信息应当真实,面积应当表明为建筑面积或者套内建筑面积,并不得含有下列内容:升值或者投资回报的承诺;以项目到达某一具体参照物的所需时间表示项目位置；违反国家有关价格管理的规定；对规划或者建设中的交通、商业、文化教育设施以及其他市政条件作误导宣传。⑩农作物种子、林木种子、草种子、种畜禽、水产苗种和种养殖广告关于品种名称、生产性能、生长量或者产量、品质、抗性、特殊使用价值、经济价值、适宜种植或者养殖的范围和条件等方面的表述应当真实、清楚、明白，并不得含有下列内容：作科学上无法验证的断言；表示功效的断言或者保证；对经济效益进行分析、预测或者作保证性承诺；利用科研单位、学术机构、技术推广机构、行业协会或者专业人士、用户的名义或者形象作推荐、证明。

三、广告发布的管理与监督

为了使广告发布规范化、有序化，有关广告法律、法规还对广告发布的管理与监督工作作了若干规定。

根据广告法律、法规的有关规定，国务院工商行政管理部门主管全国的广告监督管理工作，国务院有关部门在各自的职责范围内负责广告管理相关工作。县级以上地方工商行政管理部门主管本行政区域的广告监督管理工作，县级以上地方人民政府有关部门在各自的职责范围内负责广告管理相关工作。

工商行政管理部门履行广告监督管理职责，可以行使下列职权：对涉嫌从事违法广告活动的场所实施现场检查；询问涉嫌违法当事人或者其法定代表人、主要负责人和其他有关人员，对有关单位或者个人进行调查；要求涉嫌违法当事人限期提供有关证明文件；查阅、复制与涉嫌违法广告有关的合同、票据、账簿、广告作品和其他有关资料；查封、扣押与涉嫌违法广告直接相关的广告物品、经营工具、设备等财物；责令暂停发布可能造成严重后果的涉嫌违法广告；法律、行政法规规定的其他职权（《广告法》第49条）。

有关法律、法规还对广告活动主体及其职责作了规定。根据《广告法》的规定，广告主是指"为推销商品或者服务，自行或者委托他人设计、制作、发布广告的自然人、法人或者其他组织"；广告经营者是指"接受委托提供广告设计、制作、代理服务的自然人、法人或者其他组织"；广告发布者是指"为广告主或者广告主委托的广告经营者发布广告的自然人、法人或者其他组织"。广告主、广告经营者和广告发布者是从事商业广告活动的三个民事法律关系的主体,既依法享有权利,也必须依法承担责任。在广告活动中,广告主、广告经营者、广告发布者之间应当依法订立书面合同,明确各方的权利与义务,不得进行任何形式的不正当竞争。广告主委托设计、制作、发布广告,应当委托具有合法经营资格的广告经营者、广告发布者。广告主或者广告经营者在广告中使用他人名义或者形象的,应当事先取得其书面同意;使用无民事行为能力人、限制民事行为能力人的名义或者形象的,应当事先取得其监护人的书面同意。广告经营者、广告发布者应当按照国家有关规定,建立、健全广告业务的承接登记、审核、档案管理制度。广告经营者、广告发布者依据法律、行政法规查验有关证明文件,核对广告内容。对内容不符或者证明文件不全的广告,广告经营者不得提供设计、制作、代理服务,广告发布者不得发布。广告经营者、广告发布者应当公布其收费标准和收费办法。广告发布者向广告主、广告经营者提供的覆盖率、收视率、点击率、发行量等资料应当真实(《广告法》第32—36条)。

对于特殊广告的发布,根据有关法规的规定,实行发布前审查制度。《广告法》第46条规定,发布医疗、药品、医疗器械、农药、兽药和保健食品广告,以及法律、行政法规规定应当进行审查的其他广告,应当在发布前由有关部门(即广告审查机关)对广告内容进行审查;未经审查,不得发布。

四、媒体广告经营的规制

新闻传播媒体刊登、刊播广告除了有总的广告法律和各部门规章的约束外,还有专门针对自己的法律、法规的约束与规范。早在1985年4月17日,国家工商行政管理局、广电部、文化部就颁布了《关于报纸、书刊、电台、电视台经营、刊播广告有关问题的通知》。此外,直接规范新闻传播媒体广告活动的还有:新闻出版署、国家工商行政管理局于1988年5月25日颁布的《关于报社、期刊社、出版社开展有偿服务和经营活动的暂行办法》;国家工商行政管理局、新闻出版署于1990年3月15日颁布的《关于报社、期刊社和出版社刊登、经营广告的几项规定》;新闻出版署、国家工商行政管理局于1994年8月15日颁布的《关于禁止以报纸形式印送广告宣传品及对印刷品广告加强管理的通知》;国家广播电影电视总局(以下简称国家广电总局)于1997年2月

19 日颁布的《关于进一步加强电视广告宣传管理的通知》;国家工商总局于 1998 年 9 月 20 日颁布的《关于加强电视直销广告管理的通知》;国家广电总局、工商总局于 2006 年 7 月 18 日颁布的《关于整顿广播电视医疗资讯服务和电视购物节目内容的通知》;国家广电总局于 2009 年 9 月 8 日发布的《广播电视广告播出管理办法》,后于 2011 年 11 月 25 日发布的《〈广播电视广告播出管理办法〉的补充规定》;国家广电总局于 2009 年 9 月 10 日下发的《关于加强电视购物短片广告和居家购物节目管理的通知》;国家广电总局于 2010 年 2 月 20 发布的《关于进一步加强广播电视广告审查和监管工作的通知》。

1. 媒体广告发布的查验与监管

媒体是广告发布的最终出口,除国家工商行政部门有责任把关广告的经营外,媒体也有责任对广告的发布进行把关查验。若媒体不依法履行审查把关职责,一些虚假违法广告的传播就难以避免。

根据国家广电总局纪检部整理的近十年广播电视领域发生的违法违纪案件调研显示,在 120 多例广播电视违法违纪案件中,其中广告经营违法违纪案件 17 例,占总数的 14%,仅次于财务管理违法案件,排在第二位。调研表明,中国广电广告经营管理容易高发六种违法违纪行为。这六种行为主要有:一是收受广告经营人员、广告客户送的钱物;二是以各种方式占有广告款物,包括将广告款存入小金库或者个人账户,将冲抵广告款的实物据为己有;三是利用职务之便帮助广告公司牟利;四是兼职取酬;五是不受监督滥用职权,个人说了算;六是利用职务之便,让亲友开办广告公司从中谋取私利[①]。随着网络应用的日益普及,制售假药劣药的违法犯罪活动发生了一些新的变化。当前,一些不法分子利用互联网大量发布虚假药品广告,建立专门的网站或者借助互联网电子商务平台违法从事假药销售活动。可以说,传统的制售假药违法犯罪活动正在逐步向网络延伸。

针对以上问题,2010 年国家工商总局、中宣部、国务院新闻办、公安部、监察部、国务院纠风办、工业和信息化部、卫生部、广电总局、新闻出版总署、国家食品药品监管局、国家中医药管理局 12 部门联合发布《2010 年虚假违法广告专项整治工作实施意见》。意见指出,广告主委

---

① 璩静、白瀛:《广电广告经营管理高发六种违法违纪行为》,新华网,2009 年 5 月 11 日。

托媒体单位发布药品、医疗器械、农药、兽药、保健食品、医疗服务等法律法规规定应当通过行政许可的 6 类广告,除了提交基本证明文件外,还应当提供食品药品监督、农业、卫生等政府行政主管部门的审查批准文件(包括广告成品样件)。媒体单位在广告发布前,应当查验这些证明文件,对内容不实或者证明文件不全的广告,不得发布。切实加强对媒体单位广告发布审查环节的管理,是有效治理违法广告的关键①。

对广告的发布则采取各部门联合监管的方式。广告发布前,工商部门要加强媒体广告发布审查的行政指导;广播影视、新闻出版行政部门要监督媒体单位落实广告发布审查的法定责任;党委宣传部门要把广告内容作为新闻管理的重要组成部分。广告发布中,工商部门要加强广告日常监测检查;食品药品监管部门要加强药品、保健食品、医疗器械广告发布企业的监督检查;卫生行政、中医药管理部门要加强医疗机构广告发布行为的监测监管;新闻出版行政部门要加强报刊广告审读工作;广播影视行政部门要加强广播电视广告监听监看。广告发布后,强化依法查处。工商部门加大处罚力度,对屡罚屡犯的广告主、广告经营者、广告发布者暂停其广告发布业务,直至取消广告发布资格;卫生行政、中医药管理部门要对发布严重虚假违法广告的医疗机构,责令其停业整顿,或吊销诊疗科目,直至吊销《医疗机构执业许可证》;药品监管部门对严重虚假违法广告涉及的药品、保健食品、医疗器械及相关企业,列入"黑名单",暂停产品销售,撤销、收回、注销相关广告批准文号;新闻出版行政部门对刊登虚假违法广告问题严重的报刊列入报刊违规记录,对列入违规记录的报刊和报刊出版单位的主要负责人,不得入选各类评奖和评优;广播影视行政部门对发布违法广告问题严重的播出机构,暂停其商业广告播放、暂停其播出,直至撤销频道、吊销《广播电视频道许可证》,并追究主管领导和相关责任人的责任;通信管理部门配合有关部门规范互联网广告,对非法网站依法处理;公安机关要严厉打击发布虚假广告的犯罪行为。

作为新兴产业,网络广告可谓发展迅猛。同时,也由于发展快,对网络广告的管理则相对滞后。网上广告的浮夸和欺诈不但会损害消费者利益,也将损害电子商务自身的形象。目前中国网上监控还存在一

---

① 富子梅:《国家工商总局、中宣部等 12 部门日前发出通知要求媒体须查验六类广告证明文件》,载《人民日报》2010 年 2 月 20 日。

些问题。一方面,非法售药网站还没有得到有效的审查和屏蔽;另一方面,违法网站被关闭后,不法分子往往还能通过国外代理机构,掏一些代理费又申请到新的网址,或者找网页制作公司制作新的网页继续行骗,其中的追踪和违法情节认定都十分困难。所以这些问题要从根本上解决,还要依靠多个部门合作配合。

2. 媒体广告的内容规范

目前,一些医疗机构在广播电视医疗资讯服务节目中,往往隐含保证治愈内容,夸大诊疗效果,利用专家、患者名义做证明,误导患者;一些电视购物公司在电视购物节目中夸大产品功能,特别是一些丰胸、减肥产品,以消费者使用产品前后形象作对比,使用不科学地表示功效的断言,保证使用效果,存在产品虚假夸大宣传问题。这些问题损害了消费者合法权益,影响了广播电视媒体的社会公信力。

为此,国家广播电影电视总局、国家工商行政管理总局于 2006 年7 月 18 日颁布了《关于整顿广播电视医疗资讯服务和电视购物节目内容的通知》,决定对广播电视医疗资讯服务和电视购物节目进行整顿。此外国家广电总局陆续发布的《广播电视广告播出管理办法》《关于加强电视购物短片广告和居家购物节目管理的通知》《广电总局关于电视购物频道建设和管理的意见》《关于进一步加强广播电视广告审查和监管工作的通知》,也对其进行了规范与管理。

《广播电视广告播出管理办法》规定,广播电视今后将禁止播出治疗恶性肿瘤、肝病、性病或者提高性功能的药品、食品、医疗器械、医疗广告。据悉,明确规定禁止播出下列广播电视广告:① 以新闻报道形式发布的广告;② 烟草制品广告;③ 处方药品广告;④ 治疗恶性肿瘤、肝病、性病或者提高性功能的药品、食品、医疗器械、医疗广告;⑤ 姓名解析、运程分析、缘份测试、交友聊天等声讯服务广告;⑥ 出现"母乳代用品"用语的乳制品广告;⑦ 法律、行政法规和国家有关规定禁止播出的其他广告。同时,新《办法》中规定了广播电视广告禁止含有下列内容:① 反对宪法确定的基本原则的;② 危害国家统一、主权和领土完整,危害国家安全,或者损害国家荣誉和利益的;③ 煽动民族仇恨、民族歧视,侵害民族风俗习惯,伤害民族感情,破坏民族团结,违反宗教政策的;④ 扰乱社会秩序,破坏社会稳定的;⑤ 宣扬邪教、淫秽、赌博、暴力、迷信,危害社会公德或者民族优秀文化传统的;⑥ 侮辱、歧视或者诽谤他人,侵害他人合法权益的;⑦ 诱使未成年人产生不良行为或者不良价值观,危害其身心健康的;⑧ 使用绝对化语言,欺骗、误导公众,故意使用错别字或者篡改成语的;⑨ 商业广告中使用、变相使用中华人民共和国国旗、国徽、国歌,使用、变相使用国家领导人、领袖人物的名义、形象、声音、名言、字体或者国家机关和国家机关工作人员的名义、形象的;⑩ 药品、医疗器械、医疗和健康资讯类广告中含有宣传治愈率、有效率,或者以医生、专家、患者、公众人物等形象做疗效证明的;⑪ 法律、行政法规和国家有关规定禁止的其他内容。

针对目前群众投诉较多的一些虚假违法广播电视广告,特别是一些电视购物短片中故意误导消费者的问题,《关于加强电视购物短片广告和居家购物节目管理的通知》也提出了明确的规范要求。《通知》要求电视购物短片广告和居家购物节目,必须标明商业销售企业名称,公布"无条件退货"和"验货付款"的承诺。同时对在电视台投放购物短片广告的电视购物企业,从注册资本金、企业规模、售后服务、产业诚信等方面设立了准入门槛。通知还强调,播出机构如果审查不严,对消费者造成损害的,应承担相应的法律责任。

《广电总局关于电视购物频道建设和管理的意见》明确要求,要严格按照《广电总局关于加强电视购物短片广告和居家购物节目管理的通知》要求,真实介绍和展示所售商品,避免虚假、夸大宣传。购物频道和专门购物时段不得播出广告(含电视购物短片广告)。经备案的专门购物时段播出购物节目时,须在屏幕右上角标明"购物"字样。专门购物时段不计入广告时间,其所在频道不得再播出购物短片广告。《意见》明确指出,未经广电总局批准,任何机构不得开办电视购物频道,不得调整现有电视频道节目设置范围变相开办电视购物频道,不得扩大覆盖范围。有线网络机构不得以视频点播、信息服务、电视指南等名义开办电视购物频道和节目,也不得传输未经批准和超出覆盖范围的电视购物频道。2010 年 1 月 10 日起,除经批准开办的电视购物频道和经备案的专门购物时段外,其他模拟、数字和付费频道,一律不得播出电视购物节目。新闻、国际等专业频道,不得播出电视购物短片广告。教育、少儿等专业频道不得播出不宜未成年人收看的电视购物短片广告。

《关于进一步加强广播电视广告审查和监管工作的通知》要求杜绝播出机构播出宣传提高性功能的产品广告,或者电视购物短片广告使用主持人"叫卖"宣传等违规问题。《通知》要求,坚决禁止涉性广告:"各级广播电视播出机构要加强广告内容的审检工作,确保导向正确,坚决抵制并自行清理宣传壮阳、提高性功能的医疗、药品、保健品、医疗器械等不良广告。对仍违规播出的,一经发现,总局将直接给予暂停商业广告播出的严肃处理,并向社会公开曝光。"《通知》要求,各级广播电视播出机构要严格按照《广播电视广告播出管理办法》和《广电总局关于加强电视购物短片广告和居家购物节目管理的通知》要求,加强对电视购物短片广告内容的审查把关,不得使用主持人作宣传,不得以"叫卖式"夸张配音、语调、动作等宣传商品;不得使用新闻报道、新闻采访等形式以及新闻素材、资料等宣传商品。

3. 媒体广告播出的时限与编排

关于广告播出的时限,《广播电视广告播出管理办法》明确要求,今后播出机构每套节目每小时商业广告播出时长不得超过 12 分钟,其中,广播电台在 11 点至 13 点之间、电视台在 19 点至 21 点之间,商业广告播出总时长不得超过 18 分钟。播出机构每套节目每日公益广告播出时长不得少于商业广告时长的 3%。其中,广播电台在 11 点至 13 点之间、电视台在 19 点至 21 点之间,公益广告播出数量不得少于 4 条(次)。《关于加强电视购物短片广告和居家购物节目管理的通知》也明确指出,在播出时间方面,上星频道每天 18 点至 24 点的时段内,不得播出电视购物短片广告。而所有电视购物短片广告作为广告管理,计入广告播出总量,也就是说要受到一般时段每小时 12 分钟、黄金时段每小时 9 分钟的限制。

关于广告播出的编排,《广播电视广告播出管理办法》规定,广播电视广告播出应当合理编排。其中,广播电视广告播出不得影响广播电视节目的完整性。除在节目自然段的间歇外,不得随意插播广告。播出电视剧时,可以在每集(以 45 分钟计)中插播 2 次商业广告,每次时长不得超过 1 分 30 秒。其中,在 19 点至 21 点之间播出电视剧时,每集中可以插播 1 次商业广告,时长不得超过 1 分钟。新《办法》还规定,播出商业广告应当尊重公众生活习惯。在 6 点 30 分至 7 点 30 分、11 点 30 分至 12 点 30 分以及 18 点 30 分至 20 点的公众用餐时间,不得播出治疗皮肤病、痔疮、脚气、妇科、生殖泌尿系统等疾病的药品、医疗器械、医疗和妇女卫生用品广告。播出机构应当严格控制酒类商业广告,不得在以未成年人为主要传播对象的频率、频道、节(栏)目中播出。广播电台每套节目每小时播出的烈性酒类商业广告,不得超过 2 条;电视台每套节目每日播出的烈性酒类商业广告不得超过 12 条,其中 19 点至 21 点之间不得超过 2 条。在中小学生假期和未成年人相对集中的收听、收视时段,或者以未成年人为主要传播对象的频率、频道、节(栏)目中,不得播出不适宜未成年人收听、收视的商业广告。播出电视商业广告时不得隐匿台标和频道标识。

学习思考题:

    1. 为什么中国实行重大政务新闻由新华社统一发布与报道的制度?

    2. 中国有哪些特殊新闻信息必须由国家指定的部门统一发布?

    3. 简述广告发布的具体行为准则。

    4. 如何发布与报道证券新闻?

    5. 如何看待媒体广告的泛滥现象?如何规范此种现象?

    6. 境外新闻在中国境内发布有什么规定?

第四章

新闻传播与维护国家安全

第一节　维护国家安全与禁载规定

一、维护国家安全是公民的法定义务

维护国家安全,涉及国家的领土完整、主权独立和社会制度的巩固,关系到社会稳定、经济繁荣和人民的幸福,是全体国民的根本利益所在,是国家和民族的兴亡的根本。世界上任何一种制度的国家无不把维护国家安全作为首要的任务,通过一系列立法,并以严苛的刑罚来保障国家安全,禁止任何危害国家安全的行为。

在新闻传播活动中,主要有两种情况涉及危害国家安全的问题:一是以言论煽动危害国家安全,二是非法窃取或泄露国家秘密。

但是,要注意的是,为保护新闻自由、信息公开以及公民的表达自由,在煽动罪的认定中,要依法保障公民和媒体的批评权与舆论监督权;在泄密罪的认定中,要注意平衡信息公开与保守国家秘密的关系。

新闻传播中不得载有危害国家安全的内容,是各国新闻传播法的通例。新闻传播媒体及其从业人员,有责任站在国家利益的高度,用全局观念和大局意识来审视新闻传播的内容及方式,避免危害国家安全的言行。

二、国际公约有关维护国家安全的禁载规定

1.《国际新闻自由公约》

1948 年 3 月至 4 月,51 个国家的新闻代表团在日内瓦举行联合国新闻自由会议,当时的中国政府也派代表团参加了会议。在这次会议上,通过了包括三个公约在内的《国际新闻自由公约草案》(*Draft Convention of International Free Press*)。第一公约是美国代表团提出的《国际新闻采访及传递公约》,这项提案着重于发展国际间相互采访与新闻传递自由。第二公约是法国代表团提出的《国际新闻错误更正权公约》,其目的在于限制滥用新闻自由,防止虚构、歪曲新闻的传播。这项提案深受与会的多数新闻事业不发达国家的拥护。第三公约是英国代表团提出的《新闻自由公约》,对新闻自由的定义、原则及限度作了详尽的解释与具体规定①。其中第三公约第 2 条规定了新闻媒体的 10 项"责任与限制",如有违犯,应予以法律明文规定之必要惩罚②。

2.《公民权利和政治权利国际公约》

1966 年 12 月,联合国大会通过了《公民权利和政治权利国际公约》(*International Covenant on Civil and Political Rights*),并于 1976 年 3 月生效③。《公约》在充分肯定新闻自由的前提下,对一些传播行为予以禁止,如第 20 条规定:"一、任何鼓吹战争的宣传,应以法律加以禁止。二、任何鼓吹民族、种族或宗教仇恨的主张,构成煽动歧视、敌视或强暴者,应以法律加以禁止。"对一些包括新闻权利在内的权利的行使,明确其"带有特殊的义务和责任",应由法律规定一些限制条件,如

---

① 中国社科院新闻所、北京新闻学会编:《各国新闻出版法选辑》,人民日报出版社 1981 年版,第 29—40 页。

② 第 2 条　责任与限制:① 为国家安全应守秘密之事项。② 意图煽动他人以暴力变动政府制度或扰乱治安者。③ 意图煽惑人民犯罪者。④ 发表不洁、有害于青年之文字,或供青年阅读之出版物者。⑤ 妨碍法庭审判之公正进行者。⑥ 侵犯著作权及艺术权利者。⑦ 意图毁损他人之名誉,或有害他人而无益于公众者,无论其毁损者为自然人或法人皆然。⑧ 违反因由职业、契约关系或其他法律关系而产生之法律责任者,包括泄漏因职业上或官方资格而获得之机密消息。⑨ 有意欺骗者。⑩ 有计划地传播足以损害人民或国家间友好关系之虚构或曲解新闻者。

③ 中华人民共和国政府于 1998 年 10 月 5 日在联合国总部签署了《公民权利和政治权利国际公约》,并多次宣布将实施该公约,但全国人民代表大会一直没有批准该公约。2008 年 3 月,第十一届全国人大闭幕时温家宝在记者会上承诺尽快施行《公民权利和政治权利国际公约》。

第 19 条第 3 款规定:"本条第 2 款所规定的权利的行使带有特殊的义务和责任,因此得受某些限制,但这些限制只应由法律规定并为下列条件所必需:(甲)尊重他人的权利或名誉;(乙)保障国家安全或公共秩序,或公共卫生或道德。"①

三、外国有关维护国家安全的禁载规定

1. 美国

《美国法典》第 18 篇第 2381 条至 2391 条对滥用言论、集会、结社等权利危害国家安全的行为规定了严厉的惩罚措施。其中,第 2385 条规定,任何蓄意"鼓吹、煽动、劝说或讲授"推翻或摧毁美国政府的行为,包括为此而"印刷、出版、发表、出售、分发或公开展出任何书写或印刷品",均要处 20 年徒刑或 2 万美元罚款或两者并罚。依据美国联邦法院历来在判例中的解释,言论自由的运用以不致妨害美国宪法的规定为限,任何出版物的刊行以不得恶意诽谤政府或企图颠覆政府的存在为限。

自从共和体建立以来,美国联邦和州政府都提出了保守秘密的特权,特别是有关军队的部署和国防外交,理由是透露某些事情将不利于公共利益。随着政府活动的不断扩大,特别是"水门事件"以后,新闻传播媒体总是"希望公布政府想保守秘密的材料",而"政府官员严阵以待,欲还击媒介并对公布那些机密的行为寻求司法禁令"②。

在新闻传播媒体与政府力量长期的博弈过程中,逐步形成了对新闻传播媒体的限制和约束:① 立法性禁止:如里根政府 1982 年说服国会作出规定,任何人如果公布他们有理由知道将会泄露合众国情报人员身份的任何事情,即使他们的原始资料是公开或非保密的信息,都构成一种联邦犯罪。总体看来,此类型的禁止性规定的数量较少且范围具体明确。② 战时新闻管理:国家在战争状态下,对新闻传播进行管制是一个例行做法。③ 政府的"繁重的举证责任"。政府要想事先

①　《公约》第 19 条第 2 款为:"人人有自由发表意见的权利;此项权利包括寻求、接受和传递各种消息和思想的自由,而不论国界,也不论口头的、书写的、印刷的、采取艺术形式的或通过他所选择的任何其他媒介。"

②　[美]T·巴顿·卡特、朱丽叶·L·迪等:《大众传播法概要》,黄列译,中国社会科学出版社 1997 年版,第 119 页。

限定某一个它认为有损国家安全的报道,必须承担证明使用该限制实属正当的举证责任。如在被新闻界奉为经典的判例"《纽约时报》公司诉合众国案"(New York Times v. United States,亦即1971年的五角大楼文件案)中,最高法院在一份未署名的简要法庭裁决中,以6比3票裁定限制无效,并指出政府未能满足举证责任①。此判例也折射出美国宪法至高无上的权威,以及政府对新闻媒体限制和约束的边界。

2. 英国

英国早期法律规定:以口头或书面言论或者著作煽动对英王、政府、英国宪法、两院、司法机关的仇视或不满,挑动臣民以非法手段改变法律规定的教会和国家事务,煽动人们施行扰乱治安的犯罪行为,都要处以监禁或罚金。

为维护国家安全,英国还对媒体报道采取了一系列禁止性约束,主要体现在保守国家秘密上。《官方保密法》(1911年制定,1920年、1939年、1989年三次修订)规定:禁止获取、收集、记录或向他人传递可能或旨在对敌方有用的任何情报;任何服务于政府部门、在王国政府内担任公职,或与政府有合同者,利用其职务或特有的合同,将任何情报传递给其未授权传递者,皆属犯罪。另外,英国还以著名的"D"通知的形式来防止保密内容在新闻媒介泄露:由政府官员和新闻界代表组成"防务、新闻和广播委员会",由一位已退休的高级军官作为干事长,把属于秘密的不能发表的材料列出单子来,以"D"(英文"防务"一词的缩写)通知(Defense Notice)的形式发给大家,新闻界如有不同意见可提出由该委员会讨论②。这一制度虽无法律效力,但在实践中比较成功,大大减少了有关新闻界触犯保密法的诉讼案件的数量。

3. 法国

1881年通过的《出版自由法》第4章规定了"新闻及其他出版途径的重罪和轻罪",其中针对妨害国家安全罪的主要是"煽动"(煽动重罪和轻罪):"煽动从事刑法第75条至101条(含101条)规定的妨害国

---

① 最高法院阐述说:"'任何提至本法院的事前约束表达的制度都要承受很大的怀疑其宪法效力的推断。'……政府'因此承担繁重的举证责任以证明强制规定这样的约束的正当合理性'。……纽约州南部地区的地区法院在'《纽约时报》案'里,以及哥伦比亚特区的地区法院和上诉法院在'《华盛顿邮报》案'里都裁决政府未能满足举证责任的要求。对此,我们表示同意。"引自[美]T·巴顿·卡特、朱丽叶·L·迪等:《大众传播法概要》,黄列译,中国社会科学出版社1997年版,第121页。

② 宋克明:《英美新闻法制与管理》,中国民主法制出版社1997年版,第187页。

家安全罪者",一般处以罚款或者监禁,或两者同处。法国法律还规定:煽动公民武装反抗政府的叛逆行为,处终身监禁。

4. 日本

日本相关法律体现了一个鲜明的特点,那就是,保密的约束对象主要是具有特定身份的公务员。首先,在日本现行法中,以秘密保护为目的的法律为《安全保障条例·刑事特别法第六条》和《MSA 秘密保护法》。但是,这两个法的目的,是为了保护驻日美军的秘密,而不是旨在保护日本国家秘密的保护法。其次,虽然《国家公务员法》(第 100条)、《地方公务员法》(第 34 条)、《自卫队法》(第 59 条)都规定了保密义务,但这种保密义务没有延伸到新闻媒体和一般人。1985 年,自民党政府向国会提交了有关防范涉及国家秘密的间谍行为的法律案(国家秘密法案),旨在对防务上的秘密、外交上的秘密等情报加以法律保护,但因其涉嫌将"保守国家秘密"的约束对象延伸到自然人,遂遭到以日本新闻协会为首的媒体界、法律界、市民团体的强烈反对,结果只得成为废案。

由此可见,对于媒体泄露国家机密,日本并无据以制裁的一般性法律存在,只不过课以国家公务员保守秘密的义务。但根据《国家公务员法》《地方公务员法》和《自卫队法》,媒体若有教唆或帮助泄露国家机密的,也有受刑事制裁的可能性①。美国"9·11"事件发生后,日本修改《自卫队法》,承认防卫厅长官得将一定的"我国防卫上有特别隐匿之必要"的相关资讯,指定为"防卫秘密",处理此类防卫秘密的人员泄露时,应受刑罚制裁,对其为教唆或煽动者也课以刑罚。因此,媒体因其报道威胁国家安全,致可能受裁者,仅限于教唆他人违反上述法定守密义务等行为的记者或编辑遭受起诉等的情况②。

其他国家,如德国刑法也禁止煽动战争、种族仇恨和各种犯罪行为。在专门的新闻传播法规中,法国《新闻自由法》(1881 年)中有"煽动犯重罪和轻罪"的专项规定;瑞典《出版自由法》将出版物中有鼓动和教唆叛国、煽动战争、煽动犯罪行为、散布危害王国安全的谣言等均被列为"非法陈述"而严加禁止。俄罗斯 1991 年颁布、后经过多次修

① 这方面出现的一个案例是 1978 年 5 月 31 日,最高法院在判决外务省泄露公家电文秘密事件时,新闻记者被指控为教唆犯、协从犯,并最后作为教唆犯而受到有罪判决。参见日本新闻协会修订:《日本的新闻法律制度》,甄西译,中共中央党校出版社 1985 年版,第 7 页。
② 松井茂记:《媒体法》,萧淑芬译,元照出版社 2004 年版。

改的《俄罗斯联邦大众传媒法》第 4 条规定:"禁止将大众传媒用于刑事犯罪、泄露国家或其他法律特别保护的机密,号召夺取政权、武力改变宪法体制和国家完整,煽动民族、阶级、社会和宗教不满与仇恨,宣扬战争,及宣传淫秽、暴力思想。"

总体看来,在以国家安全的名义对媒体的报道进行限制的时候,国际上通行做法体现出了这样的几个特点:一是在保障国家安全和保护信息传播自由两者之间,力求达到一种合理的平衡;二是一般放弃事前审查而采取事后追惩的方式;三是更多地倾向于将维护国家安全义务(主要体现为保守国家秘密)的承担对象转化为政府及其公务员;四是将对媒体的限制内容规定在明确可控的范围内,尽可能地压缩政府等权力部门以国家安全的名义对报道范围进行自由裁量的空间和可能性。因此,虽然没有一个国家忽视新闻传播活动中对国家安全造成损害的潜在危险,但是,各国就此对媒体进行立法限制时,仍然给新闻传播活动留下了充分的自由度①。

四、中国有关维护国家安全的禁载规定

《宪法》第 54 条规定:"中华人民共和国公民有维护祖国的安全、荣誉和利益的义务,不得有危害国家的安全、荣誉和利益的行为。"第 52 条规定:"中华人民共和国公民有维护国家统一和全国各民族团结的义务。"

根据宪法原则,立法机关制定了一系列维护国家安全的法律与法规。《刑法》第 103 条关于"组织、策划、实施分裂国家、破坏国家统一","煽动分裂国家、破坏国家统一的"行为;第 105 条关于"以造谣、诽谤或者其他方式煽动颠覆国家政权、推翻社会主义制度"的行为;第 249 条关于"煽动民族仇恨、民族歧视"的行为。这些罪行都可能通过新闻传播媒体来实施。1988 年,《保守国家秘密法》公布并于次年实施,对国家秘密的范围以及泄露国家秘密应承担的法律责任作了系统规定。《保守国家秘密法》于 2011 年新修订,其中第 2 条定义了国家秘密,第 9 条则界定了国家秘密的范围。此外,有关国防、军事的法律和法规,也同维护国家安全相关。如《军事设施保护法》(1990 年,2009

---

① 孙旭培:《新闻传播法学》,复旦大学出版社 2008 年版,第 110—112 页。

年、2014 年两次修订）、《军事情报条例》（1995 年）、《国防法》（1997 年）。除上述法律外,还有 2011 年新修订的《中国人民解放军保密条例》。与此相配套,1993 年 2 月全国人民代表大会常务委员会制定和通过了《中华人民共和国国家安全法》,1994 年 5 月国务院发布了《中华人民共和国国家安全法实施细则》。1993 年的《中华人民共和国国家安全法》在 2014 年通过《中华人民共和国反间谍法》时被相应废止,2015 年又颁布了新的《中华人民共和国国家安全法》,由此形成了一整套维护国家安全的较为科学、严谨、完备的法律法规。

在有关新闻传播活动的行政规章中,也有很多禁止对国家安全造成直接威胁的煽动性和泄密性内容。如国务院 1997 年 8 月 1 日发布的《广播电视管理条例》（2013 年修订）规定,"禁止制作、播放有下列内容的节目: ① 危害国家的统一、主权和领土完整的; ② 危害国家的安全、荣誉和利益的; ③ 煽动民族分裂,破坏民族团结的; ④ 泄露国家秘密的"。相关的条例还有: 2000 年《全国人大常委会关于维护互联网安全的决定》第 2 条,2015 年国家新闻广电总局通过、2016 年 3 月正式实施的《网络出版服务规定》第 24 条。另外,新闻出版署发布的《报纸出版管理规定》《期刊出版管理规定》《出版管理条例》等也有相应的规定。

根据以上法律规定,危害国家安全的行为所构成犯罪的,就是危害国家安全罪。危害国家安全罪侵犯的客体是国家的安全,即危害中华人民共和国的主权、领土完整和安全,危害社会主义制度。危害国家安全的犯罪主体是自然人,即凡达到刑事责任年龄具有刑事责任能力的人,可以是中国人,也可以是外国人。客观方面表现为实施危害国家安全的行为,主观方面表现为故意。所谓故意,就是明知自己的行为会发生危害社会的结果,并且希望或者放任其发生;希望发生的心理状态称为直接故意,放任发生的心理状态称为间接故意。《刑法》第 102 条至 112 条规定了以下八项危害国家安全的行为: ① 勾结外国,危害国家的主权、领土完整和安全的; ② 组织、策划、实施分裂国家、破坏国家统一的; ③ 组织、策划、实施武装叛乱或者武装暴乱的; ④ 组织、策划、实施颠覆国家政权,推翻社会主义制度的; ⑤ 投敌叛变的; ⑥ 参加间谍组织或者接受间谍组织及其代理人任务的; ⑦ 为境外的机构、组织、人员窃取、刺探、收买、非法提供国家秘密或者情报的; ⑧ 战时供给敌人武器装备、军用物资资敌的。

与新闻传播活动有关的危害国家安全的罪行,主要是"煽动罪"和"泄密罪"。煽动罪是指通过演讲、文字乃至广播电视、书画等方式公然散布虚假的信息,以蛊惑人们的反常情绪,采取某种不利于社会和他人的行为罪名。所谓泄密罪,是指违反保守国家秘密法的规定,故意或者过失泄露国家秘密,情节严重的行为。

第二节　禁止传播煽动危害国家的内容

一、《刑法》中关于煽动罪的规定与法律责任

煽动,即煽惑,鼓动。它是指通过语言、文字公然宣传,或借助于广播、影视、戏剧、书画等方式鼓吹自己的观点,以达到其非法的目的。煽动不同于一般的言论。一般来说,它具有以下四个特点:

第一,表达方式的非理性。一般使用浮夸的、情绪化的、蛊惑性的语言。

第二,内容的非事实性。造谣诽谤,虚张声势,夸大其事。

第三,表现形式的公开性。它直接面向公众,公然散布。

第四,有激发他人反常行为的目的。煽动的目的不是"书生空谈",而是希望激起他人反常性狂热,采取某种不利于社会的行动。

虽然煽动也是一种表达思想的方式,但却是反常的、病态的、邪恶的,它完全违背了新闻传播活动的真实性原则和客观公正原则。煽动他人进行危害国家和社会的活动,必然引发危害国家和社会的行为,因此,必须加以禁止,对违法者依法制裁。不过,要注意的是,必须将煽动犯罪和"思想言论犯罪"区别开来,不能将正常的学术讨论与煽动性的刑事犯罪混为一谈。

按照中国《刑法》的规定,煽动罪有以下几类:

1. 煽动分裂国家罪

煽动分裂国家罪(《刑法》第 103 条第 2 款),是指煽惑、挑动群众分裂国家、破坏国家统一的行为。

本罪在客观方面表现为煽惑、挑动群众分裂国家、破坏国家统一的行为。具体指行为人以语言、文字、图像等方式对他人进行鼓吹煽动,

意图使他人接受或相信所煽动的内容或去实行所煽动的分裂国家的行为，而并非行为人自己实行，这是煽动分裂国家罪与分裂国家罪的根本区别。煽动的对象，可以是一人或众人。煽动的方式多种多样，可以是发表言论、散布文字、制作、传播音像制品等。

分裂国家、破坏国家统一，是指窃据地方权力，抗拒中央领导，脱离中央，搞地方割据或地方独立，或者制造民族矛盾和民族分裂，破坏统一的多民族国家。只要行为人进行以分裂国家、破坏国家统一为宗旨的煽动行为，不管其所煽动的对象是否接受或相信所煽动的内容，也不管其是否去实行所煽动的行为，都应属于本条规定的煽动行为。本罪属于行为犯罪，行为人只要具有煽动分裂国家、破坏国家统一的行为，不论是否得逞，是否造成严重后果，都应构成犯罪既遂。

《刑法》第103条第2款规定，"煽动分裂国家、破坏国家统一的，处五年以下有期徒刑、拘役、管制或者剥夺政治权利；首要分子或者罪行重大的，处五年以上有期徒刑"。同时，刑法还规定了该罪的附加刑和从重处罚：第56条和第113条规定，犯本罪的，应当附加剥夺政治权利，可以并处没收财产。第106条规定，与境外机构、组织、个人相勾结进行分裂国家犯罪和煽动分裂国家罪的，依第103条规定从重处罚。

2. 煽动颠覆国家政权罪

煽动颠覆国家政权罪，是指以造谣、诽谤或者其他方式煽动颠覆国家政权、推翻社会主义制度的行为。

本罪在客观方面表现为以造谣、诽谤或者其他方式煽动颠覆国家政权、推翻社会主义制度的行为。所谓造谣，是指为了达到颠覆国家政权、推翻社会主义制度的目的而无中生有，捏造虚假事实，迷惑群众。所谓诽谤，是指为了达到颠覆政权、推翻社会主义制度的目的，而散布有损于国家政权和社会主义制度的言论，以损害国家政权的形象。

行为人只要具有以造谣、诽谤或者其他方式煽动颠覆国家政权、推翻社会主义制度的行为，不管其所煽动的对象是否相信或接受其所煽动的内容，也不管其是否去实行所煽动的有关颠覆活动，均不影响犯罪的构成。

煽动颠覆国家政权罪与煽动分裂国家罪的界限是：虽然两罪都实行了煽动行为，方式也基本相同，而且同属一类犯罪，但它们有如下主要区别：一是犯罪行为的内容不同，煽动分裂国家罪是煽动分裂国家，即一分为二或一分为多,煽动颠覆国家政权罪是煽动覆灭现存政权,另立新政权。二是犯罪故意和犯罪目的不同,这一点从上述区别中即可看出。三是犯罪客体不同,煽动分裂国家罪的客体是国家统一,煽动颠覆国家政权罪的客体是人民民主专政及社会主义制度。国家统一主要是各民族感情和爱国主义的问题,国家政权主要是政治理想、政治信念的问题。

在认定煽动颠覆国家政权罪时,应注意把煽动的方式与那些一时不明真相的群众轻信、误传小道消息或出于善意对某些政府行为或领导人进行批评、发牢骚相区别,不能将后者依犯罪处理。

根据《刑法》第105条规定,"以造谣、诽谤或者其他方式煽动颠覆国家政权、推翻社会主义制度的,处五年以下有期徒刑、拘役、管制或者剥夺政治权利;首要分子或者罪行重大的,处五年以上有期徒刑"。同时,依《刑法》第56条和第113条的规定,犯本罪的,应当附加剥夺政治权利,可以并处没收财产。

3. 煽动民族仇恨、民族歧视罪

煽动民族仇恨、民族歧视罪,是指煽动民族仇恨、民族歧视,情节严重的行为。

本罪在主观方面一定表现为故意,且以激起民族仇恨、民族歧视为目的。它侵犯的客体是民族平等。中国是全国各族人民共同缔造的统一的多民族国家。中华人民共和国各民族一律平等。中国《宪法》第4条规定:"禁止对任何民族的歧视和压迫,禁止破坏民族团结和制造民族分裂的行为。"民族平等是宪法平等原则在民族政策方面的体现,有两个层次上的含义:一是各民族权利平等,即各个民族在政治上、法律上的平等,这是较浅层次上的民族平等;二是各民族间事实上的平等,即各个民族在经济、文化等发展水平上的一致,这是深层次的民族平等。现阶段,我们说各个民族平等即是第一层次上的,具体指各个民族在中国都是祖国统一大家庭中的一员,享有平等的政治权利,以及法律规定的公民享有的其他合法权益。煽动民族仇恨、民族歧视罪所侵犯的民族平等权利也就是这个意义上的平等权利。

本罪在客观方面表现为煽动民族仇恨、民族歧视,情节严重的行为。所谓煽动,是指以语言、文字等形式公然宣传。所谓民族仇恨,是指基于种族、肤色、世俗的原因而产生的强烈憎恨。所谓民族歧视,是指基于种族、肤色、世俗的理由而对人们进行区别、排斥、限制,意图损害其他民族平等地位以及其他合法权益。本罪的行为方式一般有：散发、公开陈列、张贴、放映或以其他方式使他人获得文书，鼓吹暴力或种族仇恨的行为。

煽动民族仇恨、民族歧视，只有情节严重的，才构成犯罪，所谓"情节严重"，一般是指具有以下几种情形：① 动机十分卑劣的，如为了掩盖自己的违法、犯罪行径而煽动民族仇恨、歧视的；② 煽动手段恶劣的，如使用侮辱、造谣等方式的；③ 多次进行煽动的；④ 煽动行为造成严重后果或者影响恶劣的；⑤ 煽动群众人数较多，煽动性大的。

根据《刑法》第 249 条的规定，"煽动民族仇恨、民族歧视，情节严重的，处三年以下有期徒刑、拘役、管制或者剥夺政治权利；情节特别严重的，处三年以上十年以下有期徒刑"。

4. 煽动群众抗拒法律实施罪

本罪是指故意以语言、文字、图像等方式公然诱惑、鼓动群众暴力抗拒国家法律、行政法规实施的行为。

在现实生活中可能时有发生煽动暴力抗拒国家法律的行为，例如煽动抗税、煽动抗拒查处非法出版物等。本罪的主体为一般主体，侵犯的客体是社会管理秩序，主观上往往出于不同的动力，并不一定具有危害国家安全的目的，但在客观上会造成国家的一些法律法规不能顺利贯彻施行，从而破坏了法律尊严和法律秩序，对国家安全形成潜在的威胁。在客观方面，本罪的行为必须是以语言、文字等方式煽动群众采取暴力来抗拒国家法律的实施，这里所说的"国家法律"是广义的，包括了国家各级立法司法机关、行政机关依法制定的一切具有法律约束力的规范性文件。

按《刑法》第 278 条规定，"煽动群众暴力抗拒国家法律、行政法规实施的，处三年以下有期徒刑、拘役、管制或者剥夺政治权利；造成严重后果的，处三年以上七年以下有期徒刑"。本罪也是行为犯，行为人只要实施了上述的煽动行为，就可能扰乱社会秩序，就可能产生很大的社会危害性，就可以构成本罪。至于群众是否听信，是否造成实际危害后果，不影响本罪的成立。如果"造成严重后果"，即是说，由于煽动行为，导致群众错误听信后使用暴力抗拒国家法律的实施，使工作、生产、教学、科研活动不能正常进行，造成了十分恶劣的社会影响，则应依法处以更重的刑罚。但如果只是一般地指责某些法律，发表对某些法律的不满言论，即使是错误的，也不能构成犯罪。

5. 煽动军人逃离部队罪

煽动军人逃离部队罪是指煽动军人逃离部队,情节严重的行为。这里的煽动,是指以口头、书面的形式通过某种媒体传播,鼓动正在服役的军人不经领导批准,擅自离开部队,或者经批准离队后拒不归队,逃避兵役义务。

本罪侵犯的客体是国家的国防利益。客观方面的行为是煽动军人逃离部队,且情节严重。本罪也是行为犯罪,行为人只要实施煽动行为,不管受煽动的军人是否听信,是否采取逃离部队的行为,都构成本罪。

构成此罪必须符合"情节严重"。这里的"情节严重"是指:战时煽动军人逃离部队,煽动指挥人员、作战部队人员或者负有重要职责的人员逃离部队;多次煽动或者煽动多人逃离部队;因煽动军人逃离部队影响部队完成任务;煽动军人逃离部队后予以窝藏;煽动军人逃离部队进行其他违法活动,等等。

《刑法》第 373 条规定:"煽动军人逃离部队……情节严重的,处三年以下有期徒刑、拘役或者管制。"

二、有关新闻传播活动的法律中涉及"煽动罪"的规定

与《刑法》《国家安全法》等法律相衔接,中国新闻传播的行政法规也作出了一系列禁止以言论煽动危害国家安全的规定。如《出版管理条例》第 25 条规定出版物禁载"反对宪法确定的基本原则""危害国家统一、主权和领土完整""危害国家的安全、荣誉和利益""煽动民族分裂、侵害少数民族风俗习惯,破坏民族团结"等。《广播电视管理条例》(2013 年修订)第 32 条规定,电台、电视台禁播"危害国家的统一、主权和领土完整""危害国家的安全、荣誉和权益""煽动民族分裂,破坏民族团结"的内容。《电信条例》第 57 条规定任何组织或者个人不得利用电信网络制作、复制、发布、传播"反对宪法所确定的基本原则的""危害国家安全,泄露国家秘密,颠覆国家政权,破坏国家统一的""损害国家荣誉和利益的"信息。《互联网站从事登载新闻业务管理暂行规定》第 13 条规定,互联网站登载的新闻不得含有的内容有"反对宪法所确定的基本原则的""危害国家安全,泄露国家秘密。煽动颠覆国家政权,破坏国家统一的""损害国家的荣誉和利益的""煽动民族仇恨、民族歧视,破坏民族团结的"等项条款。《网络出版服务规定》第 24

条规定,网络出版物不得含有以下内容:"危害国家统一、主权和领土完整""煽动民族仇恨、民族歧视、破坏民族团结"等内容。

利用出版物或者其他新闻传播媒介传播危害国家安全的违禁内容,将依法受到刑事处罚或行政处罚。1998年最高人民法院发布《关于审理非法出版物刑事案件具体应用法律若干问题的解释》第1条规定:"明知出版物中载有煽动分裂国家、破坏国家统一或者煽动颠覆国家政权、推翻社会主义制度的内容,而予以出版、印刷、复制、发行、传播的,依照《刑法》第103条第2款或者第105条第2款的规定,以煽动分裂国家罪或者煽动颠覆国家政权罪处罚。"这一司法解释明确规定了实施这两项犯罪的行为主体。在出版活动中,不仅提出煽动言论的人构成此两项罪名,如果参与了传播过程的其他人员明知出版物中含有上述违禁内容而仍然予以出版、发行、销售,同样构成本罪。即使后者并无分裂国家、颠覆国家政权的目的,而是出于营利等其他动机,对危害国家安全的违禁言论采取放任自流的态度而导致其散布流传,罪名仍然成立。

相关方面的法律规定还有:2000年12月28日,全国人民代表大会常务委员会发布的《关于维护互联网安全的决定》第2条规定,为了维护国家安全和社会稳定,利用互联网造谣、诽谤或者发表、传播其他有害信息,煽动颠覆国家政权、推翻社会主义制度,或者煽动分裂国家、破坏国家统一,构成犯罪的,依照刑法有关规定追究刑事责任。2003年5月15日起施行的《关于办理妨害预防、控制突发传染病疫情等灾害的刑事案件具体应用法律若干问题的解释》规定:"利用突发传染病疫情等灾害,制造、传播谣言,煽动分裂国家、破坏国家统一,或者煽动颠覆国家政权、推翻社会主义制度的,依照刑法第103条第2款、第105条第2款的规定,以煽动分裂国家罪或者煽动颠覆国家政权罪定罪处罚。"

在认定煽动罪时,应谨慎区分罪与非罪的界限,避免无限上纲。前述五项煽动罪的主观前提必须是故意,过失行为不构成犯罪。如果新闻传播媒介的把关人员出于疏忽大意而致使书报刊上、广播中、电影电视画面上出现了不利于国家安全的内容,就不应该认定责任人构成危害国家安全的犯罪,而应作为严重失职处理,给予适当的行政处罚。有关行政法规对出版、传播不利于维护国家安全的违禁内容但尚不构成犯罪的行为规定了行政处罚,主要有没收出版物和违法所得、罚款、停业整顿、吊销许可证等。行政处罚适用于以下两种情况:一是主观上并非故意,客观上也不具备煽动的特征,不构成犯罪;二是按《刑法》规定"情节显著轻微危害不大的,不认为是犯罪"。

2001 年 1 月 3 日晚,某城市的一家有线电视台播放了一部盗版光碟剪辑录制为数码带的影片《胜者为王》,片中多次出现"青天白日旗"背景图像和明显"台独"倾向的反动言论,造成了不良的政治影响。国家广电总局对这家有线电视台发出"警告通知",责令其停播整顿,有关责任人员分别遭到当即政纪处分或被立案查处。①

另外,在客观方面,煽动犯罪所实施的行为也都有一定的规格,煽动颠覆国家政权罪,在言词中必须有推翻人民民主专政政权和社会主义制度的明确表示,至于理论上宣扬错误的违背中国基本国策的政治观点,如宣扬全面私有化、多党制、三权分立等,应予以批驳,但也不属于煽动犯罪。在认定言论性犯罪行为时,一定要注意区分学术问题和政治问题的界限、政治上的错误和刑事犯罪的界限,不能简单推理,泛化对犯罪行为的界定的范围。

三、严格区分批评建议与煽动性诽谤

煽动分裂国家或颠覆国家政权等行为都是各国法律明令禁止,但是,对煽动罪的界定,不能限制公民对政府或官员的批评建议权。

批评建议权是中国公民受宪法保护的一项民主权利。在现代民主社会中,对权力进行合理有效的监督以避免绝对权力的绝对腐败,是十分必要的。《宪法》第 41 条规定:"中华人民共和国公民对于任何国家机关和国家工作人员,有提出批评和建议的权利;对于任何国家机关和国家工作人员的违法失职行为,有向有关国家机关提出申诉、控告或者检举的权利,但是不得捏造或者歪曲事实进行诬告陷害。"《宪法》第 27条还规定:"一切国家机关和国家工作人员必须依靠人民的支持,经常保持同人民的密切联系,倾听人民的意见和建议,接受人民的监督,努力为人民服务。"这就以国家根本大法的形式确认和保护了公民的批评权和建议权。同时,《刑法》第 254 条规定:"国家机关工作人员滥用职权、假公济私,对控告人、申诉人、批评人、举报人实行报复陷害的,处

---

① 中国国家广播电视总局办公厅:《广播影视工作重要文件汇编(2001 年)》,第 189—190 页。

两年以下有期徒刑或者拘役;情节严重的,处两年以上七年以下有期徒刑。"这表明,中国法律运用刑罚这一严厉的手段打击那些对批评、建议人实行报复陷害的行为,从而保障公民的民主权利。另外,党政机关信访工作暂行条例、监察机关举报工作办法等法规也对公民行使这些权利作了规定。公民依法行使批评、建议权,其意义在于促进国家机关提高决策水平和办事效率,促进国家机关加强廉政建设,督促国家机关工作人员严格依法办事,杜绝违法乱纪现象。

• **案例**

2009 年 2 月 12 日,河南籍网民王帅在网上发出一条帖子,帖子上写的是"河南灵宝老农的抗旱绝招",据王帅介绍,他要用全国上下一致抗旱拯救农田的情景,和老家灵宝的庄稼地里羊吃小麦的场景进行对比,以用来影射当地政府试图用 1 200 元一亩每年的价格,用租赁方式征用土地的事情。2009 年 3 月 6 日,正在上海公司上班的王帅,突然被灵宝警方以涉嫌诽谤抓回河南,被指控污蔑政府抗旱不利,被拘留八天。3 月 14 日,警方称证据不足,王帅取保候审。这一"因言获罪"的事情经媒体报道后引发热议,舆论一律指责灵宝市公安机关随意执法,侵犯公民正当权利的粗暴行为。4 月 15 日,灵宝市委市政府在网上发布了一份《关于对"王帅发帖事件"处理情况的答复》,承认公安部门执法存在过错,市委、市政府有领导责任,并于 4 月 15 日对王帅解除取保候审,撤销案件,并责成灵宝市公安局按照中华人民共和国公安部第四十一号令错案追究的有关规定,追究相关人员责任,同时按《国家赔偿法》对王帅予以赔偿。

公民行使批评、建议权的最有效和最直接的手段是通过新闻媒体,即借助于舆论监督来实现的。"新闻舆论披露和传播事实,可以涉及国家公共事务、社会思想和社会风尚的许多部分,而且透明度高、时效性强、震撼力大、影响力面广。它凭借公众的知情权和新闻媒体的新闻自由权,以赞成或反对、拥护或谴责、评论或讽刺等意见表达形式,对监督客体做出评价,表达民意。"[①]可见,新闻传播媒体的舆论监督具有影响力大、约束力强等特点,是公众实现对公权力进行监督的重要方式。因此,依

---

① 尤光付:《中外监督制度比较》,商务印书馆 2003 年版,第 410 页。

法保护新闻媒体的舆论监督权,而不动辄以"煽动"定罪就显得尤其重要。

• 案例

2008 年 1 月 1 日,《法人》杂志刊发了记者朱文娜的文章《辽宁西丰:一场官商较量》。文章报道了辽宁西丰女商人赵俊萍因不满西丰县政府对其所拥有的一座加油站拆迁补偿处理,编发短信讽刺县委书记张志国,而判诽谤罪。三天后,西丰县公安局四个警察携带公安局立案文书和拘传文书,到北京《法人》杂志编辑部,要求拘传记者朱文娜。其理由是该县的一位副检察长说:"记者把没有经过核实的短信发表出来,构成了诽谤罪。"此事一经报道,当即引起舆论哗然。《刑法》规定,诽谤罪为自诉罪,此案中,应由张志国向法院提起自诉,而西丰县公安局以诽谤罪对记者立案调查明显违法。最终,在舆论的压力下,西丰方面撤销立案,通过组织程序道歉,县委书记张志国被责令引咎辞职。在这起事件中,西丰县有意无意地把对于国家机关和国家工作人员的批评与意在颠覆政府的煽动性诽谤看作是一回事,企图以行政机关的暴力手段制止记者批评建议权的正当行使。

当然,任何一种权利缺乏约束,都会导致滥用。批评建议权也同样应该在法律规定的范围内行使。从世界范围看,对批评建议权最大的威胁,莫过于煽动性诽谤(seditious libel)。在美国,联邦党人 1798 年通过的《反煽动法》即把任何批评政府的言论一律认定为煽动性诽谤的刑事犯罪,虽然这一法律三年后自动失效,但其煽动性诽谤这一普通法原则却延续了下来。到了 1917 年又由《反间谍法》来指控各种反战言论,冷战初期则演变成麦卡锡主义。1940 年,美国制定的《史密斯法案》第 2 条规定:"意图颠覆、破坏联邦政府,提倡、鼓吹、教唆或印刷、发行、编辑、出版、公布、出售、公开展示颠覆、破坏联邦政府的必要性、适宜性的书写品或印刷品",都是被禁止的。这项法律制定发布后,几经修订,目前仍然有效①。其他国家的法律中也有同样的规定。按照

---

① 1948 年 7 月,美国政府就是依据该法律,对尤金·丹尼思等 11 位美国共产党领导人提起诉讼,被起诉者中包括新闻记者,罪行就是"讲授、宣传用暴力推翻、摧毁美国政府",罪证是《共产党宣言》等马克思主义著作。1949 年 10 月 19 日,美国联邦地区法院对 11 人均作出有罪判决,处以三年或五年徒刑和一万美元罚金。也正是在此案中,联邦最高法院的法官提出了著名的"明显而现实的危险原则"(clear and present danger,又译"明显而即刻的危险原则")。

英国法律,任何引起扰乱国家政府内部治安的言论都构成煽动诽谤罪。作为德国各州新闻法样本的《北莱茵——威斯特伐利亚州新闻法》第19条规定:出版物如"扰乱和平,严重叛国,有害于本州之民主与法制,叛国,有害于外界安全",可在无法庭没收令时收走该出版物①。因此,要仔细区分依法行使批评建议权与煽动性诽谤,既要保障公民批评建议权的正当行使,防止以保护国家安全之名而泛化对合法言论的非法管制;又要将公民的言论自由限制在维护国家安全的范围之类,禁止任何煽动危害国家的言论,避免将两者混淆。

2009年4月13日国务院新闻办公厅发布了《国家人权行动计划(2009—2010年)》,这是中国第一次制定的以人权为主题的国家规划。其中,在有关公民权利与政治权利保障的表述中,第7条表达权中有规定:"完善治理互联网的法律、法规和规章,促进互联网有序发展和运用,依法保障公民使用互联网的权益。"另外,第8条对监督权的规定中提出"保障公民对国家机关和国家工作人员提出批评、建议、申诉、控告、检举的权利,发挥人民团体、社会组织和新闻媒体对国家机关和国家工作人员的监督作用"。《国家人权行动计划》又以人权的方式肯定了公民有对国家机关和国家工作人员的批评权、监督权,并认为人们有自由使用各种媒体、通过各种渠道发表意见的天赋权利。

第三节　禁止传播泄露国家秘密的内容

一、国家秘密及其范围

任何国家都有国家秘密,都把保守国家秘密视为维护国家安全的重要方面,都严格禁止泄露国家秘密的行为。而且,我们可以发现,历史愈悠久的国家,保密制度愈为宽泛而严苛,并且历史悠久的国家都以文化传统的深厚积淀为发展的基础。

例如,英国和加拿大的保密制度都构建于19世纪末,官方信息保密已经成为人们的习惯。英国的《官方保密法》制定于1889年,1911

---

① 孙旭培:《新闻传播法学》,复旦大学出版社2008年版。

年重订,尔后于 1920 年、1939 年、1989 年三次修改①。1911 年的《官方保密法》(Official Secrets Act)第一节主要和间谍活动有关;第二节规定任何未经授权的信息披露都构成违法犯罪②。第二节所规定的官方保密信息范围极其宽泛,是个"无所不包的杂项",既没有种类的差别、等级的差别,也不论该信息的性质,更不论信息的重要性。同时,该法还规定,接受秘密也是违法,除非接受人能够证明这是"违心的"③。加拿大的保密制度也比较发达。1890 年,原封不动地照搬英国 1889 年的《官方保密法》。1939 年,在第二次世界大战爆发前夕,加拿大快速通过了 1939 年《官方保密法》,既对间谍犯罪作出规定,又对禁止"错误的信息披露"作出规定。

第二次世界大战后,随着民主自由运动的开展和知情权概念的提出,以及各国知情权运动的蓬勃兴起,要求制约政府权力的呼声日益高涨,政府信息属于公共财产的观念日益深入人心,信息公开制度不断在各国建立,使人们不断探索信息公开与保密制度的关系。在此基础上,保障公众知情权的理念逐渐成为社会共识,从而推动了保密制度的变革。

中国法律对保守国家秘密有非常系统的规定。《宪法》第 53 条明确规定,公民必须遵守宪法和法律中的保密规定。早在新中国成立初,1951 年,国务院就公布了《保守国家机密暂行条例》,此条例一直实施了三十多年。1988 年,全国人大常委会通过《保守国家秘密法》,2011 年修订。2014 年 1 月 17 日,国务院令第 646 号公布《中华人民共和国国家秘密法实施条例》,该《条例》第 45 条决定废止 1990 年 4 月 25 日国务院批准、1990 年 5 月 25 日国家保密局发布的《中华人民共和国保守国家秘密法实施办法》。2014 年通过《中华人民共和国反间谍法》。1988 年,全国人大常委会通过了《关于惩治泄露国家秘密犯罪的补充规定》,将为境外的机构、组织、人员窃取、刺探、收买、非法提供国家秘密的行为认定为犯罪。《刑法》对泄露国家机密罪规定了严厉的处罚。1979 年《刑法》严格规定了泄露国家重要机密罪;1997 年,《刑法》将泄

---

① 魏永征、张咏华、林琳:《西方传媒的法制、管理和自律》,中国人民大学出版社 2003 年版,第 59—60 页。

② 宋华琳:《英国政府信息公开立法的演进以及对我国的启示》,http://www.cddc.net/shownews.asp? newsid=3696,2002 年 10 月 23 日。

③ 宋克明:《美英新闻法制与管理》,中国民主法制出版社 1997 年版,第 185 页。

露国家重要机密罪改为泄露国家秘密罪,增列了为境外窃取、刺探、收买、非法提供国家秘密、情报罪,还规定非法获取国家秘密罪、非法持有国家绝密、机密文件、资料、物品罪,以及有关非法获取军事秘密罪,为境外窃取、刺探、收买、非法提供和泄露国家军事秘密罪的条款。2001年,最高人民法院发布《关于审理为境外窃取、刺探、收买、非法提供国家秘密、情报案件具体应用法律若干问题的解释》。目前,中国关于保守国家秘密的法律主要有《保守国家秘密法》《国家安全法》《档案法》《统计法》等,以及相关的立法、司法解释。上述法律规定都对新闻传播活动具有规范作用和约束力。

何谓国家秘密?中国《保守国家秘密法》第 2 条规定:"国家秘密是关系到国家的安全和利益,依照法定程序确定,在一定时间内只限于一定范围的人员知悉的事项。"该法第 9 条将保密的范围确定为:① 国家事务的重大决策中的秘密事项;② 国防建设和武装力量活动中的秘密事项;③ 外交和外事活动中的秘密事项以及对外承担保密义务的事项;④ 国民经济和社会发展中的秘密事项;⑤ 科学技术中的秘密事项;⑥ 维护国家安全活动和追查刑事犯罪中的秘密事项;⑦ 经国家保密行政管理部门确定的其他秘密事项。根据第 9 条的规定,"政党的秘密事项中符合前款规定的,属于国家秘密"。此外,《科学技术保密规定》《军事设施保护法》等对一些专门领域的特殊秘密事项作了严密的规定。

根据以下规定,国家秘密应具备三个要件:

第一,关系到国家的安全和利益。按照《保守国家秘密法实施办法》第 4 条的解释,某一事项泄漏后会造成下列后果之一的,应当列入国家秘密及其密级的具体范围:① 危害国家政权的巩固和防御能力;② 影响国家统一、民族团结和社会安定;③ 损害国家在对外活动中的政治、经济利益;④ 影响国家领导人、外国要员的安全;⑤ 妨害国家重要的安全防护工作;⑥ 使保护国家秘密的措施可靠性降低或者失效;⑦ 削弱国家的经济、科技实力;⑧ 使国家机关依法行使职权失去保障。因为不同的国家秘密泄露后给国家安全和利益遭受损害的程度不同,所以,国家秘密又分为"绝密""机密"和"秘密"三个密级。

近年来,政务信息公开无论在理论上还是在实践上、制度上都有所推进。一些学者主张对国家秘密"消肿","有些不可公开的信息,就其性质来说并不属于国家秘密,虽然不宜公开,但不应按国家秘密对待"①。2005 年秋,国家保密局和民政部明确宣布,过去把自然灾害死亡人数规定为国家秘密,现在予以解密②。公开自然灾害死亡的人数,显然不会影响国家安全,也不至于损害国家利益。

第二,依照法定程序确定。依照法定程序确定,是指国家赋予一定管理职权的单位,根据国家秘密及其密级具体范围的规定,对该事项履行确定密级的手续后,该事项才能作为国家秘密受国家有关法规的认可和保护,特殊情况下,需经有关保密工作部门审定后,确定为密或非密以及属于何种密级。任何不经法定程序产生的秘密事项,都不是国家秘密。

《保守国家秘密法》第 10 条规定:国家秘密的密级分为绝密、机密、秘密三级。绝密级国家秘密是最重要的国家秘密,泄露会使国家安全和利益遭受特别严重的损害;机密级国家秘密是重要的国家秘密,泄露会使国家安全和利益遭受严重的损害;秘密级国家秘密是一般的国家秘密,泄露会使国家安全和利益遭受损害。第 11 条规定:国家秘密及其密级的具体范围,由国家保密行政管理部门分别会同外交、公安、国家安全和其他中央有关机关规定。军事方面的国家秘密及其密级的具体范围,由中央军事委员会规定。国家秘密及其密级的具体范围的规定,应当在有关范围内公布,并根据情况变化及时调整。

第三,在一定时间内只限一定范围的人员知悉。这是相对于公开而言的,即尚未公开且被人们加以保密的事项,就是对国家秘密在保密时间和接触范围上的控制,擅自公开或擅自扩大接触范围就是泄密。所谓保密期限,即国家秘密信息载体上标明的发生法律效力的时间。秘密都有时间性,永久保密的是没有的。一项秘密,一旦失去对国家安全和利益的影响,也就失去了保密的意义。

根据《国家秘密保密期限的规定》,各机关、单位在依照国家秘密及其密级具体范围的规定确定国家秘密事项的密级时,应同时确定保密期限。超过保密期限不再是国家秘密。确定国家秘密事项的保密期限的具体办法是由国家保密局来规定的。国家秘密的保密期限,除有特定规定外,绝密级事项不超过三十年,机密级事项不超过二十年,秘

---

① 周汉华:《政府信息公开条例(专家建议稿)》,中国法制出版社 2003 年版,第112 页。

② 参见人民网,2005 年 9 月 14 日。

密级事项不超过十年。保密期限在一年及一年以上的,以年计;保密期限在一年以内的,以月计。另外,中国《档案法》第 19 条规定:"国家档案馆保管的档案,一般应当自形成之日起满三十年向社会开放。经济、科学、技术、文化等类档案向社会开放的期限,可以少于三十年,涉及国家安全或者重大利益的以及其他到期不宜开放的档案向社会开放的期限,可以多于三十年。"《档案法实施办法》(行政法规)第 20 条第 2 款规定:"前款所列档案中涉及国防、外交、公安、国家安全等国家重大秘密的档案,以及其他虽自形成之日起已满三十年但档案馆认为到期仍不宜开放的档案,经上一级档案行政管理部门批准,可以延期向社会开放。"

所谓保密工作,就是从国家的安全和利益出发,将国家秘密控制在一定的范围和时间内,防止被非法泄露和利用,使其自身价值得到充分有效地实现所采取的一切必要的手段和措施,简言之,是指与国家的安全和利益密切相关的保守国家秘密的一切活动。根据《保守国家秘密法》的要求,保守国家秘密的工作,实行积极防范、突出重点、既确保国家秘密又便利各项工作的方针。在具体工作中,国家秘密有密级的划分,绝密级是保密的重中之重,应当采取较之机密、秘密级的国家秘密更为严格的保密措施。同时,《保守国家秘密法》还规定:"不符合本法第 2 条规定的,不属于国家秘密。"也就是说,不具备《保守国家秘密法》规定的三个要件的事项,比如公开传播并不会影响国家安全和利益,或者已经超过了保密的期限,就不属于国家秘密。在实践中,既要严格保守国家秘密,也要反对把不是国家秘密的事项当作国家秘密,阻碍正常的社会交往和信息传播。

二、泄露国家秘密罪及其法律责任

所谓泄密,是指行为人违反保守国家秘密法的规定,故意或者过失泄露国家秘密,情节严重的行为。违反国家《保守国家秘密法》和其他法律法规,致使国家秘密泄露的,责任人应当承担法律责任,包括刑事责任和行政责任。《刑法》对于泄密罪及其法律责任作了明确的规定,这些规定大致来说包括三种罪名。

1. 泄露国家秘密罪

《刑法》第 398 条规定:"国家机关工作人员违反国家秘密法的规定,故意或者过失泄露国家秘密,情节严重的,处三年以下有期徒刑或者拘役;情节特别严重的,处三年以上七年以下有期徒刑。"本罪属于渎职罪。犯罪主体是特殊主体,即国家机关工作人员。故意和过失都构成本罪,故意的恶性大于过失。侵犯的客体是国家保密制度。客观方面首先是违反保密法,包括违反《保守国家秘密法》和其他有关保守国家秘密的法律、法规、规章的规定。其次是有泄密的行为,就是不应知悉国家秘密的人知悉了该项秘密或者使该项秘密超出了限定的接触范围的行为。再次是情节严重,要对泄密行为的主观恶性大小以及客观上对国家安全和利益所造成的损害后果作综合考虑。同时该条第2款规定:"非国家机关工作人员犯前款罪的,依照前款的规定酌情处罚。"对不构成犯罪的新闻泄密,主要按《保守国家秘密法》和其他法规的规定给予行政处罚或行政处分。对泄密的单位,根据情节轻重,由省级以上新闻出版管理部门给予警告、没收违禁品、罚款,直至吊销营业执照的处罚。对泄密责任人给予行政处分的一般标准是:① 泄露秘密级国家秘密的,应给予警告或者记过处分。② 泄露机密级国家秘密的,应给予记过、记大过或者降级处分。③ 泄露绝密级国家秘密的,应给予记大过、降级、降职、撤职、开除留用察看或者开除处分。

• 案例

1995 年 8 月 22 日,山东出版的《信息快报》在第一版上刊登《国家"九五"计划框架已定》一文,抢先披露国家"九五"计划有关数据,造成泄密。新闻出版署决定《信息快报》停刊整顿三个月,由山东省新闻出版局同中共山东省委宣传部组成整顿小组对报社进行整改,并给以经济处罚。对转载这条新闻的贵州和江苏的另两家报社也处以罚款①。

• 案例

中国科技人员创造的"两步发酵法生产维生素 C",通过鉴定为国家级重大科技发明。世界两大产业国瑞士和美国闻风而至,竞相出价要买下这项人类需求量大、前景无比广阔的技术专利。没想到,一星期后,争得面红脖子粗的两国代表"和气生财",欢天喜地地打道回府。原来这项专利便宜到只值一本杂志的价钱,皆因某学报将全部研制过

---

① 《新闻出版工作文件选编(1995 年)》,中国 ISBN 中心 1997 年版,第 172 页。

程、细节、配方、剂量刊登无遗，稍有化学常识的人，回去"按谱炒菜"即可①。

互联网兴起后，网上泄密时有发生，最高人民法院 2001 年年初发布《关于审理为境外窃取、刺探收买、非法提供国家秘密、情报案件具体应用法律若干问题的解释》规定："将国家秘密通过互联网予以发布，情节严重的，依照刑法第 398 条规定定罪处罚。"

• 案例
1999 年 5 月，在成都某网上发现一篇严重泄露中国军工秘密的文章，经国家安全部门追查，确认是成都四方信息技术开发公司主办"威震四方"论坛版主郭健所为。郭原先在某研究所工作并参加中国某项军工项目设计工作。据郭交代，他是为了向网友显示自己掌握国产某型先进战斗机技术的专业水准，编写此文，在网上发布。郭被判处有期徒刑八个月②。

2. 向境外提供国家秘密、情报罪

《刑法》第 111 条规定："为境外的机构、组织、人员窃取、刺探、收买、非法提供国家秘密或者情报的，处五年以上十年以下有期徒刑，情节特别严重的，处十年以上有期徒刑或者无期徒刑；情节较轻的，处五年以下有期徒刑、拘役、管制或者剥夺政治权利。"本罪属于危害国家安全罪。犯罪主体是一般主体。侵犯客体是国家安全即人民民主专政的政权和社会主义制度。主观方面必须出于故意，即明知是国家秘密或情报而非法向境外提供，因过失而被境外人员窃取自己所保管的国家秘密或情报，不构成本罪。

本罪与其他危害国家安全罪的不同在于，行为人在主观上并不一定要有危害国家的直接目的，其主观动机可以是为了牟利，或者是碍于朋友情面，或者只是为了抢发独家新闻，主观动机的差别不影响本罪的成立。本罪在客观方面规定有窃取、刺探、收买、非法提供四个具体行为。窃取，是指使用秘密手段盗窃属于国家秘密或者情报的资料或物

---

① 蓝鸿文：《新闻必须严守党和国家的秘密》，《军事记者》2002 年第 5 期。
② 《文汇读书周刊》2000 年 12 月 9 日。

品的行为。刺探,是通过各种渠道、使用各种手段,非法探知国家秘密或者情报资料的行为。收买,是指用金钱、色情和其他物质利益等手段向掌握国家秘密或者情报的人员获取国家秘密或者情报资料或者物品的行为。非法提供,是指国家秘密持有者或知悉者非法出卖、交付、告知其他不应知悉该项国家秘密或者情报的人的行为。只要行为人实施上述行为其中之一的,就构成犯罪。提供给境内的,不属于本罪。所谓"境外"概念,尚未见到有法律效力的解释。过去是以中华人民共和国政府是否行使主权为准,外国和中国政府还不能行使主权的中国港、澳、台地区,都属于"境外"。随着香港、澳门回归祖国,这个理解已经过时,但是在司法实践上香港、澳门还是同台湾一起连同外国作为"境外"对待。在学理上,可以把"境外"解释为中华人民共和国司法管辖区外的地区。按照"一国两制",港澳司法机关依照港澳当地法律行使审判权,并且享有司法终审权,不受中国管辖。中国公民,不论出于何种目的和动机,向境外机构、组织、人员非法提供国家秘密或情报的,都足以构成本罪。如果实施上述行为时被抓获,实际上未能最终获取国家秘密或情报,或者未能完成非法提供的行为时,也应构成本罪未遂。

• 案例

2013 年 6 月,高瑜通过他人获得了一份中央机密文件的复印件,将复印件的内容逐字录入成电子版保存,随后将该电子版通过互联网提供给某境外网站负责人。8 月,该网站将文件进行全文刊登,引发多家网站转载。事发之后,北京警方迅速成立专案组,全力开展调查工作,高瑜在 2014 年 4 月被抓获。法院判决认为,高瑜违反国家法律规定,为境外人员非法提供机密级国家秘密,其行为已构成为境外非法提供国家秘密罪,判处被告人高瑜有期徒刑七年,剥夺政治权利一年。最高人民法院的前述司法解释还规定:"通过互联网将国家秘密或者情报非法发送给境外的机构、组织、个人的依照刑法第 111 条的规定定罪处罚。"

原《刑法》曾将"为敌人窃取、刺探、提供情报"作为一种间谍行为加以规定(第 97 条)。在后来《刑法》的修订过程中,也曾将"为境外的机构、组织、人员窃取、刺探、收买、非法提供国家秘密或者情报"的行为作为间谍行为在修改草案中加以规定。如果行为人是在专门的间谍机构、组织中从事上述活动,或是接受间谍组织的任务而为其窃取、刺探、收买、非法提供国家秘密,则该行为以间谍行为论,这严重地危害了国家安全,《刑法》对之处刑较重。而在实际情况中,一些境外机构、组织或人员,并非间谍组织,如一些公司、企业、新闻机构等,他们往往出于行业竞争的需要,而通过各种渠道获取中国的国家秘密,以获得高额的商业利润或追求轰动性新闻效应,国内一些人由于贪图金钱或其他不正当利益,非法为这些机构、组织或人员提供中国的国家秘密和情报,从而危害中国国家安全。但这种行为的性质和行为人的主观恶性,都轻于间谍行为,因而不能以间谍罪论处,只能以向境外非法提供国家秘密罪论处。

3. 非法获取或非法持有国家秘密罪

《刑法》第 282 条规定:"以窃取、刺探、收买方法,非法获取国家秘密的,处三年以上七年以下有期徒刑。""非法持有属于国家绝密、机密文件、资料或者其他物品,拒不说明来源与用途的,处三年以上有期徒刑、拘役或者管制。"本罪属于妨害社会管理秩序罪,犯罪主体为一般主体,主观方面是故意,即行为人明知是国家秘密而故意窃取、刺探、收买,或者明知属于自己不能接触的国家绝密、机密的文件、资料或者其他物品而故意非法持有并且拒不说明来源和用途,非法获取或持有国家秘密的具体动机和目的不影响罪名的成立。侵犯客体是国家的保密制度。在客观方面,非法获取国家秘密的行为包括窃取、刺探、收买三种,具体定义见前述。非法持有国家秘密的行为是指行为人非法持有国家绝密、机密,当有关机关责令说明其来源和用途时,行为人拒不说明。不论行为人非法获取或持有的国家秘密是否泄露,都已构成本罪。

非法获取与非法持有国家秘密罪有一定的区别。首先,二者行为对象不同。非法持有国家绝密、机密的行为对象仅指属于国家绝密、机密的文件、资料或者其他物品;而非法获取国家秘密罪的行为对象除此之外,还包括第三密级的国家秘密,即后者行为对象大于前者;其次,二者行为方式不同。非法持有国家绝密、机密罪的行为方式是持有行为;而非法获取国家秘密罪的行为方式表现为窃取、刺探或收买,即是一种积极的作为方式。

境外新闻机构直接派记者入境非法获取中国国家秘密,按照《刑法》"凡在中华人民共和国领域内犯罪的,除法律有特别的规定的以外,都适用本法"的规定,有关记者就会构成本罪。

• **案例**

1993 年 6 月至 7 月,香港《明报》记者席某,通过中国人民银行外事局副主任田某,窃取、刺探国家金融、经济秘密,写成文章,发送香港《明报》发表,使国家经济遭受重大损失。案发后,经法院依法不公开审理,认为田某的行为已经构成为境外窃取、刺探、非法提供国家秘密罪,判处有期徒刑十五年,剥夺政治权利三年;席某行为已构成为境外窃取、刺探国家秘密罪,判处有期徒刑十二年,剥夺政治权利两年。1997 年 1 月,席某被依法假释回香港①。

此外,中国《刑法》对侵犯商业秘密、泄露证券信息等破坏社会主义市场经济秩序的违法行为,也规定给予明确的处罚。根据《刑法》第219 条规定,商业秘密,是指不为公众所知悉,能为权利人带来经济效益,具有实用性并经权利人采取保密措施的技术信息和经营信息。所谓权利人,是指商业秘密的所有人和经商业秘密所有人许可的商业秘密使用人。具有下列侵犯商业秘密行为之一,即"以盗窃、利诱、胁迫或者其他不正当手段获取权利人的商业秘密的;披露、使用或者允许他人使用以盗窃、利诱、胁迫等不正当手段获取的权利人的商业秘密的;违反约定或者违反权利人有关保守商业秘密的要求,披露、使用或者允许他人使用其所掌握的商业秘密的",给商业秘密的权利人造成重大损失的,处三年以下有期徒刑或者拘役,并处或者单处罚金;造成特别严重后果的,处三年以上七年以下有期徒刑,并处罚金。明知或者应知前款所列行为,获取、使用或者披露他人的商业秘密的,以侵犯商业秘密论。单位犯罪的,对单位判处罚金,并对其直接负责的主管人员和其他直接责任人员处罚。又据《刑法》第 180 条规定,证券交易内幕信息的知情人员或者非法获取证券交易内幕信息的人员,在涉及证券的发行、交易或者其他对证券的价格有重大影响的信息尚未公开前,买入或者卖出该证券,或者泄露该信息,情节严重的,处五年以下有期徒刑或者拘役,并处或者单处违法所得一倍以上五倍以下罚金。单位犯罪的,对单位判处罚金,并对直接负责的主管人员和其他直接责任人员,处五年以上有期徒刑或者拘役。

---

① 参见《人民日报》1993 年 10 月 8 日、1994 年 4 月 16 日、1997 年 1 月 26 日。

三、新闻传播媒体的保密制度及新闻传播泄密的法律责任

对于上述国家秘密事项,新闻传播媒体及其从业人员与全体公民一样,都要自觉遵守。由于新闻传播活动具有涉及范围广、传播速度快的特点,因此新闻泄密比起其他形式的泄密,影响更大,危害更严重,这使得新闻保密工作具有更加重要的意义。为了切实做好新闻保密工作,《保守国家秘密法》第 27 条规定,报刊、图书、音像制品、电子出版物的编辑、出版、印制、发行,广播节目、电视节目、电影的制作和播放,互联网、移动通信网等公共信息网络及其他传媒的信息编辑、发布,应当遵守有关保密规定。第 28 条规定,互联网及其他公共信息网络运营商、服务商应当配合公安机关、国家安全机关、检察机关对泄密案件进行调查;发现利用互联网及其他公共信息网络发布的信息涉及泄露国家秘密的,应当立即停止传输,保存有关记录,向公安机关、国家安全机关或者保密行政管理部门报告;应当根据公安机关、国家安全机关或者保密行政管理部门的要求,删除涉及泄露国家秘密的信息。为加强互联网保密管理,国家保密局还于 2000 年发布了《计算机信息系统国际联网保密管理规定》,在新闻出版广播电视和互联网管理的行政法规中都把泄露国家秘密列为禁载的重要一项。

新闻自由也从来不是绝对的、无条件的。在世界上的任何国家,保守国家秘密都是新闻自由的底线,这是出于维护国家安全和利益而对新闻传播活动所做的必要限制。在中国,做好新闻保密工作,对于有效地保护国家秘密、维护国家安全和利益、促进社会主义建设的顺利进行,具有十分重要的意义。当今社会已经进入了信息时代,随着改革开放的不断深入,中国新闻事业蓬勃发展,各类媒体百花齐放,新闻报道面日益扩大,媒体出口限制日益放宽,这些新情况同时给新闻保密工作提出了新的挑战,进一步显示了加强新闻保密工作的重要性和紧迫性。

新闻报道泄露国家秘密的事件在中国时有发生。泄密的现象主要有四种:一是国外情报机构渗透进来窃取经济技术秘密;二是在外贸洽谈中无意或者有意泄露秘密;三是通过通信邮电方式把国家秘密泄露出去;四是在报刊上刊登了不该刊登的秘密。在这四种情形中,属于新闻泄密的占了绝大部分。调查统计表明,新闻报道中泄密,属于记者

写稿或擅自改编秘密文件资料予以刊发的,约占50%;属于业务部门干部撰写的稿件由于未经审核而泄密的,约占40%;属于业务部门审核不慎而造成泄密的,约占10%①。

从近年来新闻报道泄密的情况来看,泄密的"多发区"主要有五方面。

第一,在政治方面,有的传媒热衷于抢先报道党和政府及有关领导机关尚在研究中和尚未公开的重大决策、方针,抢先报道按照有关规定应当统一发布的重大政治新闻,这类信息在有权发布者正式发布以前一般属于国家秘密。披露国家的外交活动和海峡两岸上层交往,祖国同海外华人、华侨交往的所谓"秘闻",也几乎肯定会触及国家秘密,并且会造成意想不到的严重损害后果。

第二,在军事方面,国防和军队建设的重大方针和规划,军事领导机关的重大决策,重要军事会议,军队的组织编制、实力、设防部署、军事调动、军事演习、军事禁区、重要军事设施等情况,以至部队的番号、名称、任务,以及国防科技研究中的重要成果和有关国防经费、国防工业的种种事项,无疑都是外国情报机关求之不得的重要情报。

第三,在公安、司法方面,擅自披露公安侦破手段、公安机关实力和其他工作秘密、案件审判过程中的研究情况等,都属于泄密。

第四,在经济方面,轻易披露正在研究中或尚未公布的经济政策和经济决策,报道未经国家有关部门正式公布的计划数字、统计数字和国家经济情况,特别是关于物价、货币、工资、税率、汇率、利率等预期变动的情况,某些重要原料和产品的市场需求情况等,往往会使国家利益招致很大的损害。如,1985年,某报根据内部资料报道了本年和下年某产品将供不应求的详情,其时我方正同外商洽谈购买该产品,其中一家已接受我方提出的价格,另三家则坚持高价位,正在陷于僵持之时,某报发表这样的报道,使我方处于十分被动的地位。

第五,在科技方面,详细报道中国处于国际领先地位或先进水平的重大科技成果,特别是能够反映高新技术领域突破的、反映国家防御和治安实力的科技成果,往往造成泄密。

《新闻出版保密规定》(以下简称《规定》)正是在总结新闻传播工作的得失经验中制定出来的,它明确指出:"新闻出版的保密工作,坚

---

① 魏永征:《中国新闻传播法纲要》,上海社会科学出版社1999年版,第104页。

持贯彻既保守国家秘密又有利于新闻出版工作正常进行的方针。"据此,新闻出版单位有必要实行以下四项保密制度:

第一,自审与送审相结合的保密审查制度。

自审,就是新闻出版单位和提供信息的单位对拟公开报道的信息按照有关保密的规定进行自我审查。从新闻单位角度说,自审也就是自己按照保密规定来判断有关新闻是否属于或含有国家秘密,是否适宜发表,这是新闻单位编辑责任制的延伸。新闻传媒既被赋予了自审的责任,也就意味着同时拥有自由裁量的权利,如果在行使权利时没有履行好保密审查的责任,致使国家秘密泄露,它就要依法承担相应的法律责任。送审,就是对是否涉及国家秘密的信息把握不准的,新闻出版单位应当送主管部门审定。有关机关、单位应当指定有权代表本机关、单位的审稿机构和审稿人,负责对新闻出版单位送审的稿件是否涉及国家秘密进行审定。对是否涉及国家秘密界限不清的内容,应当报请上级机关、单位审定;涉及其他单位工作中国家秘密的,应当负责征求有关单位的意见。有关机关、单位审定送审的稿件时,应当满足新闻出版单位提出的审定时限要求,遇有特殊情况不能在所要求的时限内完成审定的,应及时向送审稿件的新闻出版单位说明,并共同商量解决办法。由于新闻单位毕竟不是专门的保密工作部门,掌握的情况有限,不能保证自审的内容完全符合保密要求,请有关部门或上级机关审定,可以有效地防止泄密。

由此可见,自审和送审相结合的制度实际上是新闻传播活动中的预防制同追惩制相结合在保密制度中的运用。自审与送审相结合的制度同新闻检查制度的不同之处在于,它不是全面对新闻进行事先的审查,而是首先要求自审,在经过自审不能确认是否涉密时,方才实行送审。

第二,通过内部途径反映涉及国家秘密的信息的制度。

根据《规定》第8条的规定,新闻单位及其采编人员需向有关部门反映或通报涉及国家秘密的信息,应当通过内部途径进行,并对反映或通报的信息按照规定作出国家秘密的标志。这就是新闻单位编印"内部参考"的制度。

第三,采访涉及国家秘密事项的批准制度。

根据《规定》第9条、第10条规定,被采访单位和个人向新闻单位提供有关信息时,对其中确因工作需要而又涉及国家秘密的事项,应当事先经过批准,并向采编人员申明。新闻单位对被采访对象申明属于国家秘密的事项,不得公开报道。对涉及国家秘密但确需报道的信息,新闻单位应当向有关单位建议解密或者采取删节、改编、隐去等保密措施,并经有关主管部门审定。新闻机构采访涉及国家秘密的会议或其他活动,应经主办单位批准。主办单位应当验明采访人员的工作身份,指明哪些内容不得报道,并对新闻进行审定。又据《规定》第14条,个人拟向新闻单位提供公开报道的信息,凡涉及本系统、本单位业务工作或对是否涉及国家秘密界限不清的,应当事先经过本单位或上级机关、单位审定。

第四,新闻发布制度。

中央国家机关和其他有关单位,应当加强与新闻单位的联系,建立提供信息的正常渠道,健全新闻发布制度,适时通报宣传口径,既防止泄露国家秘密,又保证新闻活动顺利正常地进行。正当的信息渠道的通畅是防止泄密的有效手段。

在新闻出版工作中,各有关单位因有关信息是否属于国家秘密发生争执的,由保密工作部门会同有关部门依据保密法规确定。

《保守国家秘密法实施条例》第35条规定,保密行政管理部门对公民举报、机关和单位报告、保密检查发现、有关部门移送的涉嫌泄露国家秘密的线索和案件,应当依法及时调查或者组织、督促有关机关、单位调查处理。调查工作结束后,认为有违反保密法律法规的事实,需要追究责任的,保密行政管理部门可以向有关机关、单位提出处理建议。有关机关、单位应当及时将处理结果书面告知同级保密行政管理部门。

新闻泄密行为可分为故意泄密行为和过失泄密行为两种。故意泄密行为,是指行为人明知自己的行为会造成国家机密失控、国家的安全利益受到损失的结果,却希望或放任这种结果发生的行为。这是一种自觉地有意识的违反保密法规的行为,是一种严重的违法行为。过失泄密行为,是指行为人应当预见自己的行为会造成泄露国家机密的后果,却因思想麻痹、疏忽大意而没有预见到,或者虽已预见而轻信能够避免,以致发生这种后果的行为。这是一种行为人无意识、无目的的泄密行为。过失泄密行为同样也会给国家机密造成严重的后果。

四、新闻传播媒体的保密范围

新闻传播媒体必须遵守《保守国家秘密法》及《保守国家秘密法实

施条例》相关保密规定。在当前的新闻传播活动中,对于没有标明密级的信息,一般应以是否已经正式公开作为判断是否属于保密范围的基本原则。从新闻传播实践看,除带有密级的文件外,尚未正式公开而属于保密范围的信息一般包括以下事项。

第一,未公开的党和国家政策、党和国家领导人的讲话和活动等信息。

包括:① 中央尚未最后确定或虽已作出决定,但尚未正式公布,限于内部掌握的内外政策。② 不对外公布或暂时不对外公开的党和国家政治活动。③ 中央领导人的内部讲话。④ 党的不对外文献、档案,不宜公开的内部调研材料或内部分析意见;关系到党和国家根本利益的重大政治性理论问题和其他各种敏感问题。⑤ 有关部门通过前的人事任免事项。

第二,不能公开的军事信息。

《中国人民解放军保密条例》第 8 条规定,军事秘密包括符合本条例第 2 条规定的下列事项:① 国防和武装力量建设规划及其实施情况;② 军事部署,作战和其他重要军事行动的计划及其实施情况;③ 战备演习、军事训练计划及其实施情况;④ 军事情报及其来源,通信、电子对抗和其他特种状态等基本情况,军以下部队及特殊单位的番号;⑤ 武装力量的组织编制,部队的任务、实力、素质、状态等基本情况,军以下部队及特殊单位的番号;⑥ 国防动员计划及其实施情况;⑦ 武器装备的研制、生产、配备情况和补充、维修能力,特种军事装备的战术技术性能;⑧ 军事学术、国防科学技术研究的重要项目、成果及其应用情况;⑨ 军队政治工作中不宜公开的事项;⑩ 国防费的分配和使用,军事物资的筹措、生产、供应和储备等情况;⑪ 军事设施及军事设施保护情况;⑫ 军援、军贸和其他对外军事交往活动中的有关情况;⑬ 其他需要保密的事项。

第 26 条规定:公开出版发行军事报刊、书籍、地图、声像制品,公开展示军事装备、国防科学技术成果,应当遵守有关保密规定,不得泄露军事秘密。拟公开发表的军事学术、国防科学技术论文和反映军队情况的各类稿件,投稿前必须经撰稿人所在单位或者文稿涉及事项的主管单位进行保密审查。

第三,不能公开的科学技术信息。

包括:① 国家批准的发明,或正在进行试验的可能成为发明,专利的阶段性成果,目前国外虽有,但系保密的重要科研成果,以及中国特有的生产技术诀窍和传统工艺技术,重大成果的关键配方、关键工艺、关键设备等,未经国家主管部门批准,不得公开报道。② 中国通过非公开渠道取得或引进的外国技术专利、机密资料、尖端设备,不得公开报道。③ 中国特有的菌种、毒种和生物制品,中国特有的特效药剂和制造工艺,放射性病的防治技术和药物器材,一律不公开报道。④ 中国特有的重要资源和特有的珍稀生物资源的数量,培育技术不公开报道。⑤ 涉及需要保密的科学技术工作规划、重要的科研基地和保密设施,大专院校设置的有保密性质的系、专业及其教研活动,一律不公开报道。⑥ 国家重大科研公关项目计划。

第四,不能公开的国民经济和社会发展信息。

包括: ① 属于保密的国民经济计划资料(含国民经济预测资料),未经主管部门审核批准不得公开报道。② 属于保密的重要的出口商品的生产、销售、价格、库存情况,中国进出口的意图、计划、盈亏、外贸策略和鼓励出口的具体政策和措施等内部情况和数字,以及不利于中国出口商品信誉的情况,均不得公开报道。③ 中国利用外资和与国外进行经济技术合作方面的内部工作情况,不得公开报道。④ 仿制外国产品、转让或公开专利技术、涉及法律问题和外商经济利益的情况,不得公开报道。⑤ 国家未公开发表的国民经济和社会发展计划、概算、决算,财政金融的中长期规划,不得报道和引用;确需报道的,须经主管部门批准。⑥ 放射性元素、重要有色金属和特殊非金属矿藏的具体位置、储量和品位,均不得公开报道。

第五,不能公开的追查刑事犯罪信息。

包括: ① 没有把握的案件和有争议的案件,正在侦查、起诉或审理的案件,以及尚未作出终审判决的案件,不要公开报告。② 对于涉及现场勘查、尸体检验、犯罪痕迹的提取检验、现场分析、案情分析、侦破方向的确定等侦查手段,事关公安工作机密的重要数据,以及有可能诱发刑事犯罪的案例一律不得公开报道。不要泄露当事人的隐私和案件有牵连的人的姓名。③ 对在押犯人的采访,要经过公安、司法部门的批准,稿件要公安司法部门审查。不得公开报道关押犯人的监狱、农场的地理位置和在押犯人的数字。④ 报道涉及间谍、特务案件,事先应经国家安全机关批准。

五、信息公开和保守国家秘密的平衡

信息公开与保守国家秘密是一个问题的两个方面,二者相辅相成,在法律制度的设计和运用中都不能顾此失彼。这里面涉及的一个核心问题就是公民的知情权保障。重视知情权的国家,无不将信息公开与保密的立法结合起来,限制国家的保密权力。政府机构不能以保守国家秘密为借口,任意隐匿公众依据法律应当获知的政务信息。但由于历史、政治和文化的原因,中国保密制度在设计上存在很大的缺失,不该保密的保密,大量本应公开的信息被封锁起来,制约了政府信息公开的力度。因此,修改与完善保密法,建立一定的机制以制约政府的保密权已势在必行。

在现代社会里,信息的自由流动对于公民自身的生存和发展、对于政治的透明运作、经济的良性运行等各方面都有重要的作用,一切无涉国家安全和其他正当保密事项的信息都应该可以自由流动。这既是保护公民的知情权的需要,也是为了更有效地履行保守国家秘密、维护国家安全的义务。在信息自由流通的权利和维护国家安全的责任之间,我们不大可能轻易断定孰重孰轻,其中的关键在于,我们要在两者之间找到合理的平衡点,以国家安全及社会公共利益为由的公开例外,最终目的是保障社会公众利益和社会整体的安全,保密不是目的,而是一种措施和手段,其最终目的不是为了维护和保守政府秘密,而是为了公共福祉。这便是保密工作的初衷和最终归宿,而不是本末倒置。这也要求新闻媒介在报道中,注意解决和处理好政府信息公开与保守国家秘密的关系。

然而,长期以来,对危及国家安全的顾虑成为阻碍信息公开的重要因素,或者说是政府拒绝深化行政公开的重要理由。在实践中,信息公开尤其是政府信息公开与国家安全之间始终存在着难以调和的矛盾,"危及国家安全"也成为政府保守秘密、拒绝公开信息的最常用理由。近年来,不少学者对此提出了种种批评。

第一,现行《保守国家秘密法》对国家秘密的定义和界定过于宽泛。国家秘密被认为同国家安全和国家利益相关,但是迄今对国家安全和利益并无权威界定。利益是一个十分广泛的概念,比方说国有公司的利益也可以说与国家利益有关,因此就曾发生过把国有公司商业秘密说成是国家秘密的案件。在《保守国家秘密法》和《保守国家秘密法实施办法》的有关规定中,几乎包含了国家机关的一切活动。《档案法》则把凡进入国家档案馆的档案都列入保密范围,保密期限最短三十年,直至无限期。将大量的一般事项作为国家秘密保护,不但会妨碍政府信息资源为社会所利用,也会增加社会成本。从更深远的意义来说,反而不利于真正的国家保密工作。

第二,定密标准模糊。现行的国家保密制度在密级确定、解密、泄密处罚、保密救济机制等重要制度的设置上已远远落后于社会发展的需要。例如,一些层层下达、处处宣讲、要求人人学习的"中央文件",不少都是"公开的秘密",秘密文件过多过滥,不仅增加了保密成本,也大大降低了国家保密制度的权威。所有涉及国家秘密的案件,都无须证明造成的损害,这也不同于国际上通常把损害性披露(damage disclosure)作为泄密的一个构成要件的做法。既然无需证明损害,怎么知道泄密后会给国家安全和利益造成损害呢? 这被认为是中国《保守国家秘密法》中的一个悖论。这一悖论使得有关机关在确定国家秘密时难免带有主观和臆测的成分,具有一定随意性①。

第三,定密主体多样化,随意性强。《保守国家秘密法》规定,各级国家机关、单位按照国家秘密的有关规定确定秘密,如有不明由省级或国家保密部门确定。据此,各级国家机关、单位对确定国家秘密有很大的自由裁量权,这是国家秘密定密过滥的重要原因。从 1995 年至 1997 年年底,各省、自治区、直辖市及中央国家机关 47 个部门产生国家秘密约 780 万件,有的部门一年产生的国家秘密就有 30 多万件。1995 年国家科技部实行国家科技秘密项目审批制度,各地申报的科技秘密经评审,被确定为国家科技秘密的仅占 5%②。2002 年,广州市保密局对 2001 年年底前的十余万项国家秘密进行清理解密,解密率达 97.2%③。可见,中国在确定国家秘密与否方面还存在很大的压缩空间。

第四,保密行政权力缺乏监督和救济。按现行法律规定,公民无法对保密事项提出异议,也无法提起行政诉讼。《保守国家秘密法》规定

① 侯健:《民主与信息——中国保密法制评述》,《中华传媒报告》2004 年第 5 期。
② 周汉华主编:《我国政务公开的实践和探索》,中国法制出版社 2003 年版,第 197 页。
③ 《十万项"国家秘密"公开 广州进行信息清理解密》,中国新闻网,http://www.chinanews.com.cn/n2003-03-21/26/285310.html。

各单位如对国家秘密有争议,由保密部门确定,从而形成保密部门自己确定秘密、自己裁定对秘密的争议的封闭的行政系统。只有泄密和属于保密的法律责任,而将不该保密事项保密起来则不会受到追究,这使得有权确定国家秘密的部门很容易把对自己不利的事情定为国家秘密,甚至确定国家秘密本身也是国家秘密。虽然侵犯国家秘密的各项罪名是由人民代表大会制定的基本法律《刑法》规定的,确立犯罪是由法院判决的,但是国家秘密的内容却仅仅是由作为行政机构的保密部门确定。人民代表大会不过是确立了一些罪名,司法机关不过是判断某人确实非法泄露、获取被认为是国家秘密的事项,并不判断这一事项是否确属于国家秘密,不能从源头上保证国家秘密的确定的正确性和合理性。而且由于涉及国家秘密的案件不公开审理,公民无法对判决进行监督,这样行政权力就成为可以决定公民是否犯罪的立法权力。

中国保密法律、法规和规章有庞大而完整的体系,《中华人民共和国保密法全书》共搜集保密法律、法规、规章和其他规范性文件 250 余件,约 60 万字①。而中国目前并没有全面而系统的信息公开法律,有关信息公开的规定,只是散见于各个单行的法律、法规之中。

2006 年 1 月国务院颁发的《国家突发公共事件总体应急预案》,在突发事件公开报道方面揭开了历史的新篇章。这个预案规定:"突发公共事件的信息发布应当及时、准确、客观、全面。事件发生的第一时间要向社会发布简要信息,随后发布初步核实情况、政府应对措施和公共防范措施等,并根据事件处置情况做好后续发布工作。"

2007 年 1 月 17 日国务院第 165 次常务会议通过、自 2008 年 5 月 1 日起开始实施的《中华人民共和国政府信息公开条例》,可视为向信息公开迈出的一大步。这个条例规定了各级人民政府及其部门信息公开的范围,并逐一列举了重点公开的政府信息,公开的方式和程序,以及监督和保障的措施、办法。随后发生的汶川大地震,初步检验了这一条例的实施,信息透明程度和信息提供速度均有明显改变,获得了良好的报道效果、社会效益及国际声誉。

《政府信息公开条例》还压缩了国家秘密的范围,如第 9 条规定:"行政机关对符合下列基本要求之一的政府信息应当主动公开:① 涉及公民、法人或者其他组织切身利益的;② 需要社会公众广泛知晓或

---

① 李志东、檀文祥主编:《中华人民共和国保密法全书》,吉林人民出版社 1999 年版。

者参与的；③ 反映本行政机关机构设置、职能、办事程序等情况的；④ 其他依照法律、法规和国家有关规定应当主动公开的。"第 10 条规定："县级以上各级人民政府及其部门应当依照本条例第 9 条的规定，在各自职责范围内确定主动公开的政府信息的具体内容，并重点公开下列政府信息：① 行政法规、规章和规范性文件；② 国民经济和社会发展规划、专项规划、区域规划及相关政策；③ 国民经济和社会发展统计信息；④ 财政预算、决算报告；⑤ 行政事业性收费的项目、依据、标准；⑥ 政府集中采购项目的目录、标准及实施情况；⑦ 行政许可的事项、依据、条件、数量、程序、期限以及申请行政许可需要提交的全部材料目录及办理情况；⑧ 重大建设项目的批准和实施情况；⑨ 扶贫、教育、医疗、社会保障、促进就业等方面的政策、措施及其实施情况；⑩ 突发公共事件的应急预案、预警信息及应对情况；⑪ 环境保护、公共卫生、安全生产、食品药品、产品质量的监督检查情况。"第 11 条规定："设区的市级人民政府、县级人民政府及其部门重点公开的政府信息还应当包括下列内容：① 城乡建设和管理的重大事项；② 社会公益事业建设情况；③ 征收或者征用土地、房屋拆迁及其补偿、补助费用的发放、使用情况；④ 抢险救灾、优抚、救济、社会捐助等款物的管理、使用和分配情况。"第 12 条规定："乡（镇）人民政府应当依照本条例第 9 条的规定，在其职责范围内确定主动公开的政府信息的具体内容，并重点公开下列政府信息：① 贯彻落实国家关于农村工作政策的情况；② 财政收支、各类专项资金的管理和使用情况；③ 乡（镇）土地利用总体规划、宅基地使用的审核情况；④ 征收或者征用土地、房屋拆迁及其补偿、补助费用的发放、使用情况；⑤ 乡（镇）的债权债务、筹资筹劳情况；⑥ 抢险救灾、优抚、救济、社会捐助等款物的发放情况；⑦ 乡镇集体企业及其他乡镇经济实体承包、租赁、拍卖等情况；⑧ 执行计划生育政策的情况。"目前，《政府信息公开条例》的修订工作已经展开。国务院办公厅、法制办在总结政府信息公开实践经验的基础上起草了《政府信息公开条件（修订草案征求意见稿）》，并于 2017 年 6 月 6 日公布，以征求社会各界意见。《政府信息公开条例（修订草案征求意见稿）》第五条规定："行政机关公开政府信息，应当坚持以公开为常态、不公开为例外，遵循公正、公平、便民的原则。"2017 年 6 月 19 日，《政府信息公开条例（修订草案征求意见稿）》专家研讨会暨中国法学会 2017 年第 13 期立法专家咨询会在北京召开。

当然,信息公开与信息保密并不相互冲突,其目标是同一的。要使保密制度有效,就必须确定合理的保密范围和定密、解密制度。要真正做到信息公开,也必须有保密范围的界定。既不能因为保密而封锁信息,剥夺公众的知情权,也不能因为公开了暂时不能公开的信息而损害国家安全和公共利益以及私人利益。因此,找准二者合理的平衡点,在法律的保障下努力做到既保护国家秘密,又促进信息公开。

学习思考题:

1. 何谓国家安全? 维护国家安全的意义何在?

2. 何谓危害国家安全罪? 其种类有哪些?

3. 新闻传播媒体危害国家安全罪的法律责任是什么?

4. 何谓国家秘密? 中国保密法在秘密范围和密级的确定上存在什么问题?

5. 简述新闻出版单位的四项保密制度?

6. 新闻传播泄密的法律责任是什么?

第五章

新闻传播与维护公序良俗

第一节　维护公序良俗与禁载规定

一、维护公序良俗是一项基本的法律原则

维护公序良俗是各国法律中的一项基本的法律原则,它包括公共秩序和善良风俗两方面。公共秩序以维护社会秩序为核心,善良风俗以维护社会伦理为核心,公序良俗作为法律的基本原则,目的在于填补法律缺漏,及时处理社会活动中出现的各种新问题,协调各种利益冲突,维护社会正义。

新闻传播活动是一种社会活动,它反映社会、参与社会、干预社会,与人类其他社会活动形成非常复杂的互动关系和互相制约关系,具有鲜明的社会性,对社会有巨大的影响力。所以,一方面,新闻传播媒体应该积极宣扬正确的价值观、人生观和世界观,传播健康的信息;另一方面,新闻传播媒体也有责任过滤不良信息,以免不良信息广泛传播,对社会造成不良影响;同时,新闻传播媒体还要帮助人们获得抵御不良思想和行为的免疫力。为了尽量避免消极的影响,对于新闻传播的内容进行一定的管制也是世界各国的通例。通过管制,净化了传播环境,保护了国家、社会、个人的长远利益。

二、国际公约有关维护社会公共秩序的禁载规定

《世界人权宣言》第 29 条规定:"一、人人对社会负有义务,因为只

有在社会中他的个性才可能得到自由和充分的发展。""二、人人在行使他的权利和自由时,只受法律所确定的限制,确定此种限制的唯一目的在于保证对旁人的权利和自由给予应有的承认和尊重,并在一个民主的社会中适应道德、公共秩序和普遍福利的正当需要。""三、这些权利和自由的行使,无论在任何情形下均不得违背联合国的宗旨和原则。"

《公民权利和政治权利国际公约》第 12 条规定:"一、合法处在一国领土内的每一个人在该领土内有权享受迁徙自由和选择住所的自由。二、人人有自由离开任何国家,包括其本国在内。三、上述权利,除法律所规定并为保护国家安全、公共秩序、公共卫生或道德、或他人的权利和自由所必需且与本公约所承认的其他权利不抵触的限制外,应不受任何其他限制。四、任何人进入其本国权利,不得任意加以剥夺。"第 19 条同时规定:"一、人人有权持有主张,不受干涉。二、人人有自由发表意见的权利;此项权利包括寻求、接受和传递各种消息和思想的自由,而不论国界,也不论口头的、书写的、印刷的、采取艺术形式的、或通过他所选择的任何其他媒介。三、本条第二款所规定的权利的行使带有特殊的义务和责任,因此得受某些限制,但这些限制只应由法律规定并为下列条件所必需:(甲)尊重他人的权利或名誉;(乙)保障国家安全或公共秩序,或公共卫生或道德。"

《联合国消除一切形式种族歧视宣言》第 2 条规定:"一、任何国家、机关、团体或个人不得基于种族、肤色或人种的理由,在人权与基本自由方面对人、对人群或对机关的待遇有任何一种歧视。二、任何国家不得鼓励、鼓吹或以警察行动或其他办法支持任何团体、机关或个人基于种族、肤色或人种的任何歧视。三、为使属于某种族团体的人获得充分发展或保护起见,应在适当情形下采取特种具体措施,以期确保各该人等充分享受人权与基本自由。""凡此措施,无论如何,不得产生在不同种族团体间维持不平等或个别的权利的后果。"第 9 条规定:"一、一切宣传及组织,凡以某一种族或属于某一肤色或人种的人群为优越的思想或理论作根据,而意图为任何形式的种族歧视辩解或鼓吹者,概应严加谴责。二、一切人为强暴的煽动或一切强暴行为以反对任何种族或反对属于另一肤色或人种的人群者,不问出于个人抑或出于组织所为,概应视为妨害社会的行为,依法惩处。三、为实施本宣言之宗旨与原则起见,所有国家应立即采取积极措施,包括立法及其他措施在内,对于各组织的怂恿或煽动种族歧视,或煽动强暴或使用强暴以达基于种族、肤色或人种之歧视为目的者,予以诉究并(或)宣告其为非法。"

这些国际公约规定,无一例外地禁止有害"公序良俗"的信息的传播。

三、外国有关维护公序良俗的禁载规定

各国在公序良俗的概念使用上不完全相同。法国、日本、意大利等大陆法系国家的民法典中,使用了公序良俗的概念①;在德国民法中,与公序良俗相当的概念是善良风俗;英美法中,与公序良俗相近的概念称公共政策;中国在法律层面则称为社会公德、公共利益、社会公共利益和社会经济秩序②,在政府规章和地方法规层面称公序良俗③。尽管各国对公序良俗表述的概念不同,但其内涵是基本一致的,没有本质上的区别。

对于严重危害公序良俗的包括传播在内的各种行为,世界各国都立法予以禁止,例如:法国民法典第 6 条规定:"任何人不得以特别约定违反有关公共秩序与善良风俗之法律。"日本民法典第 90 条规定:"以违反公共秩序或善良风俗的事项为标的的法律行为,为无效。"俄罗斯民法典第 169 条规定:"以违反法律秩序的基本原则和道德为目的而实施的法律行为无效。"

除了法律规定外,各国的新闻团体(协会)都制定了不传播影响公序良俗的禁载自律规范,如美国编辑人协会制订的《报业信条》规定:"凡报纸假借道德的理由,对于社会伤风败俗,如奸淫劫掠的犯罪事实,着意描写,迎合低级趣味,煽动低级情感,此类报纸,显然不符合公共利益的要求,实无逃于不诚实的罪名。"

瑞典舆论家联谊会制订的《出版规范》规定,"对犯罪消息应避免详细报道","除非有特殊重要性,或与重大犯罪案件有关,不报道自杀

---

① 中国澳门地区和台湾地区受大陆法系影响,也使用公序良俗的概念。

② 参见《宪法》第 13 条、《民法通则》第 7 条、《专利法》第 5 条、《合同法》第 7 条、《物权法》第 7 条等。

③ 如国家工商总局发布的《个体工商户名称登记管理办法》第 11 条、国家质量监督检验检疫总局发布的《化妆品标识管理规定》第 7 条、广东省人民代表大会常务委员会批准的《广州市旅游条例》第 51 条。

或企图自杀的新闻"。

日本新闻协会制订的《新闻伦理纲领》规定，"表现自由是人类的基本权利，报纸拥有报道、评论的完全自由。在行使这种权利之时，必须充分考虑到肩负的重要责任，不得有害于公共利益。"韩国报业伦理委员会制定的《报人行为准则》规定："不作有害靖康风俗及诲淫诲盗的报道。"

四、中国有关维护公序良俗的禁载规定

为了加强对出版活动的管理，发展和繁荣有中国特色社会主义出版事业，保障公民依法行使出版自由的权利，促进社会主义精神文明和物质文明建设，2001 年 12 月 12 日国务院第 50 次常务会议通过、于2001 年 12 月 25 日由中华人民共和国国务院颁布了《出版管理条例》，《条例》自 2002 年 2 月 1 日起施行，共计 7 章 68 条。2011 年 3 月、2013年 7 月、2014 年 7 月、2016 年 2 月四次修订，共计 9 章 74 条。《出版管理条例》第 25 条规定："任何出版物不得含有下列内容：（一）反对宪法确定的基本原则的；（二）危害国家统一、主权和领土完整的；（三）泄露国家秘密、危害国家安全或者损害国家荣誉和利益的；（四）煽动民族仇恨、民族歧视，破坏民族团结，或者侵害民族风俗、习惯的；（五）宣扬邪教、迷信的；（六）扰乱社会秩序，破坏社会稳定的；（七）宣扬淫秽、赌博、暴力或者教唆犯罪的；（八）侮辱或者诽谤他人，侵害他人合法权益的；（九）危害社会公德或者民族优秀文化传统的；（十）有法律、行政法规和国家规定禁止的其他内容的。"本条前三项，基本上都是危害国家安全的范围，从第四项起，都与社会公共秩序（包括公序良俗）有关。

对违反公序良俗的制裁，《刑法》中也有规定。例如，第 246 条规定："以暴力或者其他方法公然侮辱他人或者捏造事实诽谤他人，情节严重的，处三年以下有期徒刑、拘役、管制或者剥夺政治权利。前款罪，告诉的才处理，但是严重危害社会秩序和国家利益的除外。"第 249 条规定："煽动民族仇恨、民族歧视，情节严重的，处三年以下有期徒刑、拘役、管制或者剥夺政治权利；情节特别严重的，处三年以上十年以下有期徒刑。"第 250 条规定："在出版物中刊载歧视、侮辱少数民族的内容，情节恶劣，造成严重后果的，对直接责任人员，处三年以下有期徒

刑、拘役或者管制。"第 295 条规定:"传授犯罪方法的,处五年以下有期徒刑、拘役或者管制;情节严重的,处五年以上有期徒刑;情节特别严重的,处无期徒刑或者死刑。"

第二节　禁止传播淫秽、色情的内容

一、淫秽色情出版物的认定标准

对于淫秽(obscenity)、色情(pornography)事物的控制和管理,不同的国家有不同的限制程度,但很少有哪个政府是公开主张对淫秽事物放任不管的,因为它同社会的公序良俗密切相关,一旦处理不当,有可能诱发多种犯罪。然而,由于"淫秽""色情"的定义具有高度的主观性和不确定性,查禁"淫秽"和"色情"的标准也随着性道德的变化而演变,同时,它又关系到保护文学和艺术作品的问题,并涉及人体生理、医学知识的传播,等等。因此,世界各国的法律均未能较好地界定淫秽、色情物品的范围,相关法律仍然在权利与道德之间徘徊。

以美国为例,制裁淫秽出版物品的司法准则大致经历了以下三个阶段。

第一阶段,"希克林准则"时期(1873 年)。这个判例准则宣布,如果一个作品有可能导致读者发生堕落和腐化的危险,那么它就是淫秽的。也就是说,只要一本书、剧本、杂志或其他作品的一部分是淫秽的,那么整个作品就是淫秽性的。该司法准则被广泛地运用了大约 80 年时间,但遭到了不少异议。1957 年,美国最高法院正式宣布"希克林准则"违宪。

第二阶段,"罗思-梅莫瑞斯准则"时期(1957 年)。该准则对"淫秽色情"出版物的定义为以下三点:首先,作品的主题从总体上说必须是能引起淫欲的兴趣;其二,明显违反当代描写和表达性事的社会习惯;其三,没有任何社会价值。它被认为是一个自由主义的标准,在美国运用了十多年。

第三阶段,"米勒准则"时期(1973 年)。新准则修正了"罗思-梅莫瑞斯准则",它规定淫秽必须具备下列条件:① 对于普通人来说,根据当地的社会标准,作品从整体上看会引起淫欲的兴趣。② 作品对性行为的描写显然地违反了当地州有关法律的规定。③ 作品缺乏严肃的文学、艺术、政治或科学价值①。

在中国，法律禁止大众传播媒介传播淫秽和色情内容，如《刑法》就规定传播淫秽物品为犯罪行为，但有关标准仍有待进一步明确和细化。1979 年制定的《刑法》没有提出"淫秽物品"的概念，只在第 170 条规定："以营利为目的，制作、贩卖淫书、淫画的，处三年以下有期徒刑、拘役或者管制，可以并处罚金。"从提出并使用"淫秽物品"一词，到最终界定其内涵，也经历了几个不同历史时期。

第一，只有术语没有定义的阶段（1984 年 4 月 26 日至 1988 年 12 月 26 日）。

经查国家信息中心发布的《国家法规数据库》，规范性文件中第一次出现"淫秽物品"一词的时间是 1984 年 4 月 26 日，最高人民法院、最高人民检察院、公安部联合发布的《关于当前办理强奸案件中具体应用法律的若干问题的解答》使用了"淫秽物品"一词。1984 年 11 月 2 日，最高人民法院、最高人民检察院联合发布《关于当前办理流氓案件中具体应用法律的若干问题的解答》，再次使用"淫秽物品"一词。

1985 年 4 月 17 日，国务院发布《关于严禁淫秽物品的规定》，明确规定："查禁淫秽物品的范围是：具体描写性行为或露骨宣扬色情淫荡形象的录像带、录音带、影片、电视片、幻灯片、照片、图画、书籍、报刊、抄本，印有这类图照的玩具、用品，以及淫药、淫具。"同时又规定："夹杂淫秽内容的有艺术价值的文艺作品，表现人体美的美术作品，有关人体的生理、医学知识和其他自然科学作品，不属于淫秽物品的范围，不在查禁之列。"这一规定对淫秽物品没有下定义，使用的是淫秽物品及其载体种类列举方式。

第二，政府规章对淫秽出版物和色情出版物下定义阶段（1988 年 12 月 27 日至 1990 年 7 月 5 日）。

1988 年 12 月 27 日，新闻出版署发布《关于认定淫秽及色情出版物的暂行规定》，其中第 2 条规定："淫秽出版物是指在整体上宣扬淫秽行为，具有下列内容之一，挑动人们的性欲，足以导致普通人腐化堕落，而又没有艺术价值或者科学价值的出版物：（一）淫亵性地具体描写性行为、性交及其心理感受；（二）公然宣扬色情淫荡形象；（三）淫

---

① 郭自立：《美国犯罪原因初探》，http://www.clreview.com。

亵性地描述或者传授性技巧；（四）具体描写乱伦、强奸或者其他性犯罪的手段、过程或者细节，足以诱发犯罪的；（五）具体描写少年儿童的性行为；（六）淫亵性地具体描写同性恋的性行为或者其他性变态行为，或者具体描写与性变态有关的暴力、虐待、侮辱行为；（七）其他令普通人不能容忍的对性行为淫亵性描写。"第 3 条规定："色情出版物是指在整体上不是淫秽的，但其中一部分有第 2 条（一）至（七）项规定的内容，对普通人特别是未成年人的身心健康有毒害，而缺乏艺术价值或者科学价值的出版物。"第 4 条规定："夹杂淫秽、色情内容而具有艺术价值的文艺作品；表现人体美的美术作品；有关人体的解剖生理知识、生育知识、疾病防治和其他有关性知识、性道德、性社会学等自然科学和社会科学作品，不属于淫秽出版物、色情出版物的范围。"这一规定，首次以政府规章形式对淫秽出版物和色情出版物下了定义。同时，在列举属于淫秽出版物的种类中，使用了"淫亵性"的界定标准，以此区分部分出版物是否属于淫秽出版物。

第三，司法解释对淫秽物品下定义阶段（1990 年 7 月 6 日至 1997 年 3 月 13 日）。

1990 年 7 月 6 日，最高人民法院和最高人民检察院发布了司法解释《关于办理淫秽物品刑事案件具体应用法律规定》，其中第 9 条规定："淫秽物品，是指诲淫性的音、像、书、画等制品。"这是中国规范性文件最早对淫秽物品下定义。定义中的"诲淫性"，源于成语"诲淫诲盗"，较之前面的"淫亵性"更为准确，也更易理解。诲即诱导，淫为淫荡，泛指引诱他人从事违反法律与道德的性行为，更为准确地表述了淫秽物品的特征和危害。

第四，法律对淫秽物品下定义阶段（1997 年 3 月 14 日起）。

1997 年 3 月 14 日第八届全国人民代表大会第五次会议修订、自 1997 年 10 月 1 日起施行的《中华人民共和国刑法》，其中第 367 条规定："本法所称淫秽物品，是指具体描绘性行为或者露骨宣扬色情的诲淫性的书刊、影片、录像带、录音带、图片及其他淫秽物品。""有关人体生理、医学知识的科学著作不是淫秽物品。""包含色情内容的有艺术价值的文学、艺术作品不视为淫秽物品。"这是中国关于淫秽物品的法律定义和认定标准。

2004 年，最高人民法院、最高人民检察院发布《关于办理利用互联网、移动通讯终端声讯台制作、复制、出版、贩卖、传播淫秽电子信息刑事案件具体应用法律若干问题的解释》,对《中华人民共和国刑法》第367 条中的"其他淫秽物品"进行补充规定:"包括具体描绘性行为或者露骨宣扬色情的诲淫性的视频文件、音频文件、电子刊物、图片、文章、短信息等互联网、移动通讯终端电子信息和声讯台语音信息。"至此,中国法制对淫秽、色情物品有了较为完备的解释和界定。

对于淫秽色情类电影、电视影像作品的认定,大致也可参考以上认定标准,不过在禁止淫秽色情内容的控制上更要严格一些。1997 年广电部的《电影审查规定》和1999 年广电总局的《电视剧审查暂行规定》都制定了有关删剪、修改的条款。2001 年国务院颁布的《电影管理条例》第 25 条规定电影片禁止载有的内容包括"宣扬淫秽、赌博、暴力或者教唆犯罪"。2006 年《电影剧本(梗概)备案、电影片管理规定》对送审电影片中应予删剪、修改的内容作出 8 项原则规定,其中第 3 项为:"夹杂淫秽色情和庸俗低级内容,展现淫乱、强奸、卖淫、嫖娼、性行为、性变态等情节及男女性器官等其他隐秘部位;夹杂肮脏低俗的台词、歌曲、背景音乐及声音效果等。"中国广播电视协会 2006 年制定《广播电视审议规则》,详细列举了广播电视节目中应当避免的"裸露和性"内容。

虽然广电总局三令五申,严禁播出各类涉性节目和违法不良广告,但仍有一些电视台顶风作案,在夜间公然谈论、肆意渲染描述性生活、性经验、性体会和性器官,大肆吹嘘性药功能,内容淫秽不堪,色情下流,严重污染社会风气,败坏广播电视声誉。2007 年 9 月,广电总局曾通报批评四川人民广播电台经济节目、交通广播和成都市人民广播电台交通文艺频道、经济频道,责令其停止播出相关节目,查处有关责任人。2009 年 7 月,广电总局通报湖南省张家界电视台新闻综合频道播放内容低俗下流的资讯节目,性质十分恶劣,造成了不良社会影响,严重损害了广播电视媒体的形象。

在互联网迅速发展的今天,影视剧、电影等通过互联网的传播越来越广泛。2012 年 7 月 6 日,国家广电总局颁布《关于进一步加强网络剧、微电影等网络视听节目管理的通知》,明确规定:网络剧、微电影等网络视听节目不得含有诱导未成年人违法犯罪和渲染暴力、色情、赌博、恐怖活动的内容。2016 年 2 月,全国电视剧行业年会举行,国家新闻出版广电总局电视剧司李京盛司长在会上发表主题报告时,重点指出:"随着互联网发展的突飞猛进,国家新闻出版广电总局将加强管理网剧和网络自制节目。"并表示总局将对网络剧审查做出一系列规定,其中包括:"网络剧审查开始,线上线下统一标准""内容标准统一,电视不能播什么,网络也不行"。

在国外,对广播电视媒体传播色情内容的限制,比对印刷媒体更严。如美国对广播禁止的不仅是淫秽,还有不雅。根据联邦通讯委员会的规例和联邦法例,电台和电视台在任何时段都不可以播出内容淫秽的节目,晚上 6 点到 10 点的合家欢时段不可以播出内容不雅的节目。2004 年女歌星珍妮·杰克逊在"超级碗"球赛中场休息音乐会的表演期间露乳,一时舆论哗然。这一不雅行为促成了一项立法。2006年 6 月 15 日,美国总统布什签署了一项严惩媒体内容涉及淫亵及不雅的立法,凡是内容越过"不雅界限"的节目将面临比以前高十倍的罚款,其目的在于"严肃惩处电台和电视上含有色情成分的内容或粗言秽语"。布什在签字仪式上表示,该立法将迫使业界人士"认真地负责,保持广播频道不受淫秽、亵渎和不雅内容的污染"。不过这一法规法案不适用于有线或卫星广播公司,亦没有试图为"不雅"下定义。如英国 1984 年《录像法》规定了录像分类制度,英国电影分类委员会(BBFC)负责实施,以确保录像适合家庭观赏,并禁止供应未经分类的录像①。

二、传播淫秽色情内容的法律制裁

淫秽物品属于查禁之列,通过制作、贩卖等行为而传播淫秽物品的,根据情节的不同将会受到不同的处罚。对违反上述法规的淫秽出版物,除予以取缔禁止外,对责任人还要依法制裁。这种制裁主要分刑事处罚和行政处罚。

1. 刑事处罚

制作、复制、出售、出租或者传播淫书、淫画、淫秽录像或者其他淫秽物品,情节严重,构成犯罪行为的,按照现行《刑法》规定的有关罪名进行处罚。现行《刑法》规定的有关罪名包括走私淫秽物品罪(第 152条),制作、复制、出版、贩卖、传播淫秽物品牟利罪(第 363 条第 1 款),

---

① [英]萨莉·斯皮尔伯利:《媒体法》,周文译,武汉大学出版社 2004 年版,第 295—296 页。

为他人提供书号出版淫秽书刊罪(第 363 条第 2 款),传播淫秽物品罪(第 364 条第 1 款),组织播放淫秽音像物品罪(第 364 条第 2 款)。

这些罪名中与新闻传播活动密切相关的有如下三项。

第一,制作、复制、出版、贩卖、传播淫秽物品牟利罪。

本罪的主体是一般主体,包括自然人和单位。本罪侵犯客体是社会管理秩序。在客观方面必须实施了制作、复制、出版、贩卖、传播淫秽物品的行为。制作是指编写、摄影、绘画、录音、录像等行为。复制是指用印刷、影印、翻拍、翻录等手段使淫秽物品从一件变成许多件,从少量变成大量。出版,是指以书籍、报纸、杂志、图片、音像制品等形式向社会公开出售,不管是合法的形式(例如取得书刊号),还是根本是非法的。贩卖,是指通过购入、销售淫秽物品赚钱的行为。传播,是指向他人扩散淫秽物品的行为,如出租、播放、互联网传输等。这五种行为不要求同时具备,只要实施其中行为之一,即构成本罪。而同时实施几种行为的,也只定一罪,不实行数罪并罚。主观方面必须是出于故意,即明知是淫秽物品而予以制作、贩卖等,而且要有牟利目的。不是以牟利为目的,如将淫秽物品赠送他人,不构成犯罪,但构成传播淫秽物品罪。是否牟利和牟利多少,不影响本罪的成立。本罪的处罚分为三级:一般处三年以下有期徒刑、拘役或管制,并处罚金;情节严重的,处三年以上十年以下有期徒刑,并处罚金;情节特别严重的,处十年以上有期徒刑或者无期徒刑,并处罚金或没收财产。1998 年,最高人民法院发布《关于审理非法出版物刑事案件具体应用法律若干问题的解释》,对利用各种渠道实施本罪的行为的处罚规定了量化标准,具体如下——

以牟利为目的,实施刑法第 363 条第 1 款的行为,具有下列情形之一的,以制作、复制、出版、贩卖、传播淫秽物品牟利罪定罪处罚:① 制作、复制、出版淫秽影碟、软件、录像带五十至一百张(盒)以上,淫秽音碟、录音带一百至二百张(盒)以上,淫秽扑克、书刊、画册一百至二百副(册)以上,淫秽照片、画片五百至一千张以上的;② 贩卖淫秽影碟、软件、录像带一百至二百张(盒)以上,淫秽音碟、录音带二百至四百张(盒)以上,淫秽扑克、书刊、画册二百至四百副(册)以上,淫秽照片、画片一千至二千张以上的;③ 向他人传播淫秽物品达二百至五百人次以上,或者组织播放淫秽影、像达十至二十场次以上的;④ 制作、复制、出版、贩卖、传播淫秽物品,获利五千至一万元以上的。

　　以牟利为目的,实施刑法第 363 条第 1 款规定的行为,具有下列情形之一的应当认定为制作、复制、出版、贩卖、传播淫秽物品牟利罪"情节严重":① 制作、复制、出版淫秽影碟、软件、录像带二百五十至五百张(盒)以上,淫秽音碟、录音带五百至一千张(盒)以上,淫秽扑克、书刊、画册五百至一千副(册)以上,淫秽照片、画片二千五百至五千张以上的;② 贩卖淫秽影碟、软件、录像带五百至一千张(盒)以上,淫秽音碟、录音带一千至二千张(盒)以上,淫秽扑克、书刊、画册一千至二千副(册)以上,淫秽照片、画片五千至一万张以上的;③ 向他人传播淫秽物品达一千至二千人次以上,或者组织播放淫秽影、像达五十至一百场次以上的;④ 制作、复制、出版、贩卖、传播淫秽物品,获利三万至五万元以上的。

　　以牟利为目的,实施刑法第 363 条第 1 款规定的行为,其数量(数额)达到前款规定的数量(数额)五倍以上的,应当认定为制作、复制、出版、贩卖、传播淫秽物品牟利罪"情节特别严重"。

- **案例**

　　2005 年 6 月,一个名叫"情色六月天"的网站在网上大量传播淫秽色情信息。这个网站规模庞大,仅会员就有数十万人,并拥有大量原创淫秽作品,自称"华人第一成人社区",给社会造成严重不良影响。为了逃避有关部门的打击,这个淫秽色情网站服务器设在境外,所使用的域名、IP 地址频繁变换。网站内部等级严格,组织严密,自上而下分为后台老板、论坛管理员、超级版主、版主、注册会员五级,注册会员每年必须付费 199 元至 3 999 元不等。侦查人员通过追踪调查网站活跃人物,分析资金流向等,将目标锁定网站核心人物和所在地域,兵分六路飞赴福建、广东、吉林、辽宁、安徽、湖北等地抓捕犯罪嫌疑人,并在福建省南平市一举将网站创建者陈辉和骨干人员虞懿抓获。2006 年 11 月 17 日,山西省太原市中级人民法院以传播淫秽物品牟利罪一审分别判处陈辉、付秋、虞懿等 9 人无期徒刑或有期徒刑。据了解,陈辉等人开办经营"情色六月天""天上人间""情色海岸线""华人伊甸园"四个淫秽色情网站,通过收取会员注册费和广告费非法牟利①。

---

　　①　参见新华网,2006 年 12 月 10 日。

- **案例**

2014年5月,全国"扫黄打非"办对外公布:深圳快播科技公司传播淫秽色情信息被查处。深圳快播科技有限公司自2007年12月成立以来,基于流媒体播放技术,为网络用户提供网络视频服务。快播公司及其直接负责的高管人员王欣、吴铭、张克东、牛文举以牟利为目的,明知快播播放器被网络用户用于发布、搜索、下载、播放淫秽视频的情况下,仍予以放任,导致大量淫秽视频在国际互联网上传播。北京市公安局四台服务器中提取了25 175个视频文件进行鉴定,认定其中属于淫秽视频文件为17 022个。2016年9月,快播公司及王欣等人涉嫌非法传播淫秽物品罪一案在北京市海淀区人民法院一审宣判,法院判决快播公司及王欣等四名被告涉嫌传播淫秽物品牟利罪成立,判决快播公司犯传播淫秽物品牟利罪,判处罚金1 000万元;王欣、张克东、吴铭、牛文举分别被判处3年6个月、3年等有期徒刑,并处罚金。

第二,为他人提供书号出版淫秽书刊罪。

本罪的主体是一般主体,但主要是出版单位包括出版社、期刊社、报社及其工作人员。同时也不排除非出版单位的人获得书刊号后又将书刊号转给别人。本罪侵犯的客体不仅是社会管理秩序,还有出版管理秩序。这里的书号不仅指书籍的书号,还包括报纸、期刊的刊号,根据《出版管理条例》的规定,书刊报等出版物必须由出版单位出版。所有图书由出版社根据从出版管理机关取得的编号序列编入全国图书统一编号,所有连续出版的报刊,由新闻出版管理机关发给报刊社全国统一刊号。所有书刊报必须有统一的编号,方可出版发行。《条例》明文规定出版单位不得向任何单位或个人出售或者以其他形式转让本单位的书号、刊号,新闻出版署还发布过《关于严格禁止买卖书号、刊号、版号等问题的若干规定》。出版单位及其工作人员把本单位的书刊版号提供给他人出版书刊报是违反出版管理法规的行为。本罪在客观方面是把书刊号提供给他人之后,被他人用于出版淫秽物品。主观方面是出于过失,如果明知他人要出版淫秽物品而为其提供书刊号,则应按前款规定的制作、复制、出版、贩卖、传播淫秽物品罪处罚。本罪处三年以上有期徒刑、拘役或管制,并处或单处罚金。单位犯本罪的,对单位判处罚金,并对其直接负责的主管人员和其他直接责任人员,依照个人犯本罪的规定处罚。

第三,传播淫秽物品罪。

本罪的主体包括两种,一种是达到刑事责任年龄、具有刑事责任能力的个人;另一种是单位。本罪侵犯的客体是社会管理秩序及社会道德风尚。本罪在客观方面表现为传播淫秽物品的行为,这里指的是在社会上、公众中进行传播。传播既可以是秘密的,也可以是公开的;既可以是对很多人传播,也可以是单人一个一个地传播。构成本罪还须以"情节严重"为必要条件。根据最高人民法院、最高人民检察院《关于办理淫秽物品刑事案件具体应用法律的规定》的精神,"情节严重"一般是指向他人传播淫秽物品达 25 至 50 人次以上,或者组织播放淫秽影像 3 至 6 场次以上的。最高人民法院、最高人民检察院《关于办理利用互联网、移动通讯终端、声讯台制作、复制、出版、贩卖、传播淫秽电子信息刑事案件具体应用法律若干问题的解释(二)》也有类似规定。在司法实践中,以下情形也视为"情节严重":多次传播、屡教不改的;次数不多但人数众多的;传播淫秽物品造成他人堕落犯罪的;传播数量较大的或者极其淫秽下流的淫秽物品的;等等。本罪在主观方面是出于故意,即明知是淫秽物品而故意在社会上传播。过失不构成本罪。行为人的动机不影响本罪的成立,但不能以牟利为目的。如果以牟利为目的传播淫秽物品的,则构成传播淫秽物品牟利罪。修订后的《刑法》第 364 条第 1 款、第 4 款规定,犯本罪的,处两年以下有期徒刑、拘役或者管制。向不满十八周岁的未成年人传播淫秽物品的,从重处罚。单位犯本罪的,对单位判处罚金,并对其直接负责的主管人员和其他直接责任人员依照个人犯本罪的规定处罚。

• 案例

2008 年 1 月,有网友"奇拿"在天涯社区发布了一系列有关香港艺人陈冠希和多位女艺人之间自拍的不雅照,随即引发网络热议。这起被称作"艳照门"的事件共牵涉十多位演艺女明星,流传到网上的照片虽属个人隐私,但内容极度不雅。为制止这一事件不良影响的扩散,警方开始介入调查该事件。在事件发生后不久,即 2008 年 2 月 20 日,北京市公安局明确表态,向朋友赠阅"艳照门"图片系违法。如果是通过网络打包传播,且数量在 200 张以上,赠予人将被追究刑事责任。包括北京警方在内的全国各地警方,开始对网络上的"艳照门"图片进行全面清查,并关闭刊登这些照片的网页。与此同时,2008 年 2 月 2 日,警方将某电脑维修公司员工史可隽以发布淫秽和不雅物品罪拘捕,并起诉。据了解,约在2006年,陈冠希通过助手将计算机送到被告所在电脑公司维修,被告史可隽与同事发现不雅照后悄悄拷贝下,并上传到公司连接互联网的服务器。之后,他到一间家庭用品店维修计算机时通过电脑连接到公司服务器,向两名女店员展示自己上传的照片,并复制光盘赠送给一女店员。2009年4月29日,史可隽在香港九龙城法院被裁定三项不诚实取用计算机罪罪名成立,并于5月13日被判入狱8个月15天。目前,尚没有证据指证史可隽就是将艳照上传网络的人,而警方至今也没有找到真凶"奇拿"。

• 案例

2015年7月14日晚,一则试衣间的不雅视频在微博热传,视频长达一分钟,根据视频中的位置以及试衣间外面的声音可以确定此事发生在北京三里屯优衣库试衣间。随后微信朋友圈里疯传"三里屯优衣库试衣间爱爱"的消息,并且还附有不堪入目的照片。7月15日下午,国家网信办约谈新浪、腾讯负责人,责令其切实履行好企业主体责任,积极配合有关部门调查。国家网信办移动网络管理局负责人表示,"试衣间不雅视频""病毒式"传播,突破"七条底线"。警方先后将上传者孙某某等人控制,孙某某将淫秽视频上传微博涉嫌传播淫秽物品罪被依法刑事拘留,另外3人因传播淫秽信息被依法行政拘留。知名律师钱列阳认为,互联网是一个公共媒介和载体,通过这样一个公共媒介使社会不特定的多数人知晓、广而告之内容不雅的视频,达到了传播的目的,造成恶劣影响,构成传播淫秽物品罪。

2. 行政处罚

一类是对妨害社会管理秩序的处罚。对于情节显著轻微尚不构成犯罪的制作、运输、复制、出售、出租或者传播淫书、淫画、淫秽录像或者其他淫秽物品的,或利用计算机信息网络、电话以及其他通讯工具传播淫秽信息的行为,公安机关可根据《治安管理处罚法》第68条,处十五日以下拘留,可以单处或者并处三千元以下罚款;情节较轻的,处五日以下拘留或者五百元以下罚款。对组织播放淫秽音像、组织或者进行淫秽表演等行为,则根据该法第69条,处十日以上十五日以下拘留,并处五百元以上一千元以下罚款。

另一类是违反大众传播媒介管理秩序的行为的处罚。根据《出版管理条例》《广播电视管理条例》，以及新闻出版署发布的《关于重申严禁淫秽出版物的规定》，大众传播媒介刊播淫秽色情内容的，由出版行政部门责令限期停业整顿，没收出版物、违法所得，违法经营额一万元以上的，并处违法经营额五倍以上十倍以下的罚款；违法经营额不足一万元的，并处一万元以上五万元以下的罚款；情节严重的，由原发证机关吊销许可证。

• 案例

2002 年 3 月 20 日，某省电视台的上星栏目播出《是是非非人体艺术》，对所谓"人体艺术表演"进行讨论，节目中出现三个女模特，她们上身裸露，只穿一条小内裤，身上被喷洒油彩，或仰面躺下，或在画布上翻滚，画面不堪入目，受到国家广电总局通报批评①。

2010 年 8 月，中国友谊出版公司出版《令人战栗的格林童话：你没读过的初版原型》，书中写道：白雪公主是因为与父亲乱伦才招来王后的追杀；白雪公主逃入森林，夜夜与七个小矮人交欢；王子之所以爱上死去的公主，是因为他有恋尸癖……该书内容低俗，篡改歪曲了《格林童话》中的经典故事情节，颠覆了白雪公主、青蛙王子、灰姑娘等经典童话形象，其中色情、恐怖、残酷等情节严重危害未成年人身心健康。出版管理部门对有问题的图书全部下架收回，集中销毁，责令中国友谊出版公司停业整顿②。

第三节 禁止传播邪教、暴力和
其他危害社会的内容

法律除了规范新闻传播中的淫秽色情内容外，还对其他扰乱公共秩序和道德的行为作出了严格的规定，如禁止传播与宣扬邪教、亵渎宗

---

① 中国国家广播电影电视总局办公厅：《广播影视工作重要文件汇编（2002 年）》，第 76 页。

② 《新闻出版总署要求色情版"格林童话"下架销毁》，人民网，http://edu.people.com.cn/GB/13494057.html。

教信仰，禁止传播、渲染凶杀暴力和教唆他人自杀等危害社会安全的
行为。

一、禁止传播、宣扬邪教

宗教作为社会意识形态之一，理应得到社会的理解和尊重。但是，
以宗教的面目出现的各类邪教，则是人类的公害，是世界各国面临的一
大社会问题。

据统计，目前，全世界邪教组织约有 1 万多个，信徒数亿人；美国因
有 1 000 余个邪教组织，故被称为"邪教王国"。西欧和南欧亦有 1 317
个狂热教派，英国 604 个；法国 173 个，西班牙全国现有 200 个"具有破
坏性"的邪教组织。在未来社会，由于人类情感的需要和人格的变异，
邪教组织具有进一步发展扩大的趋势。

近年来，一些极端、狂热的邪教组织在世界各地滋生，并制造了震
惊全球的悲剧。从以沙林毒气袭击东京地铁的日本"奥姆真理教"，到
谋财害命的中国"法轮功"，从 39 人集体自焚的美国"天堂之门"，到杀
人过千的乌干达"恢复上帝十诫运动"……惨案连连，血迹斑斑。

邪教通常以"超自然能力"招徕信徒；以批判社会现存问题和拯救
人类为口号吸引信徒；建立封闭的组织控制信徒。2002 年法国的"维
维安报告"中将"邪教"定义为"一个极权性质的社团，申明或不申明具
有宗教目的，其行为侵犯人的尊严和破坏社会平衡"①。中国最高人民
法院和最高人民检察院的司法解释将"邪教"定义为："冒用宗教、气功
或者其他名义建立，神化首要分子，利用制造、散布迷信邪说等手段蛊
惑、蒙骗他人，发展、控制成员，危害社会的非法组织。"这一司法解释
划清了正常宗教与邪教的界限。邪教是反人类、反社会、反科学的组
织。"邪教"不属于宗教，不受宗教信仰自由的保护。邪教组织也不是
宗教组织，不享有法律规定的结社自由。其特征是：其一，邪教不是宗
教、气功而又常常冒用宗教、气功的名义。它虽然自称为"教"或拥有
"教旨"，但是并没有宗教固有的经典、教义和信仰，在思想上、组织上
同真正的宗教没有任何关系。如"法轮功"打着"最高佛法"的幌子，却
同佛教毫无瓜葛。其二，邪教疯狂进行造神活动。常常把邪教头目说

---

① 转引自文有仁：《外国传媒与反邪教斗争》，《国际新闻界》2001 年第 3 期，第 36 页。

成是"神"的代表,制造信徒对其疯狂崇拜。信徒必须无限崇拜和绝对服从教主,这是一切邪教赖以存在的关键。其三,制造、散布歪理邪说,蛊惑人心,欺骗群众。编造荒谬离奇、骇人听闻的歪理邪说,传播"地球爆炸""世界末日"等谬论,制造思想混乱是一切邪教教主欺世盗名、蒙害群众的惯用伎俩。其四,发展、控制信徒,秘密结社。其五,危害人民生命安全,破坏社会稳定。如中国"法轮功"痴迷者因受李洪志的毒害欺骗,有病不看延误治疗,有的精神错乱,甚至自杀。

中国一贯坚持严厉打击邪教组织及其违法犯罪活动的立场。一方面,通过新闻传播媒体传播邪教的邪恶本质;另一方面,依法制止、处罚利用新闻传播媒体和各种出版物传播、宣传邪教的活动。早在1996年年底,国家新闻出版署就曾宣布查封《转法轮》及其相关书籍,理由是该书"存在严重的封建思想和反科学倾向"。自1996年至1999年,新闻出版署五次作出决定,认定有关"法轮功"的书籍和音像带以传授练功之名,宣扬迷信及伪科学,予以收缴查禁,并对有违规行为的出版社作了处罚①。

1997年修订的《刑法》第300条第1款规定:"组织和利用会道门、邪教组织或者利用迷信破坏国家法律、行政法规实施的,处三年以上七年以下有期徒刑;情节特别严重的,处七年以上有期徒刑。"本罪属于"妨碍社会管理秩序罪"中的"扰乱公共秩序罪",主体是一般主体,即任何人实施《刑法》第300条及其司法解释禁止的行为都可以构成犯罪。主观方面是故意。可以是直接故意,即行为人就是以宣扬和组织邪教为目的,也可以是间接故意,即行为人自己并不是邪教成员,却为了利益目的而明知故犯。本罪侵犯的客体是社会公共秩序。在客观方面,表现为行为人实施组织、利用邪教组织或者利用迷信破坏社会秩序的行为。如散布谣言邪说,蒙骗、控制群众,蛊惑群众"升天"寻求极乐世界,煽动群众放弃生产、工作、学习,甚至干涉行政,阻碍政令的实施,抗拒法律法规。

1999年10月第九届人大常委会第十二次会议作出《取缔邪教组织、防范和惩治邪教活动的决定》,最高人民法院和最高人民检察院发布《关于办理组织和利用邪教组织犯罪案件具体应用法律若干问题的解释》(以下简称《解释(一)》)。2001年6月两院又发布《关于办理组织和利用邪教组织犯罪案件具体应用法律若干问题的解释(二)》(以下简称《解释(二)》)。《解释(一)》规定了6项行为依照《刑法》第

①　参阅《人民日报》1999年7月24日。

300 条第 1 款的规定定罪处罚,"出版、印刷、复制、发行宣扬邪教内容出版物,以及印制邪教组织标识的"。此处的"出版物",按《出版管理条例》规定,是指报纸、期刊、图书、音像制品、电子出版物等。《解释(二)》又规定"制作、传播邪教宣传品,宣扬邪教,破坏法律、行政法规实施"的行为,按《刑法》同一款处罚。此处"宣传品"是指传单、标语、喷图、图片、书籍、报刊、录音带、录像带、光盘及其母盘或者其他有宣传作用的物品。"制作",是指编写、印制、复制、绘画、出版、录制、摄制、洗印等行为。"传播",是指散发、张贴、邮寄、上载、播放以及发送电子信息等行为。根据邪教宣传品的不同种类和社会危害的不同,《解释(二)》还规定了数量标准,即:制作、传播邪教传单、图片、标语、报纸300 份以上,书刊 100 册以上,光盘 10 张以上,录音、录像带 100 盒以上的。达到这一数量标准的,就以组织、利用邪教组织破坏法律实施罪定罪处罚。同时还规定了情节标准,即虽未达到上述数量标准,但具有某些严重情节的,也应定罪处罚。这些情节包括:制作、传播宣扬邪教DVD、VCD、CD 母盘的;利用互联网制作、传播邪教组织信息的;在公共场所悬挂横幅、条幅,或者以书写、喷涂标语等方式宣扬邪教,造成严重社会影响的;因制作、传播邪教宣传品,情节严重的。"情节特别严重"包含两种情形,即制作、传播邪教宣传品数量达到前款规定的数量标准五倍以上,或者虽未达到五倍,但造成特别严重社会危害的。这两项规定,涵盖了一切传播手段宣扬邪教内容的行为。

同时,按照两院的司法解释,传播、宣扬邪教内容出版物中若有煽动分裂国家、破坏国家统一,煽动颠覆国家政权、推翻社会主义制度的内容,则应按有关危害国家安全的罪名处罚。若有侮辱、诽谤他人内容的,则应按侮辱、诽谤罪处罚。

《治安管理处罚法》对组织宣扬邪教的行为也作出了专门的处罚规定。第 27 条规定,组织、教唆、胁迫、诱骗、煽动他人从事邪教、会道门活动或者利用邪教、会道门、迷信活动,扰乱社会秩序、损害他人身体健康的,或者冒用宗教、气功名义进行扰乱社会秩序、损害他人身体健康活动的,处十日以上十五日以下拘留,可以并处一千元以下罚款;情节较轻的,处五日以上十日以下拘留,可以并处五百元以下罚款。

- **案例**

2014 年,全国"扫黄打非"办挂牌督办的呼和浩特市"3·17"制作、传播邪教组织出版物案，经调查，该案共查获邪教宣传材料 649 份、书籍 54 本、光盘 73 张、记事本 26 本、手写单页记事纸 159 张，储存邪教文件等内容 57.8G。涉案的王某某等 5 名被告人犯组织、利用邪教组织破坏法律实施罪，分别于 2014 年 12 月 18 日、2015 年 3 月 20 日被呼和浩特市玉泉区人民法院判处 4 年、3 年零 6 个月不等有期徒刑[①]。

　　2000 年发布的《互联网站从事登载新闻业务管理暂行规定》《互联网电子公告服务管理规定》《电信条例》等行政法规中也含有禁止宣扬邪教等款项。2002 年开始实施的《出版管理条例》第 25 条亦规定任何出版物不得含有"宣扬邪教"的内容。至此，取缔宣扬邪教内容出版物及禁止制作、传播邪教宣传品都有了明确的法律依据。

　　总之，新闻传播媒体要注意将邪教从宗教信仰自由中区分开来，不能假借"宗教自由"之名而行违法之事；同时，要尊重宗教信仰自由，有责任消除持有不同文化信念人士之间的误解和仇恨。

二、禁止传播凶杀暴力和封建迷信的内容

　　中国一向重视文化市场的建设，重视保护未成年人的身心健康，法律明文禁止媒体传播、宣扬封建迷信，渲染凶杀、暴力、恐怖等内容。这些内容不仅有悖于中华民族的优良传统，严重败坏社会风气，而且会助长违法犯罪，对未成年人更是一种严重的心灵毒害。

　　1989 年，中共中央办公厅、国务院办公厅发布的《关于整顿清理书报刊和音像市场严厉打击犯罪活动的通知》中规定，宣扬封建迷信、凶杀暴力的内容应予取缔。1997 年的《出版管理条例》《广播电视管理条例》中，也把宣扬迷信、渲染暴力列为禁载禁播的内容。1999 年，中宣部和新闻出版署发布《关于不得出版宣扬愚昧迷信和伪科学内容出版物的通知》，规定"所有出版单位不得出版借气功练功健身之名，散布荒诞言论和歪理邪说，宣传愚昧迷信和伪科学的出版物；不得出版借研究民俗、传统文化之名，宣传看相、算命、占卜、看风水等愚昧迷信、伪科学的出版物；不得登载法律、法规和有关出版管理规定禁止的内容"。

---

　　① 《制作传播邪教组织出版物 5 人获刑》，网易新闻，http://news.163.com/15/0513/14/APGK8ICK00014Q4P.html。

1991 年制定、2012 年修订的《中华人民共和国未成年人保护法》第 34 条规定："禁止任何组织、个人制作或者向未成年人出售、出租或者以其他方式传播淫秽、暴力、凶杀、恐怖、赌博等毒害未成年人的图书、报刊、音像制品、电子出版物以及网络信息等。"《出版管理条例》第 26 条规定："以未成年人为对象的出版物不得含有诱发未成年人模仿违反社会公德的行为和违法犯罪的行为的内容，不得含有恐怖、残酷等妨害未成年人身心健康的内容。"1999 年制定、2012 年修订的《预防未成年人犯罪法》将上述禁载内容从出版物延伸到广播电视，其中第 30 条规定："以未成年人为对象的出版物，不得含有诱发未成年人违法犯罪的内容，不得含有渲染暴力、色情、赌博、恐怖活动等危害未成年人身心健康的内容。"在这里，对"出版物"的限制加上了"以未成年人为对象"的限定语，是出于对艺术作品在一定范围上的保护。也就是说，对于某些虽含色情成分但具有一定艺术价值的作品，在经有关部门批准的情况下，仍可以在一定范围内出版发行。由于广播电视的传播范围很难有所限制，所以一概禁播禁放。该法第 32 条规定："广播、电影、电视、戏剧节目，不得有渲染暴力、色情、赌博、恐怖活动等危害未成年人身心健康的内容。"目前，中国还没有对电影、电视实行分级管理的制度，对影片的审查只是通过对镜头的删减以达到让所有年龄的观众都可以观赏的目的。随着影视业市场化程度的提高，影视产品分级制势在必行。

1989 年，新闻出版署颁布《关于部分应取缔出版物认定标准的暂行规定》，将"宣扬封建迷信"的出版物定义为"是指除符合国家规定出版的宗教出版物外，其他违反科学、违反理性，宣扬愚昧迷信的出版物：① 以看相、算命、看风水、占卜为主要内容的；② 宣扬求神问卜、驱鬼治病、算命相面以及其他传播迷信谣言、荒诞信息，足以蛊惑人心，扰乱公共秩序的"。据此，新闻出版署曾经查禁过《五行算命书》《指掌相法》等宣扬看相、算命、看风水的图书。1999 年中宣部和新闻出版署发布《关于不得出版宣扬愚昧迷信和伪科学内容出版物的通知》，重申"所有出版单位不得出版借气功练功健身之名，散布荒诞言论和歪理邪说，宣扬愚昧迷信和伪科学的出版物；不得出版借研究民俗、传统文化之名，宣扬看相、算命、占卜、看风水等愚昧迷信、伪科学的出版物；不得登载法律、法规和有关出版管理规定禁止的内容"。2001 年颁布、2002 年施行的《出版管理条例》也明确指出任何出版物不得"含有宣扬邪教的、迷信的内容"。《音像制品管理条例》《印刷管理条例》等亦有相关规定。

但是,宣扬封建迷信、传播迷信方法的报道仍然不时在个别媒体中出现,譬如宣扬迷信的"兆头",刊登宣扬灵魂存在的报道,刊发宣扬梦境灵验的报道,刊登占星手相方面的报道,个别媒体甚至宣扬可以用生日、星座、姓名来测验性格命运等。

另外,随着网络技术的发展,网络也成为传播信息的一个重要渠道。网络迷信是一种借网络媒体传播鬼神思想、实施占卜巫术的行为。有论者曾总结它的四个特点:新颖、快捷、品种齐全、具有隐蔽性①。与传统迷信相比,网络迷信的危害性更甚,并且大中学生是受网络迷信毒害较深的群体。一份针对广州市中小学生各 200 名进行的问卷调查显示:有 3.7%的小学生和 16.2%的中学生曾经找过传统算命先生算命;但有 11.5%的小学生和 81.7%的中学生曾经上过算命网站或浏览过占卜网页②。对此,中国已基本建立了一套规范的法律法规。1997 年颁布、2011 年修订的《计算机信息网络国际联网安全保护管理办法》中已明令禁止通过网络传播迷信。《互联网文化管理暂行规定》《互联网新闻信息服务管理规定》《互联网信息服务管理办法》《中华人民共和国电信条例》《网络出版服务规定》等政府规章中也有类似规定。

在现代社会,新闻传播媒体在巨大经济利益的驱动下,大量制造、传播暴力的内容,图书、报纸、杂志、电影、电视、互联网,经常都会把我们带到各种充满暴力的现场。很多国家都致力于通过立法或一定的技术手段,控制暴力内容的传播,特别是对青少年的传播。《未成年人保护法》《预防未成年人犯罪法》,以及大量的互联网行政法规、部门规章和通知等都有这方面的禁载规定,广电总局下发的《关于加强涉案剧审查和播出管理的通知》,其目的也是为了减少影视剧中的暴力对青少年的不良影响。《出版管理条例》第 26 条也规定了以未成年人为对象的出版物不得有恐怖、残酷等妨害未成年人身心健康的内容。

根据 1989 年新闻出版署颁布的《关于部分应取缔出版物认定标准的暂行规定》,渲染凶杀暴力的出版物,是指以有害方式描述凶杀等犯罪活动或暴力行为,足以诱发犯罪,破坏社会治安的出版物。其具体内容有:① 描写罪犯形象,足以引起青少年对罪犯同情或赞赏的。② 描

---

① 涂建华:《扶植网络无神论》,载《人民日报》2006 年 4 月 14 日。

② 陈先哲:《网络迷信对中学生的影响调查及对策研究》,载《现代中小学教育》2005 年第 9 期,第 55 页。

述罪犯践踏法律的行为,唆使人们蔑视法律尊严的。③ 描述犯罪方法或细节,会诱发或鼓动人们模仿犯罪行为的。④ 描述离奇荒诞、有悖人性的残酷行为或暴力行为,令普通人感到恐怖、会对青少年造成心理伤害的。⑤ 正面肯定抢劫、偷窃、诈骗等具有犯罪性质的行为的。

对宣扬迷信或者渲染凶杀暴力的行为的行政处罚,根据《出版管理条例》和《广播电视管理条例》的规定,其行为人(或单位)须承担行政责任。新闻出版、广播电视等有关行政管理部门将对犯有上述违法行为的报纸、期刊等各类出版物以及广播电视单位、音像制作单位,给予责令停止违法行为、没收出版物、没收出版所得、罚款、责令停业整顿,直至吊销许可证等行政处罚。

中国有着两千多年的封建历史,科学知识在广大农村的普及程度还不高,封建迷信活动还有比较广泛的基础,各种宣扬迷信的出版物还有很大的市场。因此,从法律上打击封建迷信活动,禁止迷信出版物的传播,仍是中国政府面临的一项长期而艰巨的任务。

三、禁止教唆他人自杀

在人类法制史上,自杀行为曾经遭到强烈的贬斥,一些国家曾经规定自杀为犯罪行为。目前,世界各国的法律均认定组织、教唆、帮助他人自杀的行为属于犯罪,法律严惩并取缔那些组织、教唆、帮助他人自杀或者传授自杀方法内容的出版物和网站。

自杀的模仿现象源自对人的潜意识的引导,对于缺乏辨别能力的人,经常接受消极信息,有可能变得相应消极。尤其是青少年,好奇心重,辨别力弱,模仿性强,容易受到错误暗示。对 1973 年至 1979 年美国电视报道自杀事件的研究报告指出,电视报道自杀事件确能导致青少年自杀率上升,越多媒体报道,内容越详尽,则引致自杀率上升幅度也越大。青少年女性自杀率上升约 13%,男性上升 5%。

随着互联网的兴起,利用网络传播面广、互动性强而又难以管理等特点,宣扬自杀更加容易,造成了严重的不良影响。

2005 年 3 月,一个题为"自杀完全手册"的帖子流行网络。有家网站对其的推荐词是:"想自杀吗? 觉得生活太难熬了吗? 想去天堂吗? 来这里瞧瞧。《自杀完全手册》,你绝对不能错过。"该手册上有结合具体自杀案例的 12 种自杀方式,对每种方式的准备过程、优缺点、注意事项都有非常详细的说明,还用一至五颗星表示每种自杀方式的痛苦程度、麻烦程度、尸体形象、牵连他人和致死程度。据《中国青年报》的记者介绍,该手册的内容有美化自杀、诱导并怂恿自杀、希望自杀者自杀成功三个特点①。2000 年 12 月,韩国两名青年即因受到自杀网站的蛊惑而饮毒自杀。2001 年,中国已有人在境外自杀网站的诱导下轻生自杀。自杀率居发达国家首位的日本,近年来自杀者热衷在网上相约自杀,曾有一名 34 岁女性经营的网站导致七人自杀。2004 年甚至有变态男子开始利用自杀网站寻找杀人目标,制造"自杀网站连环杀人案"。这类自杀网站严重违背了大众传媒的职业道德,美化、引诱和怂恿自杀的行为不仅破坏善良风俗,而且涉嫌犯罪。

对自杀网站,各国都采取了相应处罚的措施。在澳大利亚,利用互联网宣传自杀的理念或实用资料是非法行为,违法的个人将面临最高 8.5 万美元的处罚,企业则可能被判罚 42.5 万美元罚款。在韩国,2000 年起即着手研究如何对开设"自杀网站"的人进行司法处理,检察机关有关人士认为尽管开设自杀网站的人没有直接杀人,但是他们不排除有"助人自杀"的嫌疑;对此关闭不少教唆自杀的网站。在日本,有关方面曾严打自杀网站;并委托软件公司涉及相关过滤软件,阻止人们访问那些安排互不相识的人集体自杀的网站。在美国,2005 年一名男子通过网上聊天室发起集体自杀,号召了多达 32 人,在网友举报后,被警方以教唆杀人罪逮捕。在中国,尽管自杀网站和《自杀完全手册》早在 2002 年就已出现,但直到 2005 年 3 月 30 日,公安部才首次明确表态:在网上传播有害信息,构成犯罪的,要依法追究刑事责任;违反治安管理和互联网管理规定,要依法予以查处。

无锡一名大学生版主为了增加其创建的"夜见岛"论坛的访问量,2004 年 8 月至 2005 年 3 月间,曾先后在该论坛张贴了《杀人手法大比拼》《如果你杀了人,尸体怎么处理?》《完全自杀手册》等宣扬自杀、教唆犯罪内容的帖子。被举报后,于 2005 年 6 月份被处以行政警告并罚款五千元。

直接利用媒体教唆他人自杀的行为还在少数,但对于自杀事件的不恰当报道而引发的模仿性自杀行为却大有存在。有关研究表明,自杀具有传染性的特征,因影视、广播等媒体详尽报道一些自杀事件,而使社会上自杀或企图自杀者增加的事实已不胜枚举。有一个时期,中

---

① 李斌:《网上惊现〈自杀完全手册〉》,《中国青年报》2005 年 3 月 20 日。

国有关自杀的报道也增多了,出现了一些值得重视的倾向。有的人以自杀的方式实施爆炸,直接危害公共安全,残害无辜;有的人因为讨要工资、追索欠款,以扬言自杀的方式"讨回公道";有的人因为感情纠葛等个人私事,进行"大造声势"的自杀,甚至指名道姓地要求媒体的节目主持人到现场给予帮助;有的人为洗白自己蒙受的冤屈,以扬言自杀的方式逼迫领导干部到场处理。

据2009年5月6日南方日报报道,自4月1日始到5月3日,短短的33日内,广州珠海桥上演了8次"跳桥秀"。密集的"跳桥秀"不仅成为市民热议的话题,也导致了大量的经济损失。

有研究认为,最容易引发模仿性自杀的新闻报道有以下特征:详细报道自杀方法;对自杀而引致的身体伤残很少提及;忽略了自杀者生前长期有心理不健康的问题;将引发自杀的原因简单化;自杀者知名度高,社会影响大;使人误认为自杀会带来好处等。

传播的伦理底线应该是尊重生命。在报道自杀事件时,传媒应明确指出,自杀不是唯一出路,自杀者有很多其他可以选择的解决问题的途径,媒体应尽量避免让那些有自杀意念的人认为自杀是一种正确处理困难的方法,从而减少自杀的传染现象。同时,传媒在报道自杀行为时要注意分寸,千万不能把报道自杀事件作为新闻"卖点"。

(1)任何情况下都不能把自杀称为"壮举"。必须严格防止对自杀行为的渲染,防止产生以命相逼就能达到目的的错觉。对以自杀手段危害公共安全、扰乱公共秩序的行为必须予以严厉的谴责。

(2)不能将"要挟威逼行为"作"合理化"描述。对有迹象证明行为人具有展示自杀过程的用意的事件,无论其要挟的对象是政府还是企业或者个人,都不能把要挟行为"合理化",以避免他人模仿。要旗帜鲜明地阐明,合法的诉求、合理的要求也不能以非法的、损害公共利益的手段获取;表达意愿必须选择理性、有序、适当的方式。

生命不应当成为满足个人愿望的"赌注",以命相拼的做法对自己、对社会都是损害,即便是事出有因,法律也不能宽恕。

(3)保护当事人的隐私。无论自杀是否既遂,均不要出现自杀者的形象和姓名,电视画面可以用马赛克处理,文字表述可以采用"某成年男子"之类的模糊提法。

当企图自杀者提出媒体的知名节目主持人到现场的,必要时,可以满足其要求,在有保护的前提下介入劝解,但不宜作现场直播。需要制作节目播出的,应当进行谨慎审查。

（4）对劝解援救的价值要作出正确的评断。珍爱生命是个人和社会的共同责任,不能笼统地说自杀既遂就是解救失败。对警察的解救行为不能"看人挑担不费力"地予以苛求,对警方根据控制全局态势的需要作出的决定要准确解说。

报道时要作淡化有关领导到现场指挥劝解、援救的过程。对企图自杀者的劝解应当由谈判专家出面进行。扬言自杀者点名党政领导到场的,不要在媒体上公开报道,以免产生政府处于被动的错觉。

（5）自杀事件造成交通中断等扰乱公共秩序的,要如实报道损害的结果;并同时报道公安机关对扰乱公共秩序行为人作出的处罚结果,说明处罚依据。

据广州市公安局新闻办公室通报：2009 年以来,广州警方共处理发生在海珠桥的"跳桥"事件 15 宗,并对其中 8 人依法做出行政拘留处理,对其他人员处以警告等处理。广州警方指出,警方对任何扰乱社会秩序、危害公共安全、损害公众利益的行为,将坚决依法处置。警方希望凡有各种诉求需政府帮助的,不要采取过激行为,应循正当、合法途径和渠道求得问题的处理[①]。

中国《治安管理处罚法》第 23 条明文规定：扰乱车站、港口、码头、机场、商店、公园、展览馆或者其他公共场所秩序的行为,处警告或者二百元以下罚款;情节较重的,处五日以上十日以下拘留,可以并处五百元以下罚款。

第四节　禁止传播、宣扬种族歧视
和破坏民族团结

一、中国有关民族政策与法律规定

中国自古以来就是一个统一的多民族国家。56 个民族共同创造

---

① 陈翔等：《广州海珠桥今年已有 15 宗跳桥秀　8 人被行政拘留》,《广州日报》2009 年 5 月 15 日。

了光辉灿烂的中华文明。维护民族平等、民族团结,促进各民族共同繁荣、共同进步是国家立法和管理活动所追求的一项重要目标,也成为新闻传播媒体必须遵循的一项基本要求。同时,在国际关系上,中国外交政策的宗旨是维护世界和平,促进共同发展,新闻传播媒体也应该积极为沟通国家间关系、促进世界和平作出努力。

在中国,《宪法》明确规定:"中华人民共和国各民族一律平等。国家保障各少数民族的合法权利和利益,维护和发展各民族的平等、团结、互助关系。禁止对任何民族的歧视和压迫,禁止破坏民族团结和制造民族分裂的行为。"此外,其他法律、法规、规章中也都应体现民族平等的精神,不得含有民族歧视和压迫的内容。中央和地方立法机关在立法时,还特别针对少数民族和民族地区的特点和需要,制定了一批专门加强少数民族权利保护和促进少数民族发展的法律、法规和规章;或者在综合性法律、法规和规章中列入关于少数民族权利保护和促进民族地区发展的专门条款。这些法规或规定被称为民族法律、法规。因此,在中国法制结构中,少数民族除平等享受国家一般法律的保护外,还受到民族法律、法规的保护。

在新闻传播的法律和政策方面,任何煽动民族仇视和歧视,破坏民族平等团结的言行都是违法的。中国的文艺作品、影视作品、新闻报道、学术研究都大力倡导民族平等、民族团结,反对民族压迫和民族歧视,特别是反对大民族主义。为防止和杜绝意识形态领域的大民族主义和不平等现象的出现,中国政府有关部门、机构专门就严禁在新闻出版和文艺作品中出现损害民族团结内容等事项作出了一系列规定①。

1984年制定、2001年修订的《民族区域自治法》,总结和概括了党和国家长期以来实行民族区域自治的经验,是正确处理国家和自治地方、汉族同少数民族以及少数民族之间相互关系,实施宪法规定的民族区域自治制度的基本法律。该法第38条第1款规定:"民族自治地方的自治机关自主地发展具有民族形式和民族特点的文学、艺术、新闻、出版、广播、电影、电视等民族文化事业,加大对文化事业的投入,加强

---

① 2005年9月20日新闻出版总署第1次署务会议通过的新闻出版总署令第31号《期刊出版管理规定》,将《期刊管理暂行规定》废止。2004年7月1日起施行的《关于实施〈中华人民共和国行政许可法〉清理有关规章、规范性文件的决定》对《报纸管理暂行规定》进行修正;根据2005年9月20日新闻出版总署第1次署务会议通过的新闻出版总署令第32号《报纸出版管理规定》,将《报纸管理暂行规定》废止。

文化设施建设,加快各项文化事业的发展。"目前在新闻、出版、广播、影视等领域,中国用 17 种少数民族文字出版近百种报纸,用 11 种少数民族文字出版 73 种杂志。中央人民广播电台和地方台用 21 种少数民族语言进行广播,地、州、县电台或广播站使用当地语言广播的达 20 多种。用少数民族语言摄制的故事片达 3 410 部(集)、译制各类影片达 10 430 部(集)。到 1998 年,全国 36 家民族类出版社用 23 种民族文字出版各类图书 4 100 多种,印数达 5 300 多万册。

中国各少数民族的风俗习惯差异较大,具有不同的生产方式和生活方式,表现在服饰、饮食、居住、婚姻、礼仪、丧葬等多方面。国家尊重少数民族风俗习惯,少数民族享有保持或改革本民族风俗习惯的权利。在社会生活的各方面,政府对少数民族保持或改革本民族风俗习惯的权利加以保护。《宪法》规定:"各民族都有使用和发展自己的语言文字的自由,都有保持或者改革自己的风俗习惯的自由。"

2010 年,宁夏广电总台一档专题节目在讲述一位服装设计师时,让其在节目中大谈回族服饰如何保守、如何跟不上时代步伐、她个人如何对回族服饰进行大胆改进、如何突出女性身体曲线等,没有顾及回族服饰文化背后的历史因素。

尊重少数民族,就要尊重他们在长期的历史发展进程中形成的风俗习惯,任何猎奇心理、主观臆测,甚至刻意丑化,都是不负责任的违法行为。传媒应严格遵循相关法规,妥善安排有关民族事务、宗教事务的报道,慎重处理民族生活习俗的报道,坚持把社会效益放在第一位。对涉及民族、宗教内容的新闻稿、出版物和文艺作品,如果没有太大把握,应征求民族、统战、宗教工作部门的意见,对涉及重大问题的要送上一级主管部门审查。对于神话、民间传说和古籍中一些关于民族问题的记载和说法,要认真分析鉴别,以是否有利于今天维护民族团结的标准加以取舍。那些古籍和传说中可能会影响民族团结的材料,不能在新闻传播媒体上公开传播。

二、国际公约中有关民族问题的规定

国际人权公约一向禁止鼓动民族、种族之间的歧视和仇恨。《公民权利和政治权利国际公约》第 20 条规定:"任何鼓吹民族、种族或宗教仇恨的主张,构成煽动、敌视或暴力者,应以法律加以禁止。"《消除一切形式种族歧视国际公约》第4条规定：任何人(包括各种大众传播媒介)都不得以某一种族或属于某一肤色或人种的人群具有优越性的思想或理论为根据,或试图辩护或提倡任何形式的种族仇恨及歧视。并且要求成员国：① 应宣告凡传播以种族优越或仇恨为根据的思想,煽动种族歧视,对任何种族或属于另一肤色或人种的人群实施强暴行为或煽动此种行为,以及对种族主义者的活动给予任何协助者,包括筹供经费在内,为犯罪行为,依法惩处；② 应宣告凡组织及有组织的宣传活动与所有其他宣传活动的提倡与煽动种族歧视者,规定为非法,加以禁止,并确认参加此等组织或活动为犯罪行为,依法惩处；③ 禁止全国性或地方性公共当局或公共机关提倡或煽动种族歧视。相关的公约,还有《禁止惩治种族隔离罪行国际公约》《防止和惩治灭绝种族罪行公约》等。

2015年1月,法国讽刺漫画杂志《查理周刊》位于巴黎的总部遭到武装恐怖分子冲锋枪袭击,该事件至少造成12人死亡。据分析,造成该事件最直接的原因可能是《查理周刊》2014年圣诞期间刊登的亵渎伊斯兰教先知的漫画：身材惹火的大胡子裸体者趴在地上,妩媚地翘着双腿,问身后瞠目结舌的摄影师："喜欢我的屁股吗?"漫画的上方写着"那部席卷伊斯兰世界的电影",暗指美国拍摄的《穆斯林的无知》这部电影,这部电影曾引发了穆斯林世界的广泛抗议,有媒体认为美国驻利比亚大使当年被杀与此电影有关。

由此可见,相互尊重不同民族风俗习惯和宗教信仰,确实是不容有丝毫忽视的重大事情。

三、对宣扬种族歧视罪的认定与处罚

关于涉及宣扬破坏民族团结内容的犯罪,《中华人民共和国刑法》除了明确规定煽动民族仇恨、民族歧视罪的认定与处罚外,还在第250条中规定了"出版歧视、侮辱少数民族作品罪"的认定与处罚。犯罪的主观方面必须出于故意,其中,以激化民族矛盾、挑动民族纠纷为目的是直接故意；为招徕读者,提高发行量,牟取经济利益为目的的是间接故意,直接故意和间接故意都构成本罪。"情节恶劣"是指多次刊登歧视、侮辱的内容,或者刊登内容的歧视性、侮辱性强。"造成严重后果"是指破坏了民族之间的和睦关系,甚至引起民族纠纷等。

　　另外,2005 年制定、2012 年修订的《治安管理处罚法》第 47 条规定:"煽动民族仇恨、民族歧视,或者在出版物、计算机信息网络中刊载民族歧视、侮辱内容的,处十日以上十五日以下拘留,可以并处一千元以下罚款。"这里的规定,是指"煽动民族仇恨、民族歧视,或者在出版物、计算机信息网络中刊载民族歧视、侮辱内容的"的行为虽不构成《刑法》第 249 和第 250 条规定的犯罪,但该行为已经构成违法,应当视违法情节予以处罚。

学习思考题:

　　1. 什么叫淫秽色情出版物? 其认定标准是什么?

　　2. 媒体传播淫秽色情内容要承担哪些法律责任?

　　3. 为什么要依法惩治邪教传播活动?

　　4. 媒体报道自杀行为应注意哪些事项?

　　5. 在维护民族团结方面,中国法律作了哪些规定?

第六章

新闻传播与公民权利

第一节　新闻权利的享用

一、新闻对现代人生活的全面介入

　　每一个现代人都已经别无选择地置身于信息时代,换句话说,不能了解和利用信息的人已经难以成为合格的现代公民了,而新闻信息无疑是信息时代传播的主要内容。在古代社会,信息的传递无需也不可能像现代社会这样显得不可或缺。千百年来形成的"日出而作,日落而息"的典型农耕社会的生活方式,使社会组织和成员不必太多地关注信息而可以成惯性地栖息着。当然,在那样的时代,信息依然有其存在的价值,譬如说,商品交换需要通过传递信息实现价值。每一个商品的拥有者,他们自然可以通过拥有较多的信息而最大限度地实现其商品的价值。但是,人们交际范围的局限性使这种信息大都停留在简单的人际传播阶段,因此,信息的价值是极其有限的。

　　随着社会的发展,尤其是随着科学技术的发展,世界各国渐次由农业社会进入工业社会。社会的分工也因科技的发展而显得日渐精细,于是,信息的传递,就具备了不可或缺的独特价值。商情信息、战争信息、灾害信息、庆典信息……每一种信息,对于置身于巨大的、有序分工的社会网络中的人们来说,都可能意味着一次次巨大的商机。在这样一个有着分工和合作的工业社会中,信息的价值日益凸现。世界最早的通讯社——路透社,就是基于伦敦市场交易所的信息需要应运而生的。但是,信息的繁杂也会使信息的接收者产生某种混乱,换句话说,信息本身也需要分工,以此来更好地为社会服务。在这种社会的客观需要下,新闻信息传播的专门行业开始出现,新闻传播业进入了其发展的黄金时代。如果说,我们以前曾经说过的"地球是一个村落"还只是一种理想的目标的话,那么,由于信息技术的高速发达,这种理想的目标就完全变成了一种现实。

特别值得注意的是,被称作"第四媒体"的网络在今天已经开始全方位地介入到现代人的生活之中。从我们的先人们发明文字,使用手抄件进行第一次传播起,人类已经经过了印刷媒体、电讯工具及广播电视三次革命,而信息高速公路的开通和网络的建立,则标志着人类的传播业进入了第四次传播革命。第四次传播革命是以信息的数字化为特征的,这是区别于前三次传播革命的标志性变化。信息的数字化使信息的传播以"快捷、方便、海量、多向"等为特征。而信息生产的流程也产生了革命性的变化——"把关人"缺失,"人人都是麦克风"时代正式到来。置身于新媒体时代,传者与受众的分野已十分模糊。换句话说,在新媒体时代,所有人已经无法离开媒体而生存。

新闻信息对现代人生活的全面介入还可以从其对大众文化的影响上找到佐证。现代大众文化的一个重要特点,就是与高科技的结合。大众文化的传播必须采用高科技的手段,才能产生预期的效果。而电视的产生和在中国的快速普及,正是中国大众文化得以迅速形成的物质基础。电视一经发明,就成了社会生活中重要的文化载体,并随着时间的推移,对个人、社会,乃至世界的文明进程产生越来越大的影响作用。从 20 世纪 80 年代开始,中国社会迅速进入电视时代。"中国电视近年来的迅速繁荣,使其愈来愈成为大多数中国人获取信息、满足文化需要的重要方式,尤其在经济尚不发达、教育相对落后、社会其他文化生活贫乏的不发达地区(特别是广大农村),更是影响巨大。中国电视在改革开放的历程中,对外来文化的兼收并蓄、综合传播也加快了中国社会传统文化的现代化步伐,其积极意义自不待言。"①可以说,不仅仅是农村,即使是在城市,电视依然是许多现代人生活中不可或缺的一种重要工具,以电视为代表的新闻媒体通过其传播的新闻信息以及其他信息,对人们的工作和生活产生着巨大的影响作用。

---

① 陆晔:《电视时代——中国电视新闻传播》,复旦大学出版社 1997 年版,第 186 页。

进入新媒体时代后,以智能手机为代表的移动终端更是以无所不在、无所不能的方式,深刻地影响着现代公民。但是,新媒体时代的公民,常常会陷于鱼与熊掌不可兼得的困惑之中:一方面,新媒体迅捷周详的传播方式,令他们可以足不出户而随时感受这个世界激动人心的变化,这种身临其境的美妙感受是他们的先人们所难以想象的。数十年前,当加拿大著名传播学者马歇尔·麦克卢汉提出"地球村"概念时,人们还觉得这只是一个概念,而今天,无处不在的网络已让"地球村"变成了生动的现实。另一方面,现代媒体及其传播者有意无意的过错,每每令他们的名誉遭贬损,隐私被曝光,权益受侵害,这种心灵受损的痛苦感受,会在相当长的时间内令受害人挥之不去。法治社会中现代传媒所孜孜追求的理想目标之一,就是在传播信息的同时,最大限度地保护公民的合法权益免受侵害。一旦损害性后果出现,就应当承担由此引发的法律后果。

二、新闻权利的享用

从中国公民享用新闻权利的实际状态看,这种权利首先源自于中国《宪法》的保护。新闻权利作为一种受法律保障的权利,在其实际享用时,必然表现为权利的现实享用状态,而新闻权利的具体内容,是由宪法权利衍生而来的。

1. 中国宪法关于新闻权利的规定

宪法是国家的根本大法,任何一部专门法的制定,都不能违反宪法精神。因此,我们在探讨新闻权利时,必须首先清楚中国《宪法》中有哪些原则规定是和新闻权利密切相关的。

中国《宪法》中和新闻权利相关的条文甚多,联系比较直接密切的有:国家发展为人民服务、为社会主义服务的文学艺术事业、新闻广播电视事业、出版发行事业、图书馆博物馆文化馆和其他文化事业,开展群众性的文化活动(第22条)。中华人民共和国公民有言论、出版、结社、游行、示威的自由(第35条)。中华人民共和国公民的通信自由和通信秘密受法律的保护。除因国家安全或者追查刑事犯罪的需要,由公安机关或者检察机关依照法律规定的程序对通信进行检查外,任何组织或者个人不得以任何理由侵犯公民的通信自由和通信秘密(第40条)。中华人民共和国公民对于任何国家机关和国家工作人员,有提出批评和建议的权利;对于任何国家机关和工作人员的违法失职行为,有向有关国家机关提出申诉、控告或者检举的权利,但是不得捏造或者歪曲事实进行诬告陷害。对于公民的申诉、控告或者检举,有关国家机关必须查清事实,负责处理。任何人不得压制和打击报复。由于国家机关和国家工作人员侵犯公民权利而受到损失的人,有依照法律规定取得赔偿的权利(第41条)。中华人民共和国公民有进行科学研究、文学艺术创作和其他文化活动的自由。国家对于从事教育、科学、技术、文学、艺术和其他文化事业的公民的有益于人民的创造性工作,给以鼓励和帮助(第47条)。中华人民共和国公民在行使自由和权利的时候,不得损害国家的、社会的、集体的利益和其他公民的合法的自由和权利(第51条)。

中国《宪法》中关于新闻权利的规定可以归纳为以下几个方面:

(1)对新闻媒体和新闻记者法律主体地位的确认。在宪法条文中,国家明确规定要发展新闻广播电视事业,这是对新闻媒体法律主体地位的明确确认。近年来,中国新闻媒体已真正从名义上的法人主体,成为能独立享用权利和承担义务的实际法人主体,这是对新闻媒体法人主体法律地位的确认,这种确认使新闻媒体可以真正地按新闻规律独立开展新闻活动,从而使受众享用更好的新闻服务。在宪法条文中,国家还明确规定中国公民"有进行科学研究、文学艺术创作和其他文化活动的自由",国家对公民的"有益于人民的创造性工作,给予鼓励和帮助"。在这里,虽然没有对新闻记者及新闻工作进行明确的保护,但新闻记者及新闻工作显然属于"公民"及文化活动的范畴,宪法的这种宏观保护,也使新闻记者的法律地位得以确认。这样的宪法条文,也使新闻记者可以从容地享用新闻权利,顺利地开展新闻活动。

(2)对言论自由进行了比较明确的规定。言论出版自由是新闻记者所追求的新闻自由的主要内容之一。新闻媒体如报纸、电台、电视台、期刊等是主要的出版机构,这些媒体所传递的信息,是人们言论自由的物化形式。《宪法》第35条的规定,逻辑地从宪法原则上对中国的言论自由进行了肯定。其内容主要包括:① 公民有权通过新闻媒体获得和传播国内外信息;参与国家政治生活和社会生活;② 公民有权通过新闻媒体对国家重大事务、国家机关及工作人员实行监督;③ 尊重和保护新闻记者采访、报道和反映真实情况的权利;④ 公民有权获取知识,参加娱乐,满足文化生活的需要。宪法规定的言论出版自由的主要内容包括：公民有充分表达思想和见解的权利；表现的形式内容不受非法干涉；言论出版自由应受合理限制，即必须在法律所允许的范围内享用。言论自由大体也包含这样一些内容，所不同的是，新闻记者是以表达思想、看法和反映社会作为自己工作的主要职责的，所以，他们更加关注和在意这条权利。另外，宪法条文还从一些侧面对言论自由涉及的相关内容进行了规定。例如对公民规定的"批评和建议的权利"，可以视作是对新闻媒体的批评报道和舆论监督加以法律层面的保护。

（3）对妨碍言论自由的行为规定了制裁方法。科学的法律应该体现"赏罚分明"的特点，也就是说，既要规定可以行使的权利，也必须规定对滥用权利的惩罚和阻碍合法权利行使的惩罚。"自由与限制，是一个事物的两个方面。法治国家存在二百余年所积累的常识是：哪里没有法律，哪里就没有自由。法律对自由的作用，表现为为自由划定应有的界限，自由在寻找公认的合理界限时才和法律发生联系。言论自由，同时附有言论限制。不受限制的言论，同时也不被视为自由。"①在宪法条文中，国家明确规定中国公民"在行使自由和权利的时候，不得损害国家的、社会的、集体的利益和其他公民的合法的自由和权利"，还规定公民"不得捏造或者歪曲事实进行诬告陷害"，这一规定对于树立法律的权威性和严肃性是十分关键的。具体到新闻媒体和新闻记者来说尤其如此。在信息时代，作为信息主要内容的新闻信息，在现代社会中发挥的作用日益强大，一旦这种信息出现失误，就会导致"新闻伤害"，而"新闻伤害"所造成的危害性比之于其他伤害更加广泛持久，所以对滥用新闻权利进行限制十分必要。

在宪法条文中，对阻碍合法权利行使的行为也规定了比较明确的制裁，这是十分有必要的。《宪法》规定："任何组织和个人不得以任何理由侵犯公民的通信自由和通信秘密"，"对申诉、控告和检举人不得压制和打击报复"，若造成损失的要依法赔偿。这些规定对新闻媒体和新闻记者来说十分重要。由于新闻媒体报道面广，新闻记者接触面大，所以，对新闻活动的伤害因素也十分普遍，既有来自权力部门的"权力伤害"，也有来自一般公众的"暴力伤害"。面对这些伤害，只有从法律层面加以规定，从执法层面加以实施，从守法层面加以倡导，新

---

① 王锋：《表达自由及其界限》，社会科学文献出版社 2006 年版，第 40 页。

闻权利才能真正得到有效保护。同时,宪法条文的这些规定,也为专门法制定更加具体的法律条文提供了依据。

2. 新闻权利的主要内容

1951年,国际新闻学会综合分析了各方意见后,提出了衡量新闻权利的四条标准:采访自由;传递自由;出版自由;批评自由。这四方面的内容,基本概括了新闻权利的主要内容。

而中国《宪法》第35条规定:"中华人民共和国公民有言论、出版、集会、结社、游行、示威的自由"的规定,是中国新闻权利的法律依据。从宪法规定的具体情况看,中国的新闻权利不仅指新闻媒体和新闻记者在采访写作和发表新闻作品上的权利,还包括全体公民自由地通过新闻媒体了解新闻信息和表达自己意愿的权利。

(1)报道新闻的权利。

社会生活是丰富多彩和纷繁复杂的,新闻记者的社会职责之一,就是自由地采写和真实地记录有价值的新闻信息,并通过新闻媒体发表。报道新闻的权利,就是指新闻媒体和新闻记者对社会上发生的新闻作出及时、准确报道的权利。我们的社会每天都会发生很多新闻事件,有些具有积极意义,有些则反映了社会的不良现象。报道新闻的权利不仅指报道正面新闻事件的权利,更指批评社会不良现象的权利。对某些社会不良现象遮遮掩掩,这不是科学面对问题时的态度,也不利于消除社会的不良现象。在民主意识不断强化的现代社会,这也是对公民知情权的剥夺。作为一个现代社会的公民,有权知道国家的重大活动,了解国家事务,有权知道社会所发生而又为他们所感兴趣的东西。新闻媒体自由地报道这方面的新闻,是对公民知情权的一种尊重,也是新闻业存在的价值所在。可以这样说,对报道新闻权利的保障,既是对现代公民基本人权的保障,也是新闻业存在的逻辑前提。

在我们国家,国务院专门规定了一些重大新闻的发布规定,规定国务院新闻发言人定期举行中外记者招待会或新闻发布会,公开报道政治局会议和书记处会议的有关内容,回答记者关于一定时间内国内政治、经济、文化等方面全局性的重大问题和百姓关心的问题。同时,中国有关部门还对突发事件的报道进行了规定。在过去相当长的一段时期内,我们对突发事件的态度过于谨慎,以至于屡屡出现"出口转内销"的情况,导致社会的普遍不满,也引起了政府的重视。1987年,中宣部等单位规定:"突发事件凡外电可能报道或可能在群众中广为流传的,应及时作公开的连续报道,并力争赶在外电、外台之前。"1994年,中共中央办公厅和国务院办公厅又进一步规定:"突发事件包括突然发生的重大社会事件、恶性事故、涉外和涉台港澳事件等","报道必须真实准确,争取时效,把握时机,注意效果。""突发事件对外报道要讲究时效,特别是空难、铁路交通等恶性事故的报道,要在境外传媒之前报道"。近年来,国务院各有关部门如教育部、卫生部等,以及地方各级人民政府和相关部门都先后设立了新闻发言人,根据需要及时发布相关新闻,较好地起到了沟通信息的作用。2008年《政府信息公开条例》生效后,这方面的权利保护更得到有效的保障。当然,报道新闻的自由不仅限于这样一些方面,同时还包括其他方面的内容。近年来无数重大新闻报道的例子已经证明,新闻媒体在这方面是享有比较多的自由的。

在更多的时候,新闻媒体发挥着社会映像真实再现的作用。新闻媒体作为政府的"传声筒",当然要反映党和政府的方针决策,反映社会生活中的重大突发事件,但新闻媒体常态的反映内容是"新人新事新现象,活人活事活道理",是"讲述老百姓自己的故事",还应该揭露和鞭挞社会上的丑恶现象。因此,社会生活中的每个变迁、人们生存过程中的喜怒哀乐,都应该在新闻中得以报道。简单地说,报道新闻的权利主要表现为"上情下达"和"下情上达",通过沟通上下,实现和谐发展。无论是从党和政府决策的科学性和准确角度考量,还是从社会生活真实反映的层面考量,都必须保护新闻媒体和新闻记者报道新闻的权利。

报道新闻的权利决不是意味着无原则的"有闻必录",新闻媒体应该向受众提供最有价值的新闻信息。报道新闻的权利,应该帮助中国公民科学、全面、辩证地认识他们所处的社会和时代,从而更好地行使自己当家作主的权利。同时,也可以促使他们通过对社会的准确认识,完成社会化的过程。

(2)发表意见的权利。

发表意见的权利一方面是指新闻记者和新闻媒体发表意见的权利。新闻记者和新闻媒体可以根据自己掌握的新闻信息,通过社论、评论、记者述评等不同的形式,表达自己对某些社会现象的意见,从而实现引导舆论的目的。新闻记者接触的信息多,目光比较敏锐,他们可以比较容易地发现某些社会问题,从而为解决这些问题提供对策和建议。1998年以来,以人民日报、中央电视台、中央人民广播电台等中央级媒体为代表,集中报道了中国司法工作中存在的问题,尤其是司法腐败问题,产生了较好的社会效果。以江西发生的一个案件为例,某检察院为了办一个标的 8 000 元的贪污案,竟然以各种名目从相关单位拿走了 20 万元。为了对付上级检查与新闻单位的批评,该检察院的领导公然指使会计做假帐,问题的严重性可见一斑。于是,中央及有关职能部门痛下决心,重塑"司法公正"形象并出台了多项措施,有力地防止了司法腐败现象的恶性蔓延。

可见,我们这里讲的发表意见的权利,不仅指对一般社会问题发表意见,也指对涉及国家重大政治问题的事件发表意见的权利。2004 年上半年,中央领导在视察以批评报道为特色的中央电视台《焦点访谈》栏目时,明确提出了要增加批评性报道的数量。近年来,灾难报道明显比以前增多,相关的批评声也不断在媒体上出现。这种情况的出现并不意味现在的灾难增多了、社会的问题增多了,而是意味着媒体的权利增加了。近年来,中国新闻业发展过程中出现了一个令人关注的现象——时评热。新闻媒体通过新闻评论,发表观点,表达意见,这可以视作新闻媒体和新闻记者享用发表意见权利的重要表现形式。这不仅体现了媒体力量的提升和思想厚度的增加,也体现了全民权利意识的提升。

发表意见的权利另一方面还指中国全体公民通过新闻媒体发表意见的权利。公民的知情权得到尊重,他们了解有关的事实真相后,可以通过新闻媒体,自由地表述自己的意愿和态度。"兼听则明,偏信则暗",不同意见的发表可以帮助决策者更加科学地了解事件的真相,作出更加合乎科学理性的决定。近年来,网络事件多发,网络舆论成了令人关注的一种舆论现象,这意味着新媒体的兴盛为人们表达意见提供了极大的便利。

新闻媒体在享用发表意见的权利,实行舆论引导的过程中,需要处理好"破"和"立"的关系。"不破不立","破"是非常重要的,对社会丑恶的揭露,对社会不公的曝光,可以带动人们客观认识真实的社会,对社会的发展持谨慎的态度,也有助于社会清明风气的形成。但"破"不是目的,应该确立为"立"而"破"的理念。新闻媒体应该为社会进步提供有价值的建设性意见。通过发现社会问题,从而规避风险,树立社会信心,推动社会进步。

(3) 舆论监督的权利。

舆论监督是中国新闻权利的一项重要权利,它主要包含了批评自由等内容。一个社会的健康发展,离不开舆论监督的权利,而新闻媒体存在的价值之一,就是要击浊扬清,不断开展舆论监督。关于这个问题,我们将在后面作专门论述。

(4) 出版权利。

世界上一些国家曾经实行过新闻检查制度,即对新闻记者采写的新闻作品,在出版之前要进行事先检查,对一些认为不利于统治者的内容作出删除或改写的处理。这样做不仅可能构成对新闻记者权利的侵害和违反新闻真实性的原则,也有可能对受众的知情权构成侵害。中国是实行新闻事后问责制度的,一般非重大事件的新闻作品最终能否刊播,由新闻媒体自主决定。出版权利是新闻权利中一项十分重要的权利,没有出版权利的享用,其他一切权利只能是一种空洞的权利。换句话说,出版权利是新闻权利由潜在权利变成现实权利的必经之路、出版权利的保障,为新闻权利的真实享用提供了现实可能性。

对于出版权利,我们国家的宪法是有明确规定的,随着中国社会经济文化的不断发展,国家将为公民行使出版权利创造更为有利的条件。但是,出版权利作为一种权利是具有相对性的,世界上也从来没有绝对的自由可言。社会主义法律必须对自由的行使规定必要的范围和限度。权利的赋予,应当根据不同国家和地区的实际情况决定,并应辅以适当的限制。随着新媒体的快速发展和自媒体时代的到来,中国公民已经在更大的范围内,以更加自由的和多样化的方式享用着出版权利。

新闻记者的出版权利,还可以从中国的《著作权法》中得到印证。中国《著作权法》在具体条文中,多处规定了对中国公民、法人和社会组织所拥有作品的著作权的保护规定。新闻记者和新闻媒体作为普通的社会成员,当然可以理直气壮地享用法律规定的相关权利。

第二节　舆论监督和新闻侵权的发生

一、舆论监督

随着新闻媒体作用的不断加大,新闻媒体的重要功能之一——舆论监督也在广泛地影响着大众的生活。舆论监督是指新闻媒体运用舆论的独特力量,帮助公众了解政府事务、社会事务和一切涉及公共利益的事务,并促使其沿着法治和社会生活共同准则的方向运作的一种社会行为。舆论监督的主体是通过新闻媒体发表意见的人。舆论监督的客体是为中国法律和法规所保护的一切社会关系,其内容包括国家重大决策的制定,国家公务员的工作作风和工作效率,涉及公共事务和公共利益的一切组织和个人的言行。舆论监督的对象主要是一切权力,其重点是权力组织和决策人物。对于权力监督主要包括对决策过程的监督和决策效果的监督;对决策人物的监督主要表现为对决策人物产生的监督和决策人物产生后对其行为的监督。舆论监督的其他对象还包括对一切社会组织如教育、医疗卫生、文化等单位行为的监督。当然,全体公民各种失范乃至违法行为也是舆论监督当然的对象。

舆论监督不是新闻监督,舆论和新闻是密切相联的。新闻媒体是传播意见进而形成舆论的工具,但新闻本身并不就是舆论,所以舆论监督并不等同于新闻监督。"它(新闻媒体)反映公众舆论,而自己也是公众舆论的一部分"①,只有新闻媒体传递新闻信息从而在社会成员中引起共鸣,最终形成舆论后,才能实现舆论监督的职能。新闻媒体之所以具有舆论监督的功能,不过是代替社会舆论行使监督的权利而已。从舆论监督的作用看,它对于利用其特有的功能,维护社会良好的秩序和公民的合法权益具有十分重要的价值。

中国悠久的历史和灿烂的古代文明是广为世人所称道的,但在舆论监督的历史上,却没有太多值得称道的东西。在长达两千多年的封建社会中,几乎每一个朝代的君主都深知封建集权对于中国这样一个幅员辽阔的国家的意义,都深知要用高度集权来巩固自己的统治,所以"君言为令""君令如法"是封建社会实现阶级治理的真实写照。当然,一些有头脑的统治者也深知"堵和导""堵和疏"的辩证关系,也会装点门面般地作出听从民言、顺从民意的姿态,但是能够真正实行"民本思想"的却如凤毛麟角。于是,我们看到的是这样的社会场景:一方面,我们可以从汗牛充栋的古籍典章中,找到大量记录皇帝尊重民意、体察下情、从谏如流接受舆论监督的"正面"例证;另一方面,却又可以发现更多的压制舆论,大搞"一言堂""文字狱"进而堵塞言路、戕害谏臣、钳制民口的"反面"例证。细究之下可以发现,"正面"例证多有"作秀"

---

① [法]贝尔纳·瓦耶纳:《当代新闻学》,新华出版社 1980 年版,第 278 页。

成分,而"反面"例证却不幸是社会的真实写照。

新中国的舆论监督发端于新中国成立之初,而真正形成声势,却是在十一届三中全会以后。中国改革开放的第一抹新绿,是在安徽农村一个不起眼的小村庄——安徽省凤阳县小岗村开始的。中国的许多新闻媒体都参与了带有冒险和探索性的农村改革报道并取得了成功,这可以算作是一次舆论监督的牛刀小试。1980年,"渤海二号钻井船"不幸翻沉,造成72人遇难,直接经济损失达3 700万元。这一起因违章指挥而造成重大损失的责任事故发生后,当时的石油部和下属的海洋石油勘探局的某些领导却欺上瞒下,百般掩饰,谎称是由于遭遇了十至十一级大风,不可抗拒发生的,并否定舆论,企图"丧事当成喜事办"。新华社、《人民日报》《工人日报》等新闻单位的记者顶着极大的压力介入事故调查,并以极大的勇气和责任感报道了事实真相,终于迫使海洋石油勘探局的错误定论被推翻,并最终推动了事件的正确处理——国务院在《工人日报》发表第一篇报道一个月后,作出处理决定:石油部长被解职;对国务院副总理给予记大过处分;国务院主要领导声明自己失职,向全国人民承认错误。这是一次十分成功的舆论监督,在中国舆论监督史上具有里程碑的意义。

1988年4月,经中央同意,中央办公厅转发了《新闻改革座谈会纪要》,指出要"正确开展批评,发挥舆论监督作用",并规定除了"特别重要的批评稿件"外,其余批评稿件可以不事先征询有关领导机关和被批评者本人的意见而加以发表。这一年春天的七届人大和七届政协一次会议,把新时期中国舆论监督推到了一个新阶段。"两会"大小会议首次向外界敞开大门,允许中外记者采访和报道。会上讨论的一些"热点""难点"问题得以公开。《人民日报》的系列报道《慨当以慷忧思难忘》《一个民族在这里沉思》《再造中华民魂》;《经济日报》的系列报道《民主议政在中国》《差额选举在中国》《法的权威在中国》等,产生了极其重大深远的影响。

1992年开始,首都十几家新闻媒体联手开展了声势浩大的"中国质量万里行"活动。活动以舆论监督为基本宗旨,集中力量从正反两方面对社会生活的各个层面进行监督。这个持续时间较长的活动影响深远,效果良好。

进入20世纪90年代后半期以来,中国新闻媒体的舆论监督工作继续稳步向前推进。中央电视台的"焦点访谈"栏目以其鲜明的战斗性,为中国新闻事业的舆论监督工作增添了亮丽的色彩。他们播出的许多节目在观众中留下了极其深刻的印象,如曝光的假农药坑农、公路乱收费、环境污染等重大问题,观众反响均十分强烈。从 1998 年 9 月开始,央视又和国内另一大新闻媒体——《人民日报》联手,在"社会周刊"和"焦点访谈"重点推出舆论监督力度大的节目,以促使舆论监督向全方位、高层次发展。

1997 年,党的十五大明确将"依法治国"上升为治国方略,全社会的规则意识开始逐渐确立起来。此后,中国虽然没有制定舆论监督的专门法律,但相关的规章制度中却有诸多明确规定。我们认为,舆论监督在维护社会的良好秩序和公民的合法权益方面,具有十分特殊的作用。在我们建设法制现代化国家的过程中,党和政府已经通过采取各种措施,来维护社会的良好秩序和公民的合法权益。但是,法制现代化的过程毕竟是一个漫长而又复杂的过程,在这个过程中,只有充分发挥舆论监督的作用,才能确保社会的公平正义。

一个国家要保证公共权力尤其是政府权力的正当行使,必须设置强有力的监督机制,用权力制约权力,只有这样,才能有效地防止权力的滥用和腐败的滋生。在这个过程中,公共权力与监督权力的对应设置是必不可少的,这也是各个国家政治民主化和现代化的必然选择。社会的监督机制是一个综合系统,包括立法监督、司法监督、党内监督、行政监督、群众监督等许多方面。这些监督机制各有区别,但又相互联系补充,构成了对公共权力、政府权力的有机监督网络,从而保证社会的有序运行。只要其中的任何一个监督机制功能弱化或效力缺失,都有可能最终影响监督机制的完整性和严密性。

舆论监督之所以能成为上述诸多机制中十分重要的、作用独特的公共权力监督机制,就在于这种监督机制植根于公众的权利和利益之中,具有旺盛的生命力。它通过新闻媒体的作用,表达民意,反映民情,彰显良知,是一股十分重要的公众的民主力量。对社会公共权力的不公和失误,一旦通过新闻媒体形成舆论的压力,往往会比较容易地促使不公的消弥和失误的矫正。所以,对于全体公众而言,这种社会权利是十分重要的。进入新媒体时代,舆论监督呈现出了一些新的特点:第一,监督空间无限拓展。渠道和平台的变化不仅使监督变得可以即时进行,也使几乎所有社会成员可以成为主动的监督者。第二,监督门槛大幅降低。网络的快速发展尤其是移动终端的快速普及,使舆论监督变得十分快速便捷。第三,监督限制不断减弱。技术的发展让舆论监督受到限制的可能性下降,难度加大。同时网络表达习惯的养成也使监督变成一种日常行为①。在这样的社会变革中,舆论监督权利的享用开始呈现普遍化的特征。

　　从中国的具体情况看,我们虽然有党内的、行政的、司法的等各种各样的社会监督机制,这些监督机制也在发挥着积极的作用,为实现社会的有序运行产生了十分重要的作用,但在现实社会生活中,监督的匮乏仍然是非常普遍的事实。这在很大程度上是由于上述监督主要是内部的、纵向的,因而是不公开的。有关人员对信息的控制、加工和处理本身不受监督,往往会导致他们因为"为尊者讳"或出于各种压力用"事出有因""查无实据"之类的官样文章阻挡社会大众的揭露。然而我们必须清楚这样一个事实:所有的弄虚作假和腐败行为,均有一个特点——见不得人。他们最害怕的往往不是上级调查,而是舆论监督,新闻曝光。在各种监督形式之中,舆论监督不仅是最有效、最快捷的,而且是最廉价、最易于操作的监督机制。在现代社会,大众媒体的这种监督作用是其他任何监督机制所无法替代的。

　　我们一贯重视党和政府内部的监督,比较忽视来自于外部的监督。但是同处于一个权力金字塔内的组织力量和政治力量,是很难形成有效的监督和被监督的。内部的监督机构所拥有的权力和行使权力的能力是十分有限的。同时,监督者和被监督者在利益、价值观、文化传统、工作作风及思维方式上都有一致性。在外人看来是极不应该发生的一件事,内部监督者却习以为常、见怪不怪。而舆论监督的特殊性,就在于它是一种外部的监督机制。通过外部的监督机制,尤其是通过新闻媒体这样一种特殊的监督手段,可以起到其他监督机制无法发挥的作用。在中国这样一个文化底蕴深厚,伦理道德作用十分强大的国度里,用舆论的力量来规范各种社会的失范行为确实意义重大。舆论可以使群情激愤,可以使民怨沸腾,可以使丑行败露而陷入"过街老鼠"式的窘境之中,可以使一切不良现象昭然于阳光之下……所以,利用好舆论监督这一社会权利,对于我们国家的民主政治和政治现代化意义深远,对于保障公民的合法权益,同样举足轻重。

---

　　①　顾理平:《新闻传播与法治理性》,社会科学文献出版社 2015 年版,第 344—348 页。

二、新闻侵权的发生

社会的良好秩序和公民的合法权益需要借助舆论监督得到有效保护，这是人所共知的一个基本事实，但我们不能因此而忽视对此项功能行使不当而导致的侵权行为。最近几年来，"新闻官司"时有发生的原因很多，其中就包括舆论监督力度的加大。但是，另一个不可忽视的原因是，新闻记者在进行舆论监督时，充当起"法官"角色。他们在提供事实的同时，又对事实进行了判断，这往往会导致侵权。我们注意到了这样一个事实：现代传媒往往喜欢"造势"，制造"眼球效应"，根据自己的好恶对事实作出判断，这是一种很不好的习惯。例如，不少传媒热衷于对一些法院未审结的案件加以报道，在报道时丝毫不顾及所使用的语言、表达的情感是否足以造成法院受传媒舆论环境的影响。法院在审判那些已经被媒体广泛报道过的案件时承受着巨大的压力，有时只能为媒体所左右，导致某些案件无从得到公正的审判。可见，新闻媒体和新闻记者在这个时候不仅没有真正起到舆论监督的作用，反而干扰了司法审判。再如，新闻媒体经常喜欢使用的"民愤"问题。我们每每会从新闻媒体上看到诸如"社会影响极坏，不杀不足以平民愤"之类的提法。"民愤"是什么？民愤实际上是一种社会情绪和道德判断，它本身不能成为影响司法审判的事实。譬如某人罪不当诛，难道因为"民愤极大"就能杀了他？如果"民愤"影响司法审判，则往往会经不起时间的检验，也往往会成为一些人搞"司法腐败"的借口。但是，由于历史的原因，借助新闻媒体引发的"民愤"却常常会成为影响司法审判的一个重要因素。这个时候，新闻媒体和新闻记者实际上成了隐藏的"法官"，从而干扰了司法独立原则。

新闻活动是以报道社会生活为主要内容的社会活动，人是社会的人，因此，人是社会活动的主体。新闻记者要报道社会生活，就无时无刻要和社会生活中的人发生关系，在这种情况下，就必须强调对全体社会成员人格的尊重。

在具体的新闻实践中，绝大多数新闻记者能够自觉地履行好尊重公民人格权这一义务。但是，也有一些记者却不具备良好的法律意识和专业修养，结果造成了对公民人格权的侵害。这主要基于一些原因：第一，习惯性思维造成对公民人格权的伤害。在相当长的时期内，由于中国特殊的传播环境,新闻记者具有许多"特权"。一些新闻记者片面地理解"无冕之王"的尊称,将新闻记者的权利无限地扩张。而公民由于整个社会的法制不健全、法律意识不强,也就心甘情愿或者无奈地接受着这种伤害。而今天,随着中国法制现代化步伐的加快和全体公民法治意识的觉醒,新闻记者的侵权往往会导致新闻诉讼的发生。第二,因法律知识缺陷而导致有意无意之中侵害了公民的人格权利,尤其是隐私权。例如,有的人把出身贫寒、父母早亡、养子身份或养女身份等生活磨难视为隐私,但新闻记者在报道这些人人生成功的时候可能为了渲染"自古雄才多磨难"的观点,就无意中传播了这些隐私,构成对公民人格权的侵害。第三,主观有故意的侵害。有些个人素质较差的新闻记者为了个人的目的,故意对他人的人格权利进行侵害。第四,新闻专业素养较低,作风不踏实,采访不深入,或者偏听偏信导致对公民人格权的侵害。一些记者或者是因为不熟悉新闻业务,或者是因为工作作风存在问题,主观上尽管没有恶意,但客观上却会构成侵权,导致不该发生的遗憾事件。

中国《宪法》规定了"中华人民共和国公民对于任何国家机关和国家工作人员,有提出批评的权利;对于任何国家机关和国家机关工作人员的违法失职行为,有向有关国家机关提出申诉、控告或检举的权利",这是在法律上对新闻记者实施舆论监督权和新闻自由的一种肯定。但是这种新闻自由要符合一定的条件,即应受到相应的制约,这种制约就表现为"不得捏造或者歪曲事实进行诬告陷害","中华人民共和国公民在行使自由权利的时候,不得损害国家的、社会的、集体的利益和其他公民的合法自由和权利"。这可以看作是《宪法》对新闻记者义务的明确规定。

我们已经普遍接受了"没有制约的权利必然导致腐败"的观点。但是,一讲到对权利的制约,人们首先想到的是对政府权利的制约,其实,任何权利都是需要制约的。新闻记者的权利不受合理的制约,也将导致新闻权利的滥用。因此,必须对新闻记者的权利加以相应的制约。"法治社会中现代传播所孜孜追求的理想目标之一,就是在传播新闻信息的同时,最大限度地保护公民的合法权益免受侵害,一旦损害性后果出现,就应当承担由此引发的法律后果。"[①]新闻记者在开展舆论监

---

① 顾理平:《新闻权利与新闻义务》,中国广播电视出版社 2010 年版,第 223 页。

督时,必须遵守相应的义务。包括:第一,新闻记者不得利用新闻媒体歪曲事实进行诬告陷害。真实是新闻的生命,但歪曲事实的虚假报道在近年频频被曝光却是不争的事实。如果说,歪曲事实的报道尚未对当事人造成太大的伤害的话,那么一些别有用心者利用新闻媒体故意捏造事实陷害忠良的事,就应受到各大新闻记者的重视。第二,新闻记者在行使权利开展舆论监督时,不得损害他人的合法权益。新闻记者职业的特殊性决定了他们在开展新闻活动时,要有比较大的自由度,要和社会的各种组织和个人发生关系,在这种情况下,新闻权利对他们来说具有特殊重要的意义。但是,任何新闻媒体和新闻记者都不能借口新闻权利而随意非法干涉、侵害他人的自由和权利。新闻权利是以合乎宪法和其他法律规范为前提的。任何滥用新闻权利的行为都是对社会正常秩序的伤害,也会导致新闻侵权行为的发生,对此,我们必须保持足够的警惕。

第三节　新闻侵权的特点与四个构成要件

一、新闻侵权的特点

1. 侵权行为及其特点

侵权行为首先是一种民事过错行为,侵权行为破坏了法律规定的某种责任——这种责任在法律上是严格规定不许被破坏的;侵权行为同时又是对他人造成了伤害的行为,而加害人必须对被伤害人作出赔偿。法律会确定在社会生活的各个领域禁止伤害他人的行为规则。如果违反了这些规则,不管是全部违反还是部分违反,都会构成侵权,因此必须作出相应的赔偿。综上所述,侵权行为是指行为人由于过错侵害他人的财产和人身,依法应当承担民事责任的行为。

侵权行为是对他人合法权益的一种侵害,这种侵害会直接导致他人物质和精神的损失。譬如,由于对商家的信誉作出了贬损性的评价,因而使该商家的商品销售减少,或者由于对他人的名誉进行诽谤,从而使他人的社会评价下降。总而言之,侵权行为会引起一定的民事法律后果。

　　侵权行为侵害的是包括物权和人身权等绝对权利。绝对权的产生不是通过订立合同等法律形式约定产生的，而是根据民法原理的基本要求，权利人不需要义务人实行一定的行为就可实现的权利。绝对权的主体即权利人是特定的，义务人则是除权利人以外的一切人。绝对权的主要内容包括物权和人身权。以人身权为例，人身权中的肖像权是公民的一种绝对权利，对这种权利的保障是每个人的基本义务，不需要任何合同约定，就可使权利人获得他人对自己肖像权的尊重。

　　侵权行为是行为人实施过错的行为。中国民法将实施过错行为作为构成侵权行为的必备要件，也就是说，除非法律有特殊的规定，否则，没有过错就不构成侵权行为。"过错"本身是一个包含有价值判断内容的词语，在法律上，"过错"同样是对行为人作出的否定性评价，有"过错"且造成损害性的后果，则构成了侵权行为。

　　侵权行为是需要作出赔偿的行为。法律强调的是权利和义务的平衡，这种平衡不仅指个人与个人之间的平衡，也指个人与社会之间的平衡，缺少平衡，最终导致的结果是谁的权利都不能依法得到保障。从这个意义上说，侵权行为的加害人要为侵权行为的受害人作出赔偿，实际上是在倡导一种公平正义的社会理想。作为侵权行为的加害人，从精神层面或物质层面对受害人进行赔偿是理所当然的事。

　　2. 新闻侵权及其特点

　　新闻侵权是近年来比较常见的一个概念。新闻学和法律学的研究者及从业者从各自的角度出发，对新闻侵权进行了定义。我们认为，新闻侵权首先是和新闻传播活动相关的，这种相关性主要表现为侵权者为新闻传播媒体和新闻传播从业人员(包括专业人士和非专业人士)。侵权行为是在开展新闻活动时发生的，离开新闻活动的侵权行为只能构成普通的民事侵权行为。新闻侵权行为侵害的主要是公民的人格权，包括公民的名誉权、肖像权、隐私权等。一般的民事侵权行为是指不法侵害他人人身权利或财产权利而负担民事赔偿责任的一种行为，包括这样一些条件：行为人具备责任能力；损害事实的存在；行为与损害事实之间存在因果关系；行为人存在着主观上的故意或过失。作为一般民事侵权行为中的一种，新闻侵权同样具备上述侵权行为的特征。同时，它又有自身的一些特征。所以，所谓新闻侵权，是指新闻传播媒体和新闻作者利用大众传播媒体对公民、法人或其他组织造成不法侵害的行为。

　　从侵权的具体内容看,新闻侵权都是对公民的人格权造成损害,其中尤以侵害公民的名誉权和隐私权最为多见。这是因为新闻传播媒体的信息传播直接涉及对公民名誉的评价,而一旦传播的是失实的或被歪曲的信息,则会造成对公民或法人名誉权的错误评价,造成侵害名誉权案的发生。同时,新闻传播媒体为了使新闻具有"可读性""可视性""可听性",往往想尽一切办法去挖掘独家新闻,有的时候,就会把公民的隐私作为"独家新闻"加以报道,构成对公民隐私权的侵害。

　　从侵权的后果看,具有广泛性和迅速性的特征。覆盖面和时效性正是新闻传播媒体所孜孜追求的。中国的许多新闻传播媒体具有十分广泛的受众,发行量在百万份以上的报纸有多家,中央电视台更以其全球最多的观众而称雄世界新闻界。近年来,随着网络的快速发展和普及,网民人数急剧增长,成为最大的受众(同时也是传播者)群体。一旦构成新闻侵权,其后果将十分严重。电视和网络现场直播等方式的出现,使新闻的时效性不断加强,一旦构成侵权,更在第一时间内迅速将侵权行为传播开去,从而导致严重的侵权后果。

　　3. 中国新闻侵权的历史和现实

　　中国报业发展的历史比较悠久,因而报纸新闻报道导致的新闻侵权也比较早地有了记载。据史籍记载,宋代即有朝廷下诏:"今后有私撰小报,唱说事端,许人告首,赏钱三百贯文,犯人编管五百里。"这从一个侧面说明在朝廷下诏之前,社会上已有了"私撰小报,唱说事端"的不法行为了。到了清代,类似的事例就更为严重,以至于发展到诽谤君皇的程度。雍正四年(1726),何遇恩、邵南工主办的一份报纸称:"初五日,王大臣等赴圆明园叩毕节,皇上出宫登龙舟,共数十只,俱作乐,上赐蒲酒。由东海至西海,驾于申时回宫。"但类似的事情实际上并未发生。于是兵刑两部奏请将"捏造小钞"的何遇恩、邵南工依律斩决。皇帝朱批"应斩,监候"。何邵两人是中国新闻史上最早因办报刊载失实新闻而丢了性命的人。民国年间,虽然国民党当局对新闻业采取了十分严厉的管制措施,但新闻侵权案依然时有发生。例如一代明星阮玲玉就是因为不堪报刊的流言诽谤,深感"人言可畏"而自绝命丧的。

　　新中国成立后至20世纪80年代初的三十余年时间里,中国新闻业的发展经历了一个特殊的时期。在这个时期里,几乎没有发生一起新闻侵权案,这在世界新闻史上是十分少见的。在这段时间的前十七年,中国新闻业的舆论监督作用是比较强的,新闻媒体也发表了一大批批评性的稿件。在这些稿件中,不能说没有新闻侵权行为的存在,但是,由于新闻媒体自身的纠错功能和行政手段的干预作用,许多新闻侵权没有表面化就被解决了。在这个过程中,行政干预起了十分重要的作用,新闻媒体实际上发挥着党政机关的部分功能,基于当时社会环境和人们对党和政府的感情,普通公民甚至组织很少会因发生新闻侵权而同新闻媒体"过不去"。十年动乱中,新闻媒体成了政治斗争的工具,无数的新闻侵权行为也就"无法追究""无人追究"了。

　　1979 年 7 月 1 日,中国制定了《刑法》并于第二年正式生效,其中第 145 条明文规定:"以暴力或其他方法,包括'大字报''小字报',公然侮辱他人或者捏造事实诽谤他人,情节严重的,处三年以下有期徒刑、拘役或剥夺政治权利。"1982 年的《宪法》第 38 条规定:"中华人民共和国公民的人格尊严不受侵犯,禁止用任何方式对公民进行侮辱、诽谤和诬告陷害。"1986 年 4 月,中国又制定颁布了《民法通则》并于第二年正式生效,其中第 101 条规定:"公民、法人享有名誉权,公民的人格尊严受法律保护,禁止用侮辱、诽谤等方式损害公民、法人的名誉。"第 120 条规定:"公民的姓名权、肖像权、名誉权、荣誉权受到侵害的,有权要求停止侵害,恢复名誉,消除影响,赔礼道歉,并可要求赔偿损失。法人名称权、名誉权、荣誉权受到侵害,适用前款规定。"这些具体的法律规定,终于使中国公民和法人可以勇敢地面对新闻侵权而拿起法律的武器保护自己的权益。

　　中国新闻传播史上已有的五次新闻侵权高峰(见表 1)较清晰地反映了中国新闻侵权的现实。第一次新闻侵权高峰发生在《民法通则》颁布生效后。刚刚从"人治"社会走出来的中国社会开始致力于法治建设,而曾经在法治方面十分无力的中国公民,突然发现法律中已经明确规定了自己的相关权利(尤其是民事权利)可以依法"免遭侵害",一旦侵害可以要求"依法保护",因此,"起诉媒体"成了一种勇敢的选择。第二次、第三次新闻侵权高峰发生在中国社会主义市场经济实施之初。从计划经济到市场经济的转型,不仅是经济制度的巨大转型,也是思想、意识的巨大转型,而与市场经济体制相适应的"游戏规则"——法治原则,则是保障这种转型的基础。对市场高度敏感的演艺人士通过各种商业演出等首先闯入市场"试水"。他们享用到了"市场"提供给他们的巨大利益,也体会着市场的无处不在的风险。一旦利益受损,则积极寻求法律保护。企业法人作为市场经济体制中的关键主体,他们经历着文化名人们几乎类似的历程。只是由于计划经济的沉重历史包袱和现实的不确定性,他们经历的过程稍晚于文化名人。第四次新闻侵权高峰发生在中国政治体制改革不断推进的社会背景下。经过较长时间的法治洗礼,中国公民对国家公务人员不再感到神秘威严,而是平等可亲。他们从法律地位上讲不仅是"平等主体",而且还是"人民公仆"。随着政治体制改革的不断推进和政务日渐公开,新闻媒体对政府机关及其公务人员的监督日渐加强,失范监督也时有发生,导致新闻侵权发生。第五次新闻侵权高峰发生在网络快速发展的背景下。网络的快速发展彻底改变了新闻传播业长期形成的传受关系。随着网民队伍的快速增加和2010年"微博元年"的到来,曾经在意见表达方面十分弱势的中国公民,获得了前所未有的表达机会。当然,表达过程中的失范行为,也导致了大量的网络侵权行为发生。

表1　新中国成立后新闻侵权的五次高峰

	时间	主要地点	原　告	被　告	原　　因
第一次	1988年起	上海	普通公民	新闻媒体及记者	《民法通则》颁布公民开始以法维权
第二次	1992年起	北京	文化名人	新闻媒体及记者	文化名人开始介入文化市场,十分在乎自身名誉
第三次	1993年起	全国	企业法人	新闻媒体及记者	市场经济体制开始确立,企业重视商誉
第四次	2000年起	全国	政府机关及公务员	新闻媒体及记者	政府机关及工作人员开始重视政府形象,舆论监督力量加大
第五次	2010年起	全国	普通公民	普通公民	网络快速发展及"微博元年"到来导致网络侵权普遍发生

二、新闻侵权的四个构成要件

1. 新闻作品已经发表

新闻作品是否在大众传播媒体上发表,是区别损害事实是否存在的关键,也是构成新闻侵权的第一个要件。只有包含有侵权内容的新闻作品已经正式发表,才能认定新闻侵权的客观事实是存在的,才能认定损害事实的客观真实性和确定性。一方面,如果新闻作品没有发表,这种损害事实就不能被确认;即使有损害性事实的存在——譬如加害人不是通过发表新闻作品对受害人的合法权益加以侵害,而是通过人际传播方式,在加害人、受害人的朋友、熟人之间通过语言散布贬损性的内容,同样不构成新闻侵权,而是普通民事侵权行为。另一方面,如果新闻作品没有发表,当事人可能因为想象的、捏造的、缺乏客观依据的传闻、捕风捉影等而认为自己的合法权益受到了损害,这也不能构成新闻侵权,因为这种损害事实实际上是不存在的。在新闻侵权的认定上,必须首先确认有侵权内容的新闻作品已经发表,才能确认新闻侵权的存在。

有侵权内容的新闻作品发表后,必然给受害人带来合法权益的损失。新闻媒体在社会上的影响力是人所共知的,所以,只要新闻作品已经发表,就无需让受害人提供诸如社会评价降低等的证据,这也是西方国家的一个惯例。例如,美国的有关法律规定:“构成诽谤的要件有:① 诽谤的语言;② 诽谤的语言必须是关于受害人的;③ 诽谤的语言被公开给第三者;④ 受害人的名誉受到了伤害。”“诽谤语言并不需要对原告的名誉造成实际的伤害,只要他确实有伤害他人名誉的倾向和效果,就是诽谤语言。”[①]从美国法律关于诽谤的构成规定中可以看出,虽然规定了诽谤构成的四个要件中有“受害人的名誉受到了伤害”的要求,但并不需要“实际的伤害”,只需有伤害的“倾向和效果”即可。可见,只要新闻侵权作品发表,就可以认定损害事实的客观存在。

新闻侵权导致的受害人合法权益损失:第一,社会评价的降低。有侵权内容的新闻作品一旦发生,就会导致受害人社会评价的降低,这是一个显而易见的事实。第二,受害人的精神痛苦。受害人由于新闻侵权而会感到悲伤、忧愁、委屈、烦恼、绝望等。但主观痛苦的程度与侵权的大小并不成正比,因为有的人心理承受能力较强,有的人则较小,有的人甚至不会痛苦。相反,许多人可能对正常的舆论监督也会感受到主观痛苦。所以,主观痛苦感受并不是衡量新闻侵权的主要标准。第三,财产受损。受害人因为新闻侵权可能会导致自己的财产受损,但

---

① 李亚虹:《美国侵权法》,法律出版社1999年版,第161页、第163页。

这种财产受损也不是必然结果。因为受害人可以及时采取措施而防止财产受损结果的发生，或者因为其他原因而防止财产受损结果的出现。这里的财产损失强调的是直接损失。

2. 新闻作品有违法性

违法性即指行为人从事了法律所禁止的行为。衡量是否违法的标准，是看行为人的行为是否违反了法律的强制性和禁止性的规范。有过错的违法性行为有些是法律直接规定的，也有些则是法律没有明确加以规定，但通过推导就可以直接得出违法的结论。某些严重违反社会公序良俗的行为，同样也符合违法性的要求。

在新闻侵权行为中，将违法性确定为构成侵权行为的一大要件，具有十分重要的意义。新闻记者在新闻传播工作中，除了要以正面报道为主，传播社会美好，颂扬社会正义外，还将抨击社会丑恶、批评社会不公、履行正当的舆论监督作为自己的基本职业要求。在开展舆论监督的过程中，舆论监督新闻作品的发表必定会使被批评者的社会评价降低，使受批评者的主观体验消极，或者会带来财产的损失。但是，不能将这种消极后果的出现归责于新闻侵权，因为正当的舆论监督不具有违法性，不是新闻侵权行为。另外，新闻作者的其他合法行为即使带来了相对人损害性的后果，同样不能构成新闻侵权，因为该行为缺少"违法性"这一法律要件。在舆论监督特别需要保护的今天，将"违法性"作为新闻侵权的构成要件具有十分重要的现实意义。一段时间以来，我们接二连三地从媒体上看到新闻记者因为开展舆论监督而被围攻、殴打和非法拘留的消息。肩负舆论监督神圣使命的新闻记者遭受如此不幸，是令人愤慨和忧虑的。新闻舆论监督是保证我们的社会健康有序发展的重要因素。据统计，全国各级检察机关审理的腐败案件中，80%以上是根据群众举报和舆论监督而立案侦查、审理的。可见，新闻舆论监督对于扶正祛邪、反腐倡廉功不可没。也许正因为如此，正直善良的人们才信赖和支持新闻舆论监督；违法乱纪者才惧怕和憎恨新闻舆论监督。值得注意的是，在不少围攻、殴打和非法拘留记者的案件中，作恶者往往有着各不相同的理由，但其中心内容就是：这些记者在给本地区、本单位"抹黑"，造成了"不良影响"，是一种"侵权行为"。其实，稍有良知的人都知道这理由是多么的荒唐。所以，我们特别希望各级政府能够支持新闻记者的合法行为，严格将舆论监督和新闻侵权区别开来，为舆论监督创造良好的外部环境。

3. 新闻作品有可指认的对象

有侵权内容的新闻作品的发表会导致受害人在现实生活中被指认,从而引起其物质和精神权益的贬损。这一侵权要件的确认可以运用因果关系中论证检验法来检验:要是没有侵权内容的新闻作品的发表,受害人物质和精神权益受损害的事实会出现吗?如果回答是肯定的,则不能认定新闻作品的发表是导致损害事实出现的原因(存在可能性);如果回答是否定的,则新闻作品的发表是导致损害事实出现的原因。另外也可以采用剔除法来加以证明。

由于新闻传播中,新闻作品要求各种要素(如时间、地点、人物、事件等)齐全才是合格的新闻作品,所以这一侵权要件中的"可指认"往往比较容易认定。但也有新闻作品使用了化名等,这是一种非指名道姓的报道方式。在这种情况下,要判断受害者在新闻报道确定的特定的时空关系中是否可以被指认。如果可以被指认,这一要件同样成立。

新闻作品的违法性在新闻传播活动中虽然比较少见,却是客观存在的。新闻传播活动是十分复杂、精细的社会活动。虽然在新媒体时代,新闻传播活动似乎成了人人皆可参与的简单活动,但这并不能成为否认这个活动复杂、精细的理由——媒体传播技术和人类思维活动都无时无刻呈现这种特征。而网络侵权行为的不断增加,也在相当程度上佐证了这种特征。新闻作品的违法性主要以非理性的语言暴力为特征,也兼具有情绪偏激、非专业、道德绑架等表现方式。而所有的违法性往往和侵犯公民或法人的精神权利如名誉权、隐私权、荣誉权等联系在一起。

4. 新闻媒体和新闻作者的过错

侵权行为存在的前提是过错的存在。过错分为两种情况:故意的过错和过失的过错。故意的过错是指加害人预见到损害结果的发生并希望或放任这种结果发生的心理状态;过失的过错则是指加害人因疏忽大意或过于自信而造成损害性后果的心理状态。在新闻侵权行为中,同样存在故意的过错和过失的过错两种情况。但是,在中国的新闻侵权实际中,过错行为主要表现为过失的过错。当然,故意的过错也不是不存在,有些新闻作者可能出于某种不可告人的个人目的,会故意通过新闻作品去侵害他人的合法权益。如果新闻媒体和新闻记者没有过错,即使对被害人造成了损害性的后果,也不构成新闻侵权,无需承担法律责任。对此,1998 年最高人民法院《关于审理名誉权案件若干问题的解释》第 6 条中,作出了较明确的规定:"新闻单位根据国家机关依职权制作的公开的文书和实施的公开的职权行为所作的报道,其报道客观准确的,不应当认定为侵害他人名誉权;其报道失实,或者前述文书和职权行为已公开纠正而拒绝更正报道,致使他人名誉受到损害的,应当认定侵害他人名誉权。"这条司法解释虽说主要是针对侵害名誉权案的,但是其有着普遍的意义。根据这条司法解释的规定,即使新闻单位根据国家机关制作的公开的文书和实施的公开的职权行为所作的报道失实,有侵权内容,但由于不存在故意或过失的过错,也无需承担法律责任,只有在前述文书或职权行为已作了公开纠正而又拒绝在新闻媒体发表更正报道的,才能构成侵权。

当然,在新闻侵权的具体案件中,对故意和过失的心理状态,在判断上是比较困难的。这不仅需要有法律层面的证据意识,也要有心理层面的逻辑推断。而故意和过失的差异又会导致侵权后果责任承担的巨大差异性,所以必须加以区分。

第四节　新闻侵权的抗辩事由与预防

一、新闻侵权的抗辩事由

1. 抗辩事由

抗辩事由是指在侵权案件中,被告针对原告提出的指控和请求,提出一切有关免除或者减轻其民事责任的主张。抗辩权是对抗他人权利的一种法定权利,而抗辩事由则是足以对抗他人权利的事由。构成抗辩事由必须满足两个基本条件:第一,客观性,指已经发生存在的客观事实而不是加害人的主观臆断或尚未发生的情况。第二,法定性,指必须是法律规定的特定事由。一般情况下,抗辩事由必须由法律规定和直接列举,所以我们在寻找抗辩事由时,必须对应相关的法律条文。但也可以间接加以认可,如特定情况下的免责条件等。但是,对于间接认可,必须严格掌握,以防止将抗辩事由扩大化而伤害法律的严肃性。

新闻侵权诉讼中的抗辩事由则是指新闻媒体或新闻记者在新闻侵权诉讼中,针对原告的诉讼请求和主张而提出的其诉讼请求不成立或不完全成立的某种相应的事实主张。当然,新闻侵权的发生本身有其自身的特点,我们应该具体分析新闻侵权的抗辩事由,以便在新闻侵权诉讼中应对有据。

2. 新闻侵权诉讼中的抗辩事由

(1) 履行舆论监督的职能。

舆论监督是新闻媒体及其新闻记者的一项基本工作职能。党和政府历来对舆论监督十分重视,并采取各种措施加以保护。早在新中国成立初期,新闻总署在《关于改进报纸工作的决定》中指出:"报纸对于新闻机关及其工作人员、经济组织及其工作人员的工作中的缺点和错误,应负批评的责任。这种批评应当是积极的,富于建设性的,实事求是的和与人为善的。"在这里,虽然没有提出"舆论监督"的概念,但其强调"报纸批评"为一种社会责任,应该说是极富远见的。在之后中国制定的一系列相关规定中,党和政府又从不同的角度对报刊广播的新闻批评进行了规定。尤其在《宪法》第 41 条中,又作出了这样的规定:"中华人民共和国公民对于任何国家机关和国家工作人员,有提出批评和建议的权利;对于任何国家机关和国家工作人员的违法失职行为,有向国家机关提出申诉、控告或者检举的权利,但是不得捏造或者歪曲事实进行诬告陷害。""对于公民的申诉、控告或者检举,有关国家机关必须查清事实,负责处理。任何人不得压制和打击报复。"这里虽然同样没有提出"舆论监督"这四个字,但是,"提出批评和建议的权利"显然赋予了公民舆论监督的权利,因为"提出批评和建议"恰恰是舆论监督最为普遍的形式。《宪法》第 35 条还规定:"中华人民共和国公民有言论、出版、集会、结社、游行、示威的自由。"因此,舆论监督的权利是逻辑地包含在《宪法》第 35 条和 41 条的法律规定之中的,而新闻媒体则可以通过相应的工作和平台帮助全体公民将这项权利从法律规定变成现实实践。1989 年 3 月 6 日,中宣部在《关于转发〈中宣部新闻研修班研讨纪要〉的通知》中指出:"舆论监督是人民群众通过新闻媒体,对党务、政务活动和党政工作人员包括各级党政机关领导工作人员实施的民主监督。"并强调指出,在"提倡为政清廉,反对腐败的斗争中,舆论监督有着重要的作用,是一种行之有效的监督手段。舆论监督不只是新闻单位的事情,希望各级党政领导机关主动利用舆论工具,开展批评与自我批评,揭露腐败,推动工作前进"。在这里,中央有关部门第一次对舆论监督的内涵进行了科学的定义。这对于新闻媒体和新闻记者搞好舆论监督无疑是一种鼓舞,也是从另一个侧面对全体公民的舆论监督权进行了肯定。

2000 年 1 月,时任最高人民法院院长的肖扬专门就司法机关为舆论监督提供司法保护提出了六条要求:① 新闻记者在采访中遇到围攻、殴打,伤及人身权利时,人民法院理应对违法者从严惩处,坚决为新闻记者提供司法保护;② 对那些存在问题而又不正视问题,反而阻挠记者采访,侵害记者采访权和民主权利的,人民法院应对记者的权益予以司法保护;③ 对新闻单位和记者的一切合法权益,人民法院依法给予保护;④ 新闻单位和被批评者发生纠纷时,人民法院应在支持以事实法律为准绳,公正裁判的基础上,尽量采取调解方式解决,依法保护新闻单位的名誉权;⑤ 新闻记者在进行舆论监督时,被诬告、被陷害、被攻击的,人民法院应该坚决保护记者的正当权益;⑥ 新闻记者对法院工作特别是审判工作的采访,各级法院要积极配合,尽量提供方便和保护,不应阻挠记者的正常采访。肖扬同时就新闻单位的司法报道提出了六点希望:① 报道法院工作要有利于促进审判工作的发展;② 宣传先进人物、先进事迹要有利于弘扬时代精神;③ 揭露腐败现象要有利于维护社会稳定;④ 鞭挞丑恶现象要有利于维护司法机关的形象;⑤ 报道案件要有利于维护司法公正;⑥ 舆论监督要有利于社会进步。上述内容虽然没有直接明确正当舆论监督可以成为抗辩事由,但已经十分清楚地体现了这样一种精神。所以,新闻媒体和新闻记者可以理直气壮地开展正当舆论监督,即使因此造成了对他们的某些不利后果,也可成为抗辩事由。

(2) 公正评论。

新闻媒体发表的内容主要是以事实和意见为主的,其中,意见主要是以评论的形式表达出来的。新闻媒体和新闻记者针对某种现象发表自己的意见或看法,总是带有主观的好恶标准的。因此,评论对被批评者可能会带来不利的影响。但是,只要这种评论是出于公心,是善意的,所依据的事实是基本真实的,而评论语言又没有诽谤、侮辱的内容,就可以成为抗辩事由。对此,最高人民法院的两条司法解释,为这条抗辩事由提供了法律支持。1993 年最高人民法院《关于审理名誉权案件若干问题的解答》第 8 条中规定:"因撰写、发表批评文章引起的名誉权纠纷,人民法院应根据不同情况处理:文章反映的问题基本属实,没有侮辱他人人格的内容,不能认定为侵害他人名誉权。"1998 年最高人民法院《关于审理名誉权案件若干问题的解释》第 9 条规定："消费者对生产者、经营者、销售者的产品质量或者服务质量进行批评、评论，不应当认定为侵害他人名誉权。但借此诽谤、诋毁、损害其名誉的，应当认定为侵害名誉权。"在这里，民事主体虽然指的是消费者，但对新闻媒体和新闻记者的评论，也可作出相同的推定。公正评论可能会带来相对人损害性的后果，但只要符合公正评论的要求，同样可以构成抗辩事由。当然，如果评论所依据的事实不实，或者评论内容具有诽谤和侮辱的成分，则可能会构成侵权。

（3）权威的消息来源。

这一抗辩事由也被西方国家称为新闻特诉权。新闻媒体有权报道国家的重要活动，也可以在报道中发布法院判决书、执行书、行政机关的处罚决定书等的内容，事实上，这也是许多新闻媒体的常见做法。只要在这些报道中做到"客观准确"，即与国家机关公开的文书和活动的内容一致就可以，并不一定要求与客观事实本来面目相符。即使因此有失实之处，也只能由这些作出相应文书和行为的国家机关来负责，新闻机构不因此构成新闻侵权。

关于这条抗辩事由，1998 年最高人民法院《关于审理名誉权案件若干问题的解释》第 6 条中作了明确规定："新闻单位根据国家机关依据职权制作的公开的文书和实施的公开的职权行为所作的报道，其报道客观准确的，不应当认定为侵害他人名誉权；其报道失实，或者前述文书和职权行为已公开纠正而拒绝更正报道，致使他人名誉受到损害的，应当认定为侵害他人的名誉权。"这里必须注意的是，如果国家机关的文书或行为发生了变更，新闻媒体报道了前一行为的，必须对变更行为作相应的报道，以达到更正之目的。如果报道了前一行为，而对国家相关的文书或已经发生更正的情况不予报道，则构成了不作为的新闻侵权。

（4）公众人物和公共兴趣。

"公众人物"和"公共兴趣"是两个在西方国家比较常见的概念，其中，公众人物一般指较多在社会公众面前出现且对社会和公众产生较大影响的人物。在现实生活中，公众人物主要有政治性公众人物（如政府官员）、商业性公众人物（如上市公司负责人）和文体明星。由于他们对社会和公众的影响比较大，因此，社会对他们的了解和监督也就要多一些。对普通人来说属于隐私性的事项，对公众人物则不再是隐私。新闻单位在被公众人物起诉侵害名誉权、隐私权、肖像权等时,可以以对方属公众人物为由予以抗辩。公众兴趣则是与知情权相关的一个概念。当多数人对某个人物或事件产生了知晓欲望时,就出现了公众兴趣问题,公众有权对某个公众人物或事件的情况进行了解。为了满足公众兴趣将公众人物的隐私或肖像等公之于众,则不构成新闻侵权。例如常见的新闻媒体炒作电影、电视明星或歌星的私生活或刊登他们的照片,一般不构成侵权。

如果不将公众人物和公共兴趣作为新闻侵权的抗辩事由,则会构成对公众知情权的侵害。当然,关于"公众人物"和"公共兴趣"的概念,在中国新闻界和法律界尚存在一些不同看法。

（5）合理使用。

合理使用主要表现在新闻媒体和新闻记者在使用他人作品时所享有的一种抗辩权。中国《著作权法》第22条规定了12种不经著作权人许可,不向其支付报酬而使用其作品的情况,其中与新闻传播活动相关的主要有:① 为介绍、评论某一作品或者说明某一问题,在作品中适当引用他人已发表的作品;② 为报道时事新闻,在报纸、期刊、广播、电视节目或者新闻纪录影片中引用已经发表的作品;③ 报纸、期刊、广播电台、电视台已经发表的社论、评论员文章;④ 报纸、期刊、广播电台、电视台刊登或者播放在公众集会上发表的讲话,但作者声明不许刊登播放的除外。同时,《著作权法》也要求新闻单位在使用他人作品时,应当指明作者姓名、作品名称,并且不得侵犯著作权人依照法律享有的其他权利。

（6）受害人同意。

我国《民法通则》第131条将"受害人的过错"作为一条抗辩事由,这是非常必要的。"受害人的过错"在新闻侵权诉讼的抗辩事由中,一般表现为"受害人同意"。

受害人同意,是指由于受害人事先明确表示自愿承担某种损害结果,行为人在其所表示的自愿承担的损害结果的范围内对其实施侵害,而不承担民事责任的情况。法学家张新宝先生认为,受害人同意构成抗辩事由应同时具备四个条件:① 受害人事先明示的真实意思表示。受害人的同意应当是在侵害行为之前表示出来的意思,而不是事后表示的意思。受害人同意的意思表示一般应当是明示的,在某些条件下,符合法律要求或民事习惯的受害人默示的意思表示亦可得到承认,一般不能推定受害人的意思表示。受害人的意思表示必须是真实的,凡因欺诈、胁迫、重大误解等原因作出的"同意"接受某种损害后果的意思表示,都是不真实的,不能认定为受害人的同意。② 行为人主观上的善意。行为人主观上的善意应当是受害人同意这种正当抗辩事由的构成要件。否则,行为人则有可能利用受害人的同意而采取恶意行为。③ 不超过同意的范围和限度。行为人对受害人实施加害,不得超过受害人同意的范围和限度,否则应对超出限度和范围的损害承担赔偿责任。④ 受害人的同意不违反法律与社会公德。受害人的同意,通常有两种情况,一是受害人请求行为人对其实施某种侵害行为,如病人请求医生切除其病灶。二是受害人接受危险和危险将要造成的损害,如拳击运动员对可能遭受的伤害之同意。无论是以上述何种方法同意,都不得违反法律法规之规定,不得损害社会公共利益和违反社会公德。因此,某些片面保护行为人利益的免责条款尽管包含有"受害人同意"的内容,也被确认无效①。在新闻侵权诉讼中,受害人同意的抗辩事由比较多地出现在新闻侵害隐私权的侵权纠纷中。有些公民面对记者的采访,明知自己的隐私会被报道,仍然自愿披露,则不构成侵权。即使发生诉讼,也可以成为抗辩事由。当然,这个时候新闻记者应有足够的证据证明报道对象有"同意"的真实意思表示。

二、新闻侵权的预防

1. 新闻侵权的职业预防
（1）与人为善,改进工作。

新闻传播业是中国现代化建设事业的一部分。新闻传播活动的出发点,应该是促进中国社会的文明和进步。所以,不管是在进行舆论监督时,还是在进行正面报道时,都应抱着与人为善的良好愿望,抱着改进工作的良好愿望,这样,即使出现一些轻微的侵权,也比较容易获得受害人的谅解。动机良好,与人为善,总是会得到更好的效果。

新闻媒体对社会的影响作用是有目共睹的。一条好的新闻,可以凝聚起强大的社会力量,推动社会的发展;一条不好的新闻,可以产生极为重大的破坏力量,对社会的发展起到严重的阻碍作用。在我们国

---

① 张新宝:《中国侵权行为法》,中国社会科学出版社 1998 年,第 591 页。

家,全体人民的利益是一致的,新闻媒体和报道对象的根本利益是一致的,所以,新闻媒体必须始终抱着与人为善的心态开展新闻活动,通过新闻活动推动社会向前发展。

(2)公正评论,不当裁判。

公正评论是对一切新闻从业人员的义务性要求,任何人都无权对某人某事随心所欲地妄加评断,否则就有可能沦为"媒体审判"。新闻记者的主要职责是传播事实而不是评定真伪是非,只要摆出了真实的事实,我们就应该相信受众会作出合乎事实本来面目的判断。相反,如果妄下裁决,就有可能导致侵权。新闻传播活动是一项需要付出巨大热情的工作,如果心如止水,对外界的一切缺少兴趣,是无法干好这项工作的;但是,新闻传播活动又是特别需要理智的,感情用事必然会带来十分严重的后果。所以,我们一贯强调"激情看世界"的职业精神,同时又强调"理智写新闻"的职业修养。

近年来,社会各界对新闻界"媒体审判"颇多微词,这从一个侧面说明了新闻媒体"喜当裁判","好为人师"已经成为一个顽症,需要新闻从业人员认真对待。从新闻侵权发生的具体案例来看,近年来中国发生的许多案例,都与新闻媒体妄下断语有重要的关系。有一些记者自我感觉良好,特别愿当裁判,遇到纠纷时指手画脚任意定性,这是非常危险的,一定要认真加以制止。

(3)文风朴实,不违法律。

新闻记者应当嫉恶如仇,有满腔的正义感,所谓"铁肩担道义",讲的就是这种正义感。但是,这种正义感不应表现为新闻作品的情绪化。新闻作品的情绪化是最容易导致新闻侵权的。所以,记者即使在主观上对某人某事有不同看法,也不应该在新闻作品中出现过激的言语,用新闻作品去伤害对方的名誉权和隐私权,以致触犯法律规定。

在许多时候,笔者一直建议新闻记者少用形容词,因为形容词的使用容易涉及对当事人的评价和定性,稍有不当,就会引发侵权纠纷。许多新闻记者疾恶如仇,对社会的不公不良深恶痛绝,觉得不骂不解恨,不骂不过瘾,于是"贪污犯""色狼""变态狂""心理阴暗""居心叵测"等词就在自己的笔端喷涌而出。用这样的词,文风华丽,也可以表达出强烈的感情色彩,但是,这样的词直接涉及对人格的评价,往往经不住推敲,缺少足够的事实支撑,一旦较起真来,就会陷于被动。无论是对于任何一个人来说,遵守法律始终是其行事的底线,而对他人权利尊重的底线也是守法,因此,即使是对一个有错或者有罪的人,也必须遵守法律赋予他的权利,切不可有哪怕一点点的逾越。

(4) 细节真实,事实清楚。

新闻作品不同于文学作品的最大特点在于真实性。新闻越真实就越不会导致侵权。尽管在中国相关的司法解释中,对新闻真实性只要求主要事实基本真实即可,但作风严谨的新闻从业者必须从细节真实入手,力争细节和主要事实都真实,减少新闻侵权发生的可能性。

新闻的真实性在任何时候都是不能被忽视的。"真实是新闻的生命",这句话是没有夸张的成分的。新闻中一个个真实的细节,就像人身上的一个个细胞,众多的细胞,构成了鲜活的新闻。人身上一个细胞病变而不加医治,就可能危及人的生命,新闻也是如此。如果对细节不加重视,对新闻事实的描述任意添油加醋,在短期内也许不会出现大问题,但最终一定会酿成大错。一旦这种大错出现,危害的则是新闻业的良好信誉,所以,对新闻的真实性在任何时候都不能掉以轻心。在许多时候,新闻的基本事实和细节是无法作出明确的区分的,新闻记者认定的"细节失实",在当事人看来都是"基本事实的失实",双方各执一词,就很难有定论了。所以,新闻记者必须养成从细节入手去考虑新闻真实性问题。

(5) 用词准确,切忌浮夸。

一些新闻从业人员非常注意新闻的时代性,注意用鲜活的语言来表述新闻,这是值得鼓励的。但是语言的鲜活必须以准确为前提,如果哗众取宠,往往会导致十分严重的后果。近年来发生的多起新闻诉讼案件,都在用词用语上出了问题,值得关注。

一位美国学者经过认真总结,归纳出了一些特别容易引发新闻侵权的词,称之为"红色信号",希望新闻记者和编辑慎用:

冒牌货、通奸、艾滋病、篡改录音、无信仰者、自杀未遂、道德败坏、破产、重婚者、勒索、行贿受贿、妓院、贿选、骗子、阴谋、堕落、懦怯者、罪犯、恶棍、赖皮、欺诈、吸毒者、囚犯、愚蠢、诈骗、赌棍、贪污、伪君子、私生子、不正当关系、无能的人、背信弃义、阳奉阴违、堕落的女人、三K党、说谎者、精神病人、纳粹党员、窥阴癖、伪证者、无赖、讼棍、告密者、倒卖、间谍、选举作弊、自杀、狡诈、丧尽天良、外行、坏蛋。

中国和美国的国情不同,所以可能引发侵权的词不一定相同,但上述这些词语还是有一定的借鉴作用的,必须慎用。

（6）严格审稿，兼听则明。

每个新闻媒体都有一整套严格的审稿制度。审稿制度是防止新闻侵权的最后一道关口，所以一定要严把这道关口。同时，在可能的情况下，新闻媒体在采访和审稿时都要力争多方听取他人的不同意见，并力求从多方面对新闻事实进行核实，以保证新闻作品最大限度上的客观和公允。

一般情况下，审稿是由资深的有经验的新闻媒体负责人负责的。在这里，特别需要新闻媒体的负责人有强烈的社会责任心，要通过认真负责的审稿，防止有侵权可能的新闻稿件刊播。有的时候，一些新闻媒体负责人并不缺少判断"是否可能引发侵权"的眼光，但他们关心的不是"侵权"的风险，而是因"轰动效应"而带来的发行量的增加或收视率的提升，以及最终增加的广告收入。其实，这是一种十分短视的行为，因为频繁的侵权一定会引发媒体权威性的下降，不利于新闻业美誉度的提升，最终会伤害新闻业的根本。另外，新闻审稿人还应注意总结经验，借用现代化的技术手段和缜密的逻辑思维能力认真分析，尽量在可能的时间和范围内多方听取意见，防止侵权行为的出现。

当然，随着新媒体时代的到来，网络传播中"把关人"缺位是一个普遍的、客观的现实。人们在进行网络传播时，往往缺少了审稿环节，这就要求所有的新闻作者（所有传播者）必须有自我审稿、自我约束的能力。近年来网络侵权案件的增多，也从一个侧面说明了这个要求的紧迫性。

2. 新闻侵权的法规预防

新闻作品在写作上不仅应该合乎文法，更应该合乎法律规范，否则，一字之差就有可能导致新闻侵权的出现。1998 年 1 月 7 日《南国早报》二版刊登一则消息《公证不公正　公证处主任被撤职》，报道广西河池市公证处原主任龚某某玩忽职守，草率公证，被骗子利用公证骗取他人钱财被免职。1998 年 2 月 19 日，当事人龚某某以其不是被"撤职"而是被"免职"为由，称《南国早报》报道标题中用词错误，侵犯其名誉权，并向河池市法院提起诉讼，要求报社向其赔礼道歉并赔偿 5 万元精神损失费。后被告与原告达成调解协议，《南国早报》就标题错误在报上作出更正并赔礼道歉，龚某某最终撤诉。引起上面这则新闻官司的稿件内容属实，并盖有河池市司法局公章及该市政法委领导签署同意发表的意见。这样一则看似程序规范、事实清楚的新闻之所以引起诉讼，是由于编辑制作标题时一时疏忽，在副题上把"免职"写成了"撤职"。一字之差,性质迥异,引起该报道所涉及对象的不满,认为造成了名誉损害①。像这类由于新闻措辞定性不准或用语过重的报道,常常会引起新闻纠纷,如"骗子""泼妇""劫匪""贪官""犯罪分子"等称谓,在新闻报道中,一定要有准确的事实基础和司法定性依据。除称谓外,涉及文中人物其他行为定性的词,如"免职"和"撤职","通报批评"和"警告处分","违规"与"违法"等,都有程度和性质上的不同,涉及人的名誉荣辱问题。这就要求采编人员在报道中对关键用词把握要准确,符合法律规范,决不能为吐一时之气而使用偏激语言。

(1)《宪法》层面的预防。

《宪法》是国家的根本大法,其他任何法律规定的内容都来自《宪法》且不能和《宪法》精神相违背。在中国《宪法》中,第 22、35、38、40、41、47、51、53、54 条的规定与新闻传播活动的关系比较密切,值得所有新闻从业者认真关注。尤其是第 35 条和第 38 条,新闻从业者必须深入了解并贯彻于新闻传播实践中。值得重视的是,在《宪法》中,一方面规定了新闻活动主体的宪法地位,另一方面重点规定了公民和法人的权利,尤其是人格权利是一种绝对权利,任何人都不能侵犯。

(2)《民法通则》《刑法》等法律层面的预防。

据统计,全国人大及常委会颁布了 300 部左右现行有效法律;国务院制定了近 1 000 个现行有效的行政法规;地方省级人大及常委会制定了 10 000 多个地方性法规,民族自治地区人民代表大会制定了 600 多部自治条例和单行法规。在现行有效的法律中,有一部分法律与新闻传播活动关系十分密切,它们是《民法通则》《刑法》《国家安全法》《国家保密法》《著作权法》《广告法》《消费者权益保护法》《未成年人保护法》和《妇女权益保障法》以及 2017 年颁布的《民法总则》等,这些法律从不同的层面、重点对公民或法人的名誉权、隐私权、著作权等进行了保护,而新闻活动与公民或法人的这些权利关系十分密切,稍有不慎,就可能构成对这些权利的侵犯,所以,新闻从业者必须了解这些法律法规。新闻媒体的主管部门和负责人在这些法律修改或制定出新的法律时,应组织新闻从业人员及时进行学习。

(3)司法解释、行业规定和宣传纪律层面的预防。

司法解释等虽然不是法律规定,其效力不如法律规定,但是,它们

---

① 李成连:《新闻官司防范与应对》,新华出版社 2002 年版,第 164 页。

仍然属于刚性的、必须强制执行的规范。因此,新闻从业者在开展新闻活动时,必须严格加以执行。事实上,司法解释等规范由于规定的内容具有较强的针对性,具有更加实际的意义。

在与新闻传播活动相关的司法解释中,最高人民法院分别于1993年颁发的《关于审理名誉权案件若干问题的解答》和1998年颁发的《关于审理名誉权案件若干问题的解释》对新闻从业者具有十分重要的价值。这两个司法解释就新闻侵害名誉权(包括隐私权)主体的确定、新闻侵害名誉权与新闻真实性的关系等许多新闻违法的重要内容都进行了明确规定。除此以外,中国的《出版管理条例》《广播电视管理条例》《互联网等信息网络传播视听节目管理办法》等行业管理规定更是从可操作层面,从微观角度对新闻活动进行了明确规范,必须严格遵照执行。

上述三个层面,是预防新闻侵权不可或缺的三个法规层面。新闻从业者必须了解上述三个层面的法律法规并自觉遵守。只有这样,才能有效地减少乃至消除新闻违法行为的出现,为社会的有序发展作出积极的贡献。

学习思考题:

1. 如何理解新闻传播与公民权利的关系。
2. 什么是新闻侵权行为? 它有哪些常见形式?
3. 举例说明当发生新闻侵权时,新闻传播从业者如何进行抗辩。
4. 新闻侵权行为有何特点? 如何有效预防新闻侵权?
5. 举例说明新闻侵害名誉权和隐私权的构成要件。

第七章

传媒监督与司法公正

第一节　传媒与司法的关系

一、传媒与司法的一致性与矛盾性

传媒监督与司法公正都是现代民主法治国家不可或缺的基石,都是民主社会所必须珍重的基本价值。我们的社会既需要司法机关独立履行职责,也需要传媒对司法活动进行报道与监督,两者不可舍弃其一,损害其中任何一者都是社会的巨大损失。因此,我们应当在体制的设计上尽量保持两者之间的平衡。

司法新闻,是专门报道国家司法机关①及其司法人员依照法定职权和法定程序,具体运用法律处理案件的专门活动的新闻。司法活动与公众利益息息相关,司法公正是社会正义的最后一道防线,因而司法部门也是新闻报道和舆论监督的重要对象之一,两者之间既是报道与被报道的关系,又是监督与被监督的关系。

1. 传媒与司法的一致性

传媒报道与司法活动的终极目标是一致的,都是将公众利益放在首位,以追求社会公平、正义为其主要的价值取向。传媒报道遵循真实、准确、客观、时效的原则,通过舆论来评判是非,扬善贬恶,以追求社

---

① 中国的司法机关一般是指人民法院和人民检察院,从广义上理解也可以包括公安机关、国家安全机关、司法行政机关、军队保卫部门、监狱等负责刑事侦查的机构。

会道德上的公平与正义;而司法活动具有公正、独立、求真、程序等鲜明特性,通过法律来解决纠纷,保障当事人的合法权利,以追求法律上的公平与正义;传媒与司法所追求的根本目标是社会的公平与正义,保障最大多数人的利益和最大幸福。

2. 传媒与司法的矛盾性

司法活动与传媒监督虽然追求的目标是一致的,但司法活动讲究独立性和程序性,而传媒监督讲究公开性和时效性。传媒与司法的冲突,实际上是表达自由与司法独立的冲突,是公众对司法活动的知情权、言论表达权以及公民对国家机关及其工作人员的批评建议权等一系列基本权利与司法独立权的冲突。

二、传媒监督司法的重要性

传媒对司法活动的监督,即在党的领导下,坚持人民至上的理念,传媒通过对司法活动进行真实、公开、公正的报道,能有效促进和落实司法公开,保护被告人及其辩护人、当事人及其代理人的诉讼权利,实现程序公正、弘扬司法权威、树立良好的法治形象,也有助于宣传法律知识、弘扬法治精神、促进司法改革、维护法律尊严,使司法与媒体之间形成良性互动。因此,传媒监督司法,对于加快我们国家的民主与法治建设有着难以替代的、积极的、重要的意义,对于促进司法公正可起到极其重要的作用。

1. 满足公众知情权

知情权,是公民有权知道其应该知道的信息,国家应保障公民在最大限度内享有获取各种信息的权利,特别是获取有关国家司法、立法、政务信息的权利。传媒监督司法有利于最大限度地保障公民获取司法信息的权利。人民法院应当主动接受新闻媒体的舆论监督。对新闻媒体旁听案件庭审、采访报道法院工作、要求提供相关材料的,人民法院应当根据具体情况提供便利。对于公开审判的案件,新闻媒体记者和公众可以旁听。审判场所座席不足的,应当优先保证媒体和当事人近亲属的需要。有条件的审判法庭根据需要可以在旁听席中设立媒体席。记者旁听庭审应当遵守法庭纪律,未经批准不得录音、录像和摄影[①]。

---

① 2009 年最高人民法院关于人民法院接受新闻媒体舆论监督的若干规定。

2. 落实司法公开

司法公开,是指审判活动向社会公开,允许社会公众旁听,允许新闻媒介的采访报道,是司法体制改革的重要环节,通过加强对司法权的监督制约,保证司法公正。有利于人民法院的纪律作风建设、廉政建设。2009 年最高人民法院已实现:立案、庭审、执行、听证、文书、审务六公开。这对于落实公开审判的宪法原则,保障人民群众对人民法院工作的知情权、参与权、表达权和监督权,维护当事人的合法权益,促进司法公正,都有积极意义。

3. 监督司法权力

司法权是一种判断权,是法官依照法律原则和法律规则,就案件当事人提出的事实问题主张和法律问题主张,在是非、曲直、正误、真假等方面所具有的多种可能性之间进行的辨别、选择与断定。司法权承担着犯罪矫正、社会救济等职能。传媒应重点监督以下司法权力:① 对司法机关内部机制深层次问题的监督;② 对司法人员职务内违法行为的监督;③ 对干预司法机关独立办案的外部势力的监督;④ 对现行的某些法律制度漏洞的监督。

4. 弘扬法治原则

传媒监督司法有利于弘扬中国的法治原则:①"法律面前人人平等原则"。对于一切公民不分民族、种族、性别、职业、家庭出身、宗教信仰、教育程度、财产状况、居住期限,在适用法律上一律平等。法律确认和保护公民在享有权利和承担义务时处于平等的地位,不允许任何人有超越法律之上的特权。②"无罪推定"。任何人在未经人民法院判决有罪之前,都不能被认为有罪,也不能以罪犯对待,更不能适用刑罚。也即"疑罪从无",又称"有利被告原则",即既不能证明被告人有罪又不能证明被告人无罪的情况下,推定被告人无罪。③"罪刑法定"即"法无明文规定不为罪"和"法无明文规定不处罚"。法律明文规定为犯罪行为的,依照法律定罪处刑;法律没有明文规定为犯罪行为的,不得定罪处刑。④"罪刑相适应"。即刑罚的轻重,应当与犯罪分子所犯罪行和承担的刑事责任相适应。罪轻规定轻刑、轻判;罪重规定重刑、重判;罪刑相当,罚当其罪。这些都是现代法治国家刑事司法通行的重要原则,也是国际公约确认和保护的基本人权,联合国在刑事司法领域制定和推行的最低限度标准。

广东陈传钧涉嫌抢劫杀人改判无罪案是一个很有说服力的案例。

2001 年 9 月 25 日清晨,东莞市一杂货店遇袭,店主一家四口一死三重伤。2010 年 4 月 23 日,犯罪嫌疑人陈传钧被缉拿归案。2011 年 12 月 19 日,东莞市中级法院一审以抢劫罪判处陈传钧死刑,陈传钧以没有实施犯罪为由提出上诉,广东省高院以事实不清、证据不足为由撤销原判发回重审。东莞市中级法院重审后,改判陈传钧死缓,陈传钧又上诉。2015 年 8 月 17 日,广东省高级法院做出二审判决,认定因检方指控证据不足,"本着疑罪从无的刑法原则",宣告涉嫌抢劫杀人的被告人陈传钧无罪。再度二审的主审法官称,在对于上诉人是否本案真凶既无法证实亦无法证伪的两难局面下,法院应恪守证据裁判规则,本着疑罪从无的刑法原则,"宁可错放,不可错判"。

第二节　谨防媒介审判

一、媒介审判及其表现

传媒监督要捍卫司法独立,尊重司法权威,维护法官人格尊严。不应发表有可能干扰司法公正的文章,更不能发表捕风捉影的信息误导受众;传媒对司法的监督要保持一定的"度",要谨防媒介审判。

媒介审判一词最早出现于美国,指新闻报道形成某种舆论压力,妨碍和影响司法独立和公正的行为。西方学者认为,媒介审判是一种不依据法律程序对被告或犯罪嫌疑人实施的非法的道义上的裁判,也叫报刊审判①。所谓媒介审判,是指新闻媒体在报道消息、评论是非时,超越司法程序,抢先对涉案人员做出定性、定罪、定刑以及胜诉或败诉等结论,造成破坏司法原则的后果,是对法院的审判权和犯罪嫌疑人的公民权利的双重侵犯。

1. 新闻报道语言煽情化、暴力化

媒介在新闻报道中大量倾注个人情感、主观好恶、是非判断,缺乏应有的客观公正的理性。对案件煽情式报道,刻意夸大某些事实;使用"灭绝人性""罪不容诛""杀人狂魔"等词语来形容犯罪嫌疑人,给读

---

① 袁媛:《"媒介审判"现象分析》,《青年记者》2008 年 8 月。

者造成一种"犯罪嫌疑人是有罪的"印象,更为不可思议的是,有的媒体竟然以《枪毙的还少了》为标题,对案件盖棺定论①。这无疑使受众对事实的公正判决产生先入为主的坏影响。

2. 断章取义致使受众偏听偏信

记者对采访素材按既有观点加以取舍,为我所用;只为一方当事人提供陈述案件事实和表达法律观点的机会;甚至歪曲理解被采访者的原意;掌握"话语权"的媒体,失去客观公正的立场,对专家的观点断章取义,使得受众偏听偏信,形成思维定势。

3. 对审判结果胡乱猜测影响公众判断

为了"抢"新闻,为了追求轰动效益,媒体会做出一些倾向性报道,经常抢在司法判决之前做出一些推测性报道,甚至未经审判,报道即为案件定性,给被告人定罪。张金柱、蒋艳萍、董晓阳、马加爵、李天一等案件中,大众对媒介审判行为颇有微词,一些法律界人士不无忧虑地说:"媒体都判了,法院还审什么?"这不仅是媒介错位、越俎代庖的行为,更破坏了司法的公正性。

4. 对判决结果发表批评性评论缺乏善意

媒体对判决结果可以发表批评性评论,但有的媒体批评目的不在于被批评的事件本身,而在于被批评的人;不在于意见的流通和观点的碰撞,而在于人的下场。这种批评不仅导致社会支付过高的成本,还错误地引导社会只关注相关责任人的处理,而不去追究深层原因。同时,在社会上制造一种不尊重不同意见、不尊重被批评者正当权益的不良风气。

二、媒介审判的负面影响

1. 亵渎了法治原则

媒介审判是漠视"无罪推定""罪刑法定""罪罚相适应"等法治原则的表现。媒介审判虽然不能真正代替现实生活中的司法审判程序,但抢先对案件作出判断,易使受众先入为主,自发地形成一种非理性的群情激愤的舆论氛围,给司法机关的审判造成极大的社会舆论压力。

---

① 刘宁洁:《客观报道　谨慎评论——规范传媒的庭审报道》,《中国新闻传播学评论》2007 年 2 月。

媒介审判破坏了依法治国的原则,导致新闻媒体的舆论监督凌驾于法律之上,不利于公众树立正确的法律意识和法制观念。

2. 损害了司法尊严

民间有"找法院不如找媒体""法院不怕上告就怕见报"的说法。媒介审判使媒体传播司法新闻、提供信息、引导舆论的职能,转而担当"民间审判"的角色,干扰正常的司法程序。媒体对司法案件的感性认识、煽情报道,不仅不能正确树立法治权威,引导民众走向法治,反而会错误地示范民众,放大媒体的功能,使民众遇到问题不相信法律的权威与公正,转向寻求媒体的曝光,损害司法尊严。

3. 干扰司法机关独立审判

独立审判,是指行使审判权的法院和法官,依据法律和自己对案件事实的判断和对法律的理解,独立地作出裁判,不受任何限制、影响、诱导、压力或威胁。《宪法》第 126 条规定:"人民法院依照法律规定独立行使审判权,不受行政机关、社会团体和个人的干涉。"这是从宪法的高度规定了人民法院的地位和法院独立审判的原则,明确了独立审判是法官的权利,也是他们的义务。而媒介审判造成舆论先行,严重干扰司法程序。因此,国外有异地审判的惯例,使法官远离舆论的漩涡,独立按照法律对其的训练判案。异地审判,指不在被告人所处辖区法院或者主要犯罪行为地法院接受审判,根据刑事诉讼法的规定和个案具体情况,上级法院可以指定下级法院将案件移送到其他人民法院审判,有效减少了地方权力的干扰,排除了地缘人际关系网的束缚,预防了媒体和社会舆论对审判的干扰。

4. 侵犯了犯罪嫌疑人权利

任何人都有法律赋予的权利,犯罪嫌疑人有 12 项权利:① 获得法律帮助的权利;② 委托辩护人的权利;③ 申请回避的权利;④ 使用本民族语言文字进行诉讼的权利;⑤ 申请取保候审的权利;⑥ 对与本案无关的问题的讯问,有拒绝问答的权利;⑦ 要求解除强制措施的权利;⑧ 申请补充鉴定或者重新鉴定的权利;⑨ 对人民检察院做出的不起诉决定申诉的权利;⑩ 核对笔录的权利;⑪ 对侵权提出控告的权利;⑫ 获得赔偿的权利。媒体在法院判决之前对其不实、不公正报道,造成不良的社会评价,直接损害其及无辜家人的权益,甚至会伤害中国的形象。

5. 伤害了媒体的公信力

媒体公信力,是指新闻媒体本身所具有的一种被社会公众所信赖的内在力量,是媒体自身内在品质和外在形象在社会公众心目中所占据的位置,是衡量媒体权威性、信誉度和社会影响力的标尺,也是媒体赢得受众、占领市场、获得最佳社会效益和经济效益,并在众多竞争对手中保持独特优势的资源和能力。媒介审判会降低媒体公信力和舆论影响力,不仅使媒体失去了信誉,而且给社会舆论造成了混乱。

第三节　传媒如何监督司法

一、传媒监督司法的原则与注意事项

1. 传媒监督司法的原则

传媒监督司法的原则,主要有以下几条：① 案件判决前不做定罪、定性报道；② 对当事人正当行使权利的言行不做倾向性的评论；③ 对案件涉及的未成年人、妇女、老人和残疾人等的权益予以特别关切；④ 不宜详细报道涉及国家机密、商业秘密、个人隐私的案情；⑤ 不对法庭审判活动暗访；⑥ 不做诉讼一方的代言人；⑦ 评论一般在判决后进行；⑧ 判决前发表质疑和批评限于违反诉讼程序的行为；⑨ 批评性评论应避免针对法官个人的品行学识；⑩ 不在自己的媒体上发表自己涉诉的报道和评论①。

2. 传媒监督司法的注意事项

传媒监督司法的注意事项,主要有以下几点：① 对未成年人案件、涉及个人隐私案件,应注意用匿名报道；② 要尊重被采访对象的意愿,不能以非法方式和手段进行调查取证和收集新闻素材；③ 不能随意以与公共官员、公共人物、公共利益、公共兴趣相关为借口而谋求采访报道的特权;等等。

二、切实做好司法审判的报道

切实做好司法审判的报道,需要做到以下几点：① 要坚持以事实

---

① 孙兆华：《媒体报道与司法公正研究》,中国记协网,2007 年 1 月 10 日。

为依据,以法律为准绳,切实维护国家法律的尊严,维护人民法院的权威,维护当事人的合法权益;② 对司法审判的报道,要考虑社会效果,化解社会矛盾,维护社会稳定;③ 不得干预民事纠纷和经济纠纷的调解,不得干预正常的司法审判活动,不应影响司法公正和法律判决,不偏袒诉讼任何一方;④ 报道公开审理的案件,应遵守相关法律规定;⑤ 在报道有争议的内容时,要认真核对事实,充分听取相关方面的意见,准确把握分寸;⑥ 对一些在社会上反响强烈,备受关注的重特大案件审判的报道,要严格按照中央统一部署和有关要求做好宣传报道工作,拿不准的要及时请示报告。

切实做好司法审判报道的关键,是形成传媒与司法的良性互动关系。传媒与司法虽然在工作方式上有所不同,但都以维护社会的公平与正义为最后的追求。传媒与司法良性互动将有利于舆论监督与司法公正的实现。

一是媒体要注意自律,有所为有所不为。早在 1985 年,中共中央宣传部、中央政法委发出的《关于当前在法制宣传方面应注意的几个问题的通知》就明确规定:"不超越司法程序抢先报导,更不得利用新闻媒介制造对司法机关施加压力的舆论。"1991 年,中国记协发布的《中国新闻工作者职业道德准则》规定:"维护司法尊严,对于司法部门审理案件的报道,应与司法程序一致。"该《准则》在经过 1997 年、2009 年两次修订后更加明确地规定新闻媒体必须"维护司法尊严,依法做好案件报道,不干预依法进行的司法审判活动,在法庭判决前不做定性、定罪的报道和评论"。

具体而言,新闻媒体在立案、侦查、起诉和审判的任何阶段都可以对案件进行报道,但在不同的阶段对报道应有不同的要求:

（1）在公安机关立案、侦查阶段,新闻报道要注意保密,不得随意披露公安机关掌握的情况,以免泄露刑侦秘密,给在逃犯罪嫌疑人通风报信,要做到"帮忙不添乱";客观地报道公安机关官方披露的事实,而不是个别警官私下泄露的所谓"秘密消息"。

（2）在检察机关提起公诉阶段,媒体应坚持客观、公正、理性的立场,不偏不倚、平衡报道,不得有所偏袒、侧重;要给原被告双方同等说话的机会,甚至给犯罪嫌疑人发言或为自己辩驳的机会。新闻用语应坚持用中性词,不能用感情色彩强烈的词语,不煽风点火,不添油加醋;媒体不宜发表评论,更不能发表定罪定性式的评论。

（3）在法院判决前，媒体不要对案件的性质、犯罪嫌疑人的罪名（此罪、彼罪，罪轻、罪重、刑期等）做出推断性的报道，要相信法庭依据司法权力获得的事实与证据作为定罪量刑的依据是全面的、可信的，要相信法律面前人人平等。《刑事诉讼法》第 12 条规定："未经人民法院审判，任何人不得确定为有罪。"

（4）在判决后，媒体对判决结果的评论，最好请法学专家、学者、律师发表，可以对程序性问题——管辖、回避、证据、强制措施提出批评和评论，但对实体问题，如犯罪、刑罚等要尊重法官的自由裁量权，尊重法庭权威和法官的尊严。

（5）判决生效以后，应该准许公众对判决结果进行言说和讨论，甚至提出质疑和批评，这是表达自由的一种表现，有利于监督司法公正。

传媒介入案件的报道，要遵循即时报道和全程报道的原则。即时报道，要求即时报道案件的最新进展。如记者上午拍摄到警察现场带走抢劫嫌疑人，但下午嫌疑人无罪获释，如果电视台不去了解获释情况，晚上还报道上午的抢劫案，则会侵犯相关当事人的正当权利，如在下午获释前报道则安然无事。全程报道，要求媒体一旦进入报道，就要全程报道过程和结果，半路收兵就会有受控侵权的可能，因为媒体报道了嫌疑人被捕或受审，却不报道结果，公众就会把嫌疑人当罪犯，将轻犯当重犯，将不实指控当成事实，以致报道对象遭到社会不应有的歧视。

二是司法部门要加强法制建设，捍卫司法公开与司法独立。《宪法》第 125 条规定："人民法院审理案件，除法律规定的外，一律公开进行。"第 126 条规定："人民法院依照法律规定独立行使审判权，不受行政机关、社会团体和个人的干涉。"《中华人民共和国法官法》第 7 条规定，法官应当接受法律监督和人民群众的监督。2009 年，最高人民法院还专门发布《关于人民法院接受新闻媒体舆论监督的若干规定》，其中第 1 条规定："人民法院应当主动接受新闻媒体的舆论监督。对新闻媒体旁听案件庭审、采访报道法院工作、要求提供相关材料的，人民法院应当根据具体情况提供便利。"第 2 条规定："对于社会关注的案件和法院工作的重大举措以及按照有关规定应当向社会公开的其他信息，人民法院应当通过新闻发布会、记者招待会、新闻通稿、法院公报、互联网站等形式向新闻媒体及时发布相关信息。"第 3 条规定："对于公开审判的案件，新闻媒体记者和公众可以旁听。审判场所座席不足的,应当优先保证媒体和当事人近亲属的需要。有条件的审判法庭根据需要可以在旁听席中设立媒体席。记者旁听庭审应当遵守法庭纪律,未经批准不得录音、录像和摄影。"

各种公开审判案件的审判过程应当允许新闻记者采访报道。鉴于法官不得接受采访,司法部门应建立新闻发布机制,有专门的新闻发言人,作为与媒体对话的常规渠道。建立裁判理由说明制度,并在判决书上公开,以便于新闻报道和评论。案件的处理权落实到独任庭和合议庭,错案责任承担也落实到独任庭和合议庭,以高度强化审判人员的责任感。公开审判结果时,必须保证内容的完整和真实,要详细公开每个参审法官对其参审案件的意见,并予以公开,接受社会评判。

刑事案件及反腐报道规范主要体现在以下几个方面。

(1)对案件的报道要适当控制。对公检法司有关案件的侦破、审理及宣判等的报道,要适当控制数量和规模,确保事实准确,用语规范,不宜对作案现场进行描绘,不得渲染炒作,严禁虚假报道。尤其是对腐败案件和刑事案件等大案要案的采访报道,要坚持公开报道和内参反映相结合,严格审稿程序。

(2)对尚处于侦破阶段或未完全侦破的大案要案的新闻报道,由市公安局政治部统一发布信息并审核稿件。

(3)对市检察院查处、提起公诉的职务犯罪大案要案的新闻报道,由市检察院统一发布信息并审核稿件。由市中级人民法院开庭审理、宣判的大案要案的新闻报道,由市中级人民法院统一发布信息并审核稿件。经市纪委查办的案件或涉及副局级以上领导干部案件的新闻报道,由市中级人民法院经市纪委同意后统一发布信息,由市纪委审定稿件。由区(市)县公安机关、检察院、法院为主侦破、查处或判决的一般性案件,在不干扰正常合法的办案秩序的情况下,可据实报道。

(4)有关腐败案件的报道,要严格遵守重大案件报道审批制度,未经纪检、监察部门批准,不得擅自公开报道。对反腐倡廉工作中存在的问题可以通过内参反映。案件报道实行分级负责,归口管理。省部级干部的案件和中央纪委、监察部组织查办的案件报道由中央纪委、监察部审批,地厅级干部的案件报道由省纪委、监察厅(局)审批,县处级干部的案件报道由地(市)纪委、监察局审批。

(5)对领导干部违纪违法案件的报道,要实事求是,客观公正,适时适度。不得炒作领导干部违纪违法案件,不得对违纪违法情节和手段作过细的描写,不得报道案件的涉密内容,不得干扰和妨碍有关部门依法依纪办案。

(6)对领导干部违纪违法案件报道,要避免一个时期报道数量过多,或过于集中。重大政治活动、重要节假日期间以及特殊敏感时期,一般不报道领导干部违纪违法案件①。

(7)死刑案件报道规范:考虑到可能涉及人的生死,考虑到中国司法机关对舆论压力的承受能力,媒体必须保持高度的理性和克制,秉持最高的专业标准,禁止设置死刑投票;禁止对死刑执行过程示众;对于案件事实的报道尽可能地以法律事实的标准严加核实;涉及对判决的讨论与质疑,要避免一边倒的主张"死刑判决"或"改判死刑立即执行"。如果不能有效引导公众,重视"少杀、慎杀"的政策主张,至少应该平衡报道,让理性的观点,特别是少数人的观点发出声音②。

学习思考题:

1. 传媒监督司法的十条原则是什么?

2. "媒介审判"的负面影响有哪些?

3. 简述犯罪嫌疑人有哪些权利?

4. 传媒应重点监督哪些司法权力?

5. 传媒监督司法的重要性体现在哪些方面?

---

① 《成都商报采编手册(第三版)》,2010 年 11 月。

② 徐迅:《禁区与文明——以六个死刑案件报道》,2016 年 11 月 19 日媒介法规与伦理研究委员会成立大会发言。

第八章

新闻传播法制的历史发展

第一节 新闻传播法产生和发展的基本条件

新闻传播法是当今世界各国一个重要的部门法,也是各国现代文明的一种体现,其产生和发展经历了一个漫长的历史过程。尽管各国新闻传播法的历史发展各不相同,但都呈现出一个共同的特点,即:各国新闻传播法的产生和发展受本国经济、思想和政治等各方面条件的制约。

一、经济条件

经济基础决定法,法又反作用于经济基础,这是马克思主义法学的基本原理①。新闻传播法作为一国法律体系的重要组成部分,必然要受到相应的经济基础的制约。可以说,经济条件是新闻传播法产生和发展的首要条件。

封建社会时期,王权独大,广大农民没有基本的人权,平民对官吏、臣下对君主的人身依附关系是这个时期最主要的特点。在经济上,农民依附于土地及地主,而地主又依附于更大的土地主直至君主,从而形成了一种金字塔形的社会经济结构。在这种经济结构中,自给自足的自然经济占据了主导地位,市场经济极不发达。由于几乎不存在经济

① 沈宗灵:《法理学》,高等教育出版社 1994 年版,第 130 页。

主体对政治和经济活动信息的需求,新闻传播事业就没有产生和发展的前提,自然也就不存在建立新闻传播法律制度的经济基础。

进入资本主义阶段以后,由于资本主义商品经济的建立和发展,社会化大生产加强了人与人之间的相互联系和依赖,对政治、经济、文化甚至是宗教等各种信息的需求应运而生①。这种需求为新闻传播事业和新闻传播法的发展提供了经济土壤。资本主义发展的必要条件是工业化生产,大批量地复制产品是其重要特征。这就为资本主义报刊业的发展提供了必要的技术和物质条件。报业的大规模发展催生了新闻法的产生和发展。

在社会主义国家,存在着以公有制为主体的多种经济成分,同样存在着多种经济主体并存的利益格局和信息需求。这就为社会主义国家新闻传播事业和新闻传播法的产生和发展创造了经济条件。为了协调和平衡不同利益主体之间的要求及关系,保护新闻传播活动各类主体的合法权益,就必须建立和发展新闻传播法制。

二、思想条件

任何一种法律制度的形成和发展都离不开一定的思想条件,新闻传播法也不例外。

近现代新闻传播法的产生和发展主要得益于新闻自由理论。新闻自由理论起源于资产阶级启蒙思想家掀起的思想解放运动,发展于资产阶级革命时期,于资本主义制度建立并巩固后被广泛接受。新闻自由理论脱胎于人权思想,其基本内容是:自由地表达思想和意见是人类最为宝贵的基本人权之一;因此,每个公民都享有言论和出版等自由。在新闻自由理论的主导下,资产阶级的新闻传播事业得以产生、发展和巩固,该理论也因而成为资本主义新闻传播法产生和发展的思想基础。

在社会主义国家,新闻传播法产生和发展的思想基础仍然是新闻自由理论,但其渊源已经不再是资本主义的人权理论,而是社会主义的人民主权学说。在社会主义国家,一切权利属于人民,人民有权管理国家事务,有权监督权力主体和权力的运行。为了保障人民群众当家作

---

① 童兵著:《比较新闻传播学》,中国人民大学出版社 2002 年版,第 59 页。

主的政治地位,保障公民通过宪法规定的言论、出版等各项权利来监督、制约国家权力,就必须有体现新闻自由思想的新闻传播法。

三、政治条件

新闻传播法作为现代国家的一个部门法,同国家的政治体制密切相关,它是以一国的民主政体为基础,同时又是一国民主制度的体现和组成部分。因此,在封建专制时代,是不存在现代新闻传播法制的基本政治条件的。现代意义的新闻传播法是资产阶级革命胜利后产生和发展起来的,是以民主政治为标志的。

资本主义国家新闻传播法产生和发展的政治基础是宪政民主。在资本主义社会,宪法是资产阶级民主的标志,它确立了"三权分立"的政治体制;并把国家权力和公民权利之间的关系固定化、法律化,使得新闻自由有了国家根本大法的保障。宪政民主奠定了新闻传播法建立和发展的重要基础。

社会主义国家新闻传播法产生和发展的政治基础是社会主义民主。社会主义国家民主的核心是一切权力属于人民,人民有权通过各种合法手段对权力机关、政府机关和司法机关进行各种形式的监督,而完善的新闻传播法制则是确保人民这种监督权利的有效途径。

第二节　英美法系国家新闻传播 法制的历史发展

一、英国新闻传播法制的历史发展

1. 封建王朝时期新闻传播法制的发展(1215—1640 年)

一般认为,英国新闻传播法制起源于 1215 年的《大宪章》(*Magna Charter*)对表达自由的保护。在中世纪,英国王权过大,不仅广大的人民没有人权,就是上层统治阶级的权利也受到严重损害。即使是贵族,也不过是国王的奴仆而已,贵族本人甚至不能决定自己的家务事情。甚至连贵族家庭中妇女的婚嫁,都要由国王来决定,这就损害了英国贵族的利益。于是,英国贵族争取权利的斗争,就从反对国王干涉贵族家庭的内部事务开始。就是在这种背景下,英国国王约翰应英国贵族要求在拉尼米德签署了保障公民政治和自由权的法令——《大宪章》。它确立了君主权力不是绝对的原则,为现代民主制度奠定了基础。但此后很长时间内,各种封建法令中充斥的仍然是对表达、出版等自由的管制而非保障。例如,1275 年和 1379 年,英国议会就两次规定反国家的言论是犯罪。

早在 13 世纪,英国就出现了手抄新闻书,此后又逐渐出现了新闻诗和新闻信,但这些早期的新闻形式很快被专门的印刷新闻书所取代。1476 年,英国富商威廉·凯顿(William Caxton)将现代印刷术从德国引入英国,在伦敦的威斯特敏斯特教堂开办了英国第一家印刷所,并由此获得了不受英王室干涉的相对出版自由。1478 年,查理三世发布诏令,鼓励外国人经营出版事业。1605 年,出版商纳坦尼尔·巴特(Nathaniel Butter)开始出版不定期的新闻书,他曾创办并连续出版了23 期的《每周新闻续编》。1621 年,出版商尼古拉斯·伯恩(Nicholas Bourne)和托马斯·艾克尔(Thomas Archer)在国王的特许下,创办了英国第一家定期刊物《每周新闻》,但只准报道外国新闻。

但英王室逐渐发现,随着印刷业的不断发展和出版物的扩大发行,民众接触到越来越多的新思想和文化知识,对其封建统治构成了威胁,并开始对出版进行严格管制。1528 年,亨利八世颁布法令,限制印刷业的发展,这是英国第一个管制出版自由的法令。1534 年,亨利八世再次颁布法规,"要求印刷商必须有皇家的批准"。1538 年,英国正式建立皇家特许制度,规定所有出版物须经事先允许方可出版,未经许可出版将会导致严厉的惩罚和控诉为罪犯。到玛丽女王统治时期,对出版及言论自由的限制愈演愈烈。1557 年,英国成立皇家特许出版公司。公司特许条例规定:在王国内外,除公司成员和女王特许者外,禁止一切印刷活动。英王室借此管制任何批评王室和政府的言论,不管这些批评对错与否。1586 年,伊丽莎白女王颁布了著名的"星法院法令",该法令各项审查制度的核心就是特许制[①]。该法令一直维持到1640 年,成为英国出版自由最大的桎梏,并成为后来克伦威尔专政、查理二世复辟时进行出版管制的基础。

---

① 郑超然等:《外国新闻传播史》,中国人民大学出版社 2000 年版,第 50 页。

2. 资产阶级革命爆发后新闻传播法制的发展(1640—1938 年)

英国是西方最早完成资产阶级革命的国家,但英国的资产阶级革命一波三折,最终以资产阶级和封建势力的妥协而告终。与之相适应的是,这一阶段英国新闻传播法制的发展均呈现出较大的波折性。但以新闻自由为导向的新闻传播法制也在这个阶段得到最终确立。

1641 年 7 月,资产阶级革命爆发不久,"星法院法令"条令被正式取消,英国报业在历史上第一次获得了出版自由。在此期间,1641 年11 月,J· 托马斯(J. Thomas)发行了第一家专门报道国会新闻的《国会纪闻》,该周刊打破了英国长期不许报道国内新闻的禁令。但无限的自由带来的是巨大的混乱。在混乱中,版权无法保证,出版商的利益受损。为此,英国于 1642 年专门制定了苛刻的《出版检查法》,对书籍、报刊实行严格的事前检查。此外,国会还恢复了特许制度,成立了出版检查委员会和皇家特许出版公司。

但是在克伦威尔专政之后,严厉的管制再次出现。为了巩固其统治,克伦威尔于 1649 年规定,除了特许者外,一律不许出版。在克伦威尔军事独裁下,新闻书籍再遭查禁,报纸种类也急剧下滑,只允许出版两种官方报纸《政治信使报》和《公众情报者》。但与此同时,英国法院在审理"约翰·李尔本叛国案"中,确立了一项非常重要的普通法原则,即"在出版物上发表批评政府的文章无罪"原则。李尔本(John Lilburne)是英国杰出的出版自由战士,他出版了《贵族暴政的剖析》一书,主张在法律面前人人平等,并反复强调出版自由的重要意义,成为平等派领袖,曾多次入狱。1649 年,李尔本发表了揭露克伦威尔独裁的文章。法院指控他发表揭露政府的小册子,试图对他定判国罪。李尔本连续 3 天在法院答辩,逐条驳斥指控。法院最终宣布他无罪。尽管李尔本后来仍受到政府的压迫,但此案在英国实际上确立了一条法律原则:在出版物上发表批评政府的文章不算犯罪,此即"批评政府无罪"原则在世界上的首次确立[①]。此后,该原则逐渐成为英国新闻传播法制的核心,为保护英国民众的新闻自由提供了重要的法律依据。

1660 年,查理二世复辟,封建王朝的出版管制代替了克伦威尔的军事管制。同年,复辟国会颁布决议,非经许可绝对不准刊登国会消息。1662 年又颁布"特许制法令",严厉管制报纸。英国报业发展由此

---

① 何勤华主编:《英国法律发达史》,上海人民出版社 1999 年版,第 69 页。

陷入短暂的低潮。

　　不过,1688年的"光荣革命"结束英国的资产阶级革命、确立了君主立宪制后,英国的新闻传播媒体和新闻传播法制一度又活跃起来。1693年,英国国会废除了钳制出版业的出版法案,又于1695年废止了新闻检查制度,并将预防制改为追惩制,新闻自由原则得到了极大限度的法律保障。英国也由此成为世界上最早在新闻传播立法方面做出此项突破性贡献的国家。

　　尽管如此,由于英国资产阶级的不彻底性,统治阶级运用各种手段来限制报业的发展,英国新闻传播法制的发展也很艰难。光荣革命后,英国沿袭了17世纪的判例法原则,凡是指责、攻击国王、内阁大臣的人,无论其言论对错,都犯有煽动诽谤罪,应被判刑和罚款。17世纪末18世纪初,英国有上千名新闻传播从业者因此被判刑和罚款。直到1762年的约翰·威克斯案以及1792年《福克斯诽谤法案》(*Fox's Libel Act*)后,煽动诽谤法的恶劣影响才逐渐得以控制。1762年,英国约翰·威克斯(John Wilkes)创办《北不列颠人》杂志,提出"批评政府是每个报人的神圣天职"的观点,因批评国王被捕。他获释后联合其他被捕者控告政府,并最终胜诉①。1792年,英国议会通过《福克斯诽谤法》(福克斯是当时的英国首相),对诽谤罪进行了较为严格的法律限定,使诽谤罪的认定有法可依。这标志着新闻自由体制经过近200多年的反复斗争,终于开始在英国确立。此外,除了执行煽动性诽谤的刑法之外,英国政府还发现税收是控制报业的很有效的方法,便于1712年由国会通过印花税法案,向报纸征收印花税、广告税和纸张税。该法案实施不到半年,就有半数的报纸因负担太重而停刊。随着新兴工业的不断发展,印花税等越来越遭到英国新兴工业资产阶级的强烈反对。面对各方压力,在实施了100多年后,英国国会最终于1853年、1855年和1861年分别取消了广告税、印花税和纸张税。这两个领域新闻法制的发展,使英国的新闻传播业突破了法律上的障碍,摆脱了沉重的经济负担,进入了一段较长时期的繁荣发展阶段。

　　总的来看,从资产阶级革命开始至第二次世界大战的几百年是英国新闻传播法制的确立阶段,英国通过几个重要的判例和一些成文的法规,确立了维护新闻自由的基本原则,使得英国成为新闻传播法制从

---

　　①　郑超然等:《外国新闻传播史》,中国人民大学出版社2000年版,第69页。

管制走上开明最早的国家之一。

3. 第二次世界大战爆发后新闻传播法制的发展(1938 年至今)

第二次世界大战爆发以后,英国实行了战时新闻管制。战时新闻管制的主要内容是设立宣传部,发表官方新闻,对邮电和新闻进行检查。这种临时的新闻管制并没有对报刊业产生太大的负面影响,只有共产党出版的《工人日报》和经常反对丘吉尔首相的《每日镜报》等少数报纸受到了新闻检查机构的刁难,被勒令禁止出版或停止刊行。尽管如此,这种新闻管制还是遭到了议会的批评,政府被迫宣布各报社、通讯社可以直接向政府及陆、海、空军事当局采访新闻,但仍需接受检查。不过,战后英国政府很快就取消了新闻管制,继续维持自由新闻传播体制。英国新闻传播法制进入了稳步发展时期。

二战后,英国的报刊业继续发展,但在市场经济规律的作用下,这种发展很不平衡。在激烈的竞争之下,很多中小报刊走向破产或是被兼并,许多大报团也进行了重组,报业垄断现象开始出现,新的报刊业格局得以形成。为了调查英国报刊业的现状及其对新闻自由可能产生的影响,英国议会专门设立了皇家新闻业委员会(Royal Commission)。1949 年第一次皇家新闻业委员会发表调查及工作报告,建议成立新闻评议会,目的在于提高新闻职业道德,维护新闻自由。1953 年 7 月 1 日,在英国政府的推动下,新闻评议会成立,其主要职责是受理外界对新闻业的控告和申诉。此后,英国的新闻评议会因其体制完备、收效显著而被其他国家所效仿。1962 年第二次皇家报刊委员会提出了一份报告,该报告称英国报业集中趋势一直在加剧,对出版自由带来了潜在威胁,并为此提出了建议。这一报告促使英国政府在 1965 年颁布了《反垄断法》,规定规模较大的报业交易要得到"公平贸易局"的书面批准。此举有效地削减了因报业日益集中而对出版等新闻自由带来的威胁。然而"报业垄断,是资本主义无法解决的死结之一"①,1997 年第三次皇家委员会提出的报告仍旧认为报业兼并在持续,而现行的报业制度是导致垄断的原因之一,但报告同时认为应维持现行制度,认为政府干涉报业只会对新闻自由带来更大威胁。跨世纪时期,传媒的生态环境出现变化,英国以其宽松的法律环境和优惠的政策,让英国报纸成功实现了"大报"向"小报"的转型,英国报业走向了成熟。

---

① 欧阳明:《外国新闻传播业史稿》,武汉大学出版社 2006 年版,第 271 页。

与此同时,英国的广播电视业也得到了较大的发展,英国新闻传播法制的调整范围也从纸质媒体扩展到了电子媒体。其实,英国的广播电视业在战前就已经得到了发展。早在 1897 年,意大利科学家马可尼就在英国成立世界上第一家无线电报公司,该公司曾于 1922 年联合其他几家无线电企业成立了民营的英国广播公司;但该公司在 1927 年被政府改组为公营的英国广播公司(BBC),并特许其在全国和殖民地进行无线广播。1934 年 BBC 开办电视台,同年英国立法成立电视委员会,并授权其规划全国电视事业的发展。

二战后,越来越多的有识之士认识到,BBC 对广播电视事业的垄断实际上是对言论及新闻自由的限制。为此,1954 年 6 月,议会通过了《独立电视法案》,允许设立商业性的广播电视机构。同年,英国组建独立电视局。1972 年,电视局改名为独立广播局,同时管理英国的商业广播和商业电视。1973 年,议会又通过《独立广播电视局法案》。1955 年 9 月,英国第一家商业电视台——伦敦电视台——正式开播。1973 年,第一家私营电台——伦敦广播公司——正式开播;BBC 对电视和广播的垄断格局被相继打破,英国开始出现广播电视业的"公私并存"。然而,垄断并没有就此消失,而是形成了 BBC 和独立广播局"双头垄断"的格局。此后,随着新的传播技术的发展,英国的卫星电视和有线电视也逐渐发展起来。为了确保这两项新兴新闻传播业的发展,英国于 1984 年颁布了《有线广播条例》,设立有线电视局,对卫星电视和有线电视进行有效监管。

20 世纪 80 年代末以后,西欧各国相继出现了广电业商业化趋势。面对此新形势,英国政府决定对原有商业广播电视体制作出重大调整,于 1990 年颁布了英国新的《广播法》。该法于 1992 年正式生效,以独立电视委员会(Independent Television Commission,简称 ITC)和无线广播局(Radio-communications Agency,简称 RA)取代了原来的电缆电视局和独立广播局,分别对商业电视和商业广播进行监督管理。独立电视委员会是专门负责全英商业电视机构管理的半官方组织,监督、管理全部地面商业电视业务,负责对卫星和有线电视的管理,主要掌管商业电视网的发射设备,发放商业电视经营许可证,审查节目和广告等。无线广播局管理全国商业性的无线广播电台,在无线广播范围内负有与独立电视委员会同样的任务和管理职能。此后,英国广播电视业告别了"双头垄断",迎来了公营、私营并存的双轨制新局面。1990 年的《广播法》对开放英国广播电视市场,营造更为自由的竞争环境,促进广播电视的繁荣,以及维护与保障新闻自由产生深远的影响。1996 年,国会对该法又进行了一次重大修订,以适应广播电视市场的新变化与新需求。

历史上,英国法律对媒体言论的管理和限制一直都趋向于严苛。二战后,尽管英国报刊业、广播电视业在立法的推动下得到了迅速发展,然而媒体的言论自由仍受到很大限制。法律赋予法庭一系列排除公众以及防止媒体对法庭审判进行报道的权利,而最严重的限制莫过于两大罪名——"藐视法庭罪"和"诽谤罪",这些复杂的法律规范给新闻传播媒体套上了无形的枷锁。而另一方面,层出不穷的新闻侵权案也让新闻传播媒体噤若寒蝉,深恐一不小心被卷入赔偿诉讼的泥沼。

20 世纪 80 年代以来,因保护新闻言论自由的世界潮流的影响,英国立法开始与时俱进,司法开始变通,分别于 1981 年和 1996 年对藐视法庭法和诽谤法进行修订,出台了《藐视法庭法》和《1996 年诽谤法案》,前者规定了一系列媒体或记者的免责条款,后者也赋予了媒体针对名誉损害索赔的抗辩权。英国对媒体言论开始呈现出宽容和开放的态度。

2000 年《信息自由法》的颁布对于具有保密传统的英国来说无疑是一个标志性的转变,《信息自由法》把保障公民的知情权以政府义务性规范的形式加以确定,使得公民的这一基本权利和相应的新闻传播从业者的采访报道权有了可操作性,新闻传播媒体的权利得到了保障。2005 年,《信息自由法》进入全面实施阶段,它的实施对保障新闻自由,发展知识经济都有极大的促进作用。

二、美国新闻传播法制的历史发展

1. 殖民地时期新闻传播法制的发展(1607—1776 年)

美国曾经是英国的殖民地,英国对美国新闻传播法制的发展具有相当大的影响。

17 世纪中期,经过殖民地人民几十年的辛勤劳动,殖民地的经济、文化和教育事业都有了较大的发展,已经具备了出版报纸的客观条件。但此时正是英国国内封建王朝复辟时期,英国政府对本国新闻出版业的严格管制政策也适用于它的各个殖民地。1662 年,马萨诸塞殖民议会通过了第一个限制新闻出版的正式法案,规定出版物必须经过审批,获得许可证后才能出版。1668 年,英王查理二世在给北美殖民总督的定期指令中,再次要求在北美殖民地实行特许制,严格管制出版业。1690 年,美国第一张报纸《国内外公共事件》(*Public Occurrences Both Foreign and Domestick*)在波士顿诞生。出版四天后,殖民当局发表声明,认为该报对英国在殖民地的政策提出了激烈的批评,而且报道了法国国王与不是自己妻子的人之间发生不道德关系的文章。因此禁止该报发售并责令回收,并严禁任何人未经事先特许而擅自印发任何印刷品①。此后,英国政府试图用特许制、税收、煽动法等种种方法控制美国的印刷商和出版商。英国本土 1695 年就被废除的特许制在美洲殖民地持续到了 18 世纪 20 年代。1722 年,詹姆士·富兰克林(James Franklin,本杰明·富兰克林的哥哥)因为未经许可出版《新英格兰报》而被判入狱。但他的举动被史学家称为"为确立编辑的独立传统做出了突出贡献"。1765 年,殖民政府颁布了印花税法案。在殖民地人民的强烈反对下,1766 年殖民政府被迫撤销了该法案。

在此期间,北美人民争取新闻自由的努力从来没有中断过。1641 年《马萨诸塞自由法规》就包括保护殖民地人民言论自由的内容。特别值得注意的是,1682 年宾夕法尼亚政府将保护言论自由等公民的权利写入了政府基本法(相当于宪法)。这种尊重和保护居民基本权利的传统在北美殖民地独立后更加明显地表现出来。同时,在判例法方面,也出现了有利于保护人民言论及新闻自由的案件。著名的"曾格案"就是一例。1733 年,约翰·彼得·曾格(John Peter Zenger)在纽约创办了《纽约周报》(*New York Weekly Journal*)。曾格在他主办的报纸上批评了当时的总督威廉·科斯比(William Cosby)允许法国军舰侦查南部海湾的防御工事一事,被科斯比令首席法官以"对政府进行无耻的中伤、恶毒谩骂和煽动性责难"的罪名提起诉讼,并遭逮捕。根据传统的普通法,他肯定是有罪的,因为当时普通法的格言是:"事实越真实,诽谤的可能就越大。"凡是对政府进行批评,不管内容是否真实,一律视为诽谤;若言论属实,其煽动作用更为明显。所以,事实是比谎言更大的诽谤。1735 年 8 月 4 日,法庭开始审理此案。费城 80 岁高龄的著名律师安德鲁·汉密尔顿(Andrew Hamilton)主动出庭为曾格辩护。汉密尔顿指出,陈述无可非议的事实不是诽谤。曾格的报纸确实发表过令政府恼怒的报道,但仅此一点不足以构成诽谤罪,还必须证明报道

---

① 郑超然等:《外国新闻传播史》,中国人民大学出版社 2000 年版,第 303—304 页。

中的言论是假的、恶毒的、煽动性的,因为只有谎言才能构成诽谤;而曾格所报道的内容都是事实,不能构成诽谤。汉密尔顿在向陪审团发表的辩护演讲中指出,曾格案不是他个人的事情,而是影响到北美每一个公民的自由问题,即说出真相和写出真相、揭露和反对专制的自由。对于我们的自由,真正的危险是执政机关暴虐施政却不允许说真话。汉密尔顿的辩护引起旁听席上长时间的掌声且闻名全国,陪审团作出无罪的裁决,曾格获释并成为美国新闻界的英雄人物。

这一案件也被称为美国新闻史上的里程碑,它在美国新闻诉讼的司法实践上确立了三条基本原则:第一,诽谤必须是捏造事实,陈述事实不是诽谤;第二,对诽谤罪要有事实真伪的证据,不能凭空指控;第三,判定出版物是否犯有诽谤中伤或煽惑人心的罪名,必须由陪审团作出裁决,不得由法官个人决定。这三条原则实际上标志着"批评政府无罪"的原则在美国初步确立。曾格案是殖民地人民争取新闻自由的第一次重大斗争并取得了一定的成果。

不过,这也并不意味着争取新闻自由的道路走到了目的地。英国当局采用了其他的罪名代替煽动罪,如破坏议会特权、藐视法庭等罪名,手段虽然发生了改变,但对新闻自由控制的目标并没有因此而偏移。这种情况直到独立战争后才发生改变。

2. 独立战争至第一次世界大战期间新闻传播法制的发展(1776—1914 年)

1776 年北美独立革命之际,弗吉尼亚州宪法规定了保障言论出版自由的条款。在其权利章第 12 条写道:"言论出版自由是自由的坚固要塞之一,压制这一自由即是专制政府,这一自由是永远不能被限制的。"这是保障言论自由最早的成文宪法。从 1776 到 1787 年至少有 8 个州的宪法规定了保障公民的言论自由,但是却没有被写入 1787 年的联邦宪法里。所以联邦宪法自批准阶段就受到以杰斐逊(Thomas Jefferson)为代表的反联邦党人的强烈批评,由此还引发了汉密尔顿(Alexander Hamilton)和杰斐逊之间就出版自由进行的著名辩论。

汉密尔顿认为出版自由是依靠舆论、公民和政府维系的,毫无写入宪法的必要。新闻出版必须接受检查,应当受到严格限制,加强新闻立法,以杜绝言论诽谤。必须对人民的言论严加管束[①]。而杰斐逊则认

---

① 甄树青:《论表达自由》,社会科学文献出版社 2000 年版,第 152 页。

为通往真理的道路上最好的办法是新闻自由,出版自由和政府的秩序
是一致的,决不能限制出版自由,除非它对公民的名誉造成损害。两人
争论的结果是,1789年美国国会通过了宪法前10条修正案,其中第一
条修正案规定:"国会不得制定任何法律剥夺人民言论或出版的自
由。"美国的新闻自由从此有了宪法的依据。

　　但是,关于新闻自由的宪法规定并没有得到贯彻,反而在1798年
就受到了限制。由于联邦党人和反联邦党人的敌对,以及对法国大革
命会蔓延到这个国家的担忧,在联邦派占主导的美国国会于1798年通
过了《国籍法》《外侨法》《侨敌处置法》和《煽动叛乱法》等一系列限制
新闻自由的法案,统称为《关于处置外侨和煽动叛乱法》。煽动法案禁
止对美国政府、国会和总统进行错误的、诽谤性的、恶意的报道。违法
者处以2 000美元的罚金以及两年的监禁。此法案招致了大多数美国
人民的强烈不满,被认为是对宪法新闻自由原则的粗暴违反。

　　1801年,推崇新闻自由的杰斐逊就任美国总统以后,该法案被废
止,并赦免了所有犯此罪名的人,国会最终还退还了大部分的罚款。此
后,杰斐逊的如下观点成为以后美国资产阶级的新闻自由和新闻立法
的制度的理论基础:自由报刊应该成为对行政、立法、司法三权起到制
衡作用的第四种权力;廉洁公正的、为公民了解的政府是不会被报纸的
谎言打倒的;出版自由和政府势不两立的看法是错误的;报纸说谎是没
有力量的表现,报纸讲真话是有力量的表现。

　　3. 两次世界大战之间新闻传播法制的发展(1914—1945年)

　　美国新闻传播法制在第一、二次世界大战期间形成了战时新闻检
查的传统,即在和平年代不得干涉传播新闻和意见的自由,只有在战争
情况下公众和新闻传播界才接受新闻检查。

　　美国卷入第一次世界大战后不久,威尔逊总统就颁布行政命令,成
立公共信息委员会,由该机构实施新闻检查和战时宣传。美国颁布了
该委员会制定的一套自动的新闻检查制度,报纸的主编都必须遵守这
些规定。1917年,美国颁布了《惩治间谍法》,规定凡违反该法的报纸、
书籍和其他材料一律不得邮寄。同年,美国还成立了新闻检查局,专门
对所有海外通讯活动进行检查。

　　二战中,富兰克林·罗斯福总统加紧控制国内的舆论。1941年12
月19日,罗斯福颁布了《美国报纸战时行为准则》,详细列举了禁止刊
播的资料项目,并设立了美国新闻检查局,对国际新闻通讯等进行严格

检查,对违禁新闻采取删除、无限期搁置或不予通过等各不相同的处理方法。同时,前线各战区司令部对前线记者采写的新闻也要进行检查,而且这种检查比新闻检查局的检查还要严格。

两次世界大战期间,美国的新闻自由的判例法也有了较大的发展,出现了几个对新闻自由有深远意义的判例。

一战结束后,出于对共产主义的恐惧,美国开始实行"红色恐怖",其限制言论自由的立场得到了最高法院的支持,1919 年的"申克诉美国案"就是例证。美国社会主义党总书记申克散发反战传单给费城的一些即将入伍的青年。随后,联邦执法人员逮捕了他,并控告其违反了1917 年的《反间谍法》,但申克认为这侵犯第一修正案所保护的言论自由权。对此,联邦法院霍姆斯大法官认为,表达意见的自由不是绝对的,而是有条件的;"最严格的保障言论自由也不能保障一个人可以在剧院里谎报火警制造恐慌"①。判断一种言论是否应受到第一修正案保护的标准是看这些言论是否制造一种"清楚和当前的危险"。这是最高法院对言论自由的最早解释之一,对后来新闻法的影响极大。为了避免"清楚和当前的危险"原则的滥用,霍姆斯大法官对该原则的使用作出了重要的限制性界定。但该原则仍然在很多情况下成为最高法院压制正常言论自由的武器。

与此同时,美国也出现了一些有利于新闻自由的判例。依照传统原则,新闻界批评政府和官员应遵守的标准是"公正评论",一旦违反了这个标准,就可能被指控为诽谤。但 1920 年的"芝加哥市政府诉《芝加哥论坛报》案"改变了这一原则②。1920 年,美国《芝加哥论坛报》刊登了一名州长竞选人的演说,其中有指责芝加哥市政府财政败坏、信用破产的文字。市政府向法院控告该报损害名誉。1923 年,伊利诺斯州最高法院判决认为,报纸和公民一样,具有自由批评政府的绝对权利。同样,报纸和公民也可以批评市政公司,而不受诽谤法的约束。如果政府能控告一家报纸诽谤,就是说它也能控告一个公民诽谤。这就不仅是新闻自由问题,而是公民言论自由的基本权利问题了。该最高法院还指出,除煽动他人破坏现行法律,或以暴力或其他手段推翻政府以外,其他任何反政府的言论或文字都应当被认为是绝对权利。

---

① 杰罗姆・巴伦、托马斯・迪恩斯:《美国宪法概论》,中国社会科学出版社 1995 年版,第 186 页。
② 童兵主编:《中西新闻比较论纲》,新华出版社 1999 年版,第 186 页。

结果是法院判决报社无罪,芝加哥市政府败诉。该判例的意义在于它突破了美国"公正评论"的法律原则,确立了新闻界批评政府的"绝对权利"原则。这无疑是对"批评政府无罪"原则的进一步发展与深化。

4. 第二次世界大战后新闻传播法制的发展(1945 年至今)

第二次世界大战后,东西方两大阵营开始对抗。在冷战意识的指导下,美国掀起了一股反共歪风。1950 年,美国颁布《麦卡伦法》,第一次正式以法律的形式宣布共产党报刊为非法,所有共产党报刊被迫停刊。1951 年的"丹尼斯诉美国案"中,联邦地区法院指控美共企图以暴力推翻政府。当时的首席大法官文森根据"清楚和当前的危险"原则,支持了低级法院的宣判。这一判例被很多人认为压制了公民的言论和出版自由。

不过,1953 年,厄尔·沃伦担任联邦最高法院首席大法官后,情况大为好转。他领导的最高法院对一系列有关新闻自由的案件作出革命性的判决,推动了美国自由新闻传播体制的发展①。1964 年,最高法院在"阿普特克诉国务卿案"中,宣布《麦卡伦法》违宪。同年,在"《纽约时报》诉沙利文案"的判决中,最高法院对新闻自由进行了严格的保护。60 年代初,《纽约时报》刊登了一份政治广告,该广告由阿拉巴马州的 64 名黑人牧师制作,描述了南部民权运动发展状况,呼吁各界支持黑人的斗争。但广告中有几处描述与事实有细微的差别。阿拉巴马州一位名叫沙利文的公务员向该州法院起诉,控告《纽约时报》和四名广告制作人犯了诽谤罪。州法院判决沙利文胜诉,判罚被告 500 万美元罚款。但此案上诉到联邦最高法院后,九名大法官一致同意,阿州法院侵犯了被告人的言论自由,推翻了州法院的判决。大法官布伦南指出,在讨论重大公共问题时,难免出现一些"与事实有出入的说法",但这种现象仍应得到保护;只有这样,言论表达才有生存空间。该判例的意义在于它大大扩展了言论及新闻自由的范围。

1969 年,沃伦·伯格担任联邦最高法院首席大法官后,基本上支持和维护了沃伦法官时代确立的新闻自由原则②。在 1971 年"《纽约时报》诉美国案"中,最高法院驳回了尼克松政府禁止《纽约时报》刊登被泄露的越战文件的要求,认为这样的新闻限制违反了宪法第一修正

---

① T·巴顿·卡特等:《大众传播法概要》,黄列译,中国社会科学出版社 1997 年版,第50 页。

② 王希:《原则与妥协:美国宪法的精神与实践》,北京大学出版社 2000 年版,第468 页。

案。在1980年"里士满报业公司诉弗吉尼亚州案"中,最高法院宣布法院无权将案件审讯对媒体关闭,因为公众有知道案件审理情况的权利。不过,在1972年的"布兰日伯格诉海斯案"中,最高法院对新闻记者的特权也进行了一定的限制,认为记者无权以宪法第一修正案的言论自由权为由拒绝公开所得消息的来源。但是此案的争议很大,有四位法官投了反对票,他们认为保护消息来源的秘密性对取得消息至关重要。

作为英美法系的代表性国家,美国关于新闻自由的判例对美国新闻传播法制的发展,发挥了相对重要的作用。同时,20世纪后半叶以来,美国以成文形式出台的法案也给美国乃至世界的新闻出版业发展带来了深远的影响。其中特别值得关注的是《信息自由法》。

1966年,第一部《信息自由法》的问世打开了美国政府信息公开的大门,成为美国政府信息对外开放的一个里程碑。公开政府信息的法定义务始于1946年《行政程序法》中的第3项规定:除了那些需要保密或涉及本机构内部管理的信息之外,官方信息应对合适的且直接相关的人员开放,有充分理由需要保密的信息除外。但该规定的含糊和不到位之处给了相关机构对信息公开的很大的自由裁量权,政府信息充分有效的公开难以实现。在这样的背景下,《信息自由法》应运而生,该法案一方面规定了政府承担了向公众公开信息的义务以及公众向政府索取信息的程序;另一方面规定有九项豁免披露的范围,其最大的突破在于使政府信息由传统的以保密为原则、以公开为例外,转变为以公开为原则、以保密为例外。此后,该法案历经数次增修,或扩大信息公开的范围或增加保密信息的范围,以适应社会时局变化的要求。而网络信息时代的到来,带给《信息自由法》全新的挑战,1996年,国会对该法案进行了有史以来最大幅度的修改,修订结果是通过了《电子信息自由法修正案》,顺应了信息电子化和公众对行政机关快速处理申请的要求。

事实证明,《信息公开法》急剧地扩大了公众获得由联邦政府掌控的文件和信息的权利,使得新闻信息业更加繁荣。而《信息自由法》的不断完善也从一个侧面反映了美国新闻传播法制的日益成熟。

除了《信息自由法》以外,与新闻自由的保障与制约相关的法案还有:① 新闻采集方面:1976年的《阳光政府法》(通常称《阳光法案》);② 公民权利保护方面:1974年的《隐私权法》、1986年的《电子通讯隐私权法》;③ 广播电视业和报业方面:1970年的《报纸保护

法》、1976 年的《版权法》、1984 年的《有限通讯政策法》、1992 年的《有
线电视消费者保护和竞争法》、1996 年的《联邦电信法》；④ 互联网方
面：1996 年的《通讯净化法》、1998 年的《数字千年版权法》、2000 年的
《儿童互联网保护法》，等等。经过长期的法律纠错和利益权衡，美国
现今的法律体系在保护新闻自由、保障国家安全、维护公民权利、确保
行政效率等多种利益诉求之间获得了相对的平衡①。

　　综上可见，经过 200 多年的美国政府与新闻传播媒体之间的合作
与对抗的曲折发展，美国已经形成了以"保护和适当限制新闻自由"为
主要特征的新闻传播法制。在这种相对宽松和开放的环境中，美国新
闻传播媒体蓬勃发展，新闻传播法制进入了较为成熟的时期，美国成为
世界头号新闻传播强国。

第三节　大陆法系国家新闻传播法制的历史发展

一、法国新闻传播法制的历史发展

　　在 1789 年资产阶级革命以前，法国一直实行的是中央集权的封建
统治。对于新闻信息的传播，封建王朝一直是严加管制。16 世纪时，
法国建立了出版特许制和新闻审查制，限制报业的发展和报纸的自由
运作。法律规定，办报人如违反报刊批准制度，就要遭监禁和流放，印
刷者要处以船役。在封建主义的管制下，法国的报业发展缓慢，大多数
报纸是官办报纸，只能刊载政府批准的新闻。这种局面一直维持到资
产阶级大革命时期。

　　1. 资产阶级革命至第一次世界大战时期新闻传播法制的发展
（1789—1914 年）

　　与法国大革命一样，法国新闻自由观念和新闻法制的产生，也离不
开启蒙思想家的思想和舆论的推动。以伏尔泰、孟德斯鸠、卢梭等为代
表的资产阶级思想启蒙家掀起了一场伟大的思想解放运动。"自由"

---

　　①　辜晓进：《美国传媒体制》，南方日报出版社 2006 年版，第 77 页。

"民主""人权"等观念成为法国以新闻自由为导向的新闻传播法制产生的思想基础。但是法国资产阶级新闻传播法制如同法国资产阶级大革命一样,几经起伏,才得以最终确立。

1789年大革命爆发,8月国民议会通过了著名的《人权宣言》。《人权宣言》第11条规定:"自由传达思想和意见乃是人类最宝贵的权利之一;因而,每个公民都有言论、著作和出版自由,但在法律所规定的情况下,应对滥用此项自由承担责任。"由此,法国正式废除了新闻检查制度,将言论、著作和出版自由确立为法国新闻传播法制的基本原则①。《人权宣言》也成为人类历史上第一个明确规定出版自由的正式法律文件。一时间,法国报刊业空前繁荣,各种形式的出版物纷纷问世;这些新兴报纸在不同程度上推动了法国大革命的进程。

可是好景不长,1792年巴黎人民第二次起义后,吉伦特派掌权,开始停止执行新闻自由政策。而罗伯斯庇尔执政后,更是对整个自由新闻界进行打击,所有反对派的报纸都被政府取缔。1794年,热月政变后成立的督政府,重新建立了新闻检查制度,并开征出版物印花税。这些苛刻的管制措施,使《人权宣言》确立的新闻自由原则成为一纸空文,法国开始陷入其新闻史上"最为黑暗的时期"。

1799年,拿破仑发动"雾月政变",建立了资产阶级军事独裁政府,随后又成立了"法兰西第一帝国"。出于"一张报纸抵得上三千毛瑟枪"的认识,拿破仑下令严格控制报业。他恢复了出版许可制度,在各报馆设立了新闻检查官。他取缔了绝大多数报纸,到1804年,巴黎的报纸只剩四家。

1814年,波旁王朝推翻拿破仑的统治,实行君主立宪制度。在严格管理新闻出版事业的同时,出于对民众力量的畏惧,路易十八颁布《钦定宪法》,规定公民原则上享有出版自由。此后又颁布了《塞尔新闻法》,该法废除了出版预审制、保证金制和印花税制。尽管该法只实施了不到半年就被废止,但它却是法国历史上制定的第一部新闻法,也是人类历史上第一部完整的新闻法②。

但继路易十八之后即位的查理十世上台后开始疯狂地反攻倒算。1825年,他制定了更加严格的书报检查法令,对出版物课以重税。

---

① 何勤华主编:《法国法律发达史》,法律出版社2001年版,第73页。
② 郑超然等:《外国新闻传播史》,中国人民大学出版社2000年版,第121页。

1830 年,他又颁布密令,修改出版法,查封一切反政府的报纸。这些反对措施激怒了社会舆论。在自由派《国民报》和立宪派《立宪党报》的鼓动下,巴黎人民发动了"七月革命",建立了七月王朝。

由于新闻界对七月王朝的成立具有一定的贡献,新政府多少放松了一些对新闻出版的管制。新政府于 1830 年颁布了《七月王朝宪法》,宪法特别强调了对公民出版自由的保障,禁止国王以敕令形式限制出版、集会等自由。同年,新政府又两次颁布法令,降低了出版保证金的数额,并赋予陪审团在审理新闻有关案件时的裁判权。在此期间,法国报业获得了相对宽松的环境。一批具有共产主义政治倾向的报纸以及现代资产阶级报纸的前身——廉价报纸,也出现在这一段时间。但这种出版自由是相对的、有限的;1835 年 9 月,由于感到反政府报纸对其统治的威胁,七月王朝通过法案,加强对报纸政治言论的管制,将出版保证金提高一倍,并重新建立了对政治漫画的预审制度。

1848 年 2 月,法国人民推翻了七月王朝,建立了法兰西第二共和国。3 月,临时政府颁布法令,废除印花税和保证金,恢复陪审团,给予新闻界相当大的自由。但短短几个月后,政府因巴黎工人起义又恢复了种种限制新闻自由的措施。尽管同年 11 月通过的法兰西第二共和国《宪法》在形式上也规定公民享有言论、出版、集会、结社等自由,但这些自由在实际中根本得不到保障。

1852 年,路易·波拿巴建立了法兰西第二帝国。在其统治初期,他严格管制报业。他恢复了对报刊的预审制度,增加了出版保证金(高达五万法郎)。此后在国内矛盾尖锐和国外出征失败的双重压力下,路易·波拿巴采取了一些自由化的措施。他逐渐放松了对新闻的管制,允许一些新兴报纸创办出版。1868 年,议会颁布法令,废除新闻预审制,正式允许创办报纸。大量的资产阶级报纸在此时期创办,并对政府进行激烈的批评。

1870 年,推翻帝制上台的资产阶级临时政府,推行对内镇压、对外卖国的政策,激起了广大人民的强烈不满。1871 年 3 月,人民群众发动起义,成立巴黎公社。公社是由无产阶级掌权的新型国家政权。公社成立后,颁布了一系列法令,规定巴黎公社监督保障人民正确自由地行使集会权和出版权。虽然巴黎公社很快就遭到了残酷镇压,但它是无产阶级在历史上的第一次英勇尝试,其关于新闻自由的法令,为后来无产阶级新闻传播法制的产生与发展进行了有益的探索。

1875 年,法国资产阶级共和派在和保皇派经过多年斗争后,终于通过了《宪法》并确立了共和体制。1881 年 7 月 29 日,法国议会通过了《新闻出版自由法》。该法第 1 条就开宗明义地宣布:"印刷、出版享有自由权;任何报纸、期刊之发行,仅需向政府声明由谁负责即可。既无须事先申请许可,亦无须缴纳任何财务保证,只要向政府申明报纸、期刊的负责人的姓名。"由此,法国废除了特许制和保证金制,纠正以往新闻立法的倒退。1889 年,《新闻出版自由法》得到重要补充,法院原则上禁止政府未经法院裁定就直接查封报社的行为。《人权宣言》宣告的言论及出版自由历经 100 多年,最终得到了具体的贯彻实施。

总的来看,法国新闻法制在资产阶级革命时期,虽经历了"进步—后退—又进步—又后退—再进步……"的数次起伏和反复,但最终确立了新闻自由的法律体制。这一体制除了在两次世界大战期间偶有波动外,一直沿用至今,并且产生了重要的国际影响,成为德国、日本等国家发展本国新闻传播法制所效仿的重要对象。

2. 两次世界大战期间新闻传播法制的发展(1914—1944 年)

第一次世界大战爆发后,法国陆军部在非常时期设立了"新闻检查局"。随着战争的旷日持久,新闻检查越来越严格,涉及面也越来越广。新闻检查局根据通常的禁令和每日得到的特别指示,对各报的校样进行审查。如果报纸不遵从检查局的命令,有可能被勒令停刊,甚至被起诉到法院,严重的要被查封。

1919 年 10 月,即一战结束后不久,法国政府正式废除了新闻检查局,恢复第三共和国时期的《新闻出版自由法》。但此后报刊违法行为的增多,使绝对的新闻自由也受到了人们的质疑。为此,法国议会于1932 年 3 月通过了《职业记者法》,规定在公共秩序受到骚乱的威胁下,行政当局享有禁发和查封部分报纸的合法权力。

值得一提的是,此前,法国新闻界长期存在着接受资本家、本国和外国政府贿赂的风气,严重影响了法国新闻界的声誉。为此,1936 年,布鲁姆总理提出立法案,要求对新闻界进行整改,此事因其辞职而未能实施。1939 年,达拉第政府虽然颁布法令,禁止任何个人或团体接受贿赂和为外国作宣传,违者处以监禁和罚款。但这一法令的实施也因二战的爆发而有始无终。

二战爆发后,法国政府加强了对新闻界的管制。1940 年 5 月,政府建立了出版许可证制度,并对各个报社实行统一的物资管理。在法国政府向德军求和后,以贝当元帅为首的南部政权偏安小城维希。维希政府设立了新闻处,对所有消息报道进行检查,对报刊实行严格控制。到 1942 年德军入侵法国南部后,报纸已经完全沦落为傀儡政府的工具了。

3. 第二次世界大战后新闻传播法制的发展(1944 年至今)

1944 年 9 月,法国全境解放后,政府公布新闻整顿法令。法令规定,战时的投敌报刊一律永久停刊,爱国报刊仍可公开发行;同时没收投敌报刊的财产,用来协助战后报业的发展。法令还规定,新闻出版的从业者必须接受身份调查,凡不忠实者将被取消资格。整顿之后,法国的报业经历了短暂的繁荣阶段。

与英国类似的是,二战后,法国的新闻出版业也出现了联营、兼并等现象,报业垄断不断升级。为此,法国议会于 1982 年专门通过了《反报业托拉斯法》,目的在于避免报业垄断对新闻自由的不利影响,以维护自由新闻体制。

与二战后报纸等纸质媒体进入平缓发展阶段不同的是,法国广播电视业得到较大的发展,法国新闻传播法制的发展也主要集中在这个领域。法国早在 1923 年就颁布了法令,规定广播事业为国家专利,私人主要经过邮电部门特许方可经营私人广播电台,且不得妨碍国营广播和公共利益。但 1945 年二战结束后,法国政府颁布行政法规,取消了所有私人电台的营业执照,不再允许私人经营广播。同年,又颁布法令,成立法国广播电视公司,领导全国的广播电台和电视台。该公司的成立,强化了国家对广播电视事业的垄断和控制。1964 年,法国颁布了《广播电视法》,将广电公司改组为法国广播电视管理局,以隐性方式来垄断和控制广播电视事业。此后,法国广播电视事业获得了较长时间的快速发展。

关于国家垄断广播电视业的问题,社会各界一直进行着激烈的争论。1974 年,德斯坦当选总统后,法国通过了一项方案,将法国广播电视管理局改组为七个各自独立、相互竞争的国营公司,初步打破了政府的垄断。密特朗上台后,于 1982 年通过新的《广播法》,允许开设私营电台。1985 年政府宣布开放商业电视,后又进一步放宽了对私人建立电视台的限制。1989 年,法国再次修订《广播电视法》,成立了真正独立的、有权威的视听委员会,确立了比较成熟的广播电视管理体制,有利地推动了私营和国营广播电视有序竞争的局面。

二、日本新闻传播法制的历史发展

1. 明治维新至第一次世界大战期间新闻传播法制的发展（1868—1918 年）

整个封建社会阶段，日本的新闻传播业发展缓慢，直到 17 世纪德川幕府统治时期，日本才出现具有现代报纸雏形的"瓦版"出版物。由于缺乏相应的社会基础，日本的新闻传播法制直到进行"明治维新"后才逐步产生和发展。

日本明治维新实际上进行的是资产阶级改良，目的是使日本走上资本主义的道路。它直接推动了日本近代报业的产生和发展。1868 年，明治政府出版了日本的第一份官方报纸——《太政官日志》。此后日本的报纸越办越多，并分成了支持明治政府和支持幕府的两大派别。为了加强对报业的管理和控制，明治政府在借鉴法国、德国等大陆法系国家新闻传播法制的基础上，于 1869 年 2 月颁布了日本历史上第一部新闻法规《报纸印行条例》。由于受西方新闻传播法制的影响及推进本国维新运动的需要，条例的内容基本上比较开明，建立了新闻报纸的发行许可制和事后检查制。条例为日本近代报纸的出现和发展提供了良好的法律环境。1870 年 4 月，日本第一份近代意义上的报纸《横滨每日新闻》创刊。此后《东京日日新闻》《读卖新闻》《朝日新闻》等报纸也在这一时期相继问世。

但是，在明治维新后几十年间，由于国内政局的变化，日本的新闻传播法制出现了多次反复。19 世纪 70 年代，"自由民权运动"在日本出现并发展。面对"民权派"报纸的凌厉攻击，明治政府开始对报纸进行严格管制，制定了一系列管制新闻的法令。如 1873 年 10 月颁布《报纸发行条目》，禁止报纸诽谤国体、批评政治和泄露情报。1875 年 6 月颁布《报纸条例》，规定对"违法"报纸施以"禁止发行"和"暂停发行"的处分，并第一次规定了刑事处罚条款。1875 年 12 月颁布《谗谤律》，防止对天皇、皇族和官吏的所谓诽谤。日本历史上出现了空前的言论恐怖时期。到了 1883 年，为了限制政党及政党报纸之间的纷争，日本政府修改了《报纸条例》，进一步强化了新闻管制。修改后的《报纸条例》被许多学者认为是日本新闻史上最为残酷的新闻传播法律。

1889 年 2 月，明治政府在国内民主运动和列强要求进行西式法律改革的双重压力下,颁布了《帝国宪法》,并于 1890 年正式生效。《帝国宪法》第 29 条规定,"日本臣民在法律的许可范围内有言论、著作、出版、集会和结社的自由"。这是日本第一次在国家根本大法上确认公民的言论、出版等新闻自由权利①。但是由于上述几项新闻管制法的存在,这条原则实际无法得到真正的贯彻实施。只是到了 1909 年 5 月,日本政府重新修正了《报纸条例》,对报纸的出版采用注册登记制管理,情况才又逐渐好转起来。修订后的《报纸条例》也因此成为日本二战前最基本的新闻传播法规。

　　综上可见,从明治维新到二战爆发这段时间,日本几经波折初步建立起了近代的新闻传播法制。这一时期的新闻传播法制虽属于资产阶级性质,但却具有浓厚的封建专制的特点。这与日本的资产阶级改良不彻底有相当大的关系。

　　2. 两次世界大战间新闻传播法制的发展(1918—1945 年)

　　十月革命后,出于对社会主义革命的恐惧,日本政府加强了对舆论的控制。日本历史上最大的一次言论贾祸事件——"白虹贯日"——就是典型例证。一战后,由于报纸普遍反对日本出兵苏俄西伯利亚,当时的寺内正毅内阁对新闻进行严酷控制,对进步报纸或停刊或禁发新闻,引起了报界不满,引发了 1918 年全国主要报纸召开的"关西记者大会"。《大阪朝日新闻》在报道此事时使用了"白虹贯日"字样,被当局以"暗示革命"为由起诉。结果,刊载该条新闻的当天报纸被禁止发售,发行人及新闻记者被判刑两个月。日本的言论及新闻自由遭到严重破坏。但这还不是最糟糕的,到了 20 世纪二三十年代日本最终确立了军国主义体制后,新闻传播业受到了愈发严格的控制,新闻自由几乎不复存在。

　　为了加强对新闻言论的统一管制,日本军国主义政府于 1936 年成立了"内阁情报委员会",后改名为"内阁情报局"。该机构起初是负责统制宣传的中枢权力机构,后来更是成为政府军部独裁的言论工具。

　　二战爆发后,日本军国主义政府在以往的新闻管制法令之外,还制定了大量的旨在限制新闻出版的法令。如 1936 年《不稳文书临时管理法》、1938 年《国家总动员令》、1939 年《军用资源秘密保护法》、1941 年《国防保安法》、1941 年《言论、出版、集会和结社临时管理法》、1941

---

① 何勤华等:《日本法律发达史》,上海人民出版社 1999 年版,第 58 页。

年《报纸刊载限制令》、1941 年《新闻事业令》、1942 年《战时刑事特别法》,等等。以《国家总动员令》为例,该法规定"战时政府出于国家动员的需要,得依据法令对于报纸及其他出版物的内容予以限制或禁止";还规定政府可以决定各种企业事业的开设、转让、废止、停办等。据此,从 1938 年到 1940 年,军国主义政府开始合并现有报刊,并禁止新报刊的创办。

至此,日本专制主义的新闻管制已达到顶峰,日本已全无新闻自由可言,新闻法也沦为军国主义政府维护反动统治的工具。

3. 第二次世界大战后新闻传播法制的发展(1945 年至今)

所幸的是,1945 年日本战败投降、美军驻扎日本后,占领军开始对包括新闻传播事业在内的社会各项事业进行全面整顿,新闻传播事业和新闻传播法制又获得了新生。1945 年 9 月,占领军总部发布了《关于新闻及言论自由的追加措施备忘录》,要求日本政府立即废止平时和战时有关限制新闻自由及通讯自由的所有法令;要求日本政府的任何机关今后不得发布有关新闻报道的禁止令;并责令废除现行的各项法令中与占领军总部新闻自由原则相矛盾的部分。此后不久,内阁情报局被撤销,由占领军政府对日本报纸进行管理和审查。经过这一系列的新闻传播法制改革,日本新闻传播业获得了前所未有的新闻自由及自由发展的空间,进入了飞速发展的阶段。

1947 年 5 月,作为日本战后"民主化、非军事化改革"标志的《日本国宪法》正式实施。《宪法》第 21 条规定:"保障集会、结社、言论、出版及其他一切表现的自由,对此不得进行检查;不得侵犯通讯秘密。""受本宪法保障之国民的自由与权利,国民应以不懈的努力去保护之;然国民不得滥用此种自由与权利,而应经常负起用以增进公共福利的责任。"这两条规定为确立日本战后新闻自由的法律体制确定了坚实的宪法基础①。

战后,日本虽然没有专门的新闻传播法规,但其刑法、民法、公职选举法、著作权法和少年法等法律中,有大量条款是关于新闻自由的保障与制约方面的。例如,日本《公职选举法》第 148 条规定,"本法律中所规定的关于限制选举运动的条文,不妨碍报纸杂志登载关于选举的报道及进行评论的自由。但是,不得利用这种报道自由,登载虚假的和歪

---

① 郑超然等:《外国新闻传播史》,中国人民大学出版社 2000 年版,第 418 页。

曲事实的报道,以妨害公正选举"。该法对新闻自由的保障和制约进行了一定的平衡。

另外,随着广播事业的发展,日本政府于 1950 年 5 月 2 日颁布实施了著名的"电波三法"——《电波法》《广播法》和《电波监理委员会设置法》,分别对开设电台的程序、日本广播协会和民间广播电台的设置及运营以及电波监理委员会的设置及其职权等问题作了法律规定,这三项法律成为日本广播事业发展的基本法律依据。1959 年,日本通过了《广播法》修正案。20 世纪 60 年代后,日本广播电视业发展迅猛。

20 世纪后半叶以来,西方国家纷纷制定信息公开法,随着美国、瑞典等国的信息公开法介绍到日本,日本也于 1999 年通过了《关于行政机关保有的信息公开的法律》(简称《信息公开法》),该法与 1993 年出台的《行政程序法》一起成为信息公开方面最为重要的两部成文法,对完善日本信息公开制度,推动信息自由化具有重要作用。

总的来看,二战后在以美国为首的盟军的介入下,日本新闻传播事业有了长足的发展,资产阶级新闻自由等现代观念在各项新闻传播立法中得到体现,并逐渐形成了美国式的自由新闻传播法制。

第四节　旧中国新闻传播法制的历史发展

中国古代关于新闻传播活动的法律规范的产生最早可以追溯到古代的殷商时期,在世界历史上可能是最早出现新闻传播法律规范的国家。但是,中国现代新闻传播法制的产生要比西方发达国家至少要晚一两个世纪。

一、中国封建社会新闻传播法制的历史发展

1. 鸦片战争以前新闻传播法制的历史

中国是一个历史悠久的文明古国,很早就出现了新闻和信息传播活动。历代统治者为了维护和巩固自己的统治地位,均运用法律手段予以严酷的管制,并相继发展成以"言禁""书禁"和"报禁"为基本特

征的古代新闻信息管制制度①。

（1）古代"言禁"制度。

见诸史料的第一个"言禁"法令，可能产生于公元前 14 世纪的盘庚迁殷时代。盘庚将商都迁到"殷"后，贵族们经常发泄不满。为此，盘庚下令禁绝一切非议。进入到封建社会后，有关言禁的法令在史料中比比皆是。战国时魏文侯命李悝制定《法经》，在中国历史上第一次将思想、言论归罪。此后的秦始皇曾经颁布过以严酷而著称的"偶语弃市"法令。汉朝规定诽谤有罪，"诽谤者族"；至汉武帝时期，诽谤罪的适用范围已经扩展到纯思想领域，无言无行而非议于心的也有罪。隋唐以后，因封建社会高度发达，出现"贞观之治"等太平盛世，思想、言论论罪之法，较之以往略有宽松。但随着封建社会的逐渐衰落，宋、元、明、清的言禁法令又有所严格。

（2）古代"书禁"制度。

相对于对思想言论的防范与管制，统治者对文字的防范更加严格。秦始皇的"焚书坑儒"令被认为是中国历史上第一道禁书法令。汉承秦制，书禁的规定比起秦朝是有过之而无不及。但隋唐以后，随着雕版印刷术、活字印刷术的发明，中国的印刷出版业日渐流行和普及，统治者在禁而不止的情况下，转而利用新兴的印刷出版业为专制统治服务，严格限制民间的印刷出版活动，并查禁民间一切不利于封建统治的文字、出版活动。至明清两代，官方大兴"文字狱"，滥杀无辜，国家对文字的限禁已到了登峰造极的境地。

（3）古代"报禁"制度。

一般认为，中国古代作为官方新闻信息传播媒体的报纸最早产生于唐代，至宋代已相当流行，这些报纸始称"进奏院报"，后被统称为"邸报"。为了维护中央政府的权威，宋代建立了统一的官方信息发布制度，并专门成立了管理各州进奏院业务活动的"都进奏院"。稍后不久，又确立了发报前审查制度——定本制度。以后历代对邸报的管制，虽主管部门不同，但基本上沿袭了宋代的制度。

对于民间新闻信息的传播，历代统治者采用了严格的"报禁"制度。先是禁绝一切民间的新闻信息传播活动，后是禁绝民间传播非官

---

① 徐培汀：《20 世纪中国新闻学与传播学——新闻史学史卷》，复旦大学出版社 2001 年版，第 84—87 页。

方发布的新闻信息。宋代严禁民间小报的出现,处罚手段异常严酷。明万历年间,封建统治者开始开放"报禁",允许民间从事邸报的发报活动。至清代初期,开始出现民办报纸;此后民间的办报活动逐渐得到政府的认可并获得合法资格。尽管如此,这些民间报纸不可能真正获得自由传播新闻信息的权利,它们依然受到了来自政府的诸多限制。

从上可见,尽管在古代中国已经出现了许多新闻法律规范,而且近代新闻传播法制也开始萌芽,但其制度的核心依然只是为了封建王权,现代意义上的新闻法制并未形成。

2. 鸦片战争以后新闻传播法制的历史

鸦片战争前后,一批西方传教士、商人来到中国办起了与邸报不同的新报,由此拉开了中国近代报业发展的历程。在外报的影响和刺激下,中国人自办的民族近代报业也开始兴起。同时,新闻自由等西方自由民主观念开始传入中国并得以流行,这与中国落后的传统封建制度产生了激烈的碰撞和冲突。随着这一冲突的发展,要求建立近代新闻传播法制以保护与促进报纸等新闻传播业发展的呼声日益强烈。

1895 年甲午战争惨败后,以康有为、梁启超为代表的开明人士要求效仿日本进行维新变法,此举得到了光绪皇帝的支持。在维新变法中,康有为公开提出废止封建文化专制主义,建立以言论出版自由为核心的新闻传播法制思想。在维新运动高涨的 1898 年 7 月 26 日,光绪皇帝就请上海《时务报》改为官报的奏折发布上谕,上谕中提到了开放报禁的问题。该上谕被认为是近代中国第一个开放报禁的法令。8 月9 日,康有为向光绪上奏《请定中国报律折》,制定新闻专门法被第一次正式提上了议事议程。但由于维新变法很快以失败告终,新闻立法的正式出台也由此推迟到了 1906 年。

面对国内越来越强烈的实行民主宪政的要求,晚清政府为了欺骗人民,苟延残喘,1905 年清政府派载泽等五大臣出洋考察宪政。五大臣回国后,清政府开始推行"新政",开始颁布《钦定宪法大纲》及其他法律法规,企图以法律的形式把封建专制的皇权统治巩固下去。在推行"新政"的进程中,清政府于 1906 年 7 月公布了《大清印刷物专律》,这也是中国第一部具有近现代意义的新闻传播法规。此后,清政府又先后制定颁布了四部新闻传播法规,即 1906 年 10 月《报章应守规则》、1907 年 9 月《报馆暂行条规》、1908 年 3 月《大清报律》和 1911 年 1 月《钦定报律》。另外,清政府颁行的《著作权章程》《清新刑律》等法律中也包含了调整和规范新闻传播事业的内容。

清末报律的颁行,是中国新闻传播法制第一次全方位的突破,开创了中国新闻法律近代化的先河。清末新闻传播法制的历史进步性主要表现在:

第一,初步建立了新闻传播法律体系,以法律的形式初步确立了言论出版自由。清末新闻法由《钦定宪法大纲》《大清报律》等五部主要法律及其他相关法律法令等构成,在体系结构上与欧日趋同。具有根本法性质的《钦定宪法大纲》中规定"臣民法律范围内,所有言论、著作、出版及集会、结社等事,均准其自由",第一次在法律文件中作出赋予臣民言论出版自由的规定,对于清朝乃至整个封建社会长期以来形成的言禁、书禁、报禁是个有力的突破,颇具资产阶级法制色彩,为保障新闻事业的发展和新闻从业者的权利提供了根本法上的保障。

第二,确立了一系列有进步意义的新闻传播法律制度。在报刊创办的管理制度上,清末新闻传播法最初采取了批准制,但随后在1908年的《大清报律》中确立了注册登记制,彻底开放了报禁,顺应了时代潮流。在报刊出版的管理制度上,清政府首先改事先审查制度为"存查"制度。1911年的《钦定报律》将1908年《大清报律》规定的事先审查制度改为当日送交主管部门"存查"的制度,其目的虽是加强政府对报业的管理,但较先前的苛严规定已有相当放宽,与当时西方新闻法的潮流是一致的。其次是确定了更正制度。《大清报律》第8条规定:"报纸记载失实,经本人或关系人申请更正或送登辩误书函,应于次日照登。"再次是规定了报刊的禁载事项,《大清报律》规定的禁载事项有6条。

但清末新闻传播法制也存在着其历史局限性。首先,各项新闻传播法制虽然采取了西方现代新闻立法的形式,但其目的却始终是为了维护封建统治。清末新闻传播法制的制定与国家社会的变革进程及报业的发展密切相关,其目的并不是为了保障新闻传播从业者的言论、出版自由,而是清政府力求用法来控制报馆,保证其求新、变法政策的贯彻和推行,以维护其封建专制统治。其次,清末新闻传播法制对新闻自由的保护具有很大的局限。一方面,《钦定宪法大纲》所规定的言论、出版各项自由,既被限制在法律范围之内,还要受到皇帝的制约。另一方面,由于中国缺乏法制传统,新闻传播法制规定的各项先进制度在现实生活中很难得到真正的贯彻执行,处于名存实亡的状态。

应该说,在 19 世纪末 20 世纪初,清政府对待民间报刊的态度始终处于一种矛盾状态,他既不能压制和杜绝民间办报又不能容忍革命派的过激宣传。为了调和矛盾,他只求助于法制来加以控制和管理。虽然其主观动机仍是为了维护自己的封建统治,但客观上却推动了清末新闻法规的制定,有利于晚清近代新闻传播法制的形成和确立。由于受当时西方国家新闻立法日渐开明、自由的发展趋势的影响,这些早期的新闻传播法制也具有形式比较完备、内容较为合理、具有一定开明度等近代资产阶级法制的色彩,这在一定程度上促成了当时中国报刊的短暂繁荣。

二、中华民国时期新闻传播法制的历史发展

1. 北洋军阀统治时期新闻传播法制的发展

1912 年辛亥革命胜利后,中华民国南京临时政府制定颁布了《中华民国临时约法》。《临时约法》是中国历史上唯一一部资产阶级共和国性质的宪法性文件,它确立了"主权在民"和"权力分立"的资产阶级民主共和制度。《临时约法》第 6 条第 4 款规定:"人民有言论、著作、刊行及集会、结社之自由"。同时,临时政府还颁布了其他有关新闻事业的法律、法令,在民国著作权法产生之前,暂时援用清政府的《著作权章程》。这些具有资产阶级性质的法律确立了以言论出版自由为根本原则的新闻传播法律制度。

袁世凯窃取中华民国总统宝座之后,先是暗地里对自由新闻体制进行扭曲和破坏,继而明目张胆地摧残新闻出版业,钳制新闻自由,在中国新闻传播法制史上留下了最为黑暗的一页。袁世凯政府于 1914 年 4 月 2 日颁布了《报纸条例》,以批准制加强对报纸出版的钳制,同时详细规范了办报人资格,禁止军人、行政司法官吏、学生办报,禁止刊发"淆乱政体""妨害治安"等文字。随后在 5 月 1 日,袁世凯为了满足本人的私欲,指使其爪牙颁布了《中华民国约法》,取代了《临时约法》。《中华民国约法》第二章第 5 条第 4 款"人民于法律的范围内,有言论、著作、刊行及集会、结社之自由"的规定,改变了《临时约法》规定的只有在增进公益、维持治安或非常紧急必要等特殊情况下才能对言论出版自由权利予以法律限制的基本精神,使得人民的言论出版自由随时可能被法律所限制。12 月 5 日,袁世凯政府又颁布了 23 项条款的《出

版法》。该法将《报纸条例》中的限禁范围扩大到所有的文字、图画印刷品，而且规定更加苛刻。1915 年 12 月，袁世凯恢复帝制后，他对自由新闻体制的扭曲也达到了极点。

袁世凯倒台后，继任的北洋军阀先后颁布了《新闻电报章程》《电信条例》《修正报纸条例》《著作权法》《报纸法案》《查禁俄过激派印刷品函》《管理印刷营业规则》《管理新闻营业条例》《装用广播无线电接收机暂行规则》等新闻法规。这些法规具有浓厚的半封建半殖民地色彩，与袁世凯颁布的新闻法令如出一辙：虽然形式上采用了自由新闻体制，但其出发点仍然是扭曲和破坏新闻体制，使新闻传播事业处于其严酷的法律钳制之下，达到维护其政治统治的目的。总体上看，这一时期中国新闻传播法制呈现出"先开明后苛刻"的特点。

2. 国民党统治时期新闻传播法制的发展[①]

1927 年，国民党在南京建立中华民国国民政府，并公开宣称"以党治国""一党专政"。在新闻宣传方面，则提出了"党化新闻界""以党治报"的指导方针。

1927 年以后，南京国民政府颁布的新闻基本法虽然只有 1930 年《出版法》、1937 年《修正出版法》和 1945 年《新闻记者法》，但相关的法令、条例却多如牛毛。其中比较重要的有：国民党中央制定的具有法律效力的法令，如《指导党报条例》《指导普通刊物条例》《审查刊物条例》《宣传品审查条例》《出版条例原则》《日报登记条例》《新闻检查标准》《中国国民党新闻政策》；国民政府颁布的新闻专门法规，如《出版法施行细则》《无线电台管理条例》《电信条例》《著作权法》《著作权施行细则》《查禁淫刊案》《取缔不良小报暂行办法》《修正出版法》《新闻记者法施行细则》《战时新闻禁载标准》等；还有一些与新闻事业有关的基本法规和特别法令，如《中华民国刑法》《危害民国紧急治罪法》《戒严法》《惩治叛乱条例》等。所有这些法律法规形成了一个以"党治高于法治"为特点、以"新闻统制"为核心的新闻法律制度。

所谓新闻统制，就是在"党化新闻界""以党治报"为出发点，根据各种新闻法令和条例建立各种新闻检查制度和各种新闻检查机构，对新闻传播业进行严格地控制。"新闻统制"实际上就是"新闻控制"。这种新闻控制主要体现在以下三个方面：

---

① 参见黄瑚：《中国近代新闻法制史论》，复旦大学出版社 1999 年版。

第一,面对日益发展的进步新闻宣传活动,效法德国、意大利等法西斯国家的新闻经验,宣扬"国家至上"的原则,进行"民族主义的新闻建设",凡是反对国民党的宣传,一律以危害"国家""民族"利益为由予以取缔和镇压。

第二,通过制定和颁行《危害民国紧急治罪法》(1931年2月4日)等非常法,加重对有害于其政治统治的新闻宣传活动的惩罚,加强国民党当局对上述活动的紧急处理权。

第三,建立和完善各项新闻监管制度,严格控制新闻活动。首先,在新闻出版的检查制度方面,国民党为了监管新闻宣传活动,建立的各类检查制度如繁星密布。据统计,抗日战争前后约有40多个新闻法令,其中专为新闻检查而设的法规多达20多个,占半数之多,而直接标有"审查/检查"字样的则有16个。国民政府在初期采取的是出版后审查方式,但很快就改为出版前的检查制度。《修正出版法》允许在必要时政府派员检查报社组织与发行,凡是被视作"异己"而又不愿接受"改组"的就被封闭。其次,在新闻出版的创办制度方面,1930年的《出版法》采用注册登记制,但第二年旋即被《出版法施行细则》详尽地规范为批准制。至1937年《修正出版法》颁行时,报纸刊物的申请登记手续日益繁难,关卡越来越多,主管登记批准之机构也日趋上层化,审批者权力越来越被强调。其分级、分层管理的用意显然在于严格限制报刊的出版。在1938年,一般向内政部申请登记的报纸,最快也需三个月到半年之久才能拿到登记证。到1945年10月,经国民政府特准或暂准可以在上海发行工作的只有15家报纸及3家通讯社。另外,在办报人资格和禁止发行制度方面,各项法规的限制项带有浓厚的政治色彩。从对被剥夺公权者和在押的刑事犯的限制到《修正出版法》的对破坏国民党者、违反三民主义者、颠覆国民政府者等的限制;从普遍含义的所谓淆乱政体到具体的所谓破坏国民党、违反三民主义等,其法规的党派色彩、政治色彩明显突出,新闻法规成为国民党及国民政府滥用权力、限制新闻自由的一个工具。

总体上,南京国民政府统治时期,中国新闻法在形式上得到了空前的发展,但在实质上依然缺乏应有的进步性。其新闻法所维护的新闻自由体制,具有相当大的虚伪性和欺骗性,其根本目的还是在于维护地主与官僚买办资产阶级的反动统治。因此,南京国民政府时期的新闻传播法律制度被有些学者称之为"摆脱不了半封建、半殖民地社会性质的,集资本主义、封建主义、法西斯主义法制之大成的新闻传播法律制度"。

第五节　社会主义新闻传播法制的历史发展

一、革命战争时期革命根据地新闻传播法制的发展

中国共产党自其诞生伊始,就非常重视对各项自由权利的保护。早在 1922 年,党的第二次全国代表大会上通过的《第二次全国代表大会宣言》就明确提出了党的最高纲领和在民主革命阶段的最低纲领。其中奋斗目标的第 6 项提出:"工人和农民,无论男女,在各级议会市议会有无限制的选举权,言论、出版、集会、结社、罢工绝对自由。"这是中国共产党第一次明确提出要保护公民的言论和出版自由等与新闻自由有关的权利,为日后新闻传播法的产生和发展奠定了良好的基础。

第二次国内革命时期,各革命根据地中的区、县和边界等地区纷纷建立了各级工农民主政权。1931 年 11 月 7 日在江西瑞金召开了全国工农第一次代表大会,通过了《中华苏维埃共和国宪法大纲》。大纲全文共 17 条,除了确定工农民主专政的性质、组织形式和基本任务外,还确定了工农群众在政治上、经济上、文化上的各项基本权利。《宪法大纲》第 10 条明确规定,中华苏维埃政权以保证工、农、劳苦民众有言论、出版、集会、结社自由为目的;并为此目的,要运用群众政权的力量,取得印刷机关(报馆印刷所等)及一切必要的设备,以保障工农群众获取这些自由的物质基础。《宪法大纲》是革命根据地第一个具有宪法性质的法律文件,它的出台也使革命根据地新闻传播事业和新闻传播法的发展有了宪法依据和保障。

抗日战争期间,各根据地相继成立了抗日民主政府,并都颁布了本根据地的施政纲领。在各地的施政纲领中,具有代表性的是党中央所在地陕甘宁边区制定的《陕甘宁边区施政纲领》。该施政纲领于 1941年 11 月由边区第二届参议会通过,共 22 条。其中对新闻法的产生和发展具有重大影响的是关于抗日人民的各项自由权利的条款:"保证一切抗日人民的人权、政权、财权及言论、出版、集会、结社、信仰、居住、

迁徙之自由权。"为了具体贯彻实施这一原则,边区政府还于1942年2月专门发布了《陕甘宁边区保障人权财权条例》,对这些自由权利予以保护。

1946年4月在延安召开的陕甘宁边区的第二届参议会通过了《陕甘宁边区宪法原则》。该宪法原则共分5个部分,其中第二部分专门规定"人民权利"。此后,各解放区人民政府都制定了具有根本法性质的施政纲领,其共同的特点就是重视对包括言论及出版自由在内的各种权利的保护。此外,各地还根据本地实际情况,制定了一些具体的新闻传播法规。例如,1949年2月北平解放不久,北平市军管会就发布了对报纸杂志实行批准登记制度的《北平市报纸、杂志、通讯社登记暂行办法》。

二、新中国成立后新闻传播法制的曲折发展

新中国成立之后,中国新闻立法经历了比较曲折的发展过程,但新闻传播法制建设的总体趋势是日益受到国家的重视而逐步发展和趋向完善。

在新中国成立前后,1949年第一届中国人民政治协商会议通过了具有临时宪法性质的《中国人民政治协商会议共同纲领》,1954年第一届全国人民代表大会通过了《中华人民共和国宪法》(1954年)。这两部宪法文件关于言论、出版自由及新闻活动的规定,为建国初期新闻事业和新闻法制建设的发展,提供了指导原则和立法依据。《共同纲领》除了在第5条中规定"中华人民共和国人民有思想、言论、出版、集会、结社、通讯、人身、居住迁徙、宗教信仰及示威游行的自由权"外,还在第49条专门规定:"保护报道真实新闻的自由。禁止利用新闻以进行诽谤,破坏国家人民的利益和煽动世界战争。发展人民广播事业。发展人民出版事业,并注重出版有益于人民的通俗书报。"这一规定也是中国迄今为止唯一的一项明确规定保护新闻自由的法律条款。作为新中国的第一部正式的宪法,1954年《宪法》也确认了公民广泛的民主权利和自由。其第87条关于言论及出版自由的表述与《共同纲领》第5条基本相同,但是增加了"国家供给必需的物质上的便利,以保证公民享受这些自由"的内容。

根据《共同纲领》和1954年《宪法》的精神,新中国成立后短短几

年内相继颁布了多项新闻法律法规,主要有:1949 年 12 月 9 日的中央人民政府政务院《关于发布中央政府及其所属各机关重要新闻的暂行办法》、1950 年 7 月的中央人民政府公安部《关于发布公安新闻的规定》、1950 年 2 月的中央人民政府邮电部新闻总署《关于邮电部发行报纸暂行办法》、1950 年 4 月 14 日的中央人民政府新闻总署《关于建立广播收音网的决定》、1950 年 9 月 6 日的中央人民政府新闻总署《关于各报应保守国家机密的指示》、1952 年 8 月 16 日的中央人民政府政务院《管理书刊出版业印刷业发行业暂行条例》和《期刊登记暂行办法》、1955 年 9 月 12 日的《国务院关于地方人民广播电台管理办法的规定》、1955 年全国人大常委会通过的《关于处理违法的图书杂志的决定》,等等。此外,中共中央于 1950 年颁布的《关于在报纸刊物上展开批评和自我批评的决定》和 1954 年颁布的《关于改进报纸工作的决议》等虽然不是法律,但其作为执政党的新闻政策,也在很大程度上起到了法律的作用。

从这些新闻立法中可以看出:经过新中国成立后数年的努力,新中国的新闻传播法制已初具轮廓,从新闻立法的对象上看,既包括纸质媒体,也包括电子媒体;从新闻立法的内容上看,既包括对新闻自由的保护,也包括对新闻活动的管理。但从总体上看,当时还没有形成整体的新闻传播法制观念,新闻立法比较零星、分散;此外,由于当时并未形成一个社会主义法律体系,新闻传播法在实际生活中的效果并不理想。尽管如此,这些新闻立法对确保建国初期中国新闻传播事业的顺利发展,还是发挥了相当重要的作用。

此后,由于"左"的错误的影响、干扰乃至破坏,中国的新闻传播法制建设遭受到严重破坏;尤其是到了"文化大革命"时期,已经发展到无法无天的地步,中国的新闻传播法制建设陷入停顿甚至是严重倒退的状态。这种局面直到党的十一届三中全会以后才得以改变。

三、改革开放后新闻传播法制建设的日趋完善

粉碎"四人帮"、结束"文化大革命"后,党和国家及时总结经验教训,重新认识到法律在国家各项工作中的重要作用。同时,自 1978 年党的十一届三中全会以来,中国的政治、经济形势发生了重大变化,中国的新闻传播事业进入到了快速发展的时期。新闻传播实践的发展推

动了中国新闻传播法制化的进程,并初步形成了新闻传播法律体系的框架。

中国新时期新闻传播法制的发展是以 1982 年宪法为发端的。1982 年宪法是对 1954 年宪法的继承和发展,也是对十一届三中全会以来拨乱反正和民主建设成果的确认和巩固。1982 年宪法的一个显著特点就是强调加强民主与法制,保障公民的基本权利和自由。该法中有多项条款与新闻事业有关:规定国家发展为人民服务、为社会主义服务的新闻广播电视事业和出版发行事业的第 22 条;规定中国公民有言论、出版等自由的第 35 条;规定中国公民对国家机关和国家工作人员有提出批评和建议权利的第 41 条;规定中国公民有进行科学研究、文学艺术创作和其他文化活动自由的第 47 条。这些条款虽未明确提出"新闻自由"等字样,但已被中国学者公认为是中国新闻传播法制建设的指导原则和各项新闻传播活动的最高法律依据。此后,以 1982 年宪法为指南,中国新闻传播法制建设步入了稳步发展时期。

1980 年,上海代表赵超构在五届人大三次会议上提出了新闻立法的口头建议,受到很多代表的赞同。在 1983 年召开的第六届全国人大第一次会议上,湖北代表纪卓如和黑龙江代表王士贞、王化成正式提出了"在条件成熟时制定中华人民共和国新闻法"的建议。1984 年,在时任全国人大委员长彭真的支持下,由全国人大教科文卫委员会牵头成立起草小组,新闻立法工作开始启动。在第八届全国人大上,《新闻法》和《出版法》等被列入该届人大的立法规划。1988 年,起草小组出台了《新闻法》草案;此后不久,新闻出版署和上海起草的新闻法草案也相继完成,《新闻法》的正式草案以这三个草案为基础完成,并进入了征求意见和修订阶段①。但此后,由于国内外一些政治事件的干扰,以及在立法的必要性、立法宗旨、立法形式等立法的根本性问题上存在着分歧和争论,《新闻法》一直未提交全国人大常委会审议。

尽管《新闻法》由于种种原因尚未出台,其他领域的新闻传播法制建设并未因此而停顿。由于新闻传播活动的广泛性,中国在改革开放后制定的许多法律与新闻传播活动有着密切的关系,比如:1986 年的《民法通则》是保障公民在新闻活动中的各种民事权利的直接依据;1979 年制定、1997 年修订的《刑法》则规定了诸多与新闻活动有关的

---

① 魏永征:《中国新闻传播法纲要》,上海社会科学院出版社 1999 年版,第 1 页。

罪名;1991 年制定、2001 年修订的《著作权法》对新闻传播活动中经常遇到的著作权问题进行调整;1994 年《广告法》对新闻传播媒体的广告活动进行规范。这些法律初步解决了中国新闻传播活动"无法可依"的尴尬局面。

在中国新闻传播法制建设中,以行政法规和部门规章层面的新闻立法最为活跃。特别是自"十五"规划以来,国家对新闻传播法规规章进行了大量制定、修改、修订工作,同时也废止了许多不适应新闻传播活动要求以及主要内容已被新规定取代的法规规章,新闻立法工作取得显著成果。根据调整对象的不同,法律、行政法规和部门规章层面的新闻立法,以及司法解释主要集中在以下几个方面。

(1)关于纸质媒体管理的法规和规章。主要有:在废止了 1997 年 1 月 2 日国务院发布的《出版管理条例》的同时,2001 年 12 月 25 日国务院颁布了新的《出版管理条例》,并于 2011 年、2013 年、2014 年、2016 年分别进行了修订;在废止了 1997 年 3 月 8 日国务院发布的《印刷业管理条例》的同时,2001 年 8 月 2 日国务院发布了新的《印刷业管理条例》,并于 2016 年 2 月 6 日针对个别条款进行修订;在废止了新闻出版署于 1997 年 12 月 30 日发布施行的《内部资料性出版物管理办法》的同时,国家新闻出版广电总局于 2015 年 2 月 10 日发布了《内部资料性出版物管理办法》;在废止了 2001 年 1 月 6 日新闻出版署发布的《新闻出版行业标准化管理办法》的同时,2013 年 12 月 27 日国家新闻出版广电总局发布了《新闻出版行业标准化管理办法》;在废止了原新闻出版总署、商务部于 2011 年 3 月 25 日发布的《出版物市场管理规定》的同时,国家新闻出版广电总局于 2016 年 4 月 26 日公布了新的《出版物市场管理规定》;2003 年 7 月 18 日新闻出版总署发布了《印刷品承印管理规定》;2004 年 12 月 24 日的新闻出版总署公布了《图书质量管理规定》;在废止了原新闻出版总署、国家统计局于 2005 年 2 月 7 日颁布的《新闻出版统计管理办法》的同时,2016 年 5 月 5 日国家新闻出版广电总局公布了新的《新闻出版统计管理办法》;新闻出版总署于 2005 年 9 月 30 日公布了《期刊出版管理规定》;新闻出版总署于 2005 年 9 月 20 日公布的《报纸出版管理规定》;等等。

(2)关于电子媒体管理的法规和规章。主要有:1993 年 10 月 5 日国务院颁布了《卫星电视广播地面接受设施管理条例》,并于 2013 年进行修订;1997 年 9 月 1 日国务院颁布了《广播电视管理条例》,并于 2013 年进行修订;2000 年 9 月 25 日国务院颁布了《互联网信息服务管理办法》;在废止了 1994 年 8 月 25 日国务院发布的《音像制品管理条例》的同时,2001 年 12 月 25 日国务院颁布了新的《音像制品管理条例》,并于 2011 年、2013 年、2016 年分别进行了修订;在废止了 1996 年 6 月 19 日国务院发布的《电影管理条例》同时,2001 年 12 月 12 日国务院发布了新的《电影管理条例》;2002 年 6 月 27 日原国家新闻出版总署、信息产业部颁布了《互联网出版管理暂行规定》,在 2016 年 3 月 10 日国家新闻出版广电总局、工业和信息化部施行《网络出版服务管理规定》的同时,《互联网出版管理暂行规定》废止;在废止了 1996 年 2 月 1 日新闻出版署发布的《音像制品出版管理办法》的同时,2004 年 6 月 17 日新闻出版总署公布了《音像制品出版管理规定》,并于 2015 年进行了修订;在废止了 1997 年 12 月 30 日新闻出版署颁布的《电子出版物管理规定》的同时,2008 年 2 月 21 日新闻出版总署公布了新的《电子出版物出版管理规定》;等等。

(3) 关于取缔、打击非法出版物的法律、法规和规章以及司法解释。1988 年至 1989 年新闻出版总署陆续发布了《关于认定淫秽及色情出版物的暂行规定》《关于认定、查禁非法出版物的若干问题的通知》等部门规章;1997 年《刑法》在第六章"妨害社会管理秩序罪"中以专节规定了"制作、贩卖、传播淫秽物品罪";2005 年《治安管理处罚条例》对制作、运输、复制、出售、出租淫秽的书刊、图片、影片、音像制品等淫秽物品或利用计算机信息网络、电话以及其他通讯工具传播淫秽信息的行为,作出了行政处罚的规定;2004 年和 2010 年,最高人民法院、最高人民检察院发布《关于办理利用互联网、移动终端、声讯台制作、复制、出版、贩卖、传播淫秽电子信息刑事案件具体应用法律若干问题的解释》(一)和(二);等等。

(4) 关于新闻队伍建设的法规和规章。主要有:1993 年 7 月 31 日中共中央宣传部、国家新闻出版署发出的《关于加强新闻队伍职业道德建设,禁止"有偿新闻"的通知》;1997 年 1 月 15 日中央宣传部、广播电影电视部、新闻出版署、中华全国新闻工作者协会发出的《关于禁止有偿新闻的若干规定》;在废止 2005 年 1 月 10 日新闻出版总署颁布的《新闻记者证管理办法》的同时,2009 年 8 月 24 日新闻出版总署公布了新的《新闻记者证管理办法》;在废止 2005 年 1 月 10 日新闻出版总署颁布的《报社记者站管理办法》的同时,2009 年 10 月 1 日新闻出版总署颁布了新的《报社记者站管理办法》,等等。

(5)关于著作权管理的法规和规章。主要有:1992年9月25日国务院发布的《实施国际著作权条约的规定》;在废止1991年6月4日国务院发布的《计算机软件保护条例》的同时,2001年12月20日国务院公布了新的《计算机软件保护条例》,并于2011年、2013年分别进行了修订;2002年2月20日国家版权局公布的《计算机软件著作权登记办法》;在废止1991年5月30日国家版权局发布的《中华人民共和国著作权法实施条例》的同时,2002年8月2日国务院公布的《著作权法实施条例》,并于2011年、2013年分别进行了修订;在废止2003年9月1日国家版权局公布的《著作权行政处罚实施办法》的同时,2009年5月7日国家版权局公布了新的《著作权行政处罚实施办法》;2004年12月28日国务院公布的《著作权集体管理条例》,并于2011年、2013年分别进行了修订;2005年4月29日国家版权局、国信息产业部发布《互联网著作权行政保护办法》;在废止国家版权局2003年9月1日发布的《著作权行政处罚实施办法》的同时,2009年5月7日国家版权局公布了新的《著作权行政处罚实施办法》;等等。在此过程中,新闻行政主管机关发挥了重要的作用,它们的立法努力,使中国的新闻传播活动逐步走上了规范化和法制化的轨道。

与此同时,各地也非常重视本地区的新闻传播法制建设,根据国家宪法和法律的宗旨与精神,结合本地区的具体情况和实际需要,组织起草了地方性的新闻传播法规。主要有:1996年11月1日施行的《河北省新闻工作管理条例》;1997年3月1日施行的《广东省书报刊印刷管理办法》;1997年10月1日施行的《上海市音像制品管理条例》(2003年6月26日修订);1999年6月7日施行的《广东省奖励举报"制黄""贩黄"和非法出版物有功人员暂行办法》;2000年1月1日施行的《重庆市新闻媒体广告管理条例》(2007年10月15日修订);2000年1月3日施行的《上海市著作权管理若干规定》(2002年4月1日修订);2005年4月1日施行的《吉林市网络新闻监督管理条例》;2005年7月20日施行的《天津市电子出版物管理条例》;等等。这些地方性法规既有助于贯彻实施国家的有关新闻传播法律和行政法规,也为今后《新闻法》的制定积累了宝贵的经验。

总的来看,改革开放30多年来,中国的新闻传播法制建设处于稳步发展的状态,已经基本上形成了包括宪法、法律、行政法规、部门规章和地方法规等各种层次的新闻立法在内的新闻传播法律体系框架。但中国目前新闻传播法制建设也存在着一些问题：尽管中国已经形成了新闻传播法律体系的框架，但远远谈不上完备。首先，大量的新闻立法亟待出台；现行的许多新闻立法也有待修改完善。其次，由于新闻传播基本法的缺失，行政法规和部门规章在中国的新闻传播法律体系中占据了主导地位。但行政法规和部门规章具有法律位阶低、调整范围小、法律效力弱等固有的缺陷，这使得许多新闻传播活动无法进行有效的法律规范，公民和新闻传播媒体的合法权益难以得到切实的保障。最后，中国现行的新闻传播法具有明显的"义务本位"特点，对新闻传播活动主体限制过多而保护不足。综观中国的新闻传播法律、法规，可以发现绝大多数的法律属于管理法，即强调新闻行政主管部门对各类新闻传播活动及新闻传播活动主体的行政管理权。多数的法律条文是规定新闻传播活动主体"不得"如何、"应当"如何的禁止性规范和义务性规范，而确认、保护和维护新闻传播主体各种合法权利和利益的授权性规范却屈指可数。客观地讲，这种法律环境不太利于中国的新闻传播事业的进一步发展。

四、中国新闻传播法制发展的展望

1997 年，党的十六大正式将"依法治国"确立为治国的基本方略，法治观念日益深入人心。2001 年，中国加入世界贸易组织（WTO），与国际社会的交流更加深入、广泛。在这种情况下，中国新闻传播法制化的要求愈发紧迫，同时也更加可行。

在中国建设社会主义市场经济体制和社会主义法治国家的进程中，难免会遇到各种的问题，如严重的腐败现象等。这时就迫切需要新闻传播媒体承担起社会责任，充当市场经济的清道夫和法制建设的利器，以现代舆论独特的监督作用，匡正祛邪，推动社会的健康发展和全面进步。而这种作用的发挥，必须有新闻传播法制的支撑。中国新闻传播事业近 30 年来发展的实践也要求实现新闻传播的法制化。只有依法明确了各类新闻传播主体的权利、义务，确定新闻监督权的界限，规范新闻行政管理活动，才能解决中国新闻传播事业发展中面临的各种难题，中国的新闻传播事业才会健康、稳定、快速发展，从而发挥更大的作用。

令人振奋的是,近几年来,中国新闻传播法制化的条件也越来越成熟。一方面,中国全面的法制建设为新闻传播法制化提供了良好的社会氛围。在实施依法治国、建设社会主义法治国家的进程中,中国建立了符合市场经济要求的、有中国特色的社会主义法律体系,使中国在政治、经济、社会和文化等各方面都有法可依。作为中国法律体系的一个重要组成部分,新闻立法必将引起更多的关注。另一方面,中国新闻传播事业近 30 年来的发展为新闻传播法制化提供了现实基础和经验。实践中,因新闻报道和新闻监督引发了大量的法律问题,这些法律问题的提出及其解决,都对将来的新闻立法具有宝贵的参考价值。

1997 年 4 月国家新闻出版署公布了《新闻出版业 2000 年及 2010 年发展规划》。《规划》提出要"积极推进新闻出版的法制建设,要加快立法工作,加强依法管理,加大执法监督的力度"。2006 年 12 月,国家新闻出版总署在公布的《新闻出版业"十一五"发展规划》中又提出:"'十一五'期间,以修订、制定新闻出版、著作权行政法规和部门规章为重点,进一步完善相关法律制度。"2007 年,酝酿已久的《政府信息公开条例》终获颁布,为公众知情权的保障增加了重要筹码,《条例》对新闻传播媒体而言益处显而易见,其实施将给中国的新闻自由发展带来积极的影响。2009 年 4 月发布的中国政府第一份《国家人权行动计划(2009—2010)》也明确表示要"采取有力措施,发展新闻、出版事业,畅通各种渠道,保障公民的表达权利……"。未来新闻传播法制建设的方向依然是:推动专门化的《新闻法》出台;加强对新闻机构和新闻记者合法权利的制度保障,维护新闻机构、采编人员和新闻当事人的合法权益,依法保障新闻记者的采访权、批评权、评论权、发表权;继续推动电视台、广播电台、互联网以及报业的改革与发展;完善治理互联网的法律、法规和规章,促进互联网有序发展和运用,依法保障公民使用互联网的权益;完善新闻出版、广播影视方面的法规。这些将推动中国新闻传播法制的不断完善,以及指引着中国新闻传播法制建设向着新的高度迈进。

进入 21 世纪以来,随着计算机、互联网与新媒体技术的高速发展,新闻传播领域发生了革命性巨变,基于数字、网络等传播新技术的网络媒体、手机媒体以及微博、微信、APP 等诸多全新的信息传播手段与媒体纷纷问世,令人目不暇接。而此时正是我国进入"全面推行依法治国"的年代,社会主义法治建设日益加快,刚刚问世的网络与新媒体法制立法、执法与守法问题开始提上议事日程,并已成为新世纪我国新闻法制建设的热点与重点。自 2000 年开始,一大批有关网络与新媒体的法律、法规与规章先后出台,其中最重要的是全国人民代表大会常务委员会 2000 年 12 月 28 日公布的《关于维护互联网安全的决定》、2012 年 12 月 28 日公布的《关于加强网络信息保护的决定》两项法律。2016 年 11 月 7 日,第十二届全国人民代表大会常务委员会第二十四次会议通过《中华人民共和国网络安全法》,2017 年 6 月 1 日正式施行。《网络安全法》的出台,有利于保障网络安全,维护网络空间主权和国家安全、社会公共利益,保护公民、法人和其他组织的合法权益,促进经济社会信息化健康发展。但是,由于互联网技术及其应用的日新月异,不少有关网络与新媒体的法律规范性文件出台不久就落后于网络与新媒体的实践。因此,当下我国网络与新媒体法制的建设,亟待进一步加强与完善,可谓任重而道远。

学习思考题:

1. 西方新闻法产生和发展的基础条件是什么?
2. 简述英国近现代新闻传播法制的确立过程。
3. 试述"曾格案"在美国新闻传播法制发展中的意义。
4. 试析法国大革命与法国新闻传播法制发展之间的关系。
5. 比较英美法系国家和大陆法系国家新闻传播法制发展的特点。
6. 简析清末新闻传播法制的历史进步性。
7. 试评价国民党统治时期的新闻统制制度。
8. 如何加强中国当前的新闻传播法制建设?

下篇

新闻传播职业道德

第九章

新闻传播职业道德的基本理论

第一节　道德与职业道德

一、道德的概念与特点

道德①就其本质而言,是社会控制手段的一种。它是千百年来人们在社会生活中相互协调利益冲突、追求和谐发展的过程中形成的社会规范。关于道德的定义,有多种表述,从事伦理学研究的学者观点不尽相同,但概括起来讲,我们可以从以下几点理解道德的含义。

1. 道德是人类理性的结晶

研究动物生活习性的专家们发现,在动物群体中也存在许多生活规则,动物们依靠这些规则协调各自的行动,以维护整个群体的利益。如科学家们发现:在冰天雪地的南极大陆,生活在这里的企鹅为了抵御零下60℃的严寒,它们总是相互挤靠在一起,最先站在外面的企鹅慢慢地往里挪动,而站在里面的就慢慢地往外移动。企鹅就是利用合作性的移动,使整个群体活了下来。如果企鹅不用这种合作方式,很有可能是整个群体由外到里逐个冻死。

---

① "道德"与"伦理"严格来讲,是两个有区别的概念,但应用伦理学研究中,大多数情况下倾向于沿袭日常生活中许多人通常的做法,即对两者不加严格区分。如何怀宏先生指出:"'道德'与'伦理'大多数情况下都被作同义词的。它们有微殊而无迥异。除了在某些哲学家那里之外,这对词在后来的用法中也更多的是接近而不是分离。无论如何,这两个概念的趋同还是主流。"(见何怀宏:《伦理学是什么》,北京大学出版社2002年版,第12页;另也可参阅甘绍平:《伦理智慧》,中国发展出版社2000年版,第3页。)

现有的研究表明,从蚂蚁王国到黑猩猩部落,这种共同合作行动现象在动物世界中普遍存在,而一些从事伦理学研究的学者以此为据,认为这种动物界的合作行为正是人类道德的起源,甚至认定动物界也存在着道德规范。这种观点,显然是错误的。动物们的合作行为,只是出于一种求生的本能,也就是说,动物们不能决定要不要共同行动,它们别无选择,不可能按自己的意志决定自己行为。正如进化论的创始人达尔文指出的:只有人类才能训练出道德观念与道德良心。在长期的进化过程中,人开始具有许多动物所不具备的高级属性,人可以逻辑地分析认知世界,在把握各种事物和关系之间的本质联系的基础上,做出趋利避害的选择。人类的道德规范正是具有自我意识的人在认识到自己的需要,有了对利益关系的觉醒和对利益的追求时形成的,道德的形成过程,也正是人类理性对本能的一种疏导提升过程,因此,我们可以说,人类道德是人类理性与智慧的结晶。

2. 道德是一种具有社会重要性的习俗

道德一词,英文中为 moral,源自拉丁文,本义是"遵从习俗",这种词源学的探讨可以给我们一个启发,即道德从本质上讲,它不外乎是一些社会习俗,但是,稍加思考便不难发现,我们生活中的许多习俗却与道德没有关系。伦理学家经常提到的一个例子是关于进餐方式的:我们中国人用筷子进餐,西方人用刀叉进餐,而在印度,即使是上流社会人士,也普遍流行直接用手指吃饭,这都是在各自社会代代相传的生活习俗,但是,我们都不会说哪种进餐方式是道德的抑或是不道德的。同样的例子还有很多,比如我们传统上年夜饭吃饺子,这是一种由来已久的习俗,但我们也不会批评年夜饭改吃西餐的人违反了道德。同样,一对男女只要办理了合法的婚姻登记手续,至于他们按照中国传统方式操办婚礼,还是举办西式婚礼或者干脆不举行任何仪式,也都不会成为人们道德评价的对象。

那么,社会中的道德规范与一般习俗区别在哪里呢?我们通过考察上述事例可以看出,凡我们不视为道德规范的习俗,不管它形成的历史有多么久远,影响的地域有多么广泛,都有一个共同特点,即这些习俗对一个社会的秩序和发展没有直接影响,也就是说,人们遵守或违反这些习俗,都不影响到社会的秩序的安定与健康发展。而作为道德规范的社会风俗却是具有利害社会效用的,如节俭是社会普遍存在的一项习俗,同时也是一项重要道德规范,就是因为节俭是促进社会和个人健康发展的重要力量。

3. 道德是一种非权力性规范

具有社会重要性,不是道德独有的属性,法律作为一种社会规范,它无疑也具有社会重要性。在整个社会规范体系中,法律和道德是最接近的两种,两者控制的范围有相当部分是重叠的,那么,道德与法律最根本的不同表现在哪里呢? 我们认为主要是两者的实施途径有异,法律是依靠国家强制力保证其实施的,而道德则不同,它是依靠社会舆论的约束与人们内心信念来维系的。王海明教授将法律称为权力性规范,将道德称为非权力性规范。所谓权力,是指仅为管理者拥有且被社会承认的迫使被管理者服从的强制力量。因此,法律作为权力性规范,是一种应该而且必须如何的行为规范,而道德作为非权力性规范,是应该而非必须如何的行为规范①。法律和道德的这种区别,理由在于各自所规范的行为性质有所不同。社会生活中每个人凡具有社会重要性的行为,都属于道德规范的对象,而法律所规范的,仅是其中的一部分的,它只把那些严重损害他人利益或人身,或者一般地损害到社会的行为纳入自己的考虑范围。法律作为一种权力性规范,它的存在,可以保证一个社会基本秩序的安定,而正是道德这种基于自律的非权力性规范的存在,体现并维系了人类的尊严。

通过以上三个方面的考察,我们可以把道德与生物本能、普通习俗、法律法规相区别。也可以勾勒出道德这一社会规范相对清晰的边界。道德就是一处依赖人们内心信念和外在舆论压力维系的社会规范,它源自人类的社会习俗,在形成和发展中体现着人类理性和智慧的结晶。

二、道德建设需要确立正确的道德理念

在长期的历史演进过程中,人类社会为维系自身的发展,已创造出一个极为复杂多样的规范体系,这其中最主要的包括普通习俗、道德、法律、组织纪律、行政命令等。这些规范有着各自的功能,彼此不可相互替代。但是,法律、纪律、命令等对人行为的规范都是以道德所提供的权利与义务基本原则为出发点的,道德原则是人类建构一切组织、制

---

① 王海明:《新伦理学》,商务印书馆 2001 年版,第 111 页。

定一切规范所依据的公理,道德为一切规范起着价值定向的作用,我们可以说,道德在人类社会的规范体系中居于核心地位。

　　基于以上理解,道德在社会发展中的重要性是不难理解的,但是,一个社会要进行积极有效的道德建设,道德规范要对社会生活发生有效的调节作用,一个非常重要的前提是全社会必须弘扬一种正确的道德理念。道德建设的实践表明,一些错误理念支配下的道德建设往往是低效率的,并不能够为一个社会的良性运行积累必需的伦理资源。总结中国社会主义道德建设的实践经验,并结合当下转型期社会道德实际,我们认为以下几点是非常重要的。

　　1. 道德是一种手段而不是目的

　　正如我们前面所指出的,道德是人在自身需要推动下创造的一种特殊文化规范,目的在于保障社会的存在与发展。因此,尽管道德通过对人的关系或行为的某种肯定、认可或是否定、拒斥,来体现一定价值观,并以此来规范人。但是,在人与道德的关系中,人永远是道德的主体,人是第一位的,道德是第二位的,道德是为人而存在的,而不是人为道德存在,道德只是为人实现幸福目标而服务的工具。

　　正确把握人与道德的关系,明确道德的工具属性,是我们进行道德建设的前提。如果忘却了道德的工具属性,将道德异化为人的目的,道德不但无助于保障社会的存在与发展,反而会成为人类生活的一种压迫性力量,成为对人生活的一种无端干扰,人们的道德生活就会变得异常苛刻惨烈。关于这一点,我们可以从中国封建社会中看到大量触目惊心的事例。而且这种把某种道德理想绝对化,在评价社会发展时,把道德状况、道德水平作为衡量的最高甚至唯一尺度的"道德至上主义"在我们当代社会生活中仍然没有销声匿迹。如夸大中国在从计划经济走向市场经济这一社会转型过程出现的一些无序化现象,并以此来否定改革开放取得的新成就,为阻碍改革进程的一些旧道德和旧体制进行辩护和招魂。对这种现象,我们在进行精神文明建设时应予以警惕。

　　人类道德建设是一个对人类生活规则不断总结、探索、修正的过程,因此,今天我们在市场经济条件下进行道德重建,必须走出那种将道德目的化的误区,把道德视为追求自身最大幸福与利益的人们的行为规则系统,不再将道德与人们的利益追求对立起来,而是使人在理性的引导下,正确地分析种种利益关系的实质,做出趋利避害的正确选择。在这种理念的指引下,伦理道德就不再会是古板生硬的说教,也不再是高不可及的理念,道德生活就是运用理性自觉地总结生活本身的规则,人的生活因有道德的存在而充满智慧、赏心悦目。

2. 道德规范是一个开放的体系

人类基于自身需要而建立起来的道德规范,并不具有永恒性,它与人类创造的任何一种文化一样,应该随着历史的演进而发展、重构。是否将道德视为一个开放的体系,是理性主义道德观与蒙昧主义道德观的重要分野。蒙昧主义道德观将道德规范视为一个封闭的体系,赋予道德一种无须批评的神圣性,这样就从根本上堵塞了道德的更新发展之路。

我们强调道德规范是一个开放的体系,是基于以下几点理由。

第一,人的需要具有开放性。人不仅是有生命的存在体,而且是有发达意识的存在体。生命使人产生由肉体组织所决定的生存需要,并使人从属于自然,发达的意识则使人的想象力能够不断去酝酿出新的需要,酝酿出不直接与肉体组织相关,甚至完全与肉体组织无关的需要。因此,人的需要无法像动物那样直接从利用现成的自然物中得到满足,而必须化外物为我之物,甚至从无中生有。历史和现实提供的种种证据表明,在人自身的发展过程中,不仅人的需要的类型有不断增加的趋势,而且每一种需要也有着由低到高发展的趋势。这两方面都使人的需要形成无限发展的开放之势①。既然人的需要是开放的、变动不居的,那么,为人的需要而产生的道德规范体系必须随之变化,否则会失去原有的效用,甚至会钳制人类的进步。

第二,道德固然是人类理性的结晶,但人的理性任何时候都是有限的,因此,在特定的时期,在道德的制定中,人有可能基于对人性需要的错误的认识制定出错误的道德规则。如果我们将道德视为一种封闭的体系,将它视为神圣不可更改的东西,那就会从根本上断绝了人类改正错误的机会。

第三,人类社会在发展中必然会出现许多以前并不存在的道德问题,固有的道德规范不足以对这些问题作出合理的解释和规范,因此,需要建立相应的新的规范体系。只有保持道德规范的开放性,才能保持它自身的生命力。

3. 反对道德相对主义

所谓道德相对主义,指夸大道德的相对性,否定道德具有普遍性的

① 肖雪慧等主编:《守望良知——新伦理的文化视野》,辽宁人民出版社1998年版。

一种道德主张。道德相对主义者的道德主张各有不同,最有代表性的一种主张则是依据文化相对主义描述的事实,否认道德的普遍性。有的观点认为道德的正确性或错误性随地区而异,并不存在在一切时代可应用于每一个人的绝对的或"放之四海而皆准"的道德标准;有的观点则强调道德的正确性随个人的信仰或社会文化的信仰而定,所以,正确性和错误性的概念一旦脱离了它所由产生的具体环境则毫无意义。

应该肯定,文化相对主义在一定意义是一种具有进步性的文化主张,它是随着资本主义在全球的扩张,在人类各种不同的文化形态交往日渐增多,"西方文化中心论""西方文化优越论"导致的文化冲突日渐增多的背景下形成的。它是对西方文化中心论的一种反动,代表了在多元主义文化背景下向西方主流文化的挑战。因此,以此为依据的道德相对主义的进步性也就在于增进不同文化间人们的相互宽容和理解。

但是,文化相对主义在发展中却逐渐演变为一种僵化的体系,它向所有的普遍主义的形式发出挑战。在道德领域,它则以偏概全,以不同地区、不同文化背景下人们道德实践方式的多样性、特殊性抹杀道德的普遍性与特殊性。正如有学者指出的——"任何时代、任何社会创造道德的目的无疑是完全相同的:都是保障社会存在发展,增进每个人利益、实现每个人幸福",而这一目的才是衡量一切行为是否道德的终极标准。人们从这一标准出发而形成相反道德风尚,只是因为该标准在不同的时代和地域的表现不同或人们对相关事实的认识不同。不管这些规范是如何不同甚至对立,但道德的这一终极标准必定是完全相同的,这就是道德普遍性的最终依据①。

道德相对主义不但在理论上是错误的,而且在实践中是极为有害的。一个人一旦堕入道德相对主义,不但会缺乏明确的是非观念,而且会拒绝去辨别道德是非。因为它使我们的注意力离开了人类社会最主要的同一性、离开迫切关心问题上的一致性,道德相对主义的口号甚至可能成为种族歧视、种姓制度、性别歧视、种族灭绝以及大量各式各样反人类的罪恶进行开脱、辩护的理由。

---

① 参阅王海明:《伦理学原理》,北京大学出版社2001年版,第88页。

三、人类普遍道德精神在职业领域的体现——职业道德

1. 职业与职业道德

所谓职业,指个人在社会中所从事的作为主要生活来源的工作。从本质上来看,是社会职能专业化和人的角色社会化的统一。人通过职业活动获取生产生活资料,也通过职业活动参与社会分工。职业生活与家庭生活和公共生活一起,构成了人类复杂的社会生活。如果说婚姻和家庭是人类种族延续的社会组织形式,那么,职业生活就是人类社会生活得以发展的社会组织形式。

既然每个人通过职业参与社会分工,那么,每个人的职业活动状况就具有社会意义,必然成为道德约束的对象。由于职业所固有的社会性质和地位,决定了每种职业在道德上有自己的特殊要求。各行各业都有与本行业相一致的道德准则和行为规范。因此,所谓职业道德,就是所有从业人员在职业活动中应该遵循的行为准则,涵盖了从业人员与服务对象、职业与职工、职业与职业之间的关系。它带有鲜明的职业烙印,也体现着人类最普遍的道德精神。

2. 职业道德的产生与发展

职业道德的产生是以职业的出现为前提的,是随着社会分工的发展而发展的。人类社会的几次大分工尤其是第三次大分工,使人类社会出现了不事生产专事产品交换的商业,而且产生了体力劳动与脑力劳动之间的分工。这种分工的发展,导致了各种社会行业及职业的出现,与职业相联系的道德意识也开始萌芽。

但是,从人类历史上看,成熟而系统的职业道德是近代资本主义商品经济高度发达的产物。这是基于以下几点理由——

第一,商品经济促进了职业活动的空前繁荣。人类社会在进入资本主义社会之前,人类社会的主体经济形态是自然经济,职业分工虽然有一定的发展,但毕竟受很多的限制。19世纪的产业革命,极大促进了生产过程的社会化和专门化,因此,职业活动也空前发达,传统职业进一步发展完善,而且出现了诸如律师、工程师、新闻记者等新的职业,职业活动的发达为职业道德的出现提供了前提。

第二,在商品经济社会,忠于职业成为一种社会要求。正如著名经济学家茅于轼先生指出的,一个商品经济的社会就是一个互相服务的

社会,一个人的生活质量主要取决于他周围许多为他服务的人的工作质量。一个人物质生活的丰欠不仅取决于他本人所创造的价值的绝对量,而且还取决于社会上其他人的工作质量和效率。正因为每一个人的劳动效率都关系到全社会的富裕,所以做好这份工作就不仅仅是个人的事,还具有道德意义。忠于职业成为社会的要求。

第三,商品经济社会里,以讲信誉为表征的职业道德成为一个行业、一个企业、一个人的重要社会资源,可以产生直接的利益。商品经济的发展使人们从事的交易范围空前扩展,交易对象空前广泛。当交易的对象是价值很低的物品时,交易双方的信誉并不重要;但当交易物品价值很高而且交易双方对物品的质量掌握不同的信息时,往往是物品原来的所有者掌握更多的信息,这时,交易双方的信誉就显得非常重要。如我们买房子、买家电、看医生、上学校等等,这些交易都包含着严重的信息不对称,因而在交易中必然存在着道德风险,这个时候,总体来看,能够在市场中真正站得住脚的,只有那些讲信誉的企业或个人。这时候,参与市场竞争的企业和个人都会把建立良好的职业道德作为一个重要工作。

第四,商品经济条件下形成了有利于职业道德发育的社会土壤。首先,在商品经济条件下,人对职业有相对的自主选择权利。相对于被委派的职业来说,人们从事一项自主选择的职业,更易于产生职业兴趣和职业自豪。其次,在商品经济条件下,激烈的竞争使人对职业来之不易的认识有切肤感受,人们会对自己的职业倍加珍惜。

当一个社会,绝大多数人能够自主择业,从事自己喜欢的工作,那么他对自己职业就会很容易产生自豪感以及对职业的珍惜感,而对职业的自豪和珍惜,都可以升华为一种职业道德感。因此,我们说商品经济社会形成了有利于职业道德发育的社会环境。

3. 职业道德的基本原则

由于现代社会分工的高度发达,职业道德也呈现出极大的丰富性,但总体来讲,无论哪一种职业道德,其核心内容都不外乎是对职业活动中职业责任、职业权利、职业利益三者关系的调整。所谓职业责任,指与职业活动紧密相连的各种责任,是从业人员在职业活动中按照国家规定或组织契约与社会习惯所应当承担的职责和义务。职业权利,是指从业人员在职业活动中所应当享有的权利。职业利益,则是人们在职业活动中获取的正当利益。这其中,职业利益是职业责任的基础,而职业权利是人们承担职业责任的前提。职业道德就是要求任何一种合法职业的从业者,在行使社会赋予他的特定职业权利,通过职业活动获取合法利益的同时,必须承担相应的职业责任,使自己的每一个职业行为都能够经得起伦理的追问。我们根据职业道德的特征,提出以下一些在人类各种职业活动中具有普适性的基本原则。

(1)无害原则。职业道德的无害原则,就是强调人们在职业活动中,不能给相关人造成物质与精神上的伤害。早在2 400年前,被誉为西医之父的西波克拉底在他的誓词中就提出:"我愿在我的判断力所及的范围内,尽我的能力,遵守为病人谋利益的道德原则,并杜绝一切堕落及害人的行为。我不得将有害的药品给予他人,也不指导他人服用有害的药品,更不答应他人使用有害药物的请求。"[1]

无害原则是人类道德的基本底线,也就是最低道德标准,它是在多元化的时代里,人们以理性的方式最能接受的基本价值准则。它当然也应该是人们从事一项职业所应遵循的最基本的底线性操守。

(2)保守机密原则。人在职业生活中基于职业权利,都会掌握一些涉及他人隐私或一个组织机构机密的信息。个人隐私受到充分尊重与保护,这是建立个人尊严的重要前提,是保持世俗私生活和谐的道德力量所在。而商业保密是保持商业续存和健康发展的重要条件,商业机密的泄露常常会给经营者造成无可挽回的损失。因此,保证这些机密不向无关人员泄露,这是任何职业者天经地义的责任。

(3)自主原则。自主原则,就是强调每个理性的人都具有自决的能力,也就是说他有能力做出追求自认为是好的生活的理性计划,以此类推,人们也应该尊重他人同样的自我决定能力。一个真正有尊严的人,就是能够通过行使自主权来塑造自己生活的人。如果剥夺了一个人的自主权,就意味着剥夺了一个人的尊严。

在职业生活中,自主原则,主要是强调人应该自主择业,同时,一个人的职业行为不能侵犯别人的自主权。

(4)知情同意原则。同意,就是某人对某事自愿表示出意见一致的意思。要使同意有意义,其前提必须是某人对某事"知情",即他知道即将发生的事件的准确信息并了解其后果。如果这类信息被故意阻

---

[1]　綦彦成编著:《希波克拉底誓言》,世界图书出版公司2004年版。

止,那么同意便是在欺诈的情况下做出的①。

知情同意原则对人类的职业活动具有重要的指导意义。根据这一原则,人们在职业实践中,当自己的行为关涉到相关人员时,必须向当事人讲清这一行为可能产生的种种后果,在此基础上,征求当事人是否同意。如医生在手术前,要向患者讲清手术的具体过程以及可能导致的危险,在病人表示同意并签字后才能进行手术,就是知情同意原则的体现。

（5）合理获利原则。这一原则,就是允许人们通过职业活动追求自身合理利益。这一利益的合理与否,判断标准就是看他在追求自我利益的时候,是否损害了他人的利益或公共利益。中国传统思想中长期以来强调"君子喻于义,小人喻于利",笼统地贬斥人们对利益的追求,事实证明,这是一种非常错误的理念。因为利益就其本质而言,是一个中性词,无所谓道德或不道德,只有当有人追求自我利益而损害他人利益时,这种对利益的追求才是不道德的。

4. 职业道德的要求及加强职业道德的重要意义

由于现代社会分工的高度发达,职业道德也呈现着极大的丰富性,但总体来讲,无论哪一种职业道德,其核心内容都不外乎是对职业活动中职业责任、职业权利、职业利益三者关系的调整。所谓职业责任,指与职业活动紧密相连的各种责任,是从业人员在职业活动中,按照国家规定或组织契约与社会习惯,所应当承担的职责和义务;职业权利,是指在职业活动中,从业人员所应当享有的权利;职业利益,则是人们在职业活动获取的正当利益。这其中,职业利益是职业责任的基础,而职业权利是人们承担职业责任的前提。职业道德就是要求任何一种合法职业的从业者,在行使社会赋予他的特定职业权利,通过职业活动获取合法利益的同时,必须承担相应的职业责任,使自己的每一个职业行为都能够经得起伦理的追问。

职业道德是社会道德在职业生活中的具体表现,是社会道德的派生物,在保障社会的存在与发展这一道德根本目的上,两者是完全是一致的。但是,职业道德除社会道德中共通的要求之外,还包括基于职业专门逻辑的特殊道德要求,因而区别于大众的生活逻辑,具有鲜明的职业特点,有着许多大众道德不能涵盖的内容。比如说,根据律师的职业道

---

① ［美］理查德·A.斯皮内洛:《世纪道德: 信息技术的伦理方面》,刘钢译,中央编译出版社1999年版。

德,在一件刑事案件中,律师替一个他明知有罪的人辩护是完全妥当的。非但如此,而且律师还可以收取费用,他可以出庭替一个他明知有罪的人辩护并接受酬劳而不感到良心的谴责。凡类似于这样的特殊道德要求都体现着特定的职业利益,更是一个职业社会价值的保障。如果我们否定职业道德的特殊性,用大众道德取代职业道德,必然导致许多职业的大众化、行政化,这些职业应有的社会功能的发挥将受到严重干扰。

在当代人类社会生活的三大领域中,职业生活是人类活动的主体部分,丰富多彩的职业劳动,是人类社会生活向前发展的生命线。随着社会生活的进步和发展,职业生活在人类社会活动中占据着越来越重要的地位。可以说,没有社会职业生活的有序和发展,就没有整个社会生活的有序和发展。而职业生活的有序发展,有赖于社会各行各业和每一位从业者承担相应的职业责任,履行相应的职业义务。因此,在现代社会,加强职业道德建设,提高人们的职业道德素养,是社会道德建设的重中之重。

第二节　新闻传播职业化与新闻传播职业道德

一、新闻传播活动的职业化与现代新闻传播的职业特征

我们前面已经讲过,职业道德的产生以职业活动的出现为前提。职业道德又是带有鲜明职业烙印的行为规范。那么,我们考察新闻传播职业道德,就必须从探讨新闻传播活动的职业化以及现代新闻传播职业特征入手。

1. 新闻传播活动的职业化

人类从一开始,就选择了社会化的生存方式,从功利的角度看,社会化的生存与单个的存在相比较,是一种成本最低,效率最高的生存方式,也是一种更有利进化的生存方式。而"人类之所以能够结成群体,形成社会,主要也正是通过信息的交流与传播来实现的。也正是从这个意义上来说,信息的传播便必然地成为人类社会的黏合剂。"①

---

① 中华全国新闻工作者协会编:《新闻职业道德》,新华出版社、广西人民出版社 1996年版,第 7 页。

因此,我们可以说,新闻传播是人类社会与生俱来的活动,在人类的幼稚时期,人类的新闻传播活动是简单初级的,最显著的特征是传受双方彼此不分,你中有我,我中有你。每个人都是传播者,每个人也都是受传者。社会上没有专门把信息收集发布作为职业的人和机构。而且还需要指出的是,在人类的童年时期,新闻传播活动与一般社会信息传播活动交织在一起,呈现一种混沌的状态。

然而,随着人类社会的发展,人类社会交往密切程度提高,交往范围不断扩大,对新闻信息需求量增大,原始的新闻传播活动不再能够满足社会发展需要时,新闻传播活动开始走向专门化,人类的新闻传播活动进入了近代新闻事业阶段。

这一时期的明显特征,就是传受双方分离,社会上出现了从事新闻传播的机构和以搜集发布新闻信息为职业的人员,一般认为,十五六世纪,欧洲地中海沿岸出现的一批手抄新闻者,是世界上首批以传播新闻为业谋生职业的人。后来随着印刷新闻的出现,新闻传播出现第一个高潮,新闻传播也突破最初手工作坊阶段作业状态,"成为有内外之别、专业之分、担负不同任务的、具有不同类型的传播者所组成的一个更加专业化的集合体"①。

2. 现代新闻传播活动的职业特征

分析一个职业的基本特征,目的是为了帮助我们对这一职业与相关职业的区别有比较清晰的认识。从现代新闻事业产生以来,随着新闻传播活动的职业化,这些新闻从业人员的特征不仅与前新闻事业阶段从事新闻传播活动的人有明显区别,而且,他们与其他职业从业者相比,也有鲜明的职业特征。

(1)新闻工作者是在紧迫的时间压力下工作的。时效性是新闻报道的基本要求之一,任何时代、任何形态的新闻传播活动莫不如此。新闻报道的这一特点,使新闻工作者的职业活动无时无刻不面临着巨大的时间压力。

这种压力造成了新闻传播活动中的几个矛盾:第一个矛盾是报道的时效性与准确性的矛盾。真实准确是新闻报道最为根本的要求,但正如有学者指出的,准确与时效,有时犹如水与油一样,新闻传播的大量实践也表明,尽管新闻界乃至全社会都想方设法致力于维护新闻真

---

① 黄旦:《新闻传播学》,浙江大学出版社1997年版,第23页。

实性,但形形色色的不实报道总是与传播活动如影随形,其原因固然是多种多样的,但新闻传播各环节的巨大时间压力无疑是一个重要的客观因素。

另一个矛盾是时效性与新闻报道深刻性之间的矛盾。在真实、迅速的基础上,新闻报道无疑还应该是有深度的,应力求揭示出事件发生的根本原因及意义。但人对一个事件本质的认识需要花较长的时间进行探讨研究。所以尽管"深度报道"是新闻记者致力追求的东西,新闻工作者的职业特征注定新闻报道大多属于前系统知识(即尚未系统化的知识),是把某一事物和现象作为独立存在的对象进行考察和报道的。这是人们认识活动的开始阶段,知识发育的第一步。这是对各种事物进行直接观察得来的知识,大多系经验性知识。这种知识的结构比较简单。生产、传递、接收和使用这些知识都较为容易。前系统知识尚未按照事物内部的联系加以系统化,尚未反映事物的本质和规律。

第三个矛盾是新闻时效性与恰当发表时机之间的矛盾。新闻报道不仅应该追求时效性,而且还应该考虑恰当的发表时机,因为有的非突发性报道有一个证据和事实搜集的过程,急于报道可能会造成不良的社会影响,甚至给有关当事人带来伤害。但时效性与时机之间往往是一对难以协调的矛盾,特别是在媒体竞争异常激烈的当代社会,一个媒体在报道时机上过多踌躇,极有可能使它在竞争中陷入被动不利地位。

需要指出的是,随着传播科技的进步,新闻工作者面临的时间压力不是减轻而是进一步强化了。人们对于新闻的要求,早已不再满足于"昨日新闻今日报",甚至"今日新闻今日报"也已不能解渴,人们要求的是"现在的新闻现在报"。在这种情形下,解决新闻报道中的上述几个矛盾难度也是更大了。

(2)新闻工作者必须借助报刊、广播、电视等高度复杂化、精密化的新闻传播媒体才能完成传播活动。这是现代新闻事业与其他类型的新闻传播活动的本质区别。

这一变化带来几个问题:一是新闻工作者与受众联系的间接化。尽管所有的新闻机构都致力于建立与受众的互动机制,接受受众对媒体信息的反馈,但到目前来看,传统三大媒体仍是单向性很强的媒体,受众的反馈大多是事后的,缺乏即时性和直接性。二是新闻工作者的工作自主性受到较大制约。因为媒体是一种社会组织,所以,新闻传播是一种有组织的传播活动,新闻工作者作为媒体组织的基本成员,必须在媒体特定的组织目标和方针指导下进行传播活动。更重要的原因是,新闻媒体作为一个社会组织,它具有事业与商业的两重属性,在市场经济条件下,任何传媒机构都要面向市场,追求经济效益,但是,任何社会的新闻媒体都与单纯的营利企业不同,它还是一个具有公益性的公共机构,必须追求社会效益。媒体的经济效益与社会效益在一些情况下是一致的,但在很多情况下,两者常常存在难以克服的矛盾。这种矛盾对媒体的运作机制有着重大影响,也直接影响到每一个新闻工作者的工作方式。

因此,新闻工作者与法律工作者、医生等专业人士不同,后者可以依照自己的经验判断,直接向顾客负责,而单独一个新闻工作者包括不隶属于某一具体媒体的所谓自由撰稿人都很难做到这一点。

(3)新闻工作者的职业活动具有极大的社会广泛性。现代社会,新闻事业的触角无孔不入、无处不在,它反映的空间十分辽阔,传播范围也无所不及,社会影响的广泛深刻也是许多行业所不能比。

新闻事业的这种广泛性对新闻工作者的工作方式有着以下几点影响:第一,新闻工作者大多数情况下必须依赖二手资料进行工作。正因为新闻事业反映的内容极为广泛,新闻工作者不可能在每一个事件发生时都在现场,亲眼目睹事件的发生变化过程,因此,必须依靠消息来源提供的情况进行报道。所以,培养建立消息来源对于新闻从业人员具有极为重要的意义。第二,尽管新闻界多年来提倡并培养专家型记者编辑,但由于新闻工作者报道对象的广泛性,加之新闻工作者时刻面临着巨大的时间压力,因此,新闻工作者不可能对报道对象像有关专家那样有精深的研究,一个负责任的新闻工作者必须清醒地认识到自己的局限性。

现代新闻工作者的以上三个职业特征,是在把现代新闻工作者与其他职业从业者、把新闻工作者与社会中从事其他信息传播者进行比较基础上提出的。把握新闻工作者的这些职业特征对我们探讨新闻传播职业道德问题具有非常重要的意义。

二、新闻传播职业道德及其调节对象

1. 什么是新闻传播职业道德

我们在前面已说过,任何一种职业道德规范,无不体现着鲜明的职业特点,新闻传播职业道德规范也不例外。如果我们分析一些现代新闻传播的主要道德规范,我们就不难从中看到鲜明的职业烙印。比如关于媒体应对报道中的错误进行更正与答辩的规定,就源自新闻传播活动面临巨大的时间压力,错误在所难免这一职业特点。再比如要求进行客观报道,新闻与言论应该分开的规定,则体现着现代新闻事业广泛性的特征,我们在前面已经讲到,面对纷繁复杂的报道对象,一个负责任的新闻工作者都会时刻清醒地牢记着自身的局限,加之新闻传播事业面向社会各个阶层,服务对象又极为广泛,新闻传播媒体要考虑到自己的传播为不同阶层的人都能够接受,基于这些考虑,客观报道成为一种职业规范也就是自然而然的事情,等等。

因此,综上所述,我们认为,所谓新闻传播职业道德,是从事新闻信息传播活动的人们,在长期的职业实践中形成的调整相互关系的行为规范的总和。它源自人类早期的信息传播活动中形成的一些相应规则,是应现代新闻传播事业出现后人类新闻传播实践的需要而产生的。

2. 新闻传播职业道德的调节对象

利益是道德的基础,新闻传播事业作为一项具有广泛性的社会实践活动,其中包含着大量复杂的利益关系,新闻传播职业道德正是通过对这些利益关系的调节,保障新闻工作者职业利益的实现,促进新闻传播良性发展,进而维护社会利益。具体来说,新闻传播职业道德主要调节以下一些关系——

一是新闻工作者与受众的关系。新闻传播过程中的受众,指新闻媒体传播信息的接受者,如报刊的读者、广播的听众、电视的观众等等。受众是新闻工作者的服务对象,新闻传播者是为受众而存在的,传播者的所作所为都是为了满足受众的需要。只有满足受众的需求,新闻工作者才能实现自己的职业理想与职业利益,否则一切都是空谈。在新闻传播过程中,新闻工作者与受众分处传播流程的两极,双方拥有各自的权利,并承担不同的义务。但需要强调的是,由于新闻工作者占用了更多的社会资源,社会也赋予其相当的自由权、主动权,因此,在传播过程中应该负有更大的社会责任。

二是新闻工作者与工作对象的关系。新闻工作者的工作对象,包括新闻采访中的采访对象(新闻事件的直接参与者与其他知情者)、向媒体投寄稿件的各类作者等。离开了他们,新闻工作者的所有工作都会变成无米之炊。他们是新闻工作者一笔非常重要的资源,对新闻工作者具有十分重要的意义,因此,新闻机构和新闻工作者要给予他们足够的尊重与关怀,及时向他们支付报酬并保护他们的权益不受侵害,这已成为世界各国新闻传播职业道德的一项重要内容。当然,新闻工作者在工作中也要防止某些个人或团体出于种种目的,通过歪曲事实、提供虚假情报等方式操纵媒体的行为,尤其在现代公关业高度发达的今天,这一点尤为重要。

三是新闻工作者与同行的关系。一个社会民主制度需要新闻媒体的多元化来保障,因此,新闻传播是一个充满竞争的行业,不同媒体之间、不同媒体的新闻工作者之间、同一媒体的不同新闻工作者之间都存在着竞争关系。这种竞争有时候甚至是非常激烈的,这种同行之间的竞争是新闻事业创新发展的强大动力,但前提是这种竞争必须是一种良性的竞争,否则,同行之间的恶性竞争必将损害新闻传播行业的整体利益和受众利益,进而损害该社会的民主制度。新闻工作者同行之间的竞争关系,有些是法律调节的对象,但更大量的是属于道德范围内的,如何处理与同行之间的关系,是衡量一个新闻工作者道德水准的重要指标。

四是新闻工作者与所属媒体的关系。我们前面已讲到,现代新闻事业,是一种组织化的传播,绝大多数新闻工作者都隶属于一家媒体从事新闻传播活动。媒体必须保障新闻工作者享有必要的合法权益,并为新闻工作者报道新闻、调查事件真相提供必要的条件。同时,新闻工作者作为所属媒体的工作人员,必须认真履行职责,完成规定的工作任务,并力求创造性开展工作,维护媒体的合法利益。

但是,在一些情况下,所属媒体的利益与受众的利益乃至社会公共利益会发生冲突,有一些媒体可能会向新闻工作者提出做一些有违新闻工作者职业操守的事情的要求。这个时候,新闻工作者如何应对?此种情境,正是对新闻工作者道德智慧和勇气的重要考验。新闻传播职业伦理,也正是在协调种种利益冲突中逐步走向成熟和完善。

三、新闻传播职业道德的特点

所谓新闻传播职业道德的特点,即新闻传播职业道德区别于一般社会公德和其他行业职业道德及社会规范的内在规定性。正如我们前面所讲到的,新闻传播职业道德的这些特点,是建立在现代新闻事业基

本特性之上的。具体来说,新闻传播职业道德的特点体现在以下几个
方面:

1. 阶级性与普适性的统一

新闻传播职业道德的阶级性,指新闻传播职业道德在调节新闻传
播关系中体现着某个阶级的特殊利益。

道德本来就是以利益为基础的,在人类社会分化为几个阶级以后,
各个阶级都有着不同的特殊利益,他们自然会把自己阶级的特殊要求
注入道德规范之中,因而给道德打上深深的阶级烙印。职业道德也不
例外,因为人类绝大多数的职业活动都不可能超脱于人类各阶级为维
护、争取本阶级利益而展开的冲突。

现代新闻事业自产生以来,由于其自身特征以及不可替代的社会
功能,它不可避免地为各个阶级争夺、利用以维护并实现本阶级利益,
在特定的历史条件下,新闻事业甚至还会成为阶级斗争的工具。因此,
新闻传播职业道德作为新闻事业中社会控制手段的一种,它必然呈现
着鲜明的阶级色彩。

但是,对新闻传播职业道德的阶级分析决不可简单化、绝对化。我
们强调新闻传播职业道德的阶级性,但新闻传播职业道德同时也具有
普遍适用性。因为在人类的新闻传播实践中除鲜明的阶级利益外,还
或多或少存在一些超脱于阶级利益的共同人类需求,如对真实信息的
需求、反对新闻传播中色情信息以保护少年儿童的健康成长的需求,等
等。这一切也使新闻传播职业道德具有某些不依赖于阶级利益的因
素,体现这些因素的道德准则以种种不同形式重现于道德文化的一切
历史形态中,资产阶级新闻事业的道德也不例外。

2. 职业性与大众性的统一

新闻传播职业道德形成于人类专门化的新闻传播实践中,带有鲜
明的职业特征,也有其特定的调节对象和调节范围,这即是我们所说的
新闻传播职业道德的职业性,也就是它作为一种职业道德的共性。

但是,新闻传播与法律、医务工作等有所不同,在现代社会,法律、
医务等这些工作基本都是专业人士从事的,它们形成了不同的专业团
体,与社会普通大众形成了一道壁垒。而在现代社会里,尽管专门化的
新闻传播活动(即新闻事业)是新闻传播的主要方式,但是,其他方式
的新闻传播活动如人际新闻传播、群体新闻传播等依然继续存在,并发
挥着不可忽视的作用。如同传播学者德弗勒所指出的:"不论是面对

面的传播,还是由电视把讯息传送给百万观众,人类传播的实质是传播者与接受者之间实现相同含义的交流。"①我们虽然无意将现代新闻事业与人际新闻传播活动等量齐观、混为一谈,但就新闻传播本质而言,仍存在相当多的共性。更重要的是,民主社会的新闻事业应该是高度开放的,新闻媒体一般都会通过多种途径、采取种种办法吸引受众参与,如报纸上开辟的读者投书版、广播的电话热线节目等。而在网络时代,由于网络的进入门槛相对于传统媒体来说要低得多,因此,出现了所谓"媒体民间化"的趋势,参与信息传播活动更成为许多普通老百姓的家常便饭。从某种意义上说,社会生活中的每个人都在从事着各种形式的新闻传播实践。

由此可见,新闻传播职业道德尽管也带有鲜明的职业色彩,其中有许多规范也不适用于社会大众,但是,由于各类新闻传播活动本质的接近性,因而新闻传播职业道德与社会大众日常人际信息交流中遵循的道德规范在很多地方又是共同的,它们之间存在着相互联系、相互影响的关系。一方面,新闻传播职业道德的基本原则对于参与新闻传播活动的普通大众有着同样的约束力,如向媒体投稿的时也必须确保报道真实等。而另一方面,社会大众的道德规范对新闻工作者的职业活动也不无影响。美国斯坦福大学从事新闻传播伦理学研究的吴惠连教授在清华大学演讲时曾精辟地指出:"其实没有什么专门的新闻伦理,我的意思是,没有什么伦理仅仅适用记者,而工人、农民等就用不上了……所有这些你都能从你最伟大的老师——父母那里学到。新闻伦理,其实就是将这些生活中的伦理应用到新闻报道的实践中去。"吴惠连教授在这里并不是否定新闻职业伦理的存在,而是特别强调新闻传播职业道德与社会大众道德的密切关系。新闻从业人员必须认识到他们的职业不允许他们偏离人类的基本价值准则,尤其是指导人与人之间交往的那些准则。

3. 团体责任与个人责任的统一

伦理学在传统上认为道义责任的主体必然是自然人,按这种观点,新闻传播中道德责任的主体无疑是指各类新闻工作者。但是,正如我们前面已讲到的,现代新闻传播业具有高度组织化的特征,各类新闻工作者都隶属于各新闻机构,在新闻传播过程中承担某一环节的工作。

---

① 梅尔文·L·德弗勒等:《大众传播学诸论》,华夏出版社1989年版,第10页。

而按照现代组织理论,团体是具有独立行为能力的行动者,媒体机构虽然离不开单个的新闻工作者,但是,这个机构内单个新闻工作者之间错综复杂的合作关系构成了一个媒体超个体的整体性的宏观传播行为,这种行为具有一种无法归诸或还原为任何一个个体行为的独特的性质,也具有无法由个体的能承担的独特的效果。因此,特别是在现代新闻事业日益集中成为一个个庞大集团的今天,我们更有必要强调每一个媒体机构也是道德行为之主体,它拥有单个新闻工作者正常情况下所应有的一切权利、特权与义务;这些媒体机构超个体的行为能力决定了它承担着为个体责任无法替代的集体性的团体责任。

事实上,只有明确媒体组织在新闻传播中不可回避的道德责任,解决新闻传播中大量道德难题,提升新闻传播的伦理水平才有明确的落脚点,而如果将新闻工作者视为唯一的道德载体,这无论在理论上还是实践上对新闻工作者都是一种强求。

但是,我们强调媒体组织的道德责任,并不意味因此要降低对新闻工作者在职业活动中的道德要求。正如不能以个体责任掩盖个体根本无法顶替的团体责任那样,也不能因找出了团体责任就可以顶替应负的特殊责任。每一位新闻工作者都负有高尚的道德使命,承担着不可推卸的道德责任。如某些新闻单位在内部通过改头换面,以"经济信息"的名义将有偿新闻合法化。这显然是一种团体行为,但是,一个真正的新闻工作者不能因为单位的这一规定就会心安理得地搞有偿新闻,他如果从事有偿新闻,也不会因为媒体机构的这一规定而减轻他本人应负的责任。

四、网络时代新闻传播生态与专业精神的重构

美国著名学者克莱·舍基在《人人时代:无组织的组织力量》一书中提出,由于互联网的兴起,人类社会许多行业职业类别界限开始变得模糊,出现了"大规模业余化"现象,而传统媒体行业则首当其冲。一方面,大众传播业的传统商业模式走到尽头,媒体机构作为大规模的商业机构存在的形式难以为继,"去规模化"已成为当下新闻传播业的大势。另一方面,专业新闻工作者对媒体及媒体机构的依赖性大大降低,信息传播"去中介化"具备了现实可能。这两方面因素导致的直接后果是,大众传播媒体在整个信息传播格局中处于的"中心地位"一去不

复返。人类将逐步由大众传播实现以"去中心化"为特征的大众自传播时代。

但是,也正如克莱·舍基所说,大规模业余化的兴起,让专业与业余之间的关系变得模糊,"业余人士和专业人士之间旧的界限不是一个裂缝,而只是坡度上的分别",但是,这并不意味着专业新闻的消亡,而是更高程度的专业化以及对专业精神的重构。

网络新媒体正在重构人类的新闻信息传播生态,但不会改变人类对新闻信息的根本需求。对高品质新闻的渴望,既是人性的需求,也是民主制度良性运作不可或缺的。

重构中的新闻传播生态可能会在很大程度上颠覆现有新闻传播的基本格局,一种全新的新闻实践方式正在孕育之中,一批真正热爱新闻传播的专业新闻人士正在重新集结,人类的新闻传播不会走反专业化路线,专业传播机构、专业新闻工作者都不会消亡,公众对其专业能力、专业操守要求可能会更高。

新闻专业主义强调的独立与客观,都有非常珍贵的价值,它不因技术的改变而丧失意义。只不过需要根据环境的变化重新定义其内容。

1. 放弃专业自负,强调新闻的对话属性

传统上的"专业",意味着设立一定的职业准入门槛,建立有别于大众伦理的专业伦理规范,成立专业协会,追求专业自治。这道壁垒的存在,维系了专业的基本水准,但是,也容易形成专业人士的某种程度上的专业自负。

随着网络的兴起,新闻传播业进入大规模业余化时代,新闻传播成为一个职业的前提条件已经改变,专业壁垒已然被打破,在这种情形下,专业媒体人需要在与公众的对话中塑造公信力,重建专业尊严。

(1)以积极的姿态邀请公众参与新闻生产。一个真正的、具有开放心态的新闻工作者,对于一个在网络时代寻求机会的媒体,大规模参与到新闻传播中的公众,不是竞争对手,而是盟友和机会。网络时代公众参与新闻传播,可以是"众筹(crowd-funding)",公众以小额捐助的方式资助专业记者从事特定选题的报道,为以调查性报道为代表的优质新闻业提供了新机会,这是公众用钞票投票,为新闻从业者报道选题把关。更为直接的参与方式,是将互联网中的"众包模式(crowdsourcing)"广泛运用于调查性新闻。

公众参与新闻生产,对公众与新闻工作者,是一种相互赋权的过程。以各种方式参与新闻传播活动,让普通公众养成关注公共话题的习惯,培养如何辨别事实真相的能力,对普通公众是一种最好的公民训练。而对媒体及新闻工作者而言,众筹为新闻工作者找到了摆脱商业化束缚的良好途径,公众利用互联网平台参与新闻传播,大大提升了专业新闻工作者的力量和效率,以前经年累月完成的工作,现在利用"无组织的组织力量",会在更短的时间完成,而且因为利用了众人之智,质量会更高。

（2）聆听公众最严苛的批评。新闻传播开启对话模式,作品的发表不再是一次传播行为的结束,而是开始。由于技术改变了受众反馈滞后的问题,许多权威媒体引用权威消息来源的报道在基本事实层面都遭到公众有理有据的广泛质疑,很多严重的失实现象被揭露。而在价值层面,公众对同一条新闻往往会有多元的解读。这一切都在提醒专业新闻从业者,在网络新闻业时代,任何机构和个人都已无法垄断对信息的发布,也无法垄断对某一个新闻报道意义的赋予。

2. 把新闻传播过程的公开、透明作为新闻客观性最重要的实践方式

由于传播的去中心化,传播主体多元,政府机关、商业企业、各种利益集团都通过网络向公众直接发声。在这样一个错综复杂的传播生态中,要塑造传播公信力,唯一的途径是专业新闻从业者除了有更高的传播技巧、专业水准外,还要表现出更多的坦诚。在新媒体时代,对于新闻从业者来说,满足受众知情权,不仅仅是为公众提供更多的公共信息,还要主动向公众公开自身相关情况及新闻生产过程。总体看,需要向公众公开透明的事项,包括以下几个方面。

（1）报道经费。传统媒体强调"编辑与经营分开",用这一制度保证编辑独立,不受商业经营的影响。在新媒体时代,媒体往往是一个非营利性的小型团队或个人,这时,"编辑与经营分开"这一原则显然已不适用,因此,对于专业生产新闻的新媒体来说,向社会公众公开每一项报道经费的来源、数额、使用明细,让公众自行判断报道是否受到利益支配影响,这是非常有必要的。

（2）报道动机。新媒体时代的新闻从业者应该向公众交待清楚以下问题:我为什么要做这一选题？这一选题的公共价值在哪里？个人与报道对象是否存在利益对价关系或恩怨纠纷？等等。

（3）报道过程。采访对象有哪些？这些采访对象是否为事件亲历

者？如非亲历者,他的消息来源是什么？采访对象是主动找记者报料,还是被动接受采访,采访对象对相关问题是否足够专业？等等。当然,报道过程的透明这一原则,有时可能要受为消息来源保密、涉事当事人隐私的限制等因素的限制,这一问题比较复杂,这里不做专门讨论,但一些报道中的特殊情境并不足以挑战透明公开这一基本原则。

（4）报道局限性。要对自己的专业局限有深刻的省察,向公众坦承报道存在的缺陷。不隐瞒自己可能的偏见。学者从事学术研究,提交的研究报告及论文中都要求如实报告本项研究存在的主要缺陷。负责任的报道,也应该借鉴这一要求。

3. 专业媒体人应有更纯粹的公共关怀

新闻专业主义强调维护公共利益,但是传统大众媒体往往有两个局限:一是传统新闻价值观强调冲突、具有悬念的事件才具有新闻价值;二是媒体看重受众的商业价值,强调以所谓精英强势人群为目标受众。

这两点,对于一个商业机构而言,是完全符合市场逻辑的理性选择,无可厚非。但是,从大众媒体应担当的社会责任而言,消极影响却是非常明显:首先,它往往造成媒体对很多重要社会意义题材忽视;其次,造成社会弱势群体的媒体需求不能得到有效满足。第三,弱势群体的声音及利益诉求往往失去有效的表达渠道。

长期以来的实践表明,以上这些问题,很难通过市场化手段去解决。但是,当有更多的媒体利用新媒体发展的契机转型为非营利性机构时,也为这些问题的解决提供可能。因为在新媒体时代,一方面,由于有大量业余人士在新闻热点现场提供大量碎片化信息、影像,专业新闻工作者在更多的时候,可以从一些基本初级的报道事务中抽身出来。另一方面,专业的新闻从业者可以就某一社会现象的研究和报道,通过众筹或申请基金会支持等方式,这样就可以摆脱媒体常规时间压力,通过借鉴一些社会科学常用的研究方法,做比较深入的报道。

第三节　新闻传播职业道德的社会功能

新闻传播职业道德是应人类社会新闻传播活动发展的需要而出现

的,它的基本功能是协调新闻传播过程中的各种利益关系,为新闻传播事业的健康发展营造必要的条件,为新闻工作者的从业行为方式提供指导。因此,加强新闻传播职业道德建设,既是社会公众对新闻事业的一种期待,也是新闻事业发展的内在要求。它对新闻工作者、整个新闻传播行业、全社会道德水平都具有重大影响力。具体来说,我们可以从以下几方面认识新闻传播职业道德的社会功能。

一、提升新闻工作者的社会地位

在现代社会,新闻工作者是一个为社会所尊重的群体。从"无冕之王"等各类对新闻工作者的称呼中,也反映着新闻事业及其从业人员的崇高社会地位。之所以如此,是因为新闻工作者们拥有为社会生活所必需的专门知识和技能,使它们握有影响社会的强大力量;更重要的是,它们所追求的以增进社会福祉为己任的理想,使它们具有高尚的职业情操。

可以说,尽管新闻专业主义还是一个广受质疑的理论,但是,不可否认的是,长期以来,新闻行业的专业主义追求仍获得了相当大的成功。西方有学者提出,一个职业转变成一个专业,需经过五个阶段:第一,开始努力成为专职或全日制的职业;第二,建立起训练学校;第三,形成专业协会;第四,赢得法律支持以能自主掌管自己的工作;第五,专业协会公布正式的道德准则。我们从中不难看出,在一个职业向专业化的努力进程中,建立相应的职业道德准则是至关重要的,它是一个职业提升社会地位的过程中不可或缺的要素。

新闻事业专业化的历程也说明了这一点。尽管人类社会生活离不开新闻传播活动,但是,在现代新闻事业出现后相当长时间内,新闻传播并不被视为一个高尚的职业。中国新闻界先驱戈公振先生在《中国报学史》中论当时中国记者的社会地位时说:"记者之职业,誉之者至谓为无冕之王,而在首则不敢以此自鸣于世也。"另据《上海闲话》一书记载,当年左宗棠在给友人的信中曾有"江浙无赖文人,以报馆主笔为之末路"之语,但当时社会舆论并不觉得左宗棠这种贬斥新闻从业者的话有什么不对。因为在当时人们眼中,在报社做记者、主笔,都是不光彩的职业,属于搬弄是非的轻薄之徒,委身报馆者,大都是落拓文人,疏狂学子。当时社会各界的这种看法,固然是有偏见的成分,但戈公振先生也指出:"各埠访员人格,犹鲜高贵,则亦事实之不可为讳者。"①当时的报纸内容琐屑无聊,而当时的新闻工作者也如著名学者谢六逸先生形容的:"有敲竹杠的流氓,有公然索诈津贴者,有专门叨扰商家酒食的,有奔走权门以图一官半职的,种种丑态,罄笔难书。"②这种情况下,新闻从业者社会地位低下也自在情理之中。

到了梁启超等一批致力于挽救民族危亡的知识分子投身报界之后,中国新闻界的气象才为之一新。梁启超等人对中国新闻事业贡献良多,而其中很重要的是,他们提出并制定了中国新闻史上最早的一批职业规范。如梁启超为 1904 年 6 月创刊的《时报》所撰《发刊例》中明确提出:"本报论说,以公为主,不偏徇一党之意见";"本报论说,以要为主,凡所讨论,必一国一群之大问题";"本报事,以确为主,凡风闻影响之事,概不登录,若有访函一时失实者,必更正之";"本报纪事,以直为主,凡事关大局者,必忠实报闻,无所隐讳";"本报记事,以正为主,凡攻讦他人阴私,或轻薄排挤,借端报复之言,概严屏绝,以全报馆之德义"。这些规范,已经体现了现代新闻传播职业道德规范的基本精神,这批优秀的知识分子在办报过程中,身体力行,表现出了高尚理想和职业操守,令社会各界对新闻界刮目相看。正如戈公振先生指出的:"迨梁启超等以学者出而办报,声光炳然,社会对于记者之眼光乃稍变矣。"③

总之,现代民主社会中的新闻工作者是一个享有很高社会地位的精英团体,而作为这种地位的一个重要保证,则是其职业道德。一个职业的社会地位的高低,取决于其是否拥有以及在多大程度上拥有社会公信和社会尊重,而这在很大程度上又取决于社会对它的道德评价。新闻传播职业道德不仅使新闻职业具有足够的职业道德内涵,而且还因为这种职业道德所贯穿的服务于社会的精神,而使它同时具有充分的社会道德内涵。正是这种充足的道德内涵,才有效地支撑和巩固了新闻职业的社会地位。

---

① 参见戈公振:《中国报学史》,中国新闻出版社 1985 年版,第 84—85 页。
② 谢六逸:《新闻教育的重要性及其设施》,引自陈桂兰主编:《薪继火传》,复旦大学出版社 1999 年版。
③ 戈公振:《中国报学史》,中国新闻出版社 1985 年版,第 85 页。

二、营造社会公信力,提高传播效率

信息经济学告诉我们,社会分工带来了现代文明,也加剧了信息的不对称。这一原理在新闻传播中也是适用的,如果没有新闻传播活动的专门化,现代社会高度发达的新闻传播事业是不可想象的事情。但是,我们把现代新闻传播活动看作是一个新闻信息的生产、交换与消费过程的话,新闻信息的传授双方存在着严重的信息不对称。在这一过程中,传播者掌握着传播的主动权,传播者的绝大多数工作过程都无法进入受众视野之内,媒体选择报道哪些事实、不报道哪些事实,媒体的决策过程受哪些因素的影响等多数情况也都是受众不知道的,更重要的是,大多数受众甚至也缺少对媒体报道内容真假的判断能力。

这种信息不对称性的存在,使新闻传播事实上存在着一种道德风险:受众有可能在付出相关费用后获得的只是一种劣质信息服务。这种道德风险是每一个理性的受众都不能不考虑面对的一个严峻问题。这一道德风险使新闻传播面临两个问题——

一是导致媒体的传播可能是低效率的。媒体的效率,是指新闻媒体组织通过新闻的制作与传播所取得的实际社会影响。新闻媒体的工作效率与新闻传播的效果是密切关联的,效果越好,效率越高,其成效的大小取决于新闻对接收者的实际影响程度,效果是衡量效率高低的最主要的标准。在存在道德风险的情况下,受众对传播媒体心存怀疑,媒体的传播自然很难取得好的效果。受众的这种不信任发展到一定阶段,甚至会变成一种逆反心理,如媒体对某人的正面宣传反而会引起媒体受众对他的反感,而媒体对某人的批评性报道可能会提升他在公众中的影响力。在这种情况下,媒体的传播完全是低效的甚至是完全无效的。

二是导致受众对媒体的正常需求受到抑制,媒体市场得不到充分发育,甚至出现萎缩。正是因为人类对新闻信息的需求刺激了新闻传播事业的发展,从这个意义上讲,受众的需求是新闻事业发展的不竭动力。但是,在存在上述道德风险的情况下,由于受众对媒体传播普遍存在不信任,受众对媒体的需求因此受到抑制,表现为报纸发行量严重下降,广播电视听众、观众数量的严重减少等。新闻信息消费的正常需求不旺,市场萎缩,必然使新闻事业失去发展的动力。

由于传播道德风险可能导致的以上两个后果对新闻传播事业发展的消极影响是十分明显的,因此,采取积极措施化解道德风险就成了新闻传播事业发展的当务之急。新闻传播职业道德正是在这一过程中凸显出其不可替代的重要性来。要化解道德风险,新闻从业者除加强专业知识与专业技能的修养外,首先是要借助种种科学有效的方法与途径,了解受众的愿望和要求,倾听他们的建议与呼声,急受众之所急,想受众之所想,通过自己的所作所为,与受众之间建立起一种相互信任、尊重的情感关系。其次,要通过多种方式增强自身工作的开放性与透明度,让受众了解传播过程,以增进理解,并自觉接受受众的监督。第三,最重要的是媒体工作者要把社会责任放在第一位,始终坚守真实、客观、公正、全面这些基本职业规范,敢于坚持真理。

做到了以上几点,新闻媒体就能够确立社会公信力,成为广大受众可以信赖的获知新闻、了解天下大事的可靠渠道。获得了社会公信力,新闻传播者的工作就会以高效率运行。一些著名大报能够历经坎坷,成功地挑战那些不利于新闻事业生存发展的种种障碍,成为传播界的百年老店,一个很重要的因素就是他们以高品质的内容和力求合乎道德的传播行为赢得了公众的信任,他们的传播活动赢得了社会的尊重,也获得了良好的经济收益。而相反,新闻传播史中的大量实例也表明,媒体如果失去了社会公信力,一个社会的信息传播系统必将陷入一种低效率的困境中,为社会秩序的安定埋下了隐患。

三、加强新闻传播职业道德建设对社会道德具有提升和示范作用

新闻传播职业道德调整新闻传播中的各类利益关系的同时,对社会整体的道德进步有着极为重要的影响力。这是新闻传播事业本身的特点决定的。

首先,伦理学认为,在社会中处于不同地位、不同阶层的人的行为,其道德效应是不同的。地位越高,影响越大,他们的行为感染作用也越强。从职业看,越充分体现社会性和公共性的职业,它关涉到公共领域的事务越重要,关涉范围也越广,它的职业道德建设的社会重要性也就越高。我们前面已讲过,在当代社会,新闻事业具有几乎是无可比拟的广泛性,新闻工作者是一个享有很高社会地位的职业群体,因此,新闻

工作者与公务员、执法人员等一样,都属于需要优先考虑加强职业道德建设的职业。新闻工作者良好的职业道德风尚不仅促进了新闻事业的健康发展,也会在整个社会精神文明建设中显示良好的示范效应,成为提升社会道德水平的重要力量。而相反,新闻传播中的道德失范行为,如假新闻等,它对社会生活的负面影响则要比其他行为大多得多,它如同一场大范围的骗局,一旦被揭穿,将使社会成员有一种被愚弄的感觉,有可能导致社会道德水平的迅速降低。

其次,道德的维系离不开舆论的压力,从这个意义上讲,促进社会的道德建设是一个社会中新闻媒体的重要职能。信息及时准确地传递,就会使一个人、一个行业、一个企业的行为处在社会的监督之中,因此,对维持社会道德机制具有关键作用。经济学家张维迎教授指出:"新闻媒体和通讯业的发展对信誉的建立具有重要意义。国际上的一项研究证明,人均传媒量和电话普及国民之间的信任程度有着显著的正相关关系。"但是,张维迎教授也指出:"这里的前提是,媒体传播的必须是真实的信息。一个社会,如果媒体说假话,假冒伪劣就很容易盛行。"①如果新闻从业者传播行为严重失范,在收受贿赂后对一些人或企业严重违反道德的行为视而不见、匿而不报;或出于种种目的,将一些有损他人名誉的不实之词强加到一些人或企业头上,等等。这样的行为如果经常发生,就意味着社会舆论监督系统的瓦解,全社会各行各业都不再有加强道德建设的积极性。

第三,新闻媒体主要通过人的视听系统把多种多样的信息传播给大众。心理学实验证明,反复作用于人的视听神经系统的东西,久而久之,会在很大程度上积淀在人的意识中。鉴于新闻媒体的这一优势,在现代社会,新闻媒体与学校、家庭等一起,共同成为社会实施道德教育的重要途径,可以促使人们形成社会良知。但是,在另外一方面,现代新闻传播媒体特别是广播电视,它的传播基本上是一种单向灌输的性质,受众处在一种被动的位置,加之新闻媒体必须依靠商业广告维持自身的生存与发展。这两方面的因素加起来,"都使大众传媒难免含有诱惑性、麻痹性、操纵性甚至欺骗性的成分。这不仅使它具有可能破坏和消解个人良知的潜在危险,而且具有动摇社会道德的潜在危险"②。

---

① 张维迎:《产权、政府与信誉》,生活·读书·新知三联书店 2001 年版,第 17 页。
② 肖雪慧等主编:《守望良知》,辽宁人民出版社 1998 年版,第 260 页。

可见,要使新闻媒体成为社会道德教育的有力工具,需要加强新闻传播职业道德建设,增强新闻从业人员的社会责任意识。

综上所述,新闻工作者的道德面貌、新闻媒体的道德水准对社会道德建设具有特别重要的影响。新闻媒体可以成为道德教育的重要途径,可以成为维系社会道德的重要力量,新闻工作者可以成为整个社会道德的示范者。但是,这一切的前提是,新闻事业维持在一个较高的职业道德水准上。如果一个社会的新闻职业道德严重滑坡,必将诱发全社会大范围的信任危机,价值观念错位,社会环境严重裂变。

第四节　新闻传播职业道德与新闻传播法规的关系

人类的新闻传播活动中存在着各种复杂的利益关系,为了解决新闻传播中的价值冲突与利益纠葛,需要借助种种手段,通过多种途径对新闻传播活动进行调节控制。新闻传播法规与新闻传播职业道德是其中最重要的两种,两者密切相关,但又相互区别,在人类的新闻传播实践中发挥着各自不可替代的作用。

一、新闻传播职业道德与新闻传播法规的共同点

1. 目的一致

新闻传播职业道德与新闻传播法规一样,都起源于人类社会新闻传播活动存在与发展的需要,是维持新闻传播活动的正常秩序、保障其存在发展的基本手段。它们都随着人类传播活动的需要而产生,也随着人类传播实践的发展而发展。当然,我们这里是就两者的终极目的而言的,新闻传播职业道德与新闻传播法规都是人类根据需要制定、选择的结果,自然都有优良、善恶之分。在特定历史时期、特定地区,我们会看到一些新闻传播法规与新闻传播职业道德在目的上相背离的情况。但是,我们判断两者优良善恶的标准是一致、客观的,优良的新闻传播职业道德与新闻传播法规都体现着协调新闻传播过程中的各种利益关系,为新闻传播事业的健康发展营造必要的条件这一根本宗旨。

正如学者许纪霖先生指出的:"现代社会的整合纽带是由法与道德来维系的,它们背后的价值资源都来自同一个终极存在,倘若这一终极价值日益受到亵渎,社会就不复有共同的终极信仰,所有的法律规范与道德体系都将无所依托,无所凭借。"①

2. 内容相互包含

如果我们把现有世界各国的新闻传播职业道德规范与新闻传播法规作一比较,就会发现两者许多内容是相互包含的。如维护新闻真实性;新闻报道不得侵害他人名誉权、隐私权;媒体之间要开展正当竞争,等等。新闻传播职业道德与新闻传播法规内容上的这种相互包含性显示了二者密不可分的渊源关系。如果追本溯源,所有的道德与法律都是从人类生活风俗和社会习惯规则中演化而来的,新闻传播职业道德与新闻传播法规也不例外,它们也都是人类社会在新闻传播活动中约定俗成的习惯、规则中发展出来,二者内容上相互包含,也理所当然。

二、新闻传播职业道德与新闻传播法规的区别

1. 形成方式不同

新闻传播职业道德作为一种自律性规范,是新闻传播事业在发展中追求行业自治的手段,因此,新闻传播职业道德一般都是新闻事业的行业性组织主持制定的。最早如瑞典 1874 年成立的舆论家联谊会,后来的如美国报纸编辑人协会、美国记者公会等,新中国的第一部成文的新闻传播职业道德准则也是 1991 年由中国新闻工作者协会主持制定颁布的。一些媒体也会根据自身的需要,制定内部职业规范。另外,一些著名的新闻教育院所也提出过一些新闻传播职业道德规范,最著名的如 1908 年美国密苏里大学新闻学院院长沃尔特·威廉姆斯为学生拟定的"记者守则"。

而新闻传播法规是一个国家法律体系的重要组成部分,世界各国新闻立法形式各不相同,大体可分两种类型:一类是制定专门的新闻法或新闻出版法,也有称之为传播法的,如法国、意大利、瑞士、埃及等

---

① 许纪霖:《终极关怀与现代化—— 读托克维尔著作述感》,引自 http://www3. rongshu.com。

国;另一类是没有专门的新闻法律,有关新闻活动的规范,散见于宪法或其他普通法律之中如英、美等国。但无论哪一类,它作为国家法律体系的一部分,都是由国家立法机关遵循一定立法程序制定的,是国家意志的体现。一个阶级在没有取得政权之前,只要有体现该阶级利益的新闻事业,就可以形成该阶级的新闻传播职业道德,而只有当该阶级夺取政权,成为统治阶级之后,才能通过国家立法机关,将该阶级的意志上升为国家意志,颁布体现该阶级意志的新闻传播法规。

新闻传播职业道德与新闻传播法规产生方式的不同决定了它们发展前途不同。新闻传播法规的历史命运,与国家及国家政权机构的命运密不可分,如果一个国家的根本制度和政权机构不再存在或改变了性质,这个国家的新闻传播法规也随之不再存在或改变了性质。而相对来说,新闻传播职业道德受国家政权机构更替的影响要小得多。另外,从长远看,新闻传播法规将随着未来人类社会阶级、国家的消亡而消亡,而新闻传播职业道德在有新闻事业的任何社会里都会继续存在,并不断发展。

2. 实现方式不同

道德的基础是人类精神的自律,道德功能的发挥或多或少都是以人们良知的觉醒为前提的。新闻传播职业道德规范要起到影响传播实践的作用,必须经过新闻从业人员的认知、选择,在全行业范围内形成一种内心信念,使之成为督促新闻从业者自身的内在良知。当然,传统习俗、社会舆论所形成的外在压力也是维系新闻传播职业道德的重要力量。由于新闻事业具有社会广泛性,因此,新闻传播职业道德一直是社会关注的焦点,新闻工作者在新闻传播过程中有违职业道德的行为往往会受到舆论广泛的谴责,因此,社会舆论在维系新闻传播职业道德中的社会作用更是不可忽视的。但是,传统习俗与社会舆论的外在压力也只是一种无形的精神力量,而不是物质性的外在强制力,它归根结底都要通过人错综复杂的内在心理品质才能起作用。特别是像新闻工作者这样一个特殊群体,对他们行为的调节更应着眼于责任感、义务感、良知、尊严感这些体现人的信念的更高级的心理机制,使他们对职业道德的遵守出自内在的需求。因此,舆论等外在力量只有与新闻工作者的道德感相互交融,才能形成维系道德的最深刻的力量。

而新闻传播法规的实施则不同,必须依靠建立有组织的社会制裁手段,也就是说要依靠国家强制力来确保其实施。尽管我们特别强调要增强新闻工作者的法制意识和守法用法的自觉性,但是,新闻传播法规对新闻工作者的规范作用不一定以新闻工作者的主体性为前提,即不一定非经过新闻工作者的认知、选择、内化,国家的强制力可以支持它的维系。另外,新闻传播法规的实施较之新闻传播职业道德的实施,有一套严格的、不受主观意志干扰的法律程序,新闻传播法规的权威性也正是植根于这一套严格的程序中。

　　3. 表现形式不同

　　当代著名学者哈耶克曾指出:"法治的意思就是指政府在一切行动中都受到事前规定并宣布的规则的约束——这种规则使得一个人有可能十分肯定地预见到当局在某一情况中会怎样使用它的强制权力,和根据对此的了解计划他自己的个人事务。"①哈耶克这里讲的"事前规定并宣布的规则"无疑是就是指各类法律规范。法律规范要起到上述作用,很重要的一点,就是法规的规定必须非常明确具体,不得含糊笼统,除明确宣布禁止做什么事之外,还必须明确规定如果违反法律规定,责任人将受到何种惩罚,承担什么后果。新闻传播法规亦是如此,新闻工作者可以由此预测自己的行为可能产生的后果。新闻传播法规由此起到了对新闻工作者的传播行为约束指导的作用。

　　道德的内容存在于人们的意识之中,并通过人们的言行表现出来。新闻传播职业道德虽然现在也有各种各样成文形式,但是,如果将其与法规条文作一比较,就会发现新闻传播职业道德只是一些原则性规定,比较抽象概括。它或是倡导新闻工作者以高尚的道德情操从事新闻传播,或是鼓励新闻工作者积极进取,这些规范的许多内容在现实生活中往往具有一定理想性,根源于新闻工作者追求自我实现、自我完善的需要。新闻传播职业道德中当然也包括一些禁止性规范,但并没有规定如果违反这些规则,就要受到什么惩罚。

三、新闻传播职业道德与新闻传播法规的相互作用

　　从以上论述我们可以看出,新闻传播法规与新闻传播道德是现代社会中规范新闻传播行为的两种规则,是维护新闻传播有序进行的两个基本机制,它们共同为新闻媒体划出了一个相对自由的空间。人类

---

　　①　哈耶克:《通往奴役之路》,中国社会科学出版社 1997 年版,第 73 页。

新闻传播中复杂的利益关系单单依靠其中哪一个都不足以满足新闻传播事业的需要,新闻传播职业道德与新闻传播法规不是对立的,更不是可以相互代替的,它们大量的共同性与显著的差异性,决定了它们之间存在着相互配合、相互协调、相互影响、相互补充的密切作用。正确认识这种相互作用,把新闻传播职业道德与新闻传播法规这两种手段协调地配合起来,使之相互加强、相互补充,才能使它们的作用发挥得更为充分、更为有效。

1. 新闻传播职业道德对新闻传播法规的作用

一是新闻传播职业道德为新闻传播法规提供存在的价值基础。美国的霍姆斯大法官曾说:"法律乃是我们道德生活的见证和外部积淀。"①具体来说,新闻传播法规应该体现新闻传播职业道德的基本准则,以保障新闻自由、强化媒体社会责任为立法宗旨,也就是新闻传播法规的存在要具有价值的合理性与目的的正当性,而不能成为妨碍新闻传播事业发展的力量。在这一点上,我们不同意实证法学派将法律与道德的区别绝对化,进而强调"恶法亦法"的观点。这一观点认为,无论法律怎样与人们愿望背道而驰,甚至剥夺人们的基本生存条件,都不能否认其法律的性质和地位。如果这一观点能够成立,袁世凯窃取政权之后为了镇压进步报业而颁布的《报纸条例》等严刑苛法岂不都属于应该被承认的法律了吗? 因此,我们认为现代法治社会所需要的法律法规,必须是具有道义基础的。它应该是一种价值的存在、道德的存在。

二是新闻传播职业道德对新闻传播法规具有多方面的补充作用。所有法规包括新闻传播法规在内都有其自身的局限,新闻传播中的许多问题的解决仅靠新闻传播法规是远远不够的。这有几方面的原因:其一,新闻传播法规作为国家法律体系的重要组成部分,它的制定、实施、修改都必须依照一整套严格的程序,这一特点,注定了新闻传播法规对新闻传播活动的调节在本质上是反应性的,它很少有可能预见问题或可能的不平等,而是对已经出现的问题作出反应,通常,反应的方式又是极其缓慢的。因此,新闻传播过程中出现的许多新情况、新问题无法依赖新闻传播法规来解决。如果各媒体及新闻从业人员对这些问

---

① 转引自[美]博登海默:《法理学:法律哲学与法律方法》,中国政法大学出版社1999年版,第376页。

题负起道德上的责任,也就没有必要等候新的法律或法规出台,而是规范各自行为就可以使问题在一定程度上得到解决。比如说网络传播兴起后,网络的飞速发展,使人们几个世纪以来努力探索的知识产权的保护措施相形见绌,形同雪上加霜。一部作品一旦被搬到网上,复制并迅速扩散易如反掌,其成本小到可以忽略不计。所以著作权的保护在网络传播中面临着空前的挑战,传统的著作权法面对这一问题显得力不从心。但事实上,一个具有严格自律精神的新闻传播者不可能因为在网络环境中就会恣意妄为。正如著名 IT 评论家方兴东博士指出的:"网络上的版权意识和法律健全还需要许多年。但是这种问题首先应该是道德,其次才是法律。埃瑟·戴森说:'最大的原则是:千万不要非法使用那些不属于你的东西来赚钱。'我们退一步,那些淡去别人名字,纯粹为了利益而图稿费的,我们睁一眼闭一眼。但是将别人的东西赫然写上自己的名字,以达到名利双收的效果,那就不仅仅恶心,而且丑陋之极 …… 许多法律还没诞生,但是人类的道德感应该永远存在。"①

其二,法律在实施中要兼顾程序正义与实质正义,同时也要考虑到社会各方利益平衡,以维护社会的根本利益。因此,就许多具体问题来说,法律的裁决在合理性与合法性上不能同时达到最优。如世界上许多国家的法律在媒体的舆论监督权与公民人格权之间一般倾向于优先保护媒体的舆论监督权,从维护社会根本利益角度考虑,这是非常正确的。但是,这一法律的实施应建立在媒体及新闻工作者严格自律的基础上,否则,极有可能造成新闻自由的滥用。如美国新闻史上经典性判例"沙利文诉《纽约时报》案"中,法院最终裁定《纽约时报》胜诉的判决中明确认为媒体"犯错误的权利必须受到法律的保护",但是,法律上的这一规定不应该成为新闻从业人员及媒体在新闻真实性上降低标准的借口。法律可能裁定媒体胜诉,是为了强化媒体对公众人物的监督,维护民主社会根本利益,但是作为一个负责任的媒体,应该意识到媒体在工作中错误在所难免,但错误终究是错误,在获得法律的支持后,还应该认真地反省一下自身的行为是不是能够经得起伦理追问。如果从此以此为借口,认为只要是针对该案例中所谓的公众人物,就无需认真调查真相,只管大肆攻击,那最终就会出现美国有些学者指出

① 方兴东:《首先是道德,其次是法律》,转引自 IT 写作资源网。

的:"《纽约时报》诉沙利文案也同样地为故意歪曲事实真相的恶人,为许多一心想弄到独家新闻的无能者,以及为许多懒惰的记者编辑提供了一个绝佳的庇护所。"[①]因此,我们说,新闻传播职业道德在这一点上对新闻传播法规可以起到很好的平衡作用。

其三,新闻自律较之他律,是一种成本低而效率高的约束。加强新闻传播职业道德建设,提高新闻从业人员的自律意识,建立良好的职业声誉,新闻传播中就可以大大减少对法规的需要,从而极大地提高新闻传播效率,并降低传播成本。比如近年来,中国由新闻报道引发的侵权诉讼数量居高不下。打新闻侵权官司,无论对新闻媒体还是对报道的相对人,都没有好处,双方都要为此投入大量的人力、物力,最后无论结果如何,都要付出重大损失。要有效地防范、减少诉讼,需要方方面面共同努力。但就媒体及新闻工作者这一方来说,大力加强新闻传播职业道德建设是非常重要的。大量诉讼实践表明,除了一些人滥用诉权,对媒体的正当监督进行恶意不实诉讼的情况外,只要新闻工作者在工作中严格自律,遵循职业规范,如在采访写作中严格按照新闻客观性要求,对有争议的问题做平衡报道;将对事实的报道与评论区别开来等,有许多新闻官司本来是完全可以避免的。而有一些即使已经酿成诉讼,只要媒体按照职业道德规范的要求,及时履行更正与答辩等义务,完全也可以得到当事人的谅解,使诉讼得以化解。

三是加强新闻传播职业道德对新闻传播法规的实施起着举足轻重的促进作用。新闻传播法规的实施,当然离不开国家强制力的保证,但是,正如古人指出的"徒法不足以自行",它需要其他手段的配合,其中新闻传播职业道德就是一个重要的手段。仅仅依靠国家强制力,新闻传播法规的实施效果还不够理想。而新闻传播职业道德的重要内容就是新闻工作者要增强法制观念,通过新闻传播职业道德建设,新闻工作者不仅能提高自身的新闻传播职业道德水准,同时还会加深对新闻传播法规的认识,提高维护新闻法制、执行新闻传播法规的自觉性,不仅自己能自觉地遵守新闻传播法规,而且还能以主人翁的态度,维护新闻传播法规的尊严,同一切新闻违法现象作斗争,从道义和社会舆论上支持、维护和保证新闻传播法规的贯彻执行,及时揭露与有力抵制新闻违

---

① 转引自[美]卡尔·霍斯曼:《良心危机——新闻伦理学的多元观点》,胡幼伟译,台湾五南出版公司1995年版,第238页。

法行为,拥护对破坏社会主义新闻法制的行为的惩处,使新闻违法行为在社会舆论中处于十分孤立的地位。

2. 新闻传播法规对新闻传播职业道德的作用

一是新闻传播法规可以保障道德规则的实施。正如有学者指出的,法律与生俱来的使命,就是必须体现和保障维系社会存在的基本道德义务。新闻传播道德规范从内容上看,大致不外乎两大类,一类是倡导性的,一类是禁止性的。倡导性的规范主要满足新闻工作者增进与受众之间、与同行之间紧密联系,提升新闻事业发展水平的要求而出现的。而禁止性规范如新闻报道不得损害他人人格权、不得损害国家安全、不得传播淫秽、色情信息等,主要满足新闻传播有序化的要求而产生,它对于一个社会新闻传播活动的正常进行,并在社会生活中起到建设性作用是一种必不可少的约束。它为人类的新闻传播活动划定了一个不可逾越的界线。但正如我们前面已经讲到的,新闻传播职业道德只是依赖人内心信念维系,而没有经过权威的确认,没有形成完善的制度安排,缺少强有力的后盾支持,因此,在很多情况下,新闻传播道德很难阻止和惩罚对它本身的破坏行为。因此,这些禁止性规范要真正具有约束力,只有将他们转化为法律规则。新闻传播法规正是在这个意义上体现了对新闻传播职业道德规则的保障作用:新闻传播法规将这些道德要求上升为国家意志,用法律规范形式予以确认,使这部分道德要求不仅仅是新闻工作者的道德上的义务,同时成为法律上的义务。这些道德要求纳入新闻传播法规后,由国家强制力作保证,意味着它们具有双重的保障,因而在新闻实践中也就能够更好地实现。

需要强调的是,我们强制用新闻传播法规保障新闻传播职业道德的实施,并不意味着新闻传播法规对新闻传播职业道德的取代,正如我们上面已讲到的,要转化为法律规则的新闻传播职业道德规范是有限的,也就是说,仅在这个范围内,用法规保障新闻道德的实施,才是合理的。超越了这一范围,就无异于取消了新闻道德,最终也会损害新闻传播法规自身。当然,新闻传播职业道德领域内需要转化为新闻传播法规的具体内容是随着社会环境及新闻事业的发展而不断变化着的,而不是永远不变的。

二是新闻传播法规是传播新闻传播职业道德的有力手段。法律的实施过程也就是道德的传播过程。"当法律规定权利与义务并以强制性力量相威胁以维护其规定时,法律便变成了一种强有力的传播媒体。

每一个执法行动都表达了它对社会的价值观的态度以及它对这些价值观的承诺。"①因此,我们认为新闻传播法规不但是保证新闻道德原则实施的重要力量,同时,它也是进行新闻传播职业道德品质教育的重要手段。

新闻传播法规在实施中对新闻传播职业道德的传播,主要表现在以下两个方面——

其一,所有为新闻传播法规所禁止的行为,也都是有违新闻传播职业道德的行为。因此,通过新闻传播法规法来规定否定性法律后果,对违反新闻传播职业道德的行为予以制裁,就是对新闻传播职业道德的一种有效传播。因为对一个事物反面的否定,就是对其对立面的肯定。否定性后果让新闻从业人员知道,哪些传播行为是非道德的,从而深刻领会真正的新闻传播职业道德。应该说,从 20 世纪 80 年代中期中国出现第一起新闻官司起,一批新闻传播媒体走上被告席并遭败诉命运,这一现象带来的社会效应是复杂的,但客观上讲,它对新闻应该客观、真实等基本新闻道德准则的传播作用是不容忽视的,可以说,广大新闻工作者从这些反面教训中增进的法制观念和道德意识,绝对不会少于从各类正面教育活动中得到的。

其二,新闻传播法规的功能除了对不良传播行为的制裁外,更重要的是保护新闻自由、维护新闻媒体及新闻从业者的合法权益,并赋予新闻工作者一些为更好从事新闻传播所必需的职业特权。随着中国社会主义新闻法制的日益完善,近年来,中国法律对新闻工作者合法权益的保护力度明显加大,如最高人民法院院长多次在讲话中提出人民法院支持舆论监督。对新闻记者在采访中遇到围攻、殴打、伤及人身权利时,人民法院理应对违法者从严惩处,对那些存在问题而又不正视问题,反而阻挠记者采访,侵害记者采访权的,人民法院应对记者的权益予以司法保护。而在司法实践中,绝大多数履行正当舆论监督职责的新闻工作者及普通公民在诉讼中都得到法律的支持。应该说,法律对新闻工作者及媒体合法权益的维护是对新闻工作者工作的一种积极肯定,它激励了广大新闻工作者坚持真理、勇于揭露批评各类社会不良现象、反映群众呼声的道德热情,对于在整个新闻传播界弘扬正气、形成

---

① ［美］L·布鲁姆、P·塞尔兹内克、D·B·达拉赫:《社会学》,张杰等译,四川人民出版社 1991 年版,第 648 页。

良好的职业道德风尚有着极为重要的意义。

学习思考题：

1. 为什么说道德是一种手段而不是目的？

2. 什么是职业道德？什么是新闻传播职业道德？

3. 新闻传播职业道德的特点是什么？

4. 试述加强新闻传播职业道德建设对社会整体道德进步所具有的意义。

5. 新闻传播职业道德与新闻传播法规有哪些区别？

6. 新闻传播职业道德与新闻传播法规是怎样相互作用的？

第十章

新闻传播职业道德的原则与规范概说

第一节　新闻传播职业道德规范
体系及其基本原则

一、新闻传播职业道德规范体系及其一般结构

　　道德规范现象,在人类社会中是相当广泛的。事实上,人们的一切社会行为,无论其是否意识到这一点,都遵循着或贯穿着某种道德行为规范或准则。每个社会及其中的各个阶级、阶层或集团,为了建立和维系相应的秩序,也必然要有规范和调整人们行为的各种道德准则。为了使人们自觉地遵循这些道德准则,伦理学将探讨各种道德准则之间错综复杂的交织关系,并概括出各种道德规范体系及其结构模式作为一项重要的研究任务。

　　根据马克思主义伦理学的观点,从广泛的道德现象中概括出道德规范体系的结构模式,必须从历史的和现实的道德生活实际出发,即要以各种道德行为准则在人类社会生活中的地位和作用范围上的差别,以及它们之间的相互关系为基础。据此来观察各种道德规范体系,可以看到任何一种道德规范体系,都是由许多条道德规范组成的,而且其中总有一个居于主导地位、对其他规范起决定作用的最根本的道德规范。这条最根本的道德规范,一般被称之为道德原则。因此,道德规范体系的一般结构模式是:一条道德原则 + 几条道德规范。其中道德原则,或称作道德根本原则、道德基本原则,是整个道德规范体系的精髓,

是不同的道德规范体系相区别的最根本的和最显著的标志。它在道德规范体系的结构模式中居于主导地位,具有广泛的指导性和约束力。道德规范往往有若干条,是道德规范体系的骨架。它环绕着相应的道德原则而展开,是各个重大社会关系领域中的普遍道德要求,因而也是不同的道德规范体系相区别的重要标志。有些道德规范理论还研究道德范畴,并将这些道德范畴也包括在道德规范体系的结构模式中。

在新闻传播职业活动中,道德规范现象也十分广泛,新闻传播媒体及其从业者自觉地或不自觉地在遵循着一些职业道德行为准则。为了使新闻传播活动正常运作,一个完整的新闻传播职业道德规范体系是必不可少的。新闻传播职业道德规范体系的结构,也与其他道德规范体系一样,由一条职业道德原则和若干条职业道德规范组成,形成一个"众星拱月"的格局。新闻传播职业道德规范体系的内容,虽然因社会性质、历史阶段的不同而有所不同,但也有不少相同之处。在资本主义社会,最初以新闻自由作为其新闻传播职业道德规范体系的基本原则,因而十分强调新闻传播的真实性、客观性、独立性、竞争性等职业道德规范;后又以社会责任作为其新闻传播职业道德规范体系的基本原则,因而在继续强调新闻的真实性、竞争性等职业道德规范的同时,提出了新闻传播的责任性、正当性、公平性、协作性等新的职业道德规范。在社会主义社会,为人民服务是新闻传播职业道德规范体系的基本原则,所有规范均是从这一基本原则派生出来的。

二、新闻传播职业道德基本原则的涵义与特征

新闻传播职业道德基本原则,是新闻传播职业道德规范体系的核心,是新闻传播行业及其从业者在调整职业活动中各种利益关系时必须遵循的第一把、也是最重要的一把尺子。

新闻传播职业道德基本原则的特征,主要有两点:第一,它是新闻传播职业道德的社会本质和经济利益的最集中的反映,在新闻传播职业道德发展的方向及整个过程中处于支配地位,在新闻传播职业道德的理论体系中是决定其性质的核心内容。由于新闻传播职业道德基本原则反映的是一定社会关系和阶级利益的根本要求,因而不同的社会、不同的阶级各不相同。由此看来,新闻传播职业道德基本原则,还是区

别不同类型的新闻传播职业道德的历史本质的重要分水岭。在资本主义社会,资产阶级把追求金钱、满足个人名利等各种欲望作为自己一切行动的出发点和归宿。因此,对于新闻传播事业这一社会服务性很强的行业,资产阶级在调整新闻传播生活中各种利益关系时,最先提出的是新闻自由的理念,并把它当作基本原则与首要规范,后因新闻自由这一原则与规范被新闻传播从业者大肆滥用,又提出了基于新闻自由理念基础上的社会责任论作为基本原则和首要规范。但是,由于资产阶级的社会责任理念相当含混,且与新闻自由理念有不少相互冲突甚至对立的地方,因而在资产阶级新闻传播职业道德体系中,新闻传播职业道德基本原则的概念并不明晰,有的作了明确的、正式的表述,有的作了不明确的甚至歪曲实际的表达,还有的并未作明确的、正式的表达。在社会主义社会,在基于社会主义公有制之上的上层建筑和意识形态的指导下,需要新闻传播从业人员具有共同的理想和追求,一切行为以社会主义建设事业和人民群众的生活需要为出发点与归宿,因而才可能明确地提出全心全意为人民服务这一新闻传播职业道德的基本原则和首要规范。

第二,它是新闻传播从业者处理新闻传播生活中相互关系的最基本的出发点和归宿,是指导新闻传播从业者选择、评价一切职业道德行为的最根本的准绳,对新闻传播职业道德的各个具体规范起制约、指导的作用。在实际的新闻传播活动中,一方面,新闻传播职业道德基本原则赋予一些职业道德规范以新的内涵;另一方面,它本身也需要通过汲取职业道德规范体系的其他成分使自己具体化和现实化。例如,竞争是一条通用的新闻传播职业道德规范,但是在不同的新闻传播职业道德规范体系中,不同的新闻传播职业道德原则赋予这条通用规范以不同的内涵。在资本主义社会,基于新闻自由的理念,即使新闻传播从业者也知道新闻传播职业所担负的社会责任的重大,但在实际新闻传播活动中个人色彩比较浓重,新闻传播从业者之间的恶意竞争屡见不鲜,不仅伤害同行,甚至祸及社会与公众。而在社会主义社会,要求新闻传播从业者将全心全意为人民服务作为选择、评价新闻传播职业道德行为的最根本的准绳,因而像资本主义社会中屡见不鲜的恶意竞争现象很少发生。偶尔发生的恶意竞争事件,究其原因,往往是当事人背弃了全心全意为人民服务这一基本原则和首要规范。

第二节　新闻传播职业道德基本原则概要

一、从新闻自由到社会责任

1. 新闻自由原则的确立

新闻自由的原则,是早期资产阶级新闻传播职业道德的基本原则。这条基本原则,是在欧洲封建社会末期新生的资产阶级在反对封建专制统治的斗争中提出的,并在资产阶级夺取政权、建立资本主义制度后确立的。

新闻传播事业诞生于封建社会末期欧洲资本主义商品经济开始发展之时,之后又随着资本主义商品经济的发展而发展。进入 16 世纪后,由于新生的资产阶级近代新闻传播事业开始转向思想传播与政治斗争,欧洲各国封建王朝纷纷建立起新闻检查等制度,对新闻传播事业实行严厉的新闻统制政策,新闻的真实性等最基本的职业道德要求遭到践踏与扭曲,新闻传播职业的正常运作面临严重的危机。为了新闻传播事业的生存与发展,资产阶级举起了新闻自由的武器,展开慷慨悲壮的争取新闻自由的斗争,并在斗争中建立起一整套自由主义新闻理论。

16 世纪末,反对封建新闻统制、呼吁新闻言论与出版自由权利的斗争首先在英国出现。信仰天主教的印刷商威廉·卡特主张人民应有讨论政治问题的自由,并于 1580 年勇敢地印刷出版赞成天主教的小册子,但因此而遭到迫害,1584 年被处以绞刑。在法国,伏尔泰、卢梭、狄德罗等资产阶级启蒙思想家对当时的封建新闻统制制度和仰承封建统治者鼻息的报刊予以无情的批判和猛烈的抨击,大声呼吁新闻言论出版自由。他们认为,言论自由是人类社会走向进步与文明的必由之路。

在美国的前身北美殖民地,人民为争取言论出版自由同英国殖民当局进行了长期的斗争。1690 年 9 月 25 日,北美大陆上的第一份现代报刊《国内外公共事件报》创刊,冲破了英国殖民当局的出版禁令。为了争取言论自由,北美人民还运用法律武器,同英国殖民当局进行合法的斗争,赢得了一定的胜利成果。其中最著名的是曾格案。

1640 年,英国资产阶级革命爆发后,新闻界内外的进步人士继续为争取新闻自由而斗争。许多进步学者纷纷撰文阐述新闻出版自由的思想。政论家威廉·沃尔温以其对宗教信仰自由的研究为依据,在国会发表为新闻出版自由辩护的演说,主张国会采取宽容精神,允许出版自由。经济学家亨利·鲁宾逊根据经济原则和自由企业思想,提出了他的新闻自由学说,强调自由讨论与自由判断的重要性,无人能独占真理,所以真理愈辩愈明。影响最大的是约翰·弥尔顿。他 1644 年在英国国会上发表演说《论出版自由》,以雄辩的言辞论述了出版自由的观点,认为出版特许制度、审查制度都是有害的东西,应该给每个人的自由获知、陈述和辩论的权利,让人有自由来认识,发抒己见,并根据良心作自由的讨论,这才是一切自由中最重要的自由。这些阐述新闻自由思想的著作的出版,标志着资产阶级自由新闻传播理论的建立。

自由主义新闻传播理论的建立,不仅为资产阶级新闻传播事业的发展扫清了道路,还为资产阶级新闻传播职业道德的发展提供了坚实的理论基础。基于这一理论,新闻自由被确立为早期资产阶级新闻传播职业道德的一条基本原则,使新闻传播事业不再被封建专制主义的思想理念所扭曲,讲真话被新闻传播从业者视为理所当然之事,维护了新闻真实性这一新闻传播事业的生命线,从而使新闻传播职业道德水平上升到一个新的高度。

2. 社会责任原则的提出

在资产阶级夺取政权并建立自由资本主义制度后不久,新闻自由这一新闻传播职业道德的基本原则因被新闻传播从业者滥用而变性,成为西方新闻传播职业道德进一步发展的绊脚石。从不择手段的党派攻讦到耸人听闻的黄色煽情,从广告控制新闻报道到资本垄断新闻市场,都打着新闻自由的旗帜——登上报坛。于是,社会责任思想开始出现并最后发展成为新的资产阶级新闻传播职业道德基本原则。

自 19 世纪上半叶起,西方新闻界的一些有识之士已经开始认识到,新闻传播从业者在行使新闻自由这项权利的时候,必须具有社会责任意识。1904 年,普利策在纽约出版的《北美评论》上发表《新闻学院》一文。这篇西方新闻伦理学的奠基之作,基于对报业社会功能的认识,提出了报业的社会责任问题:“只有最高的理想、兢兢业业的正当行为、对于所涉及的问题具备正确知识以及真诚的道德责任感,才能使得报刊不屈从于商业利益,不寻求自私的目的,不反对公众的福利。”①但是,早期的新

---

① ［美］韦尔伯·施拉姆等:《报刊的四种理论》,新华出版社 1983 年版,第 97 页。

闻责任思想,从社会伦理和报业功能的角度出发,呼吁新闻传播从业者的言行要符合全体公民认可的社会伦理精神,呼吁新闻传播从业者要忠诚于公共利益而不为商业利益所屈服,对于传统的自由主义新闻传播理论则还不敢有丝毫的怀疑。20世纪40年代后,西方的一些新闻传播学者开始对传统的自由主义新闻传播理论作了认真的、深刻的检讨,希望能创建一个新的、以社会责任为核心的新闻传播理论,以与传统的自由主义新闻传播理论相抗衡。1947年春,美国芝加哥大学出版社推出了一本长达140页的小册子,正题是"自由和负责的新闻业",副题是"关于大众传播系统报纸、广播、电影、杂志和书籍的报告"。这本小册子是由1944年年初成立的新闻自由委员会集体撰写的,该委员会共13名成员,均为非新闻界的学者名流,主席是芝加哥大学校长罗伯特·M·哈钦斯。该书开篇就指出了新闻自由已经面临危机这一问题,接着进一步分析了新闻自由陷入危机的主要原因,以严肃的态度提出了新闻传播事业的社会责任问题,阐述了社会责任论的基本观点。它的出版,宣告一个较自由主义理论更为成熟的新闻传播理论——社会责任论的诞生,使美国新闻界为之震惊。

　　社会责任论的重要观点有三:一是新闻自由权利不是绝对的权利,道德与法律是行使新闻自由权利的制衡器。二是理性不能主宰人性,人类不是天生就有一种去寻求真理和服从真理的道德感。在复杂的人性面前,要保护新闻自由权利,就需要他人或社会提供外在的约束力量,就需要提醒人们注意其社会责任,激励他们去运用理性。三是新闻自由权利是新闻传播媒体、公众和政府共享的权利,强调新闻自由不能仅仅强调新闻传播媒体及其从业者的权利,还要强调公众和政府的权利。社会责任论的核心是,要求新闻传播媒体在享有自由权利的时候,恪尽对社会和公众的义务和责任。社会责任理论对传统的自由主义新闻传播理论的修正和发展,最重要的一点是:传统的自由主义新闻传播理论的目标是指向政府,要求政府保证新闻传播媒体的自由权;而社会责任理论的目标是指向新闻传播媒体,要求新闻传播媒体对公众负责,体现公众的自由权,如果媒体不能自行负责,那么政府便可以进行干涉。

　　社会责任论在新闻传播职业道德方面的意义是,它为新闻传播职业道德的发展提供了一个坚实的理论基础。事实上,自社会责任论问世后,社会责任的原则已经取代新闻自由的原则而成为西方新闻传播职业道德的基本原则。这一基于社会责任论的基本精神之上的基本原则,不仅顺应了时代对新闻传播媒体的期望和要求,而且也确实对西方新闻界都产生了广泛的、深刻的影响。随着社会责任理论的普及与深入人心,西方新闻传播媒体及其从业者的社会责任感日益加强,通过自我约束和自我控制即新闻自律来解决新闻传播职业道德问题的理论与实践得到了普遍认同,并建立起了一个以社会责任原则为核心的新闻传播职业道德规范体系,使西方新闻传播职业道德水平又上了一个台阶。但是,资产阶级新闻传播职业道德,无论是以新闻自由为原则还是以社会责任为原则,都是以个人主义作为其出发点和最后归宿的。资产阶级的新闻传播从业者,无论其社会责任感有多强,均把其个人的价值及其实现放在第一位。在他们看来,在一切价值中个人的价值最大,个人的价值决定团体、社会、国家及整个世界的价值,必须冲破一切阻碍,充分地实现个人的价值。

二、全心全意为人民服务

1. 全心全意为人民服务原则的确立

无产阶级新闻传播事业诞生后,无产阶级新闻传播职业道德也随着形成与发展。无产阶级新闻传播职业道德不仅强调新闻事业的社会责任,而且还要求新闻传播媒体及其从业者要全心全意为人民服务,并将此确立为无产阶级新闻传播职业道德的基本原则。在社会主义历史阶段,全心全意为人民服务是社会主义新闻传播职业道德的基本原则。

全心全意为人民服务,对于共产党人来说,不单纯是一个政治概念,同时也包含着道德要求。在政治上,全心全意为人民服务是共产党的根本宗旨,是党的一切活动的出发点和归宿。在伦理上,全心全意为人民服务是无产阶级的人生观,是党的宗旨的道德反映。它从根本上与以往的一切剥削阶级的道德观划清了界限,要求每一个共产党人的一切行为,在任何时候、任何情况下,都要符合广大人民群众的利益。

全心全意为人民服务,作为无产阶级人生观的科学概括,比较全面地表述了无产阶级对人生的根本观点。

首先,科学地解决和回答了无产阶级人生观的根本问题是什么,阐明了无产阶级的人生目的。为什么人的问题,也就是为谁服务的问题,是具有普遍意义的人生观的根本问题和原则问题。一切剥削阶级的人生观和人生目的,都是以个人主义为核心的。无产阶级作为新的生产力和生产关系的代表,是人类历史上最先进、最革命、最伟大的阶级,它以消灭一切剥削制度、建立社会主义和共产主义社会为最终目的,这决定了它必然以全心全意为人民服务作为其对于人生观这一根本问题的答案。

其次,概括了无产阶级对人生的根本态度。人生目的需要实践来实现,人生态度就是人生目的由理论到实践的转折,它表现为人们如何在实践中实现自己的人生目的。在一切剥削阶级的人生观看来,活着只是为了自我或极少数人,而自我的渺小和无力使他们对前途缺乏信心,因而采取悲观厌世和虚无主义的人生态度。无产阶级人生观以马克思主义的科学理论为指导,其人生目的与社会发展的规律完全一致,因而对自身和人类社会的前途充满信心,对人生采取积极乐观的态度,不怕艰难险阻,不怕流血牺牲,勇敢奋进,一往无前。

再次,对人的价值问题作了明确的马克思主义的回答。人的价值观是人生观的重要内容。人的价值包括两个方面:一是社会对个人的尊重和满足,二是个人对社会的责任和贡献。全心全意为人民服务这一命题,一方面明确了为人民的利益而工作与奋斗的人生最有价值,另一方面还指明了人的价值得到实现的基本途径:在为人民服务中,取得社会对个人的尊重和满足,又在为人民服务中尽到个人对社会的责任,为社会作出贡献。

最后,体现了无产阶级人生观与共产主义道德的联系和统一。人生观与道德规范同属伦理学研究的内容,两者在实践上是一致的。以人民的利益为出发,全心全意为人民服务,既是无产阶级人生观的根本问题和共产党人的做人标准,也是社会主义和共产主义道德的基本原则与规范。

全心全意为人民服务,是中国共产党领导的中国无产阶级革命事业在其发展壮大的历史过程中培养出来的高尚的道德品质,其核心是一切言论行为以合乎最广大人民群众的利益、为最广大人民群众所拥护为最高标准。1944年9月8日,毛泽东同志在中央警备团追悼张思德烈士的大会上发表演讲,将中国共产党人的这一道德境界概括为闪闪发光的五个大字:"为人民服务。"[1]在长期的中国革命实践中,为人民服务这一道德要求,体现在共产党人为国家独立、民族解放和人民幸福所进行的不怕艰难险阻、不怕流血牺牲的英勇奋斗之中,体现在共产

---

[1] 《毛泽东选集》(第3卷),人民出版社1991年版,第1004页。

党人爱人民、为人民、与人民血肉相连的鱼水深情之中,体现在中国共产党领导的革命队伍内部互相关心、互相爱护、互相帮助的同志式关系之中。中华人民共和国成立后,中国共产党成了执政党,全心全意为人民服务这一根本宗旨和道德要求仍为中国共产党人所信奉与遵循。正因为如此,中国共产党才成为中国各族人民所信赖的先锋队组织,才成为能够领导人民群众的社会主义事业的核心力量。而且,由于中国共产党人的长期实践和有力倡导,为人民服务的观念还日益为广大人民群众所认同和接受,成为社会主义道德的根本要求和根本原则。因此,党的十四届六中全会通过的《关于加强社会主义精神文明建设若干重要问题的决议》明确指出,为人民服务是社会主义道德的集中体现,是社会主义道德建设的核心。

　　为人民服务是社会主义道德的集中体现,其具体内容有三:一是强调对他人、对社会的奉献精神。为人民服务就是要求人们在处理个人的利益与他人的利益、社会的利益的关系上,首先以满足他人的需要和社会的需要、实现他人的利益和社会的利益为基本行为准则。在当前发展社会主义市场经济的历史条件下,更要在全体人民中提倡为人民服务和集体主义的精神,培养尊重与关心他人、热爱集体、热心公益活动、为人民为社会多做好事、反对享乐主义与个人主义、抵制拜金主义的良好社会风尚。二是提倡人们在为他人与社会奉献的同时尊重与保护个人的正当利益。为人民服务并不排斥个人的正当利益,它强调的是要把国家的利益、集体的利益与个人的利益结合起来,在为他人和社会服务的过程中实现个人的正当利益,在满足和实现他人的利益与社会的利益的同时追求个人的正当利益,当个人的利益与他人的利益、社会的利益发生冲突时自觉地做到前者服从后者。三是强调为他人与社会服务可以有不同层次的要求和不同形式的表现。对于共产党员、干部以及其他对于社会具有道义影响力的人们来说,要提倡全心全意为人民服务,提倡无私奉献精神。当然,提倡和实践全心全意为人民服务,并不意味着共产党员和其他先进分子不需要或不应该有个人的正当利益,而是指为他人与社会服务时不以获取个人的利益为条件。对于广大群众来说,为人民服务主要表现在为他人与社会服务的同时,获取个人的正当利益,做到以义取利,义利结合,爱岗敬业,兢兢业业做好本职工作。可见,为人民服务这一社会主义道德的根本要求,并非高不可攀,在社会主义初级阶段可以而且理应通过不同的层次、不同的形式表现出来。

毋庸讳言,在进入社会主义改革开放的历史新时期后,特别是在建立与发展社会主义市场经济的进程中,新旧体制的变化必然会带来人们思想观念、价值观念的变化,利益追求会出现多元化取向,从而使为人民服务的思想、价值观念受到一定程度的冲击。有些人未能正确总结历史教训和把握时代发展的新趋向,把为人民服务同尊重个人利益对立起来,甚至公然否认为人民服务这一道德要求。有些人认为,市场经济奉行的是物质利益原则和等价交换原则,同为人民服务的原则似乎不太协调。这种认识是错误的,因为它没有看到发展社会主义市场经济与提倡为人民服务的道德原则之间具有内在的统一性。市场经济是与比较发达的商品生产和商品交换相联系的一种经济体制和运行体制,商品交换的一条基本原则就是自愿交换,交换双方都以能获取各自的利益为前提。所以,市场经济客观上要求交换双方必须把追求自己的利益与对方的利益结合起来。谁要想通过市场为自己谋求更大的利益,谁就应当更好地满足他人的需要与社会的需要,即为他人、为社会更好地服务,否则,自己的利益难以或无法实现。当然,这种交换行为的平等互利性要求能够实现到何种程度,是由不同的社会制度的性质所决定的。社会主义中国建立的市场经济是与社会主义基本经济制度和政治制度结合在一起的,是以公有制为基础的,以实现共同富裕为最终目标的。因此,只有以为人民服务为核心、以集体主义为原则的社会主义道德才能适应社会主义市场经济的要求,并为社会主义市场经济的健康发展服务。一切拜金主义、极端利己主义的道德观都不是社会主义市场经济所要求的,都是社会主义市场经济健康发展的消极、破坏因素。

为人民服务,作为社会主义道德的集中体现,是包括新闻传播事业在内的社会主义各行各业职业道德的一条根本原则。这是因为,为谁服务这一问题,是制约职业道德准则其他条款的核心问题;解决社会主义道德观问题的关键,就是明确为人民服务的问题。在社会主义制度建立之前,为人民服务主要是共产党人的道德原则,最初是为了处理共产党领导下的革命军队与广大人民群众的关系而提出的道德行为准则,后又成为共产党领导下的一切革命性职业活动(如共产党领导的民主解放区的各行各业)的职业道德原则。在社会主义制度建立之后,生产资料公有制成了社会经济制度的主体和基础,满足人民群众日益增长的物质生活和精神生活的需要成了社会各项生产与服务的根本目的。各种职业只是分工不同,没有高低贵贱之分,各种职业内部的人与人之间的关系都是同志式的平等互助的关系。人们的职业劳动不仅是谋生的手段,而且是为社会作贡献、同时获得自身全面发展的主要方式。因此,为人民服务不再仅仅是共产党人的道德品质的主要内涵,也是社会主义各行各业职业工作者道德品质的主要内涵,成了构成社会主义职业道德体系的灵魂与核心。简言之,为人民服务之所以能成为社会主义职业道德的根本原则,原因在于:其一,它是社会主义各行各业职业活动的出发点和根本目的,体现了社会主义社会广大人民群众的根本利益;其二,它是各种职业及其从业人员对待人民群众和社会主义事业的正确思想观念及行为选择原则;其三,它贯穿在社会主义各行各业职业道德的规范之中,存在于社会主义职业道德发展的整个过程。

　　社会主义新闻传播职业道德之所以将全心全意为人民服务视为根本的原则与要求,最重要的一点,就在于它是社会主义新闻传播工作的根本宗旨。在社会主义国家里,报纸、电台、电视台、通讯社等各种新闻传播媒体都是建立在社会主义公有制经济基础上的上层建筑,是全体人民的公共财产。社会主义新闻传播事业不仅是社会主义公有制经济基础在上层建筑的反映,而且还反过来为这个经济基础服务。因此,全心全意为人民服务、一切对人民负责,是社会主义新闻工作的根本宗旨,是社会主义新闻工作的基本出发点和落脚点。既然新闻传播事业是全体人民的公共财产,人民群众是新闻传播事业的主人,那么,新闻传播从业者的社会角色也只能是广大人民群众的公仆,是受全体人民的委托而从事新闻传播活动这一社会分工的普通劳动者。因此,新闻传播从业者理所当然地要服从广大人民群众的意志,一切对人民负责,全心全意地为广大人民群众参加政治生活、经济生活、文化生活以及其他社会生活提供必需的服务,当好人民的公仆。而要当好人民的公仆,最重要的是要解决好对待人民群众的态度和感情问题。所谓态度问题,就是尊重人民群众,虚心向人民群众学习,甘当小学生。新闻传播从业者在群众面前,不可自命不凡,不可自以为高人一等,要从思想深处认识到人民群众是历史的主人,也是新闻的主人,人民群众的社会实践活动是新闻传播从业者认识客观世界的源泉,人民群众的信任是新闻传播从业者赖以生存的条件。所谓感情问题,就是要经常深入群众,处处关心群众。新闻传播从业者要把人民群众时刻放在心头,虚心倾听人民群众的意见,及时反映人民群众的呼声。这一点,与资本主义社会截然不同。在资本主义社会,新闻传播媒体绝大多数是私人经营的企业,因而其一举一动都不得有损于投资者的经济利益。它们虽然也挂着为社会公众服务的招牌,甚至被称作社会的第四种势力,享有极大的特权,但实际上是为投资者服务。新闻记者虽然被称为社会上的"无冕之王",但他们在自己的老板面前只是唯命是从的奴仆。因此,无论是第四种势力说,还是"无冕之王"说,只是资产阶级的唯心主义历史观在新闻学上的反映,并不反映社会现实。

在社会主义中国,只有坚持中国共产党的领导,坚持社会主义道路,才能真正维护全体人民的权益。因此,在讨论全心全意为人民服务这一新闻传播职业道德的根本原则时,我们还必须进一步认识为人民服务的原则与党性原则的一致性、为人民服务与为社会主义服务的一致性问题。我们应该清楚地认识到,中国共产党是中国人民的根本利益的忠实代表,中国共产党党性原则的核心是全心全意为人民服务;社会主义道路是中华民族走向光明、走向繁荣昌盛的康庄大道,符合中国人民的根本利益与最高利益。因此,为社会主义服务,归根到底也是为人民服务。坚持全心全意为人民服务的根本原则,必须始终站在党的立场上、站在社会主义立场上,正确处理好宣传党的方针政策与反映人民群众意愿的关系,坚持对党负责和对人民负责的一致性。

2. 全心全意为人民服务原则的基本内涵

全心全意为人民服务,作为社会主义新闻传播职业道德的基本原则,其基本内涵大致有以下几点。

第一,忠于职守,坚持正确的舆论导向。

忠于职守,对本职工作负责,是衡量新闻传播从业人员有无社会主义新闻传播职业道德品质的一个根本标志和客观尺度。忠于职守,就是要热爱本职工作,以主人翁的态度对待本职工作,具有职业责任感、荣誉感和自豪感。这是做好新闻传播工作的首要条件,因为只有热爱本职工作,以主人翁的态度对待本职工作,具有职业责任感、荣誉感和自豪感,才能在实践中具有职业理想和创新精神,迅速增长专业才干,积极发挥主观能动性,勇于开拓新的领域,尽自己最大的能力高质高量地完成工作任务。

对于新闻传播工作来说,忠于职守、具有职业责任感,最重要的一点,就是要坚持正确的舆论导向。在现代社会中,报纸、广播、电视等新闻传播媒体是能够最迅速、最广泛地影响社会,引导舆论、影响舆论的理想工具。在社会主义时期，特别是在社会主义改革开放时期，人们思想解放、视野开阔，社会主义言论自由得到充分实现。如何引导社会舆论，成了社会主义时期，特别是改革开放时期的一个重要课题。中国共产党十分重视新闻舆论及其导向作用，并要求中国新闻传播从业者把它视作职业道德的重要规范之一。

坚持正确的舆论导向，就要在新闻传播实践中增强党性观念，坚持社会主义方向。报社、电台、电视台等各类新闻传播媒体都必须在政治上同党中央保持一致，在组织上绝对服从同级党委的领导，重大问题的处理必须向党委请示与汇报，坚决克服向党闹独立的资产阶级自由化倾向。要坚持政治家办报的方针。所谓政治家办报，就是说所有的新闻传播从业者，从社长、总编辑、总经理到每一个记者、编辑、播音员，都必须具有正确的政治立场、政治主张和政治观点，善于从政治上观察问题、处理问题，把新闻传播工作首先看成是党的思想政治工作，而不是把它仅仅视作文字工作、技术工作。

坚持正确的舆论导向，就要弘扬无产阶级爱国主义的精神，热爱社会主义祖国，更好地履行对祖国的义务。中国人民有着光荣的爱国主义传统，在几千年的历史上，产生过许许多多伟大的爱国人物。在中国共产党领导的人民革命斗争中，无产阶级爱国主义，作为无产阶级道德的基本规范之一，发挥了巨大的凝聚力量、感染力量、号召力量和鼓舞力量。掌握了自己命运的中国人民，为了实现把祖国建设成伟大的社会主义国家这个总目标，必须把民族自信心提高起来，要抛弃由于中国近代屡遭外国侵略者欺负而造成的自卑感和奴化思想。当然，提倡民族自尊心和自信心，并不是要闭关自守、盲目排外。恰恰相反，结合中国国情、实事求是地学习一切民族、一切国家的长处，正是具有高度的民族自尊心和自信心的表现。对外国的东西，不加分析地一概抵制排斥或全部照抄照搬，都不是马克思主义的态度，都达不到爱国的目的。

坚持正确的舆论导向，就要在新闻传播实践中坚持团结稳定鼓劲、正面宣传为主的方针，注意新闻宣传报道的社会效益。以正面宣传为主，就是在新闻报道中，着力宣传那些能鼓舞和启迪人们发展社会生产力、坚持四项基本原则与坚持改革开放政策、加强社会主义民主和法制建设、推进社会主义精神文明建设、热爱伟大祖国和弘扬民族文化、维护国家统一和民族团结、为推进世界和平与发展而斗争的东西。

第二,要充当党群联系的桥梁,发挥舆论监督作用。

全心全意为人民服务这一职业道德基本原则,落实到具体新闻传播实践中,还要努力充当共产党及其领导下的人民政府与广大群众联系的桥梁与纽带,积极发挥舆论监督作用。

新闻传播媒体作为共产党及其领导下的人民政府与广大群众联系的桥梁与纽带,要及时、准确地向人民群众传达党和政府的方针政策,提供人民群众所需要的新闻与信息,反映人民群众的要求、建议与意见,以利于人民群众履行社会主人翁的职责,参加政治、经济、文化等社会生活以及了解世界。

新闻传播媒体要热情做好各项群众工作,处理好与人民群众的关系。具体而言,一要重视群众来访、来信与来稿,妥善处理群众提出的建议、意见、批评、申诉与检举;二要经常开展各种便民服务性的活动。

发挥舆论监督作用,是新闻传播媒体坚持全心全意为人民服务这一根本原则的重要方面。舆论监督是人民群众行使社会主义民主权利的一种有效形式,也是处理人民内部矛盾的一种好方式。新闻传播媒体支持符合人民利益的正确的思想和行为,勇敢揭露与批评一切违背人民利益的言行与社会现象,对整肃党风和社会风气起了积极推动作用。

第三节　新闻传播职业道德主要规范概要

自 1908 年,美国密苏里大学新闻学院创办人与首任院长沃尔特·威廉斯主持制定出世界上第一个全面系统的新闻传播职业道德准则《报人守则》以来,目前绝大部分新闻传播业比较发达的国家均已制定出适合自身特点的、成熟的职业道德行为准则。有的是综合性的职业道德行为准则,也有的是报刊、广播、电视、公关、广告、摄影等单项性的职业道德行为准则。纵观各国新闻传播职业道德规范的内容,其共同点大概有以下几点。

一、新闻要真实、客观与公正

新闻必须真实、客观与公正,这是所有新闻传播事业都认可的一条职业道德行为准则。在中国,现行的 2009 年修订的《中国新闻工作者职业道德准则》规定:"坚持新闻真实性原则。要把真实作为新闻的生命,坚持深入调查研究,报道做到真实、准确、全面、客观。"

早在人类新闻信息传播活动处于口口相传阶段,诚实、不说谎已成为原始氏族社会公认的传播行为准则。进入阶级社会之后,处于统治地位的剥削阶级出于其政治统治的需要,也未否定这一道德要求,只是在实践上往往以是否符合他们的利益来决定需要说多少真话。但是,创造人类社会物质财富和精神财富的体力或脑力劳动者仍以诚实作为传播新闻信息的美德。资产阶级新闻传播事业在反对封建主义的言论出版专制制度的斗争中诞生后,在伦理上确立了以维护新闻真实性原则为核心的新闻传播职业道德规范。但是,在新闻传播实践活动中,资产阶级新闻传播从业者并不能真正维护新闻的真实性。按照西方国家的新闻传播职业道德准则,记者在报道某人的谈话时,没有权利去指出某人在撒弥天大谎,即使知道这些话是假的、骗人的,或是为了谋取私利编造的。无产阶级新闻传播事业诞生后,新闻真实性原则更成为无产阶级新闻传播从业者最基本的职业道德要求,这是因为无产阶级以解放全人类、实现共产主义为己任,因而能够实事求是地反映、认识与分析客观世界与主观世界,而丝毫不用隐瞒、粉饰或歪曲事实的真相。

新闻必须真实,主要有两层含义:一是力求准确。新闻报道中的时间、地点、人物、过程、环境、条件、结果等基本事实,乃至有关人士的年龄等微小的细节,都应准确无误。一些看上去微不足道的细节,对当事人也许非同小可。新闻中引用的各种资料,如背景材料、数字、史实、引语、典故,也必须准确地反映客观事实,科学地分析与解释客观事实。不能一味追求文采,随便用上不必要、不恰当的形容词。写表扬稿不能有意拔高,写批评稿不能讽刺挖苦,表扬和批评都要以事实为依据,并经过认真核对,不仅在报道中反映事实,还要对报道中的全部事实负责。如果发现错误,要及时通过最合适的手段予以更正。

二是尽可能交代消息来源。新闻报道必须清楚地标明消息来源,以免遭到无端怀疑。消息来源交代得越详细越好,应尽可能向受众交代提供消息的机构的名称和提供消息的人士的姓名,只有在特殊的情况下,才可以使用"一位消息灵通人士""一位不愿透露身份的观察家"等含糊其辞的套话。向受众提供消息来源,还有助于受众正确理解报道。如果报道中某一消息的提供者是在为自身的利益讲话,例如律师私下为被告辩解,或者候选人竞争一个职位,那么适当地说明消息来源的身份,向受众提供新闻的背景,有助于受众作出正确的判断。尤为重要的是,新闻传播从业者决不能自己制造消息来源,或者把几个人的经历加在一个假设的人物身上。强调消息来源,可以揭露那些制造出来的"新闻"。1980 年 9 月,美国《华盛顿邮报》发表新闻特写《吉米的世界》。这篇新闻特写是该报女记者珍妮特·库克撰写的,绘声绘色地描写了 8 岁男孩吉米在母亲及其妠夫的诱使下染上毒瘾的故事。1981 年 4 月,普利策奖评奖委员会将该年度的"新闻特写奖"授予珍妮特·库克。后来,该报有关编辑坚持要珍妮特·库克提供消息来源,迫使珍妮特·库克不得不承认整个故事完全是虚构的。最后,珍妮特·库克被评奖委员会取消获奖资格,并被迫辞职,永远离开了美国新闻界。

新闻必须客观、公正,主要有三层含义。一是要按照事物的本来面目反映事物。20 世纪 30 年代,美国著名记者埃德加·斯诺以一本《红星照耀中国》(即《西行漫记》)而轰动世界,至今仍是一部颇具价值的中国共产党和红军的历史性文献。斯诺的《西行漫记》之所以具有长久不衰的魅力,就在于作者以大量亲眼所见、亲耳所闻的事实,"作一番公平的、客观的无党派之见的报告"[①],正确地报道了中国共产党及其领导下的红军,报道了"西安事变"等重大事件。为此,国民党外交情报司司长曾写信给斯诺,对他关于西北局势和共产党的一些报道表示异议,并说要是再发出这种电讯,可能导致政府方面采取"措施"。但是,斯诺不为威胁所屈,坚持一个记者报道事实真相的权利,直至 1941 年因如实报道"皖南事变"而被取消在中国采访的资格,但仍矢志不悔,表现出一个严肃、正直的新闻记者的高贵品质。

二是要将事实与观点严格分开、避免主观倾向。新闻传播从业者在报道新闻时,不在新闻报道中掺加进自己的意见,不作个人评论。新闻与评论必须严格分开,评论意见只出现在社论或署名评论文章中。将事实与观点严格分开,目的是要让受众明确哪些是新闻的基本事实,哪些是由新闻的基本事实引发出来的观点和意见,切忌将带有主观色彩的观点冒充事实误导受众。特别要注意的是:新闻传播从业者不能以任何方式在报道中表现自己,不允许把个人的关系与好恶带进新闻

---

① ［美］埃德加·斯诺:《西行漫记》,董乐山译,生活·读书·新知三联书店 1979 年版,第 8 页。

报道。从个人或小团体私利出发,发关系稿、人情稿,甚至利用自己掌握的舆论工具发泄私愤,更是新闻传播职业活动之大忌。

三是要保持平衡。新闻传播从业者在报道新闻时必须尽可能照顾到来自各方的观点,给持不同观点和意见的各方以平等的权利,要允许所有的公众发表意见或为自己辩解,不应成为任何团体或个人的特殊代言人,不得站在争论的某一方立场上,也不得偏袒任何一方。当某一个人批评另一个人的行为或见解时,起码要让被批评人有申辩的机会。

二、清正廉洁,以正当方式从事本职工作

清正廉洁,是指新闻传播从业者在其职业活动中始终将整个社会的受众的利益放在首位,在个人的利益与社会的或受众的利益发生冲突时也以社会的或受众的利益为重,决不以权谋私。早在20世纪初期,美国密苏里大学新闻学院院长沃尔特·威廉斯手订的《报人守则》中就强调新闻传播从业者的清正廉洁问题:"不为公众服务而仅为私利驱使者,均为背信弃义之徒。"①在当今社会,任何意识形态、社会制度、文化背景的新闻传播从业者都将清正廉洁作为一条重要的职业道德规范来约束自己的行为。

清正廉洁,落实到新闻传播活动中,就是要以正当方式从事本职工作。一是要坚持新闻传播职业的独立性,不屈服于邪恶势力,避免主观干扰。在革命战争年代,有许许多多新闻传播从业者在极端艰难的环境中为真实、客观地传播新闻信息、反映社会舆论而进行了艰苦卓绝的工作,甚至不惜献出生命。著名报人邹韬奋认为,没有骨气的人不配主持有价值的刊物。他在主持《生活》周刊期间曾揭露国民党政府交通部部长王伯群的贪污行为,王企图以巨款资助《生活》周刊、许诺邹韬奋做官来掩盖自己的劣迹,遭韬奋拒绝。"九·一八"事变以后,蒋介石亲自指使特务头子刘健群和上海流氓杜月笙威胁邹韬奋,要其改变《生活》的宗旨,遭到韬奋断然拒绝。

二是不受贿,不搞"有偿新闻"等行业不正之风。在新闻传播实践活动中,社会的、受众的利益常常同新闻传播从业者的自身利益发生冲突。面临利益冲突,为数不少的新闻从业者往往以自身的利益为重,甚

① 周鸿书:《新闻伦理学论纲》,北京新华出版社1995年版,第259页。

至利用职务之便追求自身的名利。有的接受某方的优待或钱物,从而被对方利用;有的从事与自己的身份不相符合、不利于本职工作的社会活动或兼职;有的甚至利用职权进行敲诈勒索……在中国,"有偿新闻"现象自 20 世纪 80 年代出现后,屡禁不止,至今尚未烟消云散,还发展出"有偿不闻"等新品种。所谓有偿新闻,是指新闻传播从业者或明或暗地向被采访报道对象索取一定费用后发表有利于被采访对象的新闻报道的行为;所谓有偿不闻,是指新闻传播从业者收取被采访报道对象一定费用后不发表不利于被采访对象的新闻报道的行为。

三是不得混淆新闻与广告的界限而大搞"广告新闻"。有的新闻传播从业者把广告按新闻来处理,不标明广告,以假乱真,增强广告的可信度,甚至把广告写成新闻,用新闻的形式发布广告,以蒙骗受众,讨好广告客户。

四是不得从事商业、广告活动,严禁将新闻传播活动和商业经营活动混为一体。在中国,自改革开放以来各类新闻传播媒体都先后实行自主经营、自负盈亏的企业化经营体制。为了增加经济效益,几乎所有的新闻传播媒体都不得不采取多种多样的措施搞"创收",其中有些是正当的,但也有一些是不正当的,如利用记者或编辑的人脉从事经营或广告活动,用高额回扣诱导记者或编辑拉广告、推销产品或借用各种名目去向采访报道对象索要赞助。上行下效,有的新闻传播从业者出于个人牟利的目的,利用新闻传播活动之便,从事不正当的经商活动,或兼任有偿的第二职业。

三、自觉遵守法律,不得损害国家社会利益和公民合法权利

在新闻传播活动中,存在着许多有关的法律和纪律。这些法律和纪律,不仅直接关系到新闻传播活动的正常运作,而且还关系到国家利益、社会利益和公民合法权利。因此,自觉遵守法律、不得损害国家社会利益和公民合法权利,在世界各国的新闻传播职业道德准则中都有相关规定。

自觉遵守法律、不得损害国家社会利益和公民合法权利,具体而言,有以下几点。

一是维护国家安全和社会安定团结。1948 年联合国新闻自由会

议通过的《国际新闻自由公约草案》规定,报纸等新闻传播媒体禁止刊载意图煽动他人以暴力变动政府制度或扰乱治安和意图煽惑人民犯罪等内容。在不少多民族组成的国家,还在有关新闻传播职业道德准则中强调维护民族团结和宗教自由,如英国等国家规定不得破坏种族关系与宗教关系,印度等国家规定不得鼓励骚乱。中国是一个多民族的国家,各民族人民在长期的历史发展中形成了平等、团结、互助的关系。《宪法》明文规定"禁止对任何民族的歧视和压迫,禁止破坏民族团结和制造民族分裂的行为"。因此,报刊等出版物、广播电视节目以及其他新闻传播媒体都不得含有煽动民族分裂、煽动民族仇恨、侵害少数民族风俗习惯以及歧视、侮辱少数民族的内容,要严格遵守和正确宣传国家的民族政策和宗教政策,坚决维护各民族的团结。为了维护国家安全和社会安定,还要严守为维护国家的利益与安全所需的国家秘密。这不仅是新闻传播从业者的法定义务,也是新闻传播从业者的职业道德要求。在新闻传播媒体高速发展的今天,加强新闻传播保密工作,显得尤为重要。目前,在新闻传播活动中泄漏国家秘密的问题十分突出,有的引起了有关国家强烈反响,给中国外交工作造成被动;有的泄露了我军事装备实力和发展战略;等等。究其原因,有的是因为抢新闻而造成泄密,有的是因为在报道经济、科技新闻时对有关保密界限不甚了了。泄漏国家秘密,不仅给国家的安全和利益造成严重危害,也扰乱了新闻传播活动的正常秩序。而且,新闻传播媒体的传播速度快、受众面广,一旦泄密,难以采取补救措施,造成的危害很难挽回。因此,新闻传播媒体及其从业者要坚持预防为主的原则,加强保密意识,自觉、主动遵守国家对于保密工作的法律及规定。

二是要维护司法尊严与司法公正。维护司法尊严与司法公正,最重要的一条,就是要尊重公正审判,不干涉妨碍法院的独立审判权。司法新闻的报道必须真实、准确、客观、公正,不能偏听偏信甚至添枝加叶、无中生有,不能根据个人的感情或个人对法律的理解而说三道四,掺入对案件的主观分析意见,更不能借此大造各种舆论,施加舆论压力,影响法院依法独立审判案件。当然,法院也可能误断错判,但只能待法院判决后再依据事实发表议论,而且这种议论必须有绝对权威的材料和证据。此外,新闻传播从业者在采写与报道司法新闻时,要严格遵守法律,在法律许可的范围内开展采访活动,必须了解与熟悉检察院、法院以及公安、司法机关的功能与工作程序,严格遵守司法工作规则,按照司法审判程序作进行式的报道。有关案件的材料只能从法院方面获取,最好写清新闻来源,如加上"根据法院审判"或"据法院方面说"等字样,以有效地避免来自法院或当事人的责难和指控。案件的报道必须与案件的审理同步,即法院审理到哪一步就报道到哪一步。公开审理的案件,可以在审理过程中公开报道,但不得超越审理程序抢先报道。依照法律规定不允许公开审理的案件,不得在审理过程中公开报道。在法院判决前,不应作定性式的报道,不得称被告人为罪犯。对未成年人犯罪案件,新闻报道在判决前不得披露该未成年人的姓名、住所、照片及可能推断出该未成年人的资料。

三是不得伤风害俗,不得宣扬色情、凶杀、暴力、愚昧、迷信及其他格调低劣、有害人们身心健康的内容。记者在采写新闻报道,尤其是采写包括犯罪新闻在内的各类社会新闻报道时,要注意格调清新,健康向上,不得有伤社会风化,不允许为了片面追求发行量(收视率)而以荒诞不经、黄色下流、低级庸俗的东西迎合少数读者(观众)的口味,不应出现污言秽语以及轻佻、粗鲁、虚张声势的语言。有关犯罪新闻的报道,要注意掌握分寸,数量要适当,内容要净化,应报道有教育意义的犯罪事实,不要过细地描绘犯罪的手法和手段,以免发生教唆犯罪的副作用。但是,我们也不必讳言,近年来不少新闻传播媒体,特别是网络传播媒体,盲目追逐甚至人为制造所谓"热点",翻来覆去地"炒作"一些新闻价值不大但能招徕一些读者的名人轶事以及色情、凶杀案件,造成一种铺天盖地的宣传声势,对不良社会风气的形成和不健康文化的流行起了推波助澜的作用。对炒作者来说,也许会带来一些经济上的效益,如销量增大、广告增多,但对社会却危害极大,产生了不少消极影响。例如,有一个时期,报纸、电台或电视台对"歌星""影星""球星"等各类明星大肆炒作,明星们的生日、属相、血型、服饰、喜欢的颜色、爱吃的食品乃至睡觉的姿态,都成为报道的重点,似乎我们就生活在一个被各种明星包围了的世界里。新闻媒介大肆炒星的结果是,产生了一批以少男少女为主体的追星族,学业被他们置于一边,现实生活离他们越来越远,并产生了一系列社会问题,引起了学校和家长们的担忧。1993年,南方某市评出"十大青年偶像",竟有9个是港台明星,最后一名才是雷锋。总之,新闻报道、评论、图片、广播电视节目以及音频视频制品,都应该以是否对社会有利为衡量标准,不允许搞哗众取宠的、对社会可能产生不良后果的东西。

　　四是要维护公民合法权利,不诽谤他人,不揭人隐私。各国法律都明文规定保护公民的名誉权、隐私权,因此,新闻传播从业者在从事职业活动时不得宣扬他人隐私,或者捏造事实公然丑化他人人格以及用侮辱、诽谤等方式损害他人名誉,违者将受到法律上的惩罚和道义上的谴责。在俄罗斯,新闻记者恶意歪曲事实、诽谤等行为,将被视为严重的职业罪恶。新闻报道导致侵害名誉权的情形大致有两种:一种是新闻失实,造成对被报道对象的名誉损害。另一种是评论不当,有的新闻报道基本事实准确,但作者在报道中夹杂的议论及主观态度对报道对象造成了有失公允的歪曲,构成名誉侵害。新闻报道侵害隐私权的情形也大致有两种:一种是在采访中未经许可侵犯个人的私生活,包括未经许可使用长焦距照相机拍摄私人场所中的人物等情形。另一种是在报道中披露公民个人身体或日常私人生活中不愿公开的个人情况,包括个人的健康状况、生理缺陷和残疾情况、恋爱婚姻与家庭生活情况以及私人信件、日记、信函、录音等。在新闻传播实践活动中,侵犯隐私的纠纷日渐增多,有些记者和编辑为了追求轰动效应,想方设法猎取个人隐私,甚至将无稽之谈写入报道,从而构成侵权、诽谤的行为,应引起重视。

四、提倡公平竞争,加强协作与交流

　　竞争,在有文字可考的人类社会发展史上是一个不争的客观事实,是人类社会不断向前发展的动力之一。在新闻传播活动中提倡公平竞争,有助于促进新闻传播事业的发展。因为有竞争,就会有胜负,就会出现优胜劣汰的结果。允许竞争及其优胜劣汰的结果,就能够给积极进取者提供良好的契机,使保守落后、不思进取者无地自容,使整个新闻传播行业充满活力与生机,从而也使新闻传播事业自身在这一竞争中不断前进与发展。事实上,新闻传播行业不仅存在竞争现象,而且还是一个竞争异常激烈的行业,争抢"独家新闻"似乎是新闻传播从业者赖以生存的看家本领。因此,在不少国家或地区的新闻职业道德准则中,均载有开展平等、正当新闻竞争的规定。

　　在新闻传播活动中,竞争的具体内容主要有三点:一是掌握报道时机的竞争。即新闻传播媒体及其从业者之间为了及时采写并率先刊播新闻报道而展开的一种竞争,即人们常说的"抢新闻"。二是发掘信息资源的竞争。在当今的信息时代,广大受众对新闻传播媒体的需求具有多端性。因此,新闻传播媒体及其从业者还必须做好信息资源的开发、挖掘工作,以满足广大受众多层次、多方面的信息需求,使自己在竞争中处于不败之地。三是开发自身潜力的竞争。例如,网络传播媒体的兴起,使传统媒体面临强大的挑战。在强大的挑战面前,报纸和广播电视等传统媒体应开发自身的潜力,采取相应对策,增强竞争力。当然,提倡公平竞争的同时要坚决反对恶意竞争。如果竞争双方利用各自的优势,不择手段,损人利己,互相排斥,势必会阻碍新闻传播事业的正常运行与快速发展。

就新闻传播事业而言,除了要提倡公平竞争外,同样还需要加强新闻传播活动中的协作与交流。因为新闻传播事业各个组成部分即各种不同的新闻传播媒体之间、同一媒体内部各部门之间以及新闻传播从业者之间的协作与互助,将有助于新闻传播事业的正常运作,有助于新闻传播事业的快速发展。因此,不少国家将新闻传播活动中协作与交流视作新闻传播职业道德的一项重要规范。

新闻传播事业各个组成部分即各种不同媒体之间的协作与交流,具体而言,就是要充分发挥各种不同的媒介的自身特点,给受众提供更优质的服务,让受众感受到立体化新闻传播的优越性。例如,报纸、广播、电视和互联网等新闻传播媒体,各有各自的强点与弱点、优势与劣势,如果适当分工、通力合作,以扬长避短、取长补短,对新闻传播活动本身是有利的。因此,对一些重大新闻事件的报道,各新闻传播媒体应该根据自身的特点协同报道,在形式上各显神通,在内容上互相补充,使整个报道更加完全、更加充分、更加圆满,使报道多层次、多角度,产生纵深感和立体感。如果只是由某一种媒体单独进行报道,难免存在某些局限性,容易产生缺憾。

同一媒体内部各部门之间以及新闻传播从业者之间,也同样存在协作与交流的关系。例如,记者与编辑之间的关系,在业务上是一种前后工序的关系,可以相辅相成,互相促进。记者提供的稿件和材料,经过编辑修饰加工或配上好标题,便会使新闻稿增香添色。倘若编辑处理不当,则会埋没新闻的价值或损伤好稿的质量。编辑的意义在于提炼、发现好的主题,记者收集了大量素材,有时却无从下笔,这时编辑应以旁观者清的观察力,帮助记者把握主题,写出精华之处。报刊上最容易出名的是记者,而编辑则身居"后台",默默无闻。但这些都是工作的需要,记者和编辑都要加强自身的道德修养,正确对待名与利,记者要过好名利关,编辑要甘当无名英雄,"为他人作嫁衣裳"。

总之,新闻传播从业者之间应正确对待新闻传播活动中的各种道德关系,互相学习,加强交流,互相支持与借鉴,建立平等、团结、友爱、互助的良好关系。当然,我们提倡互相学习、互相支持,并不是说可以简单地采用拿来主义的方法,要尊重别人的著作权以及其他权益,反对抄袭、剽窃他人的劳动成果。记者之间也不应搞那种名为互相配合、实为互相利用的勾当,在用稿和发稿费上做交易,搞低级庸俗的关系网。

当今,由于现代科技的高速发展,交通、通讯等信息传播的手段日趋迅捷、便利,新闻传播活动日益国际化,并成为世界各国社会生活中不可或缺的一个组成部分。新闻传播活动的国际化,也带来了一些新闻职业道德的新问题。如何协调国与国之间新闻传播活动中的各种道德关系,使新闻传播为促进人类社会的和平与发展服务,已成为世界各国新闻从业者面临的一个共同问题。对于这一问题,早在 1976 年,第三世界国家就在突尼斯举行的不结盟国家传播问题讨论会上,对发达国家垄断国际新闻传播中歪曲发展中国家的形象提出批评,并首次提出建立世界新闻传播新秩序的要求。1978 年,联合国教科文组织通过并颁行《关于宣传工具为加强和平与国际了解、为促进人权以及为反对种族主义、种族隔离和反对煽动战争作出贡献的基本原则宣言》,呼吁所有国家之间特别是不同经济和社会制度的国家之间要加强双方或多边的新闻交流。中国新修订的《中国新闻工作者职业道德准则》第 7 条规定:"促进国际新闻同行的交流与合作。要努力培养世界眼光和国际视野,积极搭建中国与世界交流沟通的桥梁。"

五、同情弱者,注意保护少年儿童等易受伤害者

随着新闻传播活动的变化与发展,特别是针对新闻传播实践中不计后果的煽情、炒作之风甚嚣尘上且愈演愈烈的实际状况,"同情"作为一个全新的新闻传播职业道德概念被提了出来。20 世纪 90 年代后,美国职业新闻工作者协会在其 1996 年修订并通过的《伦理准则》中首次明确地提出了"同情"这一全新的职业道德理念。这一《伦理准则》新版本的第二条("伤害最小化")指出:"有道德的新闻从业人员应该像对待值得尊敬之辈那样对待消息来源、报道对象和同事。"新闻传播从业人员应该"同情那些可能因报道而遭受不利影响的人们,面

对儿童或无经验的采访对象时尤其要特别谨慎";"对那些遭受不幸或悲痛的人们进行采访或拍照时要谨慎";"明白收集及报道信息有可能产生伤害或不快,寻求新闻并不是傲慢自大的许可证"。翌年 11 月 26 日,英国报业投诉评议会批准的《职业准则》第 5 条中也提出了类似要求:"采访涉及个人的悲哀与惊愕时,新闻记者应持同情而谨慎的态度;报刊应小心处理这些材料。"之后,分别在美、英两国出版的新闻伦理学论著或教材,都增加了有关同情这一新理念的内容,1999 年出版的美国佛罗里达中心大学教授罗恩·史密斯的《新闻伦理探析》第四版专列一章(第十一章)阐述"同情"问题。

　　"易受伤害者"的范畴在不同国家、不同时期不尽相同,不过"儿童、无辜的罪犯的亲属和朋友、性骚扰的受害者和正在住院的病人"一般都在受特别保护的对象之列。以英国为例,1997 年通过的《职业准则》中明文表示:"在与儿童有关的案件中,编辑人必须考虑特殊的公众利益,保护儿童正常情况下的最高利益";"青少年有权免受不必要的侵犯,完成在校学业";"未经父母或监护人的允许,不得就涉及某一儿童的福利的主题,采访和拍摄不满 16 岁的青少年";"未经学校当局许可,不得在学校接近或拍摄小学生";"不得向未成年人支付报酬,以获得涉及儿童福利的材料;也不得向父母或监护人支付报酬以获取有关他们子女或被监护人的材料,除非对儿童有利";"刊登儿童私人生活的材料,必须提供正当的理由,而不是由于其父母或监护人的名声、劣迹或地位"。性犯罪案件中的儿童"即使法律没有禁止,报业也不得公开性侵犯案件中不满 16 岁儿童的身份,无论他是受害者还是目击者";"任何有关儿童性侵犯的报道,都应:不得公开儿童身份;可以公开涉案成人的身份;在可能暴露儿童身份的地方,不得使用'乱伦'字眼;必须注意报道中不要出现对被告人和儿童关系的暗示"。"记者或摄影师要采访医院或类似机构时,应向负责的管理人员表明身份,在进入非公开区域之前,要获得许可";"向在医院及类似机构里的个人提出采访要求时,尤其适用对侵犯隐私的限制";"未经允许,不得暴露犯人或被告人亲友的身份";"新闻界不得公开性攻击受害者的身份,或发表可能导致公开其身份的材料,除非有充分的理由或法律许可"①。

---

①　引自 www.pcc.org.uk,1998。

近年来,受特别保护的公众范畴正不断扩大。对遭到受种族、宗教、性别歧视的公众、精神病患者等"易受伤害者"也有特别的保护方案出台。英国报业投诉评议会规定:新闻界不得以偏激和轻蔑的态度,提及个人的种族、肤色、宗教、性别或性取向以及身体或精神的疾病和残疾;不得发表有关个人种族、肤色、性别或性取向以及身体或精神疾病和残疾的详细材料,除非与报道直接相关。

学习思考题:

1. 简述社会责任论的基本内涵。

2. 为什么说全心全意为人民服务是社会主义新闻传播职业道德的基本原则?

3. 新闻传播从业者应该怎样发挥党和政府同群众联系的桥梁和纽带作用?

4. 为什么新闻要真实、客观与公正?

5. 为什么新闻传播从业者要发扬清正廉洁的作风?

6. 谈谈在新闻传播活动中自觉遵守法律的重要性。

第十一章

《中国新闻工作者职业道德准则》解读

1991年1月19日,中华全国新闻工作者协会(简称"中国记协")第四次理事会第一次全体会议一致通过了新中国成立后的第一个全国性的新闻工作者职业道德规范性文件《中国新闻工作者职业道德准则》(以下简称《准则》)。之后,根据新闻工作实践的实际情况,中国记协于1994年4月和1997年1月两次对《准则》作了修订。特别是1997年所作的修订,调整幅度较大,将原准则的八条修订为六条。根据中国新闻传播事业面临的国内外形势及新闻传播队伍人员结构、工作情况等发生的巨大变化,中华全国新闻工作者协会第七次理事会第二次全体会议于2009年11月9日一致通过了第三次修订的《准则》,即现行的《中国新闻工作者职业道德准则》。

现行《准则》吸取了党的十七大以来新闻界在一系列重大活动和突发事件新闻报道中所积累的宝贵经验,修正了1997年版《准则》中一些跟不上形势变化的内容和提法。具体而言,现行《准则》是根据如下三项原则进行相应调整、补充、完善的。

一是突出指导性。《准则》充分吸收了十六大、十七大以来中央关于新闻宣传工作的一系列新思想、新观点、新论断以及对新闻传播从业者、新闻传播队伍建设的相关要求的内容,增加了现行法律规范中涉及新闻职业道德的一些内容,旨在引导广大新闻工作者增强政治意识、大局意识、责任意识。

二是注重实践性。《准则》充分吸收了近年来新闻传播实践和理论研究方面的新进展、新经验、新成果,特别是北京奥运会、抗震救灾、应对金融危机和重大突发事件报道中积累的新鲜经验,这些经验集中体现了在新形势下对新闻传播规律的认识和运用。

　　三是强调针对性。《准则》直指目前存在的两大问题：首先是责任感淡漠，新闻报道权寻租日趋严重。市场经济的发展使得中国部分新闻传播媒体和新闻传播从业者的商业化程度提高，新闻传播从宣传本位逐渐向受众本位转变，在追逐商业利益的过程中，有些媒体及部分从业人员一味迎合受众导致新闻媚俗化，并产生了虚假新闻、有偿新闻、有偿不闻、新闻敲诈、广告和新闻不分的失范现象。其次是职业活动中存在着侵权。随着新闻传播事业的发展，偷拍偷录、隐性采访、秘密采访等新形式被更多媒体所利用，这些方式潜在新闻侵权危险。为此，现行《准则》中明确禁止性规范直指有偿新闻、有偿不闻、虚假报道、低俗之风、不良广告等公害，这些条款对整肃新闻传播队伍的作风是强有力的措施。

　　现行《准则》与1997年版相比，其变化主要体现在两个方面。在体例上，把原有6个方面的要求调整为7条28款。这种条款式表述形式既能突出重点，又具有较强的操作性，更便于新闻传播从业者学习和遵守。此外，还新增了"坚持改革创新""促进与国际新闻同行的交流与合作"两条，把1997年版中"保持清正廉洁的作风"修改为现在的第4条"发扬优良作风"，把"坚持新闻真实性原则"从1997年版的第4条上调到第3条。这些变化，既反映了中国新闻传播实际的客观要求，也体现了中国新闻传播界对职业道德认识的不断深化。

　　在内容上，现行《准则》比1997年版增加了100多字，但内容更丰富、更具有时代特征。一是把"'三个代表'重要思想为指导""深入贯彻落实科学发展观""高举旗帜、围绕大局、服务人民、改革创新"和"三贴近"原则等写入《准则》；二是把新闻职业道德细化为"全心全意为人民服务""坚持正确的舆论导向""坚持新闻真实性原则"等7项要求；三是更加贴近新闻传播实践。比如采访报道突发事件时应遵守的原则和注意事项，善于利用新载体、新技术收集信息、发布新闻等。

第一节　全心全意为人民服务

一、明确"三个统一"的理念

　　《宪法》第22条规定，"国家发展为人民服务、为社会主义服务的文学艺术事业、新闻广播电视事业、出版发行事业、图书馆博物馆文化馆和其他文化事业"。中国宪法规定新闻传播事业为人民服务的方向,客观上就要求新闻主管部门、新闻传播媒体和新闻传播从业者必须始终坚持人民利益至上。因此,中国新闻传播工作必须时刻坚持为人民服务的根本宗旨。

全心全意为人民服务作为新闻传播职业道德的原则,《准则》用了更具时代感的表述:要忠于党、忠于祖国、忠于人民,把体现党的主张与反映人民心声统一起来,把坚持正确导向与通达社情民意统一起来,把坚持正面宣传为主与加强和改进舆论监督统一起来。《准则》强调"三个统一"就是要求新闻工作者在每一个具体的采访报道中把宪法规定的为人民服务的义务落到实处,避免被虚化、淡化。

能否做到"三个统一",是衡量新闻工作者是否为人民服务及服务质量高下的标准。在新闻实践中,绝大多数新闻工作者能正确处理这三对关系,但也存在着个别畸重畸轻的现象。有的过分强调宣传党的主张、发挥舆论导向的作用和坚持正面宣传为主,而忽略了反映人民心声、通达社情民意、改进舆论监督;而另一些人则强调了后者而有意弱化前者。殊不知这两者同样重要。其理由是:在社会主义国家,报纸、电台、电视台、通讯社及其新闻网站、微博、微信公众号、网络客户端等新闻媒体都是建立在以公有制为主的多种所有制并存的经济基础上的上层建筑,是全体人民的公共财产。社会主义新闻传播事业不仅是与其经济基础相适应的上层建筑的反映,而且还反过来为这个经济基础服务。因此,全心全意为人民服务、一切对人民负责,是社会主义新闻传播工作的根本宗旨,是社会主义新闻传播工作者的基本出发点和落脚点。既然新闻传播事业是全体人民的公共财产,人民群众是新闻传播事业的主人,那么,新闻工作者的社会角色也只能是广大人民群众的公仆,是受全体人民的委托而从事新闻传播活动的普通劳动者。因此,新闻工作者理所当然地要服从广大人民群众的意志,一切对人民负责,全心全意地为广大人民群众政治、经济文化等社会活动提供必需的服务,当好人民公仆。

二、保障人民群众的四种权利

坚持全心全意为人民服务就是要求新闻工作者积极宣传党和政

府的重大决策部署,及时传播国内外各领域的信息,满足人民群众日益增长的新闻信息需求,保证人民群众的知情权、参与权、表达权、监督权。

党的十七大报告提出"保障人民的知情权、参与权、表达权、监督权"。对于传媒来说,第一是要通过报道促进政府工作的透明度、开放度,凡是有关公共事务的决策、政策和措施,原则上应当予以公开,广而告知、广而周知,加强宣传和引导,增强公共事务的公开性。第二是以媒体为平台,为不断扩大公众、组织参与公共事务决策和执行过程提供条件,形成有效沟通和良性互动,增强公共事务决策和执行的公信力和透明度。第三是媒体要营造一种舆论,它有利于各级党政机关、政协组织、人民团体和群众组织着力健全诉求表达渠道和形式,发挥传统优势,增强针对性和实效性,使社会成员都能够依靠法律和制度表达自己的意愿、维护自己的正当权益,增强权益保障的有效性。第四是媒体通过报道加大人民群众、社会组织的监督力度,使国家机关及其工作人员更好地行使权力、履行职责、服务人民。

新闻工作者要保障人民群众的参与权和表达权,就必须牢固树立群众观点,把人民群众作为报道的主体和服务对象,多宣传基层群众的先进典型,多挖掘群众身边的具体事例,多反映平凡人物的工作生活,多运用群众生动语言,使新闻宣传为人民群众喜闻乐见。

要保障人民群众的表达权、监督权,这意味着新闻工作者要积极反映人民群众的正确意见和呼声,批评侵害人民利益的现象和行为,依法保护人民群众的正当权益。以新闻批评为核心的新闻舆论监督,是人民群众行使社会主义民主权利的一种有效形式,也是处理人民内部矛盾的一种好方式。新闻舆论的监督,实质上是人民的监督,是人民群众通过新闻传播媒体对社会进行的监督,不应仅仅看成是新闻工作者个人或者新闻传播媒体的监督。媒体支持符合人民利益的正确的思想和行为,勇敢揭露与批评一切违背人民利益的言行与社会现象,对整肃党风和社会风气起了积极推动作用。社会主义的新闻传播媒体及其从业人员作为党和人民事业的一部分,在认真行使舆论监督的同时还要真诚接受人民群众的批评和监督,最大限度地满足人民群众的正当需求。

第二节 坚持正确的舆论导向

一、为改革开放积极营造健康向上的舆论环境

舆论导向是对社会舆论的评价和引导,即通过宣传教育工作,把社会舆论及各种各样的思想引导到某一轨道上来。现行《中国新闻工作者职业道德准则》第 2 条内容是:新闻传播工作者要坚持正确的舆论导向。要坚持团结、稳定,鼓劲、正面宣传为主,唱响主旋律,不断巩固和壮大积极健康向上的舆论。

正确的舆论导向有利于进一步改革开放,建立社会主义市场经济体制,发展社会生产力的舆论;是有利于加强社会主义精神文明建设和民主法制建设的舆论;是有利于鼓舞和激励人们为国家富强、人民幸福和社会进步而艰苦创业、开拓创新的舆论;是有利于人们分清是非,坚持真善美、抵制假恶丑的舆论;是有利于国家统一、民族团结、人民心情舒畅、社会政治稳定的舆论;正确的舆论导向是有利于构建和谐社会的舆论。坚持正确舆论导向的意义在于:舆论导向正确,利党利国利民;舆论引导错误,误党误国误民。因此新闻工作者要牢固树立政治意识、大局意识、责任意识、阵地意识,打好主动战,更加自觉主动地为人民服务、为社会主义服务、为党和国家工作大局服务。要增强政治敏锐性和政治鉴别力,严格宣传纪律,做到守土有责,在重大问题、敏感问题、热点问题上把好关、把好度。

坚持正确的舆论导向,就是善于舆论引导,在新闻工作实践中坚持团结稳定、鼓劲、正面宣传为主,不断巩固和壮大积极健康向上的舆论。新闻报道只有坚持以正面宣传为主的方针,才能正确地、充分地发挥引导社会舆论的作用。以正面宣传为主,就是在新闻报道中着力宣传那些鼓舞和启迪人们发展社会生产力、坚持四项基本原则与坚持改革开放政策、加强社会主义民主与法制建设、推进社会主义精神文明建设、热爱伟大祖国和弘扬民族文化、维护国家统一和民族团结、为推进世界和平与发展而斗争的东西。一句话,一切鼓舞和启迪人们为国家富强、人民的幸福和社会的进步而奋斗的东西,都是能发挥正确的舆论导向

作用的正面报道。

舆论导向必须以正确的理论为指导。这个理论就是始终坚持以经济建设为中心,服从服务于改革发展稳定大局不动摇,着力推动科学发展、促进社会和谐。科学发展、社会和谐是发展中国特色社会主义的基本要求,是实现经济社会发展的内在需要。新闻战线必须大力宣传促进落实。2006年,中共十六届六中全会作出了《关于构建社会主义和谐社会若干重大问题的决定》,从中国特色社会主义事业总体布局和全面建设小康社会全局出发提出了实现社会和谐的重大战略任务,把社会和谐确定为我党不懈奋斗的目标。《决定》强调:"把中国特色社会主义伟大事业推向前进,必须坚持以经济建设为中心,把构建社会主义和谐社会摆在更加突出地位。"新闻媒体要大力宣传科学发展和社会和谐的互为依存相互促进的关系。要使科学发展观深入人心,凝聚全民的力量维护社会和谐稳定,齐心协力发展社会生产力,不断为社会和谐创造雄厚的物质基础。

二、自觉抵制低俗有害的内容

在新闻工作实践层面,坚持正确的舆论导向意味着要宣传科学理论、传播先进文化、塑造美好心灵、弘扬社会正气,增强社会责任感,坚决抵制格调低俗、有害人们身心健康的内容。

传媒在传播信息的同时还具有教化功能。作为传播主体的新闻工作者在传承优秀文化和提升全民素质方面负有义不容辞的职责。传播的作品力求健康的思想内容与完美的艺术形式相统一,让受众在享受美的同时,得到思想的启迪、心灵的净化。要精选如下主题的新闻或文艺作品在媒体上传播:弘扬民族正气,培育爱国情怀;歌颂清正廉洁,鞭挞歪风邪气;倡导优良品格,提高自身修养;讴歌人间真情,展示行为规范;重视品质教育,关爱下一代成长;等等。为利益所驱动,缺乏社会责任感,放任低俗内容传播,是新闻职业道德沦丧的行为。

必须承认中国大多数新闻记者是恪守职业道德的。他们坚持"三贴近",在全心全意为人民服务、为社会主义服务,为全党全国工作大局服务过程中,制作传播了一批得到受众认可和强烈共鸣的高质量作品。近年来,新闻界涌现出一大批立场坚定、敬业奉献、清正廉洁、人品文品俱佳的先进典型,但是新闻工作者缺乏社会责任感,放任格调低俗的内容传播的问题仍然存在。尤其是一些娱乐调解类电视节目,为了追求收视率,不经意间会放任低俗有害的内容传播。如沪上一档收视率很高的调解节目,被调解者公然不以当"第三者"为耻,声称"当小三的多了去了"。该栏目由于过多展示了违法、落后、愚昧的一面,最终被要求整改。2016 年年底,北京网信办就侮辱、调侃、格调低俗、突破道德底线等问题向新浪、搜狐、网易、凤凰焦点等下达行政执法检查通知书。低俗的信息之所以泛滥,究其根源是不能处理好社会效益与经济效益的关系,受利益驱动,放弃社会责任,赚损害社会尤其是未成年人的昧心钱。新闻传播组织在社会上具有双重角色:首先是社会舆论机关,具有思想宣传、信息传播、文化教育、娱乐服务等社会功能,必须重视其社会效益;其次是一种文化企业,必须按照企业的方法经营,媒介产品是一种特殊形式的商品,必须接受市场的检验,在市场竞争中优胜劣汰,其经济效益也不容忽视。但是,新闻工作者必须把社会效益放在第一位,在这一前提下实现经济效益与社会效益的统一。

三、舆论监督着眼于问题的解决

在舆论监督时要注意舆论导向问题。要加强和改进舆论监督,着眼于解决问题、推动工作。要坚持准确监督、科学监督、依法监督、建设性监督。新闻传播媒体通过发表、评论有关信息,帮助公众了解政府事务、社会事务和一切涉及公共利益的事务,并督促其沿着法治和社会生活公共准则的方向发展。针对社会上某些组织或个人的违法违纪、违背民意的不良现象及行为,通过报道进行曝光和揭露,抨击时弊,抑恶扬善,以达到昭告世人并对其进行惩治的目的。

新闻工作者要敢于监督,善于监督,加强监督,改进监督。舆论监督要服务大局,坚持对党负责和对人民负责的一致性,着眼于改进工作,抓住群众关注、政府重视、有普遍意义的问题,促进改革发展,维护人民群众的根本利益。要事实准确,深入调查研究,听取各方意见,防止报道失实、以偏概全。要客观公正,坚持以理服人,充分考虑实际情况的复杂性,善于听取不同意见,防止主观臆断、感情用事。要注重社会效果,着眼于解决实际问题,跟踪报道处理结果,向积极的方面引导,不恶意炒作,不报道现阶段没有条件解决的问题。要遵守新闻纪律,恪守新闻职业道德,拿不准的问题要请示,涉及重要、敏感问题的稿件要送审,不宜公开报道的问题可通过内参反映。

四、及时准确报道突发事件,维护社会稳定

现行《准则》还增加了对突发事件报道的专门的规定。采访报道突发事件要坚持导向正确、及时准确、公开透明,全面客观报道事件动态及处置进程,推动事件的妥善处理,维护社会稳定和人心安定。

突发事件是指突然发生,造成或者可能造成严重社会危害,需要采取应急处置措施予以应对的自然灾害、事故灾难、公共卫生事件和社会安全事件。中国对突发性事件报道的认识经历了严加管制到及时开放的过程。但不少地方对突发事件的报道限制仍然较多,由于突发事件和群体事件的真相处于被控制、被掩盖的状态,导致媒体采访困难重重,报道不及时,相关信息不充分。

在 2003 年的"非典"及 2008 年"3·14"拉萨暴力事件报道问题上,由于国内媒体的过分谨慎和延宕,导致西方传媒先声夺人,在抢占信息传播的制高点上使中国处于极其不利的被动局面。

经验教训迫使中国媒体在突发事件报道方面猛然警醒,并对有关传播规范作了相应调整。这一调整解除了不必要的禁忌,拓宽了突发事件的报道空间。具体表现在对空难、矿难等重大事故的报道明显增多,灾情信息的公开传播也相当迅速及时。如对汶川大地震、河南、河北、陕西、山西、辽宁等地的矿难、禽流感和安徽乙型脑炎等的报道。尤其是汶川大地震的报道,多数媒体反应之迅速、报道规模之大、报道力度之强,都是历史上罕见的。

由于四川汶川大地震报道媒体反应迅速,信息公开程度高,信息发布及时而详尽,境外媒体报道的信息源多数来自中国传媒。此次大地震中虽然伤亡十分严重,但社会上基本没有多少谣言传播,全国团结一心抗震救灾,媒体的传播收到了良好的正面效果。实践证明,信息的不确定和不对称会导致社会秩序混乱,而不是信息的及时公开。

信息开放不仅有利于保持社会的稳定,也增强了政府的公信力。它便于政府、人民和军队,全国各地和灾区一起应对突发的灾难,因而也有利于政府掌握话语权。

突发事件报道对记者职业道德和专业素质要求高。首先,在保证社会公众知情权的同时还要预见社会反响及其承受能力。要讲究报道策略,即第一时间尽可能完整准确地披露真相,对于事发原因尽量给予客观科学的解释,要将报道的负效应降至最低。其次,突发事件报道一般会遭遇压力和阻挠,要求新闻记者有抗压精神,敢于承担风险。再次,新闻记者还要有严谨细致的工作作风。既保证时效性,又讲究质量,善于整合不同媒体的资源,立体化地传播突发事件进展过程的方方面面。由于怕出错、求稳,而对重大突发事件失语,影响的是媒体的公信力;而为金钱所收买,搞有偿不闻则突破了道德底线,要受到法律的制裁。突发事件一般都是灾难事件,采访报道时要体现人文关怀,防止对访问对象的二次伤害,遇到"先做人还是先做记者"的两难困境时,要谨记"不懂做人就不配做记者"。同时还要注意减少血腥、灾难、痛苦的图像所直接带来的对公众的精神刺激。

第三节 坚持新闻真实性原则

一、坚持新闻真实性须遵循的思想路线

新闻必须真实,这是新闻传播事业与生俱来的特点。无论是资产阶级新闻传播事业,还是无产阶级新闻传播事业,都将维护新闻的真实性视作新闻传播活动的基本信条。世界各国的新闻传播职业道德规范,都有维护新闻真实性原则这一条,并把它视为最重要的一条职业活动规范。现行的《中国新闻工作职业道德准则》第3条要求新闻工作者坚持新闻真实性原则。要把真实作为新闻的生命,坚持深入调查研究,报道做到真实、准确、全面、客观。

维护新闻的真实性,最重要的一点,就是要坚持实事求是的思想路线。所谓实事求是,就是坚持马克思主义的反映论,牢固树立"事实是第一性的,报道是第二性"的观点,无论何时何地,无论出现何种情况,都要尊重客观实际,敢于面对现实,报道真人真事,绝不歪曲甚至虚构事实。坚持实事求是的思想路线,具体落实到新闻传播实践活动中,要深入群众、深入实际,大兴调查研究之风。调查研究是新闻工作的

生命线,我们的新闻工作者,在某种意义上说,是调查研究的专业人员。一个记者因轻视调查研究而不会调查研究,就很难保证报道的质量。如果记者不去调查研究,就得不到新闻素材,也提炼不出有价值的新闻主题,也找不到最佳的报道角度。调查研究,当然要注意方法,但它不仅仅是技巧问题。新闻从业人员的采访计划、报道策划及其报道选题必须建立在对客观实际、人民群众实践充分了解的基础上,只有这样,采访报道才有较强的现实针对性,既能反映社会实际,对现实也有指导意义。新闻工作者不深入群众、不深入实际进行调查研究,凭主观想象事先确定报道主题,然后再去找材料,没有适用的材料就编造或任意裁剪材料,当然不可能是真实的新闻报道。

二、防止新闻失实的对策和路径

几乎每个新闻从业人员都知道真实是新闻的生命,但假新闻还是屡禁不止。自 2001 年《新闻记者》评选十大假新闻以来,至今每年都有十大假新闻曝光。

如何治理这些假新闻呢?《准则》第 3 条第 1 款要求从业人员通过合法的途径和方式获取新闻素材,新闻采访要出示有效的新闻记者证;认真核实新闻信息的来源,确保新闻要素及情节准确。

针对有些媒体的新闻材料直接来自"网友曝",不核实新闻信息来源,《准则》要求认真核实新闻信息来源,确保新闻要素及情节准确。新闻要素及情节的准确,是指新闻报道中的时间、地点、人物、过程、环境、条件、结果等基本事实,乃至有关人士的年龄等微小的细节,都应准确无误。此外,新闻中引用的各种资料,如背景材料、数字、史实、引语、典故也必须准确反映客观事实,科学地分析与解释客观事实。而大量"网友曝"罔顾这些基本要求,只图一时的耸人听闻。最典型的案例是"2016 年春节上海姑娘吐槽江西年夜饭",这是一则完全杜撰的假新闻。上海姑娘和男友一起去男方家乡,因江西农村的年夜饭粗劣不堪,姑娘连夜逃回上海并与男友分手。"有图有真相"使传统媒体纷纷中招,其官方微博又是转载,又是评论,既影响了自身的公信力,还为这则假新闻平添了荒唐色彩。

除了在采访途径和方式等方面要保证新闻的真实性外,还要防止因记者主观的种种因素导致新闻失实。新闻传播活动的目的就是向公众如实报道新闻、反映舆论,给受众提供一幅客观世界的真实图景,将受众与外部世界连接起来,帮助受众对外部世界作出自己的判断,形成独立的见解。通过传媒,人们所要获取的是纯粹的信息,作为自己的决策依据。新闻工作者必须记住,新闻对大多数人来说是真实的事物,要求记者把眼光集中于事实,新闻应当不受记者本人观点的约束,而应当根据看到的事实。受众有要求新闻传播媒体提供真实新闻的权利,而新闻工作者则有向受众提供真实新闻的道德义务。

为保证新闻的全面客观,现行《准则》要求报道新闻不夸大、不缩小、不歪曲事实,不摆布采访报道对象,禁止虚构或制造新闻。刊播新闻报道要署作者的真名。

在新闻实践中,全面客观意味着新闻记者要学会全面地看问题,既报成绩,又报不足;既讲经验,又讲问题;既有表扬,又有批评;既注意局部,又通观全局。要防止主观性、片面性、绝对化,努力做到透过现象看本质,不为事物的表面假象所迷惑。必须深入实际,去伪存真,去粗取精,反映事物的本来面目,决不能道听途说、捕风捉影、闻风立论,更不能翻云覆雨、看风使舵,甚至进行"合理想象",人为拔高主题、强扭角度,搞艺术加工。不能一味追求文采,随便用上不必要、不恰当的形容词。写表扬稿不能过度美化,写批评稿不能讽刺挖苦,表扬和批评都要以事实为依据,经过认真核对,并对报道中的全部事实负责。记者不应当扮演新闻事件中的角色,不能从中立的观察者变为当事人,不应当成为新闻事件的决定性力量并干涉事件的发展和进程,更不能故意引诱采访对象上当受骗、违法犯罪。总之,记者的角色是一个观察者、记录者,而非事件的制造者、当事人。

虽然新闻职业道德准则的颁发使得大多数新闻工作者能如实规范报道新闻,但还是有些媒体刊播低级违规作品。如央视在 2017 年春运期间采访列车上的乘客时,问是否买到车票,这既无必要又有摆布采访对象之嫌,引来网民板砖声声。还有一个记者"合理想象"的例子是,《内江晚报》2017 年 1 月 10 日春节前夕的送温暖新闻。领棉被的明明是个聋哑人,记者竟让他发一段"棉被暖和"之类的感慨。在广大受众的普遍质疑声中报社不得不公开致歉。

转载是传媒较普遍的现象。具有较高新闻价值的报道一般会被迅速转载。倘不是虚假新闻,转载当是无可指责的。但转载其他媒体的报道要把好事实关,不刊播违反科学和生活常识的内容。媒体在转载其他媒体的新闻报道时,应该意识到转载同样要承担核实责任——这不但是新闻学界和业界的共识,也写进了规范性文件。2000 年新闻出版署《关于进一步加强报刊摘转稿件管理的通知》第 4 条明确规定:媒体对其摘转内容的真实性负有审核责任,稿件失实一经发现,应及时公开更正,并采取有效措施消除影响。

受利益驱动,或为了哗众取宠吸引人的眼球,近年来媒体刊播转载违反科学和生活常识的内容较严重。究其原因,首先是为了眼球效应,哗众取宠。其次,社会政治、经济等各种客观因素时时在冲击新闻事实的如实报道。新闻传播作为一项社会性活动,不可避免地要与社会上各种利益集团产生各种各样的关系,而这些利益集团出于自己的目的,会采取各种形式对新闻传播施加各种压力和影响。在政治上,政府可以依法管理新闻传播媒体,同时还可以利用国家机器和特殊权力迫使新闻传播有利于政府的观点;政党等各种特殊利益集团也可能利用媒介作为他们的宣传工具。在经济上,具有强大经济力量的财团也时时伸出无形之手,而新闻传播媒体在某些情况下又不得不屈服于经济压力。在这些影响中,有些是积极合理的,但有些也是消极有害的。违反科学和生活常识的新闻之所以会广为传播,与某些从业人员缺乏坚持真理与正义的勇气、工作作风轻率马虎脱不了干系。

第四节　发扬优良作风

现行《准则》把 1997 年版中"保持清正廉洁的作风"要求改为第 4 条"发扬优良作风",提出新闻工作者要树立正确的世界观、人生观、价值观,加强品德修养,提高综合素质,抵制不良风气,接受社会监督。发扬优良作风与保持清正廉洁有密切的关系,只有自觉树立正确的"三观",加强品德修养,才能抵制各种诱惑,在职业活动中为社会大众服务而不是以"话语权"牟取私利。

一、注重自身学习,提高自身素质

发扬优良作风,首先要强化学习意识,养成学习习惯,不断提高政治业务素质,增强政治意识、大局意识、责任意识,努力成为专家型新闻工作者。新闻工作者要用中国特色社会主义理论体系武装头脑,学习掌握党中央提出的重大理论观点、重大战略思想、重大工作部署;学习十八大以来的重要讲话、重要著作、重要文献。努力学习邓小平理论和"三个代表"重要思想,学习科学发展观,学习习近平关于新闻宣传工作的重要讲话,在武装头脑、指导实践、用马克思主义新闻观指导新闻宣传实践方面探索新途径。马克思主义新闻观是辩证唯物主义和历史唯物主义在新闻领域的体现,是做好新闻宣传工作的思想理论基础。新闻传媒坚持马克思主义立场、观点和方法,坚持用马克思主义新闻观指导新闻宣传工作,这是由我们党和社会主义国家性质决定的,任何时候、任何条件下都不能有丝毫含糊和动摇。

实践证明,注重自身学习的新闻工作者,政治业务素质高,政治意识、大局意识、责任意识强,在新闻传播岗位上会取得显著的成就,受到人民群众的尊敬和爱戴。

二、深入基层群众,了解社情民意

密切联系群众历来是我党的优良作风,当然也是中国新闻工作者应该发扬的工作作风。新闻工作者是社会和人民群众的服务者,而不是所谓的无冕之王。由于新闻工作者拥有传媒话语权,有些记者在自身定位时会发生偏差,容易产生优越感。在工作中往往会居高临下,不愿意放下身架到基层。他们对基层信息的获取往往来源于别人加工后的二手甚至三手材料,不去采访基层的第一手信息源,对基层的了解难免偏颇。日益脱离群众的记者自然不能敏锐地把握社会脉搏,不能及时准确地反映社会现实、人民心声,更无法将人民群众需要的信息及时传达,新闻传播媒体联系党和人民的桥梁纽带作用也会被削弱。

因此,《准则》要求新闻工作者深入基层,贴近群众,体验生活,在深入基层中了解社情民意,增进与群众的感情。要牢固树立群众观点,把人民群众作为报道的主体和服务对象,多宣传基层群众的先进典型,多挖掘群众身边的具体事例,多反映平凡人物的工作生活,多运用群众的生动语言,使新闻报道为人民群众喜闻乐见。这是新闻"三贴近"原则的进一步细化,更是中国新闻传播工作者应遵循的重要准则。

三、保证清正廉洁,坚决抵制以权谋私

《准则》第 4 条第 3 款要求新闻工作者坚决反对和抵制各种有偿新闻和有偿不闻行为,不利用职业之便谋取不正当利益,不利用新闻报道发泄私愤,不以任何名义索取、接受采访报道对象或利害关系人的财物或其他利益,不向采访报道对象提出工作以外的要求。

有偿新闻,就是新闻传播从业人员或明或暗地向采访报道对象索取一定费用的活动。无论是东方还是西方,有偿新闻都为新闻传播职业道德所明令禁止。在中国,有些新闻从业者不能正确处理社会利益与个人利益之间的关系,贪图实惠,计较报酬,甚至唯利是图,以权谋私,有偿新闻屡禁不止。有偿新闻在其甚嚣尘上之时则席卷一切新闻采写活动。一些事关舆论监督的报道,还有有偿新闻的变种——有偿不闻的痕迹。

有偿新闻的具体表现有:一是提供有偿的版面、播出时间或网络空间,刊发各种形式的"含金"报道。这些"含金"报道大多是记者私下交易、秘密进行的,办法是你给我送钱,我给你发稿。也有的是为了图名,互相写稿吹捧,沽名钓誉,搞关系稿。也有的是由编辑部出面,找有钱单位或个人"赞助",搞联合主办、合办或协办某某专栏。新闻传播媒体的版面、播出时间和网络空间并非都是无偿的。一般而言,新闻机构有偿给予传播的是广告,而新闻则不在此列。有偿新闻的特征在于将媒介的新闻传播权商品化了。最普遍的现象是:报纸、杂志将版面完全金钱化,根据发行量、声誉、版面的次序、位置、大小核定成具体金额,出卖给需要的人或单位;电台、电视台则根据收听率(收视率)、影响力、播出时间核定具体金额加以出卖。二是新闻传播从业人员利用自身的特点和便利条件,接受报道对象提供的种种优厚待遇,甚至向报道对象索取现金、有价证券、实物或其他特殊待遇。例如,参加新闻发布会、记者招待会、产品展销会以及首发式、开业典礼、周年庆典各种活动,要出场费、收红包的现象十分普遍,"三点记者"(即热衷于赴会吃点、喝点、拿点的记者)和"三包采访"(包吃、包住、包玩的采访活动)也为数不少。

有偿新闻近年来又衍生出新的品种"有偿不闻"。"有偿不闻"是指违法乱纪的单位或个人本该在传媒曝光,但他们搞"有偿",且"到

位",无良记者就可以充耳不闻,噤声失语。最典型的例子,就是山西繁峙"6·22"特大爆炸事故。11名记者明知事故的来龙去脉,本该揭露真相,然而只因繁峙县长出面,给了包括新华社山西分社两位记者在内的每人两个金元宝,"有偿"和"不闻"之间就达成了高度的默契。

新闻发稿权谋私利恶性程度更高的是新闻敲诈。这些案件有以下特点:一是新闻敲诈案的涉案人员大多为一些行业类报刊的聘用人员,敲诈对象集中于有短处的基层单位,敲诈手段隐蔽,不留任何证据,查处难度非常大;二是一些不法人员利用网络和所谓的内参发布批评报道实施敲诈,将报刊上无法发表的负面新闻在内参、网络上刊登,向被批评者敲诈勒索;三是记者敲诈勒索与地方腐败相互交织,由于被敲诈的单位一般都存在违法违规问题,害怕媒体曝光,大都花钱息事宁人,他们不但不配合新闻出版行政部门调查,反而出具虚假证明。从中国记协接到的举报及其查处来看,单起收受几十元到几万元的都有,有的甚至借曝光要挟企业上百万赞助费或广告费。

有偿新闻、有偿不闻及新闻敲诈的实质都是新闻报道权力寻租,即把新闻报道权同小团体或个人的私利直接联系起来,搞钱权交易,把新闻报道异化为一种谋取私利的手段。在这种交易中,新闻选择的标准不再是新闻价值,新闻报道的目的不再是为了社会公众的利益,而是小团体或个人利益。为了谋取私利,他们也会对一些极具新闻价值的新闻三缄其口。新闻权力寻租实际上是某些新闻从业人员将国家法律赋予新闻机构传播新闻的权力作为个人的私有商品非法出卖了。在这里,权力和金钱进行了肮脏的交易,受惠的是参与这种交易的个别人或小团体,损害的则是国家、媒体及受众。新闻权力寻租是社会腐败风气向新闻传播领域的影响和扩散,是新闻传播行业的不正之风。

四、尊重新闻同行,反对不正当竞争

新闻传播界同行在职业活动中的关系,是相互协作、相互尊重的关系。分工和合作是对立的统一,必须互为自身存在的前提,否则任何职业活动都无开展之可能性。就新闻传播事业而言,也同样需要通过新闻传播事业各组成部分及各种不同的媒体之间、同一媒体内部各部门之间,以及新闻传播从业人员之间的相互尊重协作与帮助,以保障新闻传播事业的正常运作,加快新闻事业的发展。尊重新闻传播同行反对

不正当竞争的道德意义在于：在承认竞争广泛地存在于各种新闻传播活动中的同时，强调新闻同行间的协作与互助。这就在正当竞争与恶性竞争间划出了一条界线，便于新闻传播从业人员在友好协作的氛围秩序中展开积极的新闻竞争。

新闻传播事业各个组成部分及各种不同媒体之间要优势互补，为受众提供全方位立体化的优质服务。以报纸、广播、电视、新闻网为例，他们既各有特长和优势，也有弱点和劣势。这些不同类型的媒体应相互尊重、通力合作、扬长避短、取长补短。广播中的"新闻和报纸摘要"，报纸及电视媒体以网站的简明新闻为线索，深挖新闻背后的新闻，进行深度报道，都是媒体间互动互助互补的有力例证。同一新闻传播媒体内部各部门之间，以及新闻从业人员之间，也同样存在互相尊重、协作与互助的关系。

除了分工协作，新闻传播同行之间还存在着竞争。但竞争应是公开公平的竞争，而不是不正当竞争。新闻传播从业人员之间不能搞"互相藏一手，背后踩一脚"的事情，不允许无组织、无纪律、不择手段地抢新闻。各新闻单位的记者同时采访一个单位和对象，任何单位和记者都不可以任何借口加以垄断。别人首先发现的有价值的新闻，不应当去干扰他的采访计划，更不能先"捅"一下。涉及国家整体利益的重大新闻，必须在统一时间发表，不能违反规定抢先发表。电视新闻的采访制作通常需要记者、编导、摄像等三四个人的通力合作，共同完成任务。如果是现场实况直播，投入的人力、设备更多。这就要求电视记者有协作精神，不能因个别人不守时而拖延甚至贻误新闻采访的时机。

《准则》要求新闻同行之间相互尊重，绝不是那种称兄道弟的庸俗关系，即同行之间、媒体之间达成私下的默契：我不拆你的台，你也别来砸我的场子。媒体相互监督彼此的违反法律和失德行为，看似兄弟相煎，其实是维护媒体肌体健康的路径和措施。在这方面，《中国青年报》的表现尤为突出，他们对新闻宣传队伍中的个别敲诈索贿记者"权力寻租"义愤填膺，挺身而出发文监督。

当然，我们提倡互相学习，互相支持，并不是说可以简单地采用拿来主义的方法，而是要尊重别人的著作权以及其他权益，引用他人的作品要注明出处，反对抄袭、剽窃他人的劳动成果。中国新闻界特别是报刊媒体以及互联网媒体大量存在转载、引用的现象，这方面既有合作，又有竞争。一些被转载、引用的新闻媒体和新闻工作者的正当权益因此受到侵害,他们迫切要求规范转载、引用行为。《准则》第4条第4款增加了反对不正当竞争,引用他人的作品要注明出处的规定。

五、严格实行"两个分开",划清新闻报道与广告的界限

《准则》第4条第5款指出,要严格执行新闻报道与经营活动分开的规定,不以新闻报道形式作任何广告性质的宣传,编辑记者不得从事创收等经营性活动。

"两个分开"是指新闻报道活动与经营管理活动分开、新闻采编队伍与经营管理队伍分开。广告以及其他多种经营活动由广告经营管理部门进行,新闻采访、编辑等业务部门严禁参与。有些新闻单位还实行收支两条线,即收入一条线,广告等所有经营收入由广告部门、计划财务部门以及其他开展多种经营的"三产"公司归口管理;支出一条线,新闻采访、编辑以及其他业务部门的支出由计划财务部门统一核算、按计划拨给,不得从事创收活动,也不得利用采访和通过刊播新闻报道拉赞助。

但是违反国家有关财经纪律与制度,新闻活动和经营活动混为一体的现象依然存在。改革开放以来,中国各类新闻单位都先后终结了"大锅饭",实行自主经营、自负盈亏的新经营体制。为了改善工作、增加经济效益,几乎所有的新闻单位都采取多种措施搞创收。其中有些措施是正当合法的,也有些措施是违反国家有关法纪特别是财经纪律的。例如,有的新闻单位利用记者或编辑从事经营或广告活动,用高额回扣诱导记者或编辑拉广告、推销产品,或借用各种名目去向采访报道对象索要赞助。

"广告性新闻"和"新闻性广告"虽为新闻传播职业道德所禁止,但仍时有发生。"广告性新闻"是指有些新闻单位及其工作人员把广告按新闻来处理,不标明广告,以假乱真。"新闻性广告"是指为增强广告可信度甚至把广告写成新闻,用新闻的形式发布广告,以蒙骗受众,讨好广告客户。这种新闻与广告界限模糊的形式对广告商极具诱惑力。一是宣传效果好,广告用新闻形式表达极具欺骗性,推销产品的商业行为在标榜客观公正、真实准确的幌子下更易为受众(消费者)所接受。二是费用低廉,私下里的偷偷交易要比媒体正式收取的广告费用便宜得多。广告商只要用少量费用买通个别人就可以获得与付出高昂

的广告费相同的传播权。

此外,新闻传播从业人员出于谋取私利的目的,利用新闻活动之便,从事经商活动,兼任有偿的第二职业。

对于上述种种现象,要将新闻传播职业道德规范与其他行为规范结合起来予以综合整治。要使新闻传播从业人员对自己所从事的工作有清醒的认识,对自己的行为选择有良好的职业道德素养。要自觉维护新闻传播从业人员的声誉,珍惜手中的笔和人民赋予的权力;要多一点危机感,少一点成就感;多一些责任感,少一些优越感。

第五节　坚持改革创新

社会主义新闻事业是共产党及其领导下的人民政府和广大人民群众传播新闻、引导舆论、服务社会的舆论工具,是党和政府的舆论机构,也是人民群众的舆论阵地。提高舆论引导能力是传媒义不容辞的职责。因此,"改革创新"作为新闻传播职业道德的规范,是为了实现媒体自身的生存和发展,但更重要的是要求从业人员充分利用先进的思想观念、传播理论、科学技术、采编手段和经营管理模式,更好更快地传达党和政府的声音,及时全面地反映人民群众的心声,营造积极向上的社会舆论氛围,实现新闻性和宣传性的和谐统一。

"创新观念、创新内容、创新形式、创新方法、创新手段"是"坚持改革创新"的主要内容。这五个创新是一个有机的整体,缺一不可。创新观念是前提,创新内容是基础,创新形式、方法和手段是保证。它们之间相互促进、相互作用。新闻传播工作者只有具备了这五种创新能力,才能做到体现时代性、把握规律性、富于创造性,也才能提高舆论引导的权威性、公信力和影响力。

一、创新观念、创新内容

"创新"的关键在于传播观念的创新。当前,要实现传播效果最大化、提高舆论引导能力和国际传播能力,就必须在新闻宣传中贯穿和坚持"三贴近"原则和"以人为本"的报道理念,尊重人民的主体地位,保障人民群众的知情权、参与权、表达权和监督权,这是新闻工作贯彻落实科学发展观的根本体现。

近年来,在坚持"三贴近"、尊重人民的主体地位方面,媒体有了可喜的转变。在一些重大灾害报道中,以前媒体的目光大多集中在政府及有关部门如何辛勤工作上,而受灾群众的严重状况却报道的较少;但在汶川大地震报道中,灾区人民的生死存亡成为报道的主角。《人民日报》刊发的一幅四栏半大图片《让路》就是这种理念在版面处理上的生动体现。照片中战士匆忙的脚步、焦急的神情分外清晰;医护人员一边提着药品奔跑,一边还不忘观察担架上女孩的伤势;人们遇到总理没有停下奔跑的脚步,总理遇到救人的担架则站在路边为他们让路。画面主体是救灾,国家领导人成为"配角"。这张新闻图片生动而深刻地传递出我党以人为本、尊重生命的执政理念。正是媒体大量报道的一个个具体的显现人性的场景,让我们在巨大灾难面前感同身受,激发起全民族的凝聚力。

根据当代新闻传播领域分众化传播、国际传播的新趋势,《准则》相应地规定深入研究不同传播对象的接受习惯和信息需求,主动设置议题,善于因势利导,不断提高舆论引导能力和传播能力。

长期以来,人们形成了一种新闻宣传的思维定势,如将官位越高者置于传媒越凸显的位置,全然不顾受众的兴趣与关注程度。创新内容,就是传播内容的选择要从传者单方面决定向受众需求转移,要根据受众的要求、关注程度和兴趣选择传播内容。受众的需求是多元化的。他们除了关心与自己切身利益相关的信息外,还关心他们感兴趣的信息。传媒要了解受众的兴趣和信息需求,以此来定位、安排、细分不同的栏目,供受众各取所需。

议题设置得当与否,直接影响到舆论引导的效果。要在深入了解各类受众群体的心理特点和接受习惯基础上,主动设置公众关注同时又是党和国家的重大事项议题,对于正确引导公众意见非常重要。以往的新闻宣传片面理解正面报道为主,对负面新闻的传播噤若寒蝉,有时干脆不报道。这在新闻传播全球化的今天是行不通的。大道不传则谣言满天飞,越隐瞒会越陷于被动。因此,对于突发事件、负面新闻的报道要抢占先机、掌握主动权,第一时间公开真相。要坚持讲真话、报实情,实事求是,不弄虚作假。要言之有物、生动新鲜、言简意赅、一扫八股气。只有这样才能牢牢占领舆论引导的制高点,赢得话语权。

二、创新形式、创新方法、创新手段

认真研究传播艺术,利用现代传播手段,采用受众听得懂、易接受的方式,增强新闻报道的亲和力、吸引力、感染力,这是针对目前部分主流媒体新闻报道吸引力下降的现状而提出的新职业道德要求。如何提高新闻媒体的吸引力?

首先,要创新报道的形式。无论是报纸、广播、电视还是网络,都不能是常年不变的老面孔。当今社会,人们对信息的需求在急速增长,党报、党刊、电台、电视台及其所属的网络都应该顺应时代多元、多层、多变的特征,充分满足人民日益增长的多方面、多层次、多样化的视听需求,广泛传播各种有价值的信息,在包容中引领多元的声音,使社会各种声音的交响更加和谐美妙、丰富多彩、引人入胜。受众不仅需求各种各样的新闻信息,而且还需要对这些信息及时加以解读,即这些新闻事件的发展趋势及将会对受众产生怎样的影响,受众应采取怎样的对策,等等。

其次,要创新报道方法。党报、党刊及其他党的媒介要改变过去居高临下、好为人师、专门板着脸说教的传播方法。要真诚地视受众为朋友,注重平等地与受众进行传播与交流。传媒关注的重心应当是广大人民的愿望和呼声。这就要求党的媒体及时披露国计民生信息,设置民众关注的议题编排栏目,尊重公众意愿,实施科学传播。这样的传播方法针对性更强,传媒的亲和力、吸引力、感染力就会增加。

创新手段就是要善于利用新载体、新技术收集信息,发布新闻,提高时效性,扩大覆盖面。传统主流媒体在充分发挥原有信息权威、采编正规和基础坚实的优势的同时,更要适应形势的发展变化,抓住技术革命的契机,在数字化转型道路上积极探索,按照新的传媒产业发展逻辑去打造新的运作体制、运行机制和运作架构。要进行信息技术更新换代、基础设施改造升级、探索运用新的技术手段,建立技术平台,实现立体式采访、专业化编制、多媒体集成、多终端推出,建立健全立体交叉、功能互补的舆论引导网络。传统主流媒体也可以借助网络的论坛、微博微信以及客户端等多种方式与受众展开互动交流,使所发出的社会主流舆论通过互动的方式向社会各个层面扩散,从而形成更大的社会影响力。

过去,对于重大事件和活动的报道,最常见的形式是集中式报道、系列报道及连续报道。而在近年的一些重大活动报道中,呈现出了多种形式的报道方式,如受众参与式报道、组合式报道、不同媒体合作共同介入式联动式报道等。以《中国青年报》为例,媒介融合的背景为全媒体报道"2016 年杭州 G20 峰会"创造了条件,该报与"北京时间"客户端合作,不仅实现了以前只有央视能办到的 58 小时全程直播,而且还有大量文字、图片、图表、视频等多种媒介产品,通过报纸、网站、微博、微信公众号、新闻客户端等形成多种终端、立体传播态势。其他大多数媒体也都突破了以往的局限,以更开阔的视野、更丰富的层次、更新颖的角度进行全方位的信息传播和宣传。

三、要处理好三个关系

"坚持改革创新"需要处理好以下三个关系。

一是处理好继承和发展的关系。无产阶级新闻传播事业自诞生以来,经过一百多年的实践,形成了自己的宝贵经验和光荣传统。例如,坚持政治家办报、坚持马克思主义新闻观、坚持"三贴近"原则、坚持正面宣传为主、坚持正确的舆论导向等,这些都是中国新闻传播事业的宝贵财富。作为中国共产党领导的社会主义新闻事业,中国新闻媒体在进行观念更新、业务和经营改革的同时,应当始终坚持党性原则,坚持正确的舆论导向,继承和发扬党的新闻工作的优良传统,注意解决好坚持正确方向和促进事业发展的关系,为新闻事业的繁荣发展积累经验。同时,也应实事求是地找出自身存在的问题,总结教训,不断用新的实践和理论去充实和发展它,使之更符合新闻工作的实际需要和时代的发展变化。

二是处理好竞争和融合的关系。新兴媒体的应运而生和飞速发展给传统媒体和媒体产业结构都带来了颠覆性的变化。数字电视、移动电视、IPTV 等分众媒体的日益壮大,意味着新兴媒体已经进入我们生活的每个角落。国内外一些专家学者甚至给出了报纸消亡的时间表。但有更多的业内人士认为,新兴媒体和传统媒体的关系,不是非此即彼的关系,而是此消彼长的关系。共存、互补、融合、创新应该是当今媒体的基本态势。

三是处理好借鉴和扬弃的关系。西方资本主义国家新闻事业的产生比中国的早了两个多世纪,是现代新闻的发源地,应当承认在采编技巧、经营管理方面有不少值得我们学习借鉴的成熟理论和有效经验。我们应以更加开放的胸怀,与国际同行的新闻报道方式接轨,学习借鉴国外新闻报道方式的长处。但是多年的实践也告诉我们,要解决中国的问题必须立足于中国的国情,绝不能不假思索地照搬西方那一套理论和做法。要注意按新闻传播规律办事,具体问题具体分析,做到既不盲目崇拜、全盘接受,也不盲目排斥、一概否定。这就要求新闻工作者一定要牢固树立马克思主义新闻观,不断加强和改进在国际传播领域的工作,增强政治洞察力和政治敏感性,提高明辨是非、把握全局的能力,牢牢掌握国际话语权,主动拓展国际舆论空间,提升国际舆论传播能力。

第六节　遵 守 法 纪

一、遵守法纪的道德意义

遵守法纪之所以在新闻传播职业活动中具有道德意义,是因为新闻传播职业活动的道德要求与有关新闻传播活动的法纪具有共性,他们都是由一定的社会经济基础所决定的上层建筑,是特殊的意识形态。新闻传播职业活动的道德要求与有关新闻活动的法纪,都是人类社会新闻传播活动的产物,属于社会现象范畴,具有鲜明的社会性。在社会主义社会,新闻传播职业活动的道德要求与有关新闻传播职业活动的法纪,都是社会主义上层建筑的组成部分。它们具有相似的社会功能与作用,其存在价值就在于它们可以对新闻从业人员的职业行为进行有效的干预。它们作为新闻活动的行为规范,都是对新闻传播从业人员职业行为的约束力量和鼓舞力量,具有指引新闻传播从业人员怎样有所为有所不为。

此外,总的来说,新闻传播职业活动的道德调整的对象与范围比有关新闻传播活动的法纪所调整的对象与范围要广泛得多。新闻传播职业活动的道德要求所适用的范围,几乎涉及新闻传播活动中的一切道德关系与道德行为。它既包括有关新闻传播活动的法纪所调整的社会关系,也包括它所调整不到的社会关系。不仅触犯新闻传播活动法纪的行为都在其评判之列,而且许多法纪不加干涉的行为也要由其评判是非、正邪、荣辱、高下。

在新闻传播实践中,新闻传播职业活动的道德要求与有关新闻传播活动的法纪的共同性与区别性,决定了他们之间存在着紧密的配合、协调和相互影响、相互补充的作用。在很多情况下,仅仅依靠法纪的强制力是不够的,还必须依靠新闻传播从业人员在职业道德方面的自觉、自律。此外,还有一些新闻传播行为,不能或不便运用法纪手段予以制裁,只能借助于新闻传播职业道德的手段予以调整。

二、遵守法纪的主要内容

《准则》第 6 条要求新闻工作者要增强法治观念,遵守宪法和法律法规,遵守党的新闻工作纪律,维护国家利益和安全,保守国家秘密。

第一,要严格遵守和正确宣传国家的民族区域自治制度、各民族平等团结和宗教信仰自由政策,维护国家主权和社会稳定。

第二,要保护报道对象的个人隐私,维护弱势群体的合法权益。《准则》第 6 条第 2 款要求新闻传播工作者维护采访报道对象的合法权益,尊重采访报道对象的正当要求,不揭人隐私,不诽谤他人。

在新闻报道中要注重对未成年人的保护。中国《未成年人保护法》第 30 条和第 42 条分别规定:"任何组织和个人不得披露未成年人的个人隐私","对未成年人的犯罪案件在判决前,新闻报道、影视节目、公开出版物不得披露该未成年人的姓名、住所、照片及可能推断出该未成年人的资料"。

《准则》第 6 条第 3 款要求维护未成年人、妇女、老年人和残疾人等特殊人群的合法权益,注意保护其身心健康。新闻传播工作者在职业活动中,对弱势群体的特殊关切精神应无处不在。

第三,维护司法尊严,依法做好案件报道,不干预依法进行的司法审判活动,在法庭判决前不作定性、定罪的报道和评论。司法新闻是报道国家司法审讯活动的新闻,其内容多是与罪、与罚相关的事件。司法新闻的发布与报道,既要充分发挥其扶正祛邪的积极效果,又要努力避免其可能产生引起恐怖感觉、诱发犯罪等消极影响。因此,新闻传播工作者采写与报道司法新闻,必须了解与熟悉监察院、法院以及公安、司法机关的功能与工作程序,严格遵守有关法律规定。

维护司法尊严还要尊重公正审判,不干涉妨碍法院的独立审判权。《宪法》第126条明确规定:人民法院依照法律规定独立行使审判权,不受行政机关、社会团体和个人的干涉。《中华人民共和国法院组织法》第4条对此也作了类似的规定。司法新闻报道必须真实、准确、客观、公正,不能偏听偏信,不能添枝加叶、无中生有,也不能根据个人的感情或个人对法律的理解而说三道四、掺入对案件的主观分析意见,更不能借此大造各种舆论,施加舆论压力,影响法院依法独立审判案件。

第四,涉外报道要遵守中国涉外法律、对外政策和中国加入的国际条约。我们要习惯与世界对话,而且还要习惯于在我们的传媒上也有不同声音,但这必须在中国涉外法律、对外政策和中国加入的国际条约的框架内进行。

第七节　促进国际新闻同行的交流与合作

一、信息化时代新闻传播者的一项重要职责

现行《准则》在1997年版《准则》第6条"发扬团结协作精神"的第3款"在国际交往中维护祖国尊严和国家利益,维护中国新闻工作者的形象"的基础上,重新恢复1991年版和1994年版《准则》第8条"增进国际友谊与合作",新增为第7条"促进国际新闻同行的交流与合作"。把上述原第6条第3款作为现行《准则》第7条第1款,又新增了以下3款:积极传播中华民族的优秀文化,增进世界各国人民对中华文化的了解;尊重各国主权、民族传统、宗教信仰和文化多样性,报道各国经济社会发展变化和优秀民族文化;积极参加有组织开展的与各国媒体和国际(区域)新闻组织的交流合作,增进了解,加深友谊,为推动建设持久和平、共同繁荣的和谐世界多做工作。这一规定,与中国当代新闻传播领域的对外开放政策和法律一脉相承,反映了全球化信息时代新闻传播领域的新趋势和新要求。

在与国际同行的交流与合作中,首先要维护祖国尊严和国家利益,维护中国新闻传播工作者的形象。与国际同行相处时,人格上要彼此

尊重,相互学习;既不能夜郎自大,也不能崇洋媚外;既不能傲慢无礼,也不能卑躬屈膝。东西方国家之间的新闻交流与合作,必须求同存异,双方努力发展共同点、消除误会和隔阂。不仅要重视同西方发达国家新闻界接触,学习西方先进的新闻传播手段,还要注意加强同第三世界国家新闻界交往,向第三世界国家的同行学习。

二、沟通了解是新闻同行国际合作的前提和基础

交流合作的基础是相互了解。早在 2003 年,中宣部等《关于文化体制改革试点工作的意见》就已提出,要健全对外文化交流机制,积极实施"走出去"战略,开拓文化产品国际市场,积极参与国际文化市场竞争,扩大与国外友好知名文化集团的合作,推动广播影视节目对外交流和境外落地。2005 年,中共中央、国务院《关于深化文化体制改革的若干意见》指出,中国文化体制与完善社会主义市场经济体制、进一步扩大对外开放的新形势不相适应,要开拓国际文化市场,增强中华文化在国际上的影响力。

"走出去"是一个方面,"引进来"也同样重要。这里的"引进来"指的是尊重各国主权、民族传统、宗教信仰和文化多样性,并将世界各国经济社会发展变化和优秀民族文化介绍给国人。中国的发展和进步,离不开世界各国的文明成果。我们的社会主义现代化建设,需要继承和发扬中华民族优秀文化传统,也需要学习和吸收世界各国人民包括在资本主义制度下创造的优秀文明成果。世界各国的文化有历史长短之分,但并无优劣高下之别。不同民族、国家和地区的优秀文化都为人类文明的发展作出了贡献,都是人类文明的共同财富,理应受到同样的尊重。不同文明间的对话是避免冲突、化解分歧的有效途径,应该成为当今世界各国的一致行动和共同诉求。平等相待与相互尊重是文明间对话的基础,也是不同文化之间交流与合作的前提。新闻传播工作者要认识到世界的文化多样性,抛弃"冷战思维",停止"文明对抗",本着"平等交流、相互沟通、彼此理解、求同存异"的原则双向传播,彼此包容。中国古代思想家孔子曾经提出"和而不同"的哲学原则,作为君子的为人处世之道。"不同"指的就是有个性、有差别;而"和"是指和谐相处、兼容并蓄。这一原则完全适用建立国际新闻传播新秩序,也就是说既要尊重不同民族、不同文明的多样性与差异性,又要提倡各种文

明之间的和平共处,携手共进。

为促进信息公开及国际新闻同行间的交流和合作,中国新闻传播领域进一步扩大了对外开放,允许外国新闻机构和记者来华采访。如,2008年北京奥运会促进我国政府制定了首部有关新闻传播领域对外开放的法规,即国务院公布的《北京奥运会及其筹备期间外国记者在华采访规定》。根据国际奥委会的要求,为便于奥运会及其筹备期间外国记者在华采访报道,该规定允许外国记者通过使领馆或外交部签证后来华采访,在华采访只需征得被采访单位和个人的同意,并可以聘用中国公民协助工作。而就在该规定即将失效之前数小时,国务院又及时颁发了《中华人民共和国外国常驻新闻机构和外国记者采访条例》。该法第1条明确规定立法目的是"便于外国常驻新闻机构和外国记者在中华人民共和国境内依法采访报道,促进国际交往和信息传播",第3条规定"中国实行对外开放的基本国策,依法保障外国常驻新闻机构和外国记者的合法权益,并为其依法从事新闻采访报道业务提供便利"。同时,该法也规定了外国常驻新闻机构和记者在华采访的法律义务:"遵守中国法律、法规和规章,遵守新闻职业道德,客观、公正地进行采访报道,不得进行与其机构性质或者记者身份不符的活动。"(第4条)"需征得被采访单位和个人的同意。采访时应当携带并出示外国常驻记者证或者短期采访记者证。"(第17条)

为了更好地连接中外、沟通世界,加强国际传播能力建设,增强国际话语权,集中讲好中国故事,新闻教育国际化也在稳步推进和展开。越来越多的新闻院校通过输送学生出国交流、引进国际师资力量、改革传统课程体系等方式积极探索新闻教育的国际化路径,为促进新闻同行的国际交流与合作提供了广阔的发展前景。

学习思考题:

1. 现行《中国新闻工作者职业道德准则》共有几条几款? 试述其主要内容。

2. "新闻采访要出示有效的新闻记者证""刊播新闻报道要署作者的真名"等条款的目的是什么? 这是否意味着禁止隐性采访?

3. 试述"高举旗帜、引领导向"与"坚持新闻真实性"的关系。

4. 新闻传播专业学生如何在新闻职业道德修养方面做好职业准备?

第十二章

新闻传播职业道德境界的涵养

第一节　新闻传播职业道德境界

一、道德境界与职业道德境界

康德曾经说过："这个世界上唯有两样东西能让我们的心灵感到深深的震撼，一是我们头顶上灿烂的星空，一是我们内心崇高的道德法则。"

作为调节人与人之间相互关系的行为规范总和的道德，它是一种社会意识，是特定社会的利益主体从自身的整体价值出发概括出来的善恶标准。虽然这些行为标准有些属于社会公德，有些属于职业道德，有些则属于家庭道德，但它们反映的都是一定社会的主流价值倾向，并且它们在相互作用与制约中维系与推动着社会的稳定与发展。

道德作用的有效发挥主要是通过道德评价与道德教育来实施的。道德评价通过建立明确的善恶标准、赏罚制度等，使道德调节机制反应灵敏。道德教育则通过不同的道德培养方式，使道德主体的道德修养不断走向完善与升华。以此类推，新闻传播职业道德评价与教育正是推动与提升新闻传播职业道德水平的重要手段。

在谈到新闻传播职业道德的评价与教育之前，有必要先了解新闻传播职业的道德境界。了解了新闻传播职业的道德境界，新闻传播职业的道德评价与教育才有具体的目标与内容。

1. 道德境界

道德境界,是在特定社会主流价值观的推动下形成的针对全体社会公民而言的道德类型或道德修养程度,是人们在道德评价、道德教育与道德修养等道德实践活动中形成的高低不同的道德品质状况的综合反映。

著名哲学家冯友兰从哲学伦理的角度将人生境界依次分为四种:自然境界、功利境界、道德境界、天地境界。自然境界是人作为自然人而生活的最低境界;功利境界是以追求功名利禄为主要目的的较低境界;道德境界是人作为道德人而生活的较高境界;天地境界是人与天地合而为一的最高境界。一般而言,较之于天地境界的高深玄虚,道德境界是普通人可以通过自身努力达到的最高现实境界。

道德境界从初始状态到理想状态是有高低层次之分的,其形成是受特定社会历史条件与主观条件的制约的。在中国封建社会,由于统治者集权专制的需要,社会提倡愚忠、愚孝、宗法等级、封建特权等伦理思想,三纲、五常、四德,君臣、父子、夫妇、华夷、君子小人等,都是这一道德思想的派生。儒家修身、齐家、治国、平天下的道德追求,从内到外,从小到大,从完善自身到平定天下,构成封建社会道德的不同境界。中国士大夫"穷则独善其身,达则兼济天下"等正是这一道德思想的具体体现。

在中国社会主义初级阶段,封建社会的"群体本位"思想发展为社会主义的"为人民服务"的"集体主义"道德原则,相应的,人们对"公""私"处理的态度不同,道德境界又可以依次划分为四个层次:自私自利的道德境界、公私兼顾的道德境界、先公后私的道德境界、大公无私的道德境界。其中自私自利的道德境界是最低的道德境界,大公无私的道德境界是最高的道德境界,也是我们社会倡导的未来最完美的理想道德境界。

改革开放以来,由于市场经济与西方文化思想的冲击,中国社会的价值观念发生了一系列的变化。从前"集体主义"一元价值观开始向多元价值观转变,形成一元与多元并存的局面;传统"重义轻利"的道德思想与西方"重利轻义"的传统思想相结合,形成了道义与功利的并存;中西文化在反复冲击与碰撞之后,传统的与外来的道德理念交相融合,展现出带有鲜明新时代特色的开放型价值观。

在这一新的历史条件下,道德境界的内涵也会发生相应的变化。

为了导向这一变化,2001 年年初,时任国家主席江泽民提出"以德治国",将全民道德素质的培养提到了更高的高度。作为具体行动的指南,2001 年 10 月 24 日,党中央印发了《公民道德建设实施纲要》,提出"爱国守法、明礼诚信、团结友善、勤俭自强、敬业奉献"的 20 字基本道德规范,重申了社会主义道德建设要坚持以为人民服务为核心,以集体主义为原则,以爱祖国、爱人民、爱劳动、爱科学、爱社会主义为基本要求。2006 年 3 月,中共中央总书记胡锦涛在看望政协委员时强调,要引导广大干部群众特别是青少年树立社会主义荣辱观,坚持以热爱祖国为荣、以危害祖国为耻;以服务人民为荣、以背离人民为耻;以崇尚科学为荣、以愚昧无知为耻;以辛勤劳动为荣、以好逸恶劳为耻;以团结互助为荣、以损人利己为耻;以诚实守信为荣、以见利忘义为耻;以遵纪守法为荣、以违法乱纪为耻;以艰苦奋斗为荣、以骄奢淫逸为耻。作为新时期党中央对国家道德体系的全新阐述和全面提倡,"八荣八耻"引导人们摆正个人、集体与国家的关系,正确处理个人与社会、竞争与协作、先富与共富、经济效益与社会效益等关系,对于树立新的社会道德风貌有重大积极意义。2013 年 12 月,习近平总书记视察山东时发表重要讲话,强调要继承和弘扬中华优秀传统文化,弘扬中华传统美德,弘扬时代新风,振奋中华民族精神,加强全社会的思想道德建设;2014 年 5 月,习近平总书记在河南考察时强调,面对纷繁复杂的社会现实,党员干部特别是领导干部务必把加强道德修养作为十分重要的人生必修课,努力以道德的力量去赢得人心、赢得事业成就;2016 年 2 月,习近平总书记在党的新闻舆论工作座谈会上强调媒体工作者要严格要求自己,加强道德修养,保持一身正气。

2. 职业道德境界

道德境界体现在特定的职业领域,由于各种职业的自身性质与特色各不相同,因而又形成了各个不同的职业道德境界。相对而言,职业道德境界,就是指特定职业的从业者,通过接受相关职业道德教育、进行相关职业道德修养之后所达到的职业道德的觉悟程度,或者说是所形成的职业道德品质状况、道德情操水平。

职业道德境界的形成,一方面取决于社会整体道德境界的构成,一方面又与特定的职业道德行为密切相关,同时还包含着从业者的个人职业理想与信念。因此,基于对他人、对社会利益的自觉认识而表现出来的职业道德境界,既寄予着社会对该职业的道德期待,也包含着从业人员自身的美好愿望、职业信念、崇高理想等。因此,职业道德境界的构成是社会整体道德境界与行业道德预期的体现。

就具体内容而言,特定的职业,其道德境界又具有特定的内涵。这是由于职业道德的本质特性所决定的。职业道德的本质特性主要表现在:在调节范围上的特定性与专业性,因为它只是针对特定领域的从业人员的特定要求;在规范内容上的稳定性与连续性,因为职业的世代相袭,使同行业从业人员的心理与习惯共性一脉相承;在规范形式上的多样性与适用性,职业道德的表现形式有规章制度、守则公约、标语口号、注意事项等多样化表现形式;在运作机制上的复杂性与灵活性,面对错综复杂的道德环境与个人心理机制,职业道德具有操作上的变通性。

针对职业道德的诸多本质特征,职业道德境界又可划分为不同的层次和等级。如同道德境界有一个初级的起点境界,职业道德也有一个初始职业道德境界。初始职业道德境界是针对最终的理想职业道德境界而言的,因为特定行业从业者接受职业道德教育、进行职业道德修养的过程并不是一蹴而就的,总是从低级不断走向高级,而不可能跳跃式发展。因此,由初始职业道德境界到理想职业道德境界之间还会有一系列过渡性的职业道德境界,这就是中间职业道德境界,中间职业道德境界又可以根据具体职业状况的不同细分为各不相同的阶段。任何成功的职业道德修养与完善过程,都是从初始职业道德境界开始,经过一系列中间职业道德境界的逐步升华,最后才能达到理想的职业道德境界。

如同道德境界是特定社会环境的产物,职业道德境界也带有明显的社会意识形态的烙印。在我们国家,任何职业的道德境界都应该以社会主义核心价值观建设为主旋律,以追求国强民富的"中国梦"而奋斗不息。

二、新闻传播职业道德境界

1. 新闻传播职业道德境界的形成

根据以上对职业道德境界的理解,新闻传播职业道德境界就应该是特指新闻传播从业者通过接受新闻传播职业道德教育、进行新闻传播职业道德修养之后达到的新闻传播职业道德的觉悟程度或所形成的新闻传播职业道德品质状况与道德情操水平。

任何职业道德境界的内涵，都是与其职业本身的特殊性密切相关的。新闻传播职业，其特殊性主要表现在：首先，新闻传播职业是具有一定的政治特殊地位的职业。随着各国宪法对"言论自由"的保障，19世纪中叶以后，报业在英国成为贵族、僧侣、平民以外的"第四阶级"，在美国成为政府行政、立法、司法以外的"第四部门"。在中国，新闻传播媒体直接隶属党的领导，在有些时候甚至可以发挥超越媒体的权力作用。其次，新闻传播从业者是具有重要的信息特权地位的职业。在世界许多国家，为了方便媒体接近信息源，政府往往在管理上为媒体获取信息提供明确的制度保障。如各种大型的社会活动都为记者安排席位，一些大的机构还会定期为媒体主动提供相关的信息资料。因此在信息收集与获取上，新闻传播职业具有明显的信息优势。最后，由于以上两大特殊地位所决定的，新闻传播从业者自然也具有较高的经济地位与较高的社会地位，成为世人瞩目与崇尚的对象。因此其自身的道德修养、思想观点、言行规范，必然对社会其他成员产生相当大的影响力。

由于新闻传播职业的这些特殊性，特别是其较大的影响力，社会对新闻传播从业者的道德境界必然会提出更高的要求。因此新闻传播职业道德境界的初始层次应该建立在较高的起点之上。

在西方，新闻传播职业是一种经过严格训练以后才能从事的行业。如在美国，新闻传播从业者必须具备如下品德：尊重并客观、准确地还原客观事实；公平、公正；尊重个人隐私；独立于既得利益集团；对社会和公众利益负责；尊重法律；正派和高品位等。在世界许多新闻传播职业道德准则中，保证新闻报道的真实、客观、准确、公正是最基本，也是最终的职业道德要求。因为真正认识与达到这一点，需要经过艰苦的磨炼。为了达到这一基本宗旨，几乎所有国家或地区的新闻传播职业道德条文都明确地禁止新闻记者从事商业活动，要求新闻传播媒体清楚地将广告乃至隐性广告与新闻报道区分开来；规定记者不得接受任何形式的礼物，更不能接受任何形式的贿赂，不得利用职业活动之便谋求个人利益，更不得在任何带有商业目的的文章或图片上签名；言论和新闻也必须清楚地区分开来，新闻报道必须遵守国家法律，保护未成年人权利，尊重个人隐私，分清记者与警察、法官等的角色，等等。

在中国，与社会主义道德导向相适应，清华大学范敬宜教授通过自己的经历,提出了做一个记者应该具备的基本素质——热爱新闻事业、坚持正确的舆论导向和良好的工作作风。并认为有五种人不可以做记者:不热爱新闻工作的不可以,怕吃苦的不可以,畏风险的不可以,慕浮华的不可以,无悟性的不可以[①]。

以上一些基本的道德要求是新闻传播从业者必须具备的基本道德修养,在此基础上,新闻传播从业者通过新闻传播职业道德的修养与教育,不断提高与完善自己的职业道德,逐渐从较低的新闻传播职业道德境界过渡到较高的新闻传播职业道德境界,最终走向最高的理想职业道德境界。

2. 影响新闻传播职业道德境界提升的主要因素

新闻传播职业道德境界,作为新闻传播从业者所要实际达到的职业道德水平,其构成并不是孤立的,它要受到许多相关因素的影响。具体而言,这些影响因素主要有如下几个方面。

首先,新闻传播职业道德境界的提升受社会整体道德发展水平的制约。任何道德都是特定社会意识形态的产物,新闻传播职业本身的前沿性、政治性使其职业道德更是时代主流价值观的体现。如在西方,个人主义、功利主义道德流行,使西方新闻传播职业道德往往体现为追求轰动的利益效应、尊重个体对象的权利、实现个体的最高价值等。而在中国,《公民道德建设实施纲要》对全体公民提出了"为人民服务"的"集体主义"道德要求,因此,追求社会整体效应,充当党和政府的喉舌,团结协作、遵纪守法就成为中国新闻传播从业者基本的职业道德要求。

其次,新闻传播职业道德境界的提升受该行业自身发展与成熟程度的影响。任何职业的形成,都是社会结构进化和社会分工细化的结果,都要经历一个起步、发展与成熟的过程。新闻传播行业也不例外。新闻传播职业的形成可以追溯到 16 世纪欧洲地中海沿岸那批最早的消息传递者。但自觉的道德自律是在 19 世纪末以后才开始产生。在中国,新闻传播职业的形成则更晚,虽然报纸的起源可以追溯到唐代的官报,但具有近代意义的报纸却是在 19 世纪以后才开始出现。相应的道德自律也就成熟得更晚。新闻传播行业从产生、发展到成熟的不同

① 刘鉴强:《如果有来世,还是做记者——范敬宜谈新闻记者的修养》,《新闻记者》2002 年第 6 期。

阶段,必然对从业者的职业道德境界提出阶段性的要求。但就整体发展而言,新闻传播职业道德境界的内容是不断趋向成熟与稳定。

最后,新闻传播职业道德境界的提升受新闻传播从业人员个体道德修养的影响。作为新闻传播职业的从业人员,其职业道德境界的提升,一方面来自职业道德教育,但更重要的一方面来自自身的整体道德修养。只有自己自觉自愿地追求更高的职业道德境界,才有可能尽快地接近理想的职业道德境界。当然,对于任何从业者来说,其职业道德境界的提升都是要经过自身艰辛的努力,经过不断反复的培养与锻炼,在自我矛盾与斗争中不断升华。而且,个人新闻业务水平的不断提高,是实现理想道德境界的重要保障。

3. 中国社会主义新闻传播职业道德境界

中国社会主义新闻传播职业道德境界,主要是要体现新闻传播职业道德境界的社会主义特点。这一特点与社会主义政治、经济、文化体制密切相关,主要涉及如下几个方面。

首先,社会主义新闻传播职业道德境界必须以《公民道德建设实施纲要》所提倡的"为人民服务"的"集体主义"道德原则为基本导向。必须做到国家、集体、个人利益的辩证统一,尊重、保护个人合法权益,认可、维护国家和集体利益。

其次,社会主义新闻传播职业道德境界必须以马克思主义的伦理道德观作为指导思想,注重社会主义精神文明建设。明确伦理道德的阶级性、社会性、主体性,以及它对社会存在的反映与调节功能,树立远大的共产主义理想,在当今政治、经济、文化全球化的时代里,认真学习国际主流文明和现代性思想,培养全球眼光。

最后,社会主义新闻传播职业道德境界必须与社会主义特殊的经济基础和政治制度相适应。目前中国虽然已经初步建立起市场经济的制度,然而媒体行业的管理机制还是处于事业管理阶段,传媒业的发育还受到政治体制现状的影响。因此,新闻传播职业道德行为必须与特定的社会现实相结合。

周鸿书在《记者必备的五大素质》中提出优秀记者的素质要求,认为优秀记者应该具备五个方面的品德:德、识、能、学、搏[1]。其中"德"是指高尚的道德情操,包括政治品德、职业品德、个人品德;"识"是指

---

① 周鸿书:《新闻伦理学论纲》,新华出版社 1995 年版,第 237 页。

知识、学问、见识、见地,具体指三个层次:学识、见识、胆识;"能"是指专业能力,包括社交能力、调研能力、表述能力;"学"是指不断学习的能力——向书本学习、向社会学习、向被采访者学习;"搏"是指的拼搏精神:不断求新、只争朝夕、不怕牺牲。这种对优秀记者的要求,可以作为中国新闻传播职业道德境界的较高层次。这其中也包含一些业务方面的要求,事实上,较高的道德境界与较高的业务水平往往是相辅相成的。

如同道德境界是特定社会环境的产物,新闻传播职业道德境界也是与特定社会环境的发展变化密切相连的。在世界步入全球化、信息化的新时代里,优秀的新闻从业人员,更应该站在时代的前沿,放眼全球,肩负起时代开拓者的重任。不断为自己设立新的道德境界,用更高的道德要求来提升自己的职业品德。

第二节　新闻传播职业道德评价

一、道德评价及其作用

道德评价,是指人们在现实生活中自觉或不自觉地依据一定的道德原则、善恶标准,通过社会舆论和个人心理活动等形式去评价他人、衡量自己的行为。道德评价是道德实践活动的一种重要形式,是道德发挥其社会作用的重要手段。

1. 道德评价的标准

如同道德是一定社会意识形态的产物,道德评价的原则与规范也同样带有强烈的主观意识色彩。由于道德评价主体的不同,道德评价标准也会有所区别。然而在带有诸多变量的道德评价标准之上,是否还存在着某种抽象的、带有共性的道德价值标准呢?关于这一问题的探讨历史上不绝如缕。

道德相对主义者人认为:道德标准和道德价值起源于人,是人的智慧和习惯的表现,并依特定的历史、文化、个人修养等诸多变量的变化而变化,因此在道德问题上,没有普遍适用于全人类的绝对道德标准。著名伦理学家伯特兰·罗素在其《伦理学和政治学中的人类社会》一书中认为：道德原则和道德规范的根据是情感，我们不可能找到永恒不变的、人类普遍认同的道德原则和道德规律。恩格斯也曾经说过："善恶观念从一个民族到另一个民族、从一个时代到另一个时代变更得这样厉害，以致他们常常是互相直接矛盾的。"①

道德绝对主义者则持截然相反的态度，认为人类不仅具有共同的道德标准，而且只有具有普适性的善恶标准才是道德的标准。如康德的著名论断是："除非我能把我的意志、把我的行为准则变成普适的定律，否则我就不应该采取行动。"在康德看来，检验一个人的行为是否道德主要是看这一行为是否能普遍适用。"绝对"意味着无条件，是道德的就永远道德，是不道德的就永远不道德，没有什么可以影响它的绝对性。其"道德"是由约束任何理性的存在的义务所组成。义务是人应当在正当的精神指导下做正当的事情，良心会告诉你选择善，回避恶。

基于以上两种观点的截然对立，我们认为：由于人的共性所决定的，在某些体现人类共同利益的问题上，仍然存在着一些基本趋同的价值标准。著名心理学家马斯洛将真、善、美、愉快、正义、快乐等视为跨越时空的人类共性的价值观，他曾说："我相信我能通过观察最优秀的人类代表来找到适合人类的最终价值观。假如我站在一边科学的描述在最好的条件下最出色的人类的最终价值观，那么我发现这些价值包括如真、善、美在内的人类古老的价值，也包括一些后来的价值，如愉快、正义和快乐。"事实上，诸如此类的道德价值，在任何社会都有一定的积极意义②。因此，对道德标准而言，既有普遍适用于人类社会的共同的绝对价值标准，也有依特定历史、文化、个人而变迁的相对价值标准，两者在稳定与变化的矛盾运动中不断发展与完善，并在人类走向全球化的过程中，越来越趋于稳定与统一。

2. 道德评价的形式

道德评价的作用最终是通过道德评价的形式来完成的。一般而言，道德评价的形式有三种：社会舆论、内心信念、传统习俗。

社会舆论，是指一定社会、阶级、集团、个人，依据一定的道德标准与价值原则，对特定的个人或群体的道德行为以及社会现象作出善恶

---

① 《马克思恩格斯选集》，人民出版社 1972 年版，第 433—444 页。
② 何建华：《道德选择论》，浙江人民出版社 2000 年版，第 215 页。

的价值判断。

社会舆论主要来自两种渠道：一种是口头议论；一种是媒介传播。口头议论属于自发的社会舆论，指人们在无组织、无导向的情况下自然而然产生的道德判断。"众口铄金""人言可畏"正是这种力量的表现。媒介传播则是属于自觉的社会舆论，指通过有组织、有导向、有特定的媒介传播渠道所进行的道德评价。狭义的社会舆论一般就是指的这种新闻舆论。由于它高度的自觉性与组织性，决定了它具有强大的导向功能，成为历代当权者引导社会舆论的重要的宣传工具。当然，由于舆论的可变动性特点，自发的社会舆论在一定情况下也有可能发展成为占主导地位的社会舆论。

社会舆论是道德评价形式中功能最强大的一种评价形式。与自我评价的内省性相比，社会舆论评价并不在意评价对象的自愿或非自愿，对不善行为的谴责，其产生的强制性压力迫使对方不得不改变自己的不道德行为，最终弃恶从善。

内心信念，是一种内在的、自觉的道德评价行为。指人们依照自己业已形成的道德观念对自己的行为进行自觉的肯定或否定。

内心信念主要是通过个人良心来发挥作用，以良心的自我谴责、自我满足、自我安慰等形式来进行。"问心无愧""内心不安""内疚""羞愧"等就是这一作用的具体体现。

内心信念在道德评价中的意义在于，它是个人走向更高道德境界的内在推动力。这种道德自觉性，对个人而言，促使自己经常性地自我评价和自我检讨，提醒自己避免不道德行为的发生，成为个人扬善抑恶的推动力量；对社会而言，它会积极主动地对各种社会现象与社会行为进行道德评价，成为推动社会风尚提升的精神动力。它是个体道德修养水平的综合体现，一个内心信念强烈的人，是一个道德高尚的人，他在任何情况下都会表现出强烈的道德自律意识。

内心信念的获取主要是通过培养和教育。教育偏重于外在的学习以及环境的熏陶，培养则偏重于内在的提高与自我教育，两者结合起来互相促进，才能使自己的道德信念不断提高。

传统习俗，是指人们在长期的社会生活历史中逐渐形成的稳定的、习惯性的道德倾向和道德评价行为。这些善恶标准因习惯而成自然，被社会与个人视为不言自明、理所当然的道德准则。按照英国哲学家罗斯的观点，这些基本的道德义务是自明和无须争议的，只有在道德上顽固不化的人才会对它们视而不见。

传统习俗的产生是长期历史的积淀,包含着丰富的人类经验与文化精华,因而最易于为社会普遍认可和接受,具有操作上的广泛性,并成为不同领域道德规范的补充,成为事实上的一种社会纪律。然而,由于社会变化的加速度发展,许多传统习俗不免在不同程度上显得滞后于时代的发展,因此,面对一些习惯性的道德标准,也要进行具体问题具体分析,摒弃那些落后、保守、消极的传统习俗。

3. 道德评价的作用

道德评价的作用主要表现在三个方面:一是认识作用;二是调节作用;三是管理作用。

道德评价的认识作用,是指道德评价以具有善恶意义的准则、风俗、情绪、信念、理想等,提供有关现实社会关系状况的各种真实信息,表达对现实社会的正确认识。因为这种认识依赖于现实社会生活实践,其认识过程往往就是整个社会组织或社会成员的实际生活过程。因此这种认识具有较强的客观性、针对性、征兆性、概括性,是我们改造社会现实、提高社会道德风尚的最有价值的依据。

道德评价的认识作用是通过对现实社会认识成果的展示,对社会存在的各种问题及其弊端及时敲响警钟,对优良的高尚道德品德进行赞扬、激励与导向,为我们不断完善社会现实,提升社会道德境界,导向社会的正常发展指明了正确的方向。

道德评价的调节作用,是指道德通过评价来指导和纠正人们的行为、协调各种关系的能力。道德评价总是以"应当怎样"为尺度来衡量和评价人们的行为与现实状况,其尺度具有多层次性,如善可以分为非善、小善、大善、至善等,使人们可以通过逐步完善来达到"应当"的最高道德境界。这一调节方法具有广泛的普遍性,针对社会中存在的大量非对抗性矛盾,是最有效的解决手段。道德评价在引导人们尊重和信守法律、防范尚未发生的违法行为等方面,具有不可替代的作用。

较之于法律与行政手段的硬性管理,道德评价的管理作用具有间接性与温和性,使被管理者易于接受,常常可以弥补硬性管理的不足。良好的舆论环境、分明的奖赏机制、健康的道德信念,通过道德评价体现出来,可以最有效地调动个人的积极性,是塑造本行业形象、提高社会生产力的重要手段。

二、新闻传播职业道德评价的基本特征

以上对道德评价的标准、形式、作用等进行了分析。在此基础上，我们进一步对新闻传播职业道德评价的特点与意义进行探讨。

1. 新闻传播职业道德评价的特点

新闻传播职业道德评价的特点，是由其特定的评价方式、评价内容、评价效果所决定的，主要体现在如下三个方面。

（1）普遍性。

这是由新闻本身的社会性所决定的。新闻报道的内容指向社会生活的各个层面，涉及全社会关注的所有问题，不同的个人、不同的群体都会对新闻德行作出相应的反应。因此，新闻道德评价显示出多样、广泛、灵活的普遍性特征。就评价的层次而言，有社会评价、行业评价、自我评价；就评价的主体而言，有有组织的机构的评价，也有自觉自愿的非组织的评价；就评价的内容而言，有正面的褒扬、激励，也有负面的批评、监督。

如2002年11月发生的《东周刊》刊登香港女影视明星刘嘉玲被虐裸照事件，引发的就是香港全社会广泛的批评。香港演艺界九大属会所组成的电影工作者总会发动大规模的游行，官方高度关注，特区行政长官董建华公开谴责刊发裸照的杂志；香港警方也迅速采取措施，调查这一事件，并表示如果事件涉及刑事成分，警方必定追究。在这种社会的强烈谴责之下，该媒体老板杨受成不得不公开道歉，该杂志三主管引咎辞职，该杂志立即停刊。在整个事件发生的过程中，一直是社会评价以自觉自愿的方式在引导着事态的发展，起着决定性的作用。

较之于社会评价的自觉性与随意性，行业评价则是有组织、有规律的评价。正面的评价主要体现在由各机构、团体组织的各种类型的新闻奖项的颁发上，如：普利策新闻奖、中国新闻奖、长江韬奋奖、全国百佳新闻工作者等，通过奖项的颁发，对某些道德行为进行肯定与褒扬，从而起到对新闻传播从业者的道德进行激励与引导的作用。负面评价则表现在有关部门对媒体问题的批评与惩处上，这种批评与惩处迫使媒体强制性自律。一年一度的十大假新闻评选，虽然假新闻远不止十个，但这种评价道义上的倾向，造成一种精神压力，并给媒体及其从业者带来直接的名誉损失，起到强大的警示、警戒作用。还有行业内部定

期的自查、自审、自评等都从不同角度体现了新闻道德评价的普遍性、灵活性等特征。

（2）倾向性。

如同新闻总是体现着社会一定利益集团的价值，新闻传播职业道德评价同样带有强烈的主观倾向性，只是这种倾向性依社会、个人、团体的背景、性质等的不同而有所区别。

在西方发达国家，媒体道德评价的价值导向体现着西方社会的价值观。如美国由于其跨国霸权与经济利益的驱动，新闻传播职业道德评价标准带有强烈的功利倾向与大国霸权思想。一年一度的普利策新闻奖，这是美国新闻界的最高奖项，其导向的价值在美国新闻界具有最为广泛的影响力。从目前该奖项被肯定的获奖作品来分析，明显体现着两种倾向：一种倾向是对美国社会丑闻弊端揭露的文章居多。这种文章在媒体市场竞争激烈的美国社会最能迎合普通受众的心理，最能刺激受众感官，因此最能使媒体获得利润，这正是其社会功利追求在新闻价值评价中的体现。另一种倾向是重国内报道轻国际报道，这正是其霸权思想的体现。在仅有的几个关于国际问题的获奖报道中还带有明显的歪曲性。如《华尔街日报》关于中国"法轮功"问题的报道，完全不符合事实。

在我们国家，由于对媒体社会效益的重视，新闻传播职业道德评价倾向于对正面报道的文章予以肯定。中国《新闻工作者职业道德准则》第 2 条明确提出："坚持正确舆论导向。"习近平总书记也指出："必须把政治方向摆在第一位，牢牢坚持党性原则，牢牢坚持马克思主义新闻观，牢牢坚持正确舆论导向，牢牢坚持正面宣传为主。"①在中国《公民道德建设实施纲要》第 6 条中，也专门提到这种倾向性，"广播、电视、报纸、刊物等大众媒体，要坚持团结稳定鼓劲、正面宣传为主，牢牢把握正确舆论导向，满腔热情地宣传两个文明建设中涌现出来的、反映新时期道德要求的新事物、新典型"。这使我们国家的新闻传播职业道德评价自然将社会效益摆在首位。例如中国优秀新闻工作者最高奖——长江韬奋奖，其评选的目的就是鼓励广大新闻工作者继承和发扬范长江、邹韬奋真诚为人民服务的崇高品德和思想作风，表彰德才兼

---

① 新华社：《坚持正确舆论导向 唱响时代主旋律》，《人民日报》2016 年 2 月 21 日第 1 版。

备的优秀新闻工作者,展示新闻战线"三项学习教育"和"走转改"活动成果,发挥优秀新闻工作者示范作用,引导、激励广大新闻工作者坚持和践行马克思主义新闻观,继承和发扬党的新闻工作优良传统,弘扬职业精神,恪守职业道德,更好地为人民服务、为社会主义服务、为全党全国工作大局服务①。

（3）自觉性。

新闻传播职业道德评价较之于强制性的法律管理,在某种程度上具有自觉自愿的特点。

这与媒体自律的兴起直接相关。新闻媒体自律最初产生的主要原因之一就是媒体为了逃避政府强制性的干涉,因为如果媒体自己没有管理好自己,政府就会强制性地介入,其结果会使媒体丧失许多主动权,因此媒体不得不自觉自愿地将自己管理好以争取操作上的主动。

新闻传播职业道德评价的自觉性也体现在行业竞争中。在市场竞争激烈的现代社会,新闻媒体传递信息、导向舆论,肩负着崇高的社会责任与殷切的大众期待。其特殊的社会地位及权威性都是建立在受众的信任以及社会各界的积极评价之上的。这一公信力的获取等同于媒体的生命,失去这一信任就失去了媒体的价值。而媒介公信力的建立、维护与提升,只有通过媒介的自我道德评价,不断地向更高的职业道德境界的追求,才有可能达到。具体而言,是否制定完善的职业道德标准并严格地遵守;是否在新闻报道中将事实与意见分开;是否公平、公正;是否受商业势力的控制;是否尊重公众的隐私权;是否给受众造成一种职业优越感等,这些评价标准都是影响媒介公信力的重要因素。在美国,据艾萨德所做的媒介公信力研究,受众对媒体的最大批评是:认为媒体对不同意见者比较苛刻;媒体受商业利益驱使;经常侵犯隐私权;有时隐匿一些应该报道的新闻;报道中体现了太多的记者的意见等。针对诸如此类的道德问题,媒介行业只有通过定期定量的自查、自审、自评等形式,以及行业组织的自我调节与自我管理来进行改善。

2. 新闻传播职业道德评价的意义

新闻传播职业道德评价的普遍性、倾向性、自觉性等特点,决定了

① 中国记协网:《长江韬奋奖简介》,http://news.xinhuanet.com/zgjx/2014－06/13/c_133404383.htm。

新闻传播职业道德评价的意义主要体现在如下三个方面。

（1）完善的新闻传播职业道德评价机制与评价内容，是新闻传播职业与新闻传播职业道德成熟的重要标志。

任何行业在发展的初期阶段，都会显示出管理与自我调节上较大的随意性，并随着该行业发展过程中不断的矛盾冲突与调节，累积着越来越丰富的管理经验，最终形成一套具有较强操作性的管理与调节机制。所以成熟的管理与调节机制，是一个行业走向成熟的标志。

新闻传播行业除了完善的外在管理外，在道德评价与调节上，已经趋于成熟。以新闻自由为核心的职业道德观念产生于19世纪上半叶，当时一些著名的报纸如《纽约论坛报》《每日电讯报》《纽约太阳报》等都开始提出一些相应的自律要求。新闻传播职业道德的建设起步于19世纪70年代，以瑞典1874年成立的发行人俱乐部为最早。新闻传播职业道德规范的制定则始于1908年，美国密苏里大学新闻学院创办人沃尔特·威廉斯主持制定的《记者守则》，首次提出了一个全面系统的新闻传播职业道德标准。在新闻传播职业道德发展的过程中，一些行业性的新闻职业道德规范推动着新闻道德建设规范的成熟，如1923年美国报纸编辑人协会通过的《新闻界信条》、1934年美国记者公会通过的《记者道德律》等。截至1990年，世界大约有70多个国家和地区制定有新闻传播从业者的职业道德准则。至此，新闻传播职业道德管理与调节不仅有一个明确的自律部门，而且有一套完整的道德评价标准。

在中国，1979年12月，复旦大学新闻系在编印的内部刊物《外国新闻事业资料》中发表译文《新闻道德的准则》，将"新闻道德"概念引进新闻界。中华全国新闻工作者协会1980年8月成立，1981年拟定《记者守则试行草案》。之后，系统的新闻传播职业道德评价，通过社会评价、行业评价、自我评价等多种形式协调进行。社会评价来自媒体外部，具有一定的随意性。行业评价与自我评价则是通过有组织的自查、自审、自评来展开。1991年1月，中华全国新闻工作者协会第四届理事会第一次全体会议通过《中国新闻工作者职业道德准则》，此后分别于1994年、1997年和2009年11月对该准则进行了三次修订。该准则包括7条，即全心全意为人民服务、坚持正确舆论导向、坚持新闻真实性原则、发扬优良作风、坚持改革创新、遵纪守法、促进国际新闻同行的交流与合作①。由职业道德修养成熟后带来的职业良心也会在这些评价中发挥作用,从而形成一套标志该行业及行业道德成熟与稳定的良性运转机制。

(2)赏罚得当的新闻传播职业道德评价是促进新闻传播行业不断完善、升华,走向更高道德境界的重要保证。

新闻传播职业道德评价对行业而言,是推动该行业走向更高道德境界的重要途径。新闻传播职业道德评价通过对正面职业道德行为的褒扬与对负面职业道德行为的贬斥、处置等,使该行业工作作风不断受到检验与警示,在发展过程中及时发现新问题、克服缺点,改进工作作风,建立一种更加健康向上的集体道德风尚。

对从业者个人而言,在职业道德评价中得到的褒奖与鼓励会直接推动其个人事业的发展。批评与贬斥,除了良心的压力以外,更会影响甚至导致其前途的丧失。在这种强大的道德力量面前,从业人员必须不断地检讨自己、完善自己,使新闻道德教育与修养活动在个体层面得到不断深化与升华。

有效的新闻传播职业道德评价也是调节新闻界内部各种关系与矛盾的重要手段。新闻传播行业在内部运行中会遇到各种类型的矛盾与冲突,而新闻传播职业道德评价通过明确的赏罚与评判,使一些矛盾迎刃而解,一些矛盾及时得到调节。

(3)不断的新闻传播职业道德评价是调节业界与社会其他各行业、各群体之间关系的重要手段。

西方新闻评议制度的兴盛,一个重要原因就是新闻自由的滥用使西方社会对媒体的信任度急剧下降。新闻评议制度就是运用自律方式让新闻界履行社会责任,如建立民间自愿性的新闻传播职业道德评议组织、出版新闻传播职业道德评议刊物、制定新闻传播职业道德规范、开展职业性的新闻传播职业道德评议活动等。通过这些方式与社会各界沟通,从而达到缓和矛盾,改善形象的目的。

最典型的例子如 1997 年英国黛安娜事件以后,记者的道德行为遭到了全社会的严厉谴责,公众甚至拒绝购买刊登黛安娜车祸惨状的报纸。在强大的社会压力下,媒体不得不重新修订英国记者的行为道德准则,如加强对隐私权的保护、限制媒介借口公众利益滥用权利、强调

---

① 中华全国新闻工作者协会第七届理事会第二次全体会议 2009 年 11 月 9 日修订。

照片的拍摄和使用限制、加大对未成年人的保护、禁止在新闻信息获取中的有偿行为等,以此来缓和与社会各界的关系。

三、新闻传播职业道德评价的标准与类型

1. 新闻传播职业道德评价的标准

由于道德评价既有绝对的真、善、美等人类共识的标准,又有依历史、文化、个人不同而不同的相对标准,因此新闻传播职业道德评价具有不同的层次。

(1) 有关宪法与相关法律。

任何职业的自律都脱离不开政府立法的支持,而且相关法律条文筑起了道德行为的最低防线。新闻法作为调整新闻活动中各种法律关系,保障新闻活动中的社会公共利益以及公民、法人的合法权益的法律规范的总汇,它们自然是新闻道德评价最基本的标准与依据。

我们国家由于专门的新闻法还没有出台,相关法律条文散见于宪法与其他法律文献之中。如《宪法》中涉及新闻传播问题的有 9 条;法律方面主要有《民法通则》中的 9 条;《刑法》中的 14 条,等等。其他如《中华人民共和国未成年人保护法》《预防未成年人犯罪法》《妇女权益保障法》等对妇女、儿童的保护条款,以及《中华人民共和国著作权法》《中华人民共和国保守国家秘密法》中关于报刊的出版发行和广播电视节目的制作播放的规定等,都是新闻传播职业道德必须遵守的规范。

新闻传播行业内部的行政法规是更为直接的道德要求。如《外国记者和外国常驻新闻机构管理条例》《卫星电视广播地面接受设施管理规定》《出版管理条例》《报纸出版管理规定》《中华人民共和国著作权法实施条例》《广播电视管理条例》《实施国际著作权条约的规定》。部门规章方面,如 1997 年,中宣部、广电部、新闻出版署发布的《关于禁止有偿新闻的若干规定》;2005 年新闻出版总署颁布的《报纸出版管理规定》;2014 年,新闻出版广电总局发布的《新闻从业人员职务行为信息管理办法》。地方性法规方面如《河北省新闻工作管理条例》《云南省出版管理条例》《安徽省广播电视管理条例》《山西省广播电视管理条例》。还有一些其他领域中专门的行政法规中的相关内容等,都是媒体从业人员必须遵守的行为标准。

（2）有关新闻政策与宣传纪律。

再严密的法律也只能规范人们的行为而不能规范人们的思想。新闻传播活动是一种带有强烈意识形态的行为活动，而这种思想性很多时候都是由新闻政策与宣传纪律来导向的。因此，这些体现着鲜明思想倾向的新闻政策与宣传纪律自然也是新闻道德评价的重要依据。这在一些西方国家中也有体现，如英国独立电视委员会为管理商用电视台而制定的某些政策和节目标准；美国全国广播公司（NBC）制定的《新闻报道政策》。

在中国，由于新闻立法的滞后，新闻政策在新闻管理上起着非常重要的作用。这些政策由党委及其宣传部门制定，代行行政管理的职权。这些新闻政策以指示、决定、规定等形式出现，形成一个相当完整的中国共产党新闻政策体系。其灵活性体现了社会主义发展中变动较快的部分。其中丰富的内容，有些上升为法律，有些则被新闻传播职业道德规范所吸收。

宣传纪律，是对新闻传播行为进行约束的强制性规范。包括共产党的纪律与新闻单位内部的纪律。如《关于党内政治生活的若干准则》、《中国共产党纪律处分条例》（试行）等都属于党的纪律。

（3）新闻传播职业道德规范。

新闻传播职业道德规范是新闻传播从业者进行职业道德评价最直接的依据，是检验新闻传播从业者是否合格的具体标准。没有达到这一标准，就不是合格的新闻传播从业者。

在中国，较早的新闻传播职业道德规范是1981年中央宣传部新闻局和首都各新闻单位拟定的十条《记者守则》（试行草案）。这一守则产生在改革开放之初，主要强调政治上的正确性，以及工作作风上的实事求是、全面客观、认真负责。1991年1月，《中国新闻工作者职业道德准则》在中华全国新闻工作者协会第四届理事会第一次全体会议上通过，取代了《记者守则》，至今已经过1994年4月、1997年1月、2009年11月三次修订。后来，有关部门又出台了一系列相关的文件和规定，但都未超出《准则》的范围和水平。以上的新闻职业道德规范构成了中国新闻职业道德评价的具体内容。

其他各国也有相应的新闻传播从业者职业道德规范。例如，美国有1996年9月职业新闻工作者协会修订、颁布的《伦理规范》；1987年8月美国广播电视新闻主任协会董事会一致通过的《广播电视新闻主

任协会》章程;联合国新闻自由小组委员会经过五次讨论制定的《国际
新闻道德信条》草案;1954 年国际记者联盟世界大会通过、1986 年世界
大会修正的《记者行为原则宣言》等。

　　2. 新闻传播职业道德评价的类型

　　新闻传播职业道德评价的类型是指新闻传播职业道德评价的具体
形式,主要有如下几种。

　　(1) 媒体评估机构的评价。

　　媒体评估机构是指针对各种不同媒介(如报纸、广播、电视、网络
等)的各项运行指标进行量化测评分析,并获取各类相关数据的专门
机构。这些机构有些是营利性质的,有些是非营利性质的。其获取的
评估结果,成为新闻传播职业道德评价的一个重要依据。

　　美国 FAIR(Fairness and Accuracy in Reporting)评估组织是这方面
的一个典范。该机构的主要工作就是通过详细观察媒介运作,针对媒
介的各种问题提供第一手资料的批判。其评价结果是通过自己的传播
渠道来发布的。如其自制的广播节目 Counter Spin,每周一次,每次半
小时,批判性地检查每周的重要新闻报道,特别关注所发布新闻的准确
性、公正性,如性别与种族歧视、商业利益对媒介的影响、政治议题的倾
向性等,并在互联网上开设可供检索的网站。同时还发行双月刊
Extra!,将最近两个月的媒介监督资料汇总出版。为了保持其批评的
客观性,该杂志拒绝广告商的赞助,只收取读者订阅费。该机构成立于
1986 年,通过多年努力,由于其观点的公正性、监督对象的广泛性,在
美国传媒界起到很好的媒介批评与监督作用。

　　美国是世界视听率调查的发源地,以 AC 尼尔森(AC Nielsen)和阿
比壮(Arbitron Company)为代表的美国视听率调查公司,在技术领先、
调查方法更新以及调查程序的规范与精致等方面为该行业树立了典
范。前者着重于联播网的收视率调查,而后者主攻广播、地方电视台及
有线电视系统的收视率调查。此外,英国最主要的收视率调查公司
BARB、日本视听率调查领域最具权威性的机构 Video Research Ltd(简
称 VR)、法国最主要的收视率数据供应商 MEDIAMETRIE 公司都是目
前比较成熟的电视媒介评估机构。

　　在国外,由于市场经济的发达,各种行业的调查评估系统较为成
熟,并形成一些全球公认的权威机构。如《财富》杂志的全球 500 强、
《福布斯》的全球企业 500 强、《商业周刊》的全球经营企业 500 强等。

但在我们国家,调查评估业还是一个刚刚兴起的行业,媒体评估大多在媒体内部进行。

传统媒体的评估主要由各级党委宣传部门组织,根据政治、业务等综合标准评出优秀的媒体。在市场经济的推动下,由于受众在媒体传播中的地位越来越重要,评估的指标越来越具体。《中国青年报》出台了中国首家由主流媒体自己筹建的报纸评估系统——中国青年报评估系统,包括读者报纸质量监测评估系统、专家报纸质量监测评估系统等组成,通过这一系统对自己的报纸运行进行监测、评估、预测。

电视媒体评估包括电视台评估、频道评估、节目评估,以节目评估为主。评估指标主要有五项:收视率、对象收视率、满意度、媒体形象、相关性等。电视媒体评估是为节目制作服务的,是为了把节目办好而建立的观众信息反馈系统与评价系统。

在中国,TNS 和中国国际电视总公司分别合资建立了央视市场研究股份有限公司和央视-索福瑞媒介研究公司。央视市场研究股份有限公司(CVSC - TNS RESEARCH,简称 CTR)拥有覆盖全国的媒介、市场和广告调查网络,不仅具有强大的全国性调查执行能力和网络管理经验,创建了一整套数据处理、数据分析的科学方法,而且拥有连续 21 年的媒介、市场、广告研究数据库,是国内最大的专业媒介与市场研究公司。主营业务包括:消费者固定样组调查、广告监测、平面媒体调查、电视媒介研究及个案调查。央视-索福瑞媒介研究公司(CVSC - SOFRES MEDIA,简称 CSM)是 1997 年由原央视调查咨询中心和法国索福瑞(Sofres)集团合作正式成立的媒介评估机构,是中国最具权威的收视率调查专业公司。CSM 拥有世界上最大的广播电视受众调查网络,覆盖 5.99 万余户样本家庭;其电视收视率调查网络所提供的数据可推及中国内地超过 12.8 亿和香港地区 640 万的电视人口;其广播收听率调查的数据则可推及中国超过 1.44 亿的广播人口。截至 2016 年 7 月,CSM 已建立起 157 个提供独立数据的收视率调查网络(1 个全国网,25 个省级网,以及包括香港特别行政区在内的 131 个城市网),对 1 052 个电视频道的收视情况进行全天不间断调查;同时,CSM 也已在中国 36 个重点城市及 3 个省开展收听率调查业务,对 467 个广播频率进行收听率调查。

(2)新闻评议委员会的评价。

新闻评议委员会,是帮助报业实行自律的他律组织。最早成立的是1916年瑞典报业评议会。之后很多国家都成立了相应的组织。如英国1953年成立报业总评议会,1963年改组为由报界、司法界及其他各界人士组成的报业评议会,由30位委员组成,其中包括7个报业团体的编辑代表15位、经理级代表10位和社会公正人士5位。其宗旨是:保持英国已有的新闻自由;依据最高的职业与商业标准,保持英国报业风格;批评对报业的限制;促进报业人员的教育及训练;增进报业各部门间的协调;提倡技术及其他方面的研究;研究报业集中或独占的趋势;定期出版报告,说明业务状况,并随时检讨报业发展情况与影响因素。

台湾地区相应的组织是台湾新闻评议会,其宗旨明确指出:"维护新闻自由,推行新闻自律,提高新闻道德标准,促进及健全发展新闻事业,以善尽社会责任。"该会主要工作为:评审陈诉与检举的读者投诉;主动评议报章和各类媒介的不当内容。当该会收到投诉书或察觉媒介内容不妥时,会经过调查、听证程序,然后裁定公告,请各报刊登,并刊登于由该会每月发行、拥有订户的《新闻评议》月刊杂志内。受评议的媒介与媒介内容,媒体都可以答辩或申请复议。在议评时,会引用专业规范条目来提意见及批评。所引用的专业规范条文主要有:《记者信条》《报业道德规范》《无线电广播道德规范》《电视道德规范》和《杂志事业协会之会员言论公约》等。

这些报业评议会一般只受理违反职业道德案件,不受理违法案件。其权利大多只有裁决权,而没有处罚权。只有日本等少数几个国家既有裁决权,又有处罚权,可以对违反新闻传播职业道德的人或媒体予以警告、记过、罚款、开除会籍等处罚。

(3) 新闻传播媒体内部的自评、自查。

新闻传播媒体内部的自评、自查,是指各新闻单位为了加强内部员工管理,制定一些相应的规章制度与考核评估指标,对员工的工作能力、职业道德等进行综合考察,从而达到激励员工工作积极性、提升行业整体信誉的目的。具体而言,这种自评、自查是通过报社规章制度与内部考核评估制度来进行的。

报社规章制度,是指各个报社根据法律及有关政策的规定,结合本单位的实际情况,制定出的对本报员工进行规范化管理的有关工作职责、工作秩序、工作方法、工作纪律等具体规定。这些规定有两个方面的作用:一是通过告知、指引、评价、预测、教育和强制等规定,确保报社员工高效、有序的工作作风;二是通过明确规定员工的职责、权利与义务,保障了员工应得的权利,如基本的民主权利、经济权利等,确保单位公平、有序的竞争机制。就目前情况来看,中国媒体单位内部的法制化管理正在逐渐完善,原来那种领导拍板、开会决议的非规范化做法正在减少。

考核评估制度,指报社通过量化的方法建立一套综合的评估体系,对报社员工执行科学化管理,如哈尔滨日报社的"全员百分制考核制"、上海电视台的"电视节目评估指数公式"等,以此来实现新闻活动的全过程科学管理,使相应的考核制度、奖惩制度、评聘制度、分配制度等更趋合理化、公平化,从而调动员工的工作积极性、主动性、创造性。

一般而言,考核内容的制定主要考虑四个方面:德、能、勤、绩。这一考核标准来源于中国古代对公职人员的考核,"德"居其首,体现了对道德品质的一贯重视。

(4) 来自社会的评估与监督。

新闻传播活动具有很强的社会性,它总是以社会生活的方方面面作为关注的对象,并通过新闻的观察与报道产生一定的社会影响,因此来自社会的评估与监督也无时不在。这种评估与监督既有自发的,也有有组织的。

有组织的社会评估与监督,如南京市委宣传部出台《关于加强新闻工作者职业道德作风建设的若干规定》,在市属所有媒体上公布规定内容和举报电话,提出全市万民评议机关活动,接受群众监督。成都市委宣传部从不同行业、不同阶层市民中选聘一批人员组成读者阅评小组,对当地媒体进行阅评。在美国,媒体专门指定读者代表作为报纸的调节人,对公众控告作出反应。

第三节　新闻传播职业道德教育

道德教育是指通过内在的道德修养与外在的道德培养,将一定的道德理想、道德规范、道德原则等有目的、有计划、有组织地对人们施加影响,最终转化为道德主体自觉的道德品质的过程。它是道德理想具体化、道德成果实践化的重要环节。换句话说,道德教育是有意识地提高人们的道德认识、培养人们的道德情感、锻炼人们的道德意志、确立人们的道德信念、形成人们的道德习惯的一系列行为。其主体是进行道德教育的教育者,其客体是接受道德教育的受教育者。其目的在于促成受教育者形成一定社会或阶级所需要的道德品质。

对职业道德教育而言,它主要是针对特定职业的道德需要,以特定职业的道德理想、道德原则、道德规范等为内容的道德培养过程。新闻传播职业,由于它担负着启迪人们心智、拓展人们视野、导向人们观念的社会责任,其价值取向与文化选择对一个民族的品质和国家的命运产生重大影响。因此,作为新闻传播从业者,其道德教育与道德提升具有更加重大的意义。

一、新闻传播职业道德教育的特点

新闻传播职业道德教育的特点与新闻传播职业本身的特点密切相关,我们可以将它们归纳为三个方面。

1. 渐进性

渐进性是指新闻传播职业道德教育内容的累积性与教育方式的阶段性。

道德萌发于人类早期的群体劳动与简单交换,形成于社会分工的出现。职业道德则产生于社会分工的越来越细密。由于职业道德的形成是长期历史的积淀,因此新闻传播职业道德教育也表现出明显的历史继承性。

早期的新闻传播职业道德教育是与新闻技能训练融为一体的。之后由于学科的成熟与发展逐渐分离开来,并形成自己独立的教育内容与结构体系。新闻传播职业道德教育的内容与体系总是与特定时代的历史发展相吻合,与特定的社会关系相适应,通过不断地与时俱进来建立与升华新闻传播行业的整体形象。

在新闻传播职业产生之初的 14 到 16 世纪,由于资本主义生产的发达,产生了早期的资本主义商业贸易。从事商业贸易的商人们急需了解商业行情与船舶、道路等交通信息。为了满足这一需要,当时的贸易中心意大利威尼斯出现了专门收集消息的机构,这批最早的消息收集与传播者就是早期的新闻传播职业者,其职业特点就是满足受众需求,快速地提供真实可靠的信息。这一要求成为历代对新闻传播职业道德的基本要求,也构成新闻传播职业道德教育的最基本的内容。对新闻的真实性、公正性的追求,成为历代新闻传播从业者内在道德修养与外在道德培养的基本目标。然而在时代的发展中,新闻传播职业道德教育的内涵与外延,不断受到各种社会思潮的冲击与挑战,并在这种较量中不断成熟与完善。

在集权统治时期,言论自由受到当权者的压制,在特许出版制、新闻检查制等控制下,统治者要求俯首听命、驯服屈从、循规蹈矩的职业道德,统治者的有关命令与新闻传播政策构成了新闻传播职业道德教育的内容。资产阶级革命以后,个性解放带来了新闻自由思想的确立,并派生出一系列新的新闻传播职业道德思想,如报刊是发表意见和思想的自由市场、报刊的职责就是客观地反映现实而不是向公众灌输某种观点等,客观报道成为新闻传播职业的道德要求。20世纪社会责任论的流行,又给新闻传播职业道德提出了新的要求。新闻在自由的同时要承担起相应的社会义务与责任,要约束自己的行为,视公众的自由高于自己的自由。新闻传播职业道德教育的内容就这样在历史浪潮的冲击与洗礼中,不断丰富与升华。

内涵丰富的新闻传播职业道德教育并不是一蹴而就的,而是通过反复教育,阶段性地渐进发展,首先培养与提高新闻从业人员的职业道德认识,然后陶冶职业道德情感,锻炼职业道德意志,确立与坚定职业道德信念,形成良好的职业道德习惯。理论—实践—再理论—再实践,不断反复,有时会针对具体问题提出具体的教育方法,以此不断接近最高的职业道德境界。

2. 倾向性

倾向性,是指新闻传播职业道德教育带有明显的政治色彩,无论是教育内容还是教育方式上。

无论新闻传播媒体是监督当权者的工具、还是当权者控制舆论的工具,其阶级性、倾向性都是显而易见的。体现在新闻传播职业道德教育上,其浓厚的政治色彩也是不容抹杀的。

新闻传播职业道德教育的首要内容就是思想的正确性。然而思想的正确性是具有不同的价值标准的。每个时代、每个阶级因为面临着不同的社会关系,自然就会有不同的道德规范,"人们自觉地或不自觉地,归根到底总是从他们阶级地位所依据的实际关系中——从他们进行生产和交换的经济关系中吸取自己的道德观念"①。但不容置疑的是,主流的道德规范必定是统治阶级利益的体现。作为新闻传播职业道德教育重要内容的新闻传播职业道德规范,本身就是一定的社会和阶级从其自身的整体利益出发概括出来的善恶行为标准。这些标准中"应当"与"不应当"的基本规范,自然包含着一定社会和阶级的道德价值观,带有鲜明的思想倾向性。

在 19 世纪初的政党报时期,这一特点表现得尤为突出。各政党报站在自己政党的立场上互相谩骂与攻击对方,甚至因为所持观点的不同而大打出手,以维护自己政党的利益作为最高的职业道德要求。针对这一现象,西方媒体后来采取了一些限制性的手段,如美国要求新闻从业人员不得兼任党派的任何职务。然而新闻的倾向性是不可能完全避免的,即使在极力标榜言论自由的现代美国社会,政府与媒体的一致性,特别是在涉及国家利益问题上,从来都是高度的吻合。

在中国,传统社会伦理、政治的合二为一,使道德与政治密不可分。新闻职业道德的政治化,从列宁的"党性原则",到毛泽东的"搞新闻工作,要政治家办报",到习近平的"坚持正确政治方向,坚持以人民为中心的工作导向",一以贯之地体现出我们党对新闻传播职业道德教育高度的政治要求。体现在新闻传播职业道德教育的管理上,党和政府直接关注和组织新闻传播职业道德教育。一般的职业道德教育都是各行业内部自主管理,由行业内的学会、协会等自行组织安排。而新闻传播职业道德教育经常是由各级党委宣传部亲自部署,在教育培训过程中,党的主要领导一般都会亲临指导。对新闻传播职业道德的一些具体要求,如政策、纪律的发布,一般都是由中共中央宣传部领头发文,如1950 年颁布的《中共中央关于在报纸刊物上展开批评与自我批评》、1997 年《关于禁止有偿新闻的若干规定》等都是这样。2016 年 2 月 19 日,习近平总书记在党的新闻舆论工作座谈会上的讲话也明确提出了新时代条件下党的新闻舆论工作的重要性:做好党的新闻舆论工作,事关旗帜和道路,事关贯彻落实党的理论和路线方针政策,事关顺利推进党和国家各项事业……必须从党的工作全局出发把握党的新闻舆论工作,做到思想上高度重视,工作上精准有力。同时强调,要承担起这个职责和使命,必须把政治方向摆在第一位。体现出新时代、新政策下

---

① 《马克思恩格斯选集》(第 2 卷),人民出版社 1972 年版,第 133 页。

新闻传播媒体新的倾向性。

3. 多元性

多元性,指新闻传播职业道德教育内容的丰富性与教育方式的多样性。

就教育内容的多样性而言,新闻传播职业道德教育的内容在理论上应该包含:新闻传播职业道德的基础理论,如新闻传播职业道德与社会其他意识形态的关系,新闻传播职业道德与服务对象特别是受众的关系,新闻传播职业道德内部的各种关系等;新闻传播职业道德的形成与发展规律,如各个时期的主流新闻传播职业道德思想,以及这些思想与其他社会现象的冲突与碰撞、调节与升华等;新闻传播职业道德的基本规范与原则,不同国家,不同时期的道德规范,以及这些规范在形成、变化过程中的影响因素等;新闻传播职业道德评价与教育的方法与尺度,这些方法与尺度如何产生,又如何激励与升华新闻传播职业道德的境界等。新闻传播职业对社会广泛的涉及,使其道德行为涉及社会生活的方方面面,因此对相关知识的了解,如社会学、政策学、法学等,都是必要的知识储备。如此丰富多样的新闻传播职业道德教育内容仅靠书本与课堂是不可能完全胜任的,因此还需要教育方式的多样性来完成。

新闻传播职业道德教育,从道德认识开始,以道德习惯为终结,其最终目的是指导新闻职业道德活动。其中也包含着许多职业道德的操作技巧,因此身体力行是十分重要的学习过程。不同层次、不同起点的受教育者都可以站在各自不同的角度,根据各自的道德需要来接受新闻传播职业道德教育和进行学习与再学习。理论与实践相结合,外在教育与内在修养相结合,社会教育、行业教育、自我教育同时进行。具体形式也不仅仅局限于学历教育、培训班等形式,更易于组织的如座谈会、研讨会、表彰会、互相切磋、自学等都可以收到较好的教育效果。

二、新闻传播职业道德教育的内容

这里所讲的新闻传播职业道德教育的内容主要是针对我们国家的新闻传播职业道德教育。概而言之,主要应该包括三个方面的内容:马克思主义新闻传播伦理思想、基本的新闻传播职业精神与职业责任、新闻传播职业道德活动的主要规范与操作技巧等。

1. 马列主义新闻传播伦理思想

马列主义新闻传播伦理思想是我们国家新闻传播职业道德的指导思想。新闻传播职业是一个带有强烈政治色彩的职业，其道德导向要体现社会主流意识形态与道德发展的趋势。在这样一种使命之下，新闻传播从业者首先要进行马克思主义新闻传播伦理思想的培养。

马列主义新闻传播伦理思想是马克思主义哲学的重要组成部分，其内容经过中国五代领导人毛主席、邓小平、江泽民、胡锦涛、习近平结合中国国情的发挥以后，更加丰富与完善。其主要精神体现在如下几个方面。

一是坚持正确的舆论导向。这一点在理论上是基于马克思主义关于经济基础与上层建筑的辩证关系的原理，在实践上是结合了中国对历史教训的反思。毛泽东提出"舆论一律又不一律"的方针。邓小平特别强调对舆论的正确引导，他要求将党的报刊办成国家安定团结的思想中心，为改革开放和中国发展创造良好的舆论环境。江泽民更将"舆论导向"作为一个科学的概念提出，他指出舆论导向正确，是党和人民之福；舆论导向错误，是党和人民之祸。胡锦涛提出了以人为本的新闻舆论工作宗旨，强调为确保权力正确行使，必须让权力在阳光下运作，也就是在人民的公开监督下运作。习近平在党的新闻舆论工作座谈会上强调新闻舆论"五个事关"，强调党新闻舆论工作各个方面、各个环节都要坚持正确舆论导向。

二是坚持鲜明的党性原则。这一点是马克思主义新闻理论的重要支柱点。我们党历来强调新闻工作的党性原则，提倡"政治家办报"。传统媒体都是直属党的领导，以党的新闻政策为指导方针。毛泽东根据马克思主义群众路线的精神，提出了全党办报的方针。胡锦涛2002年1月在全国宣传部长会议上讲话，再一次明确宣布："我们的新闻媒体是党和人民的喉舌。"2016年，习近平在党的新闻舆论工作座谈会上强调党的新闻舆论工作坚持党性原则，党和政府主办的媒体是党和政府的宣传阵地，必须姓党。党性和人民性从来都是一致的、统一的。

三是坚持新闻的真实性。这是马克思主义新闻思想的重要观点。我们国家经过五代领导人的发挥，将新闻的真实性上升到坚持党的思想路线的高度，指明了党性与新闻真实性的一致性。毛泽东提出"没有调查就没有发言权"；邓小平高度重视新闻宣传工作的作风和文风建设，强调说空话、说大话、说假话的恶习必须杜绝；习近平强调真实性是新闻的生命。要根据事实来描述事实,既准确报道个别事实,又从宏观上把握和反映事件或事物的全貌。

四是全心全意为人民服务。新闻工作的服务对象是社会主义与广大人民群众,而且为社会主义服务与为人民服务是完全一致的。这一精神同时也体现了中国社会公德所提倡的集体主义道德原则与全心全意为人民服务的思想。胡锦涛提出思想政治工作、新闻舆论工作,说到底是做人的工作,必须坚持以人为本,着力营造权为民所用、情为民所系、利为民所谋的良好氛围。

五是对新闻自由的正确理解。"在任何一个国家中,都不存在绝对的毫无限制的'新闻自由'。在国际上还存在社会主义和资本主义的对立……自由就不能不带有阶级性。""西方国家所标榜的新闻自由,实质就是资产阶级的新闻自由,是维护资本主义利益和为资本主义制度服务的。"而我们国家的新闻自由是与我们国家的具体国情相适应的。新闻自由在任何社会都是相对的,而不是绝对的①。

2. 基本的职业道德精神

作为新闻传播从业者,最基本的职业道德精神主要是强烈的责任意识与崇高的奉献精神。

美国著名报人普利策曾经说过:"倘若一个国家是一条航行在大海上的船,新闻记者就是船头的瞭望者,他要在一望无际的海面上观察一切,针对海上的不测风云和浅滩暗礁,及时发出警报。"新闻传播从业者通过其职业行为将社会的真善美、假丑恶呈现在公众面前,构成人们认识社会的参照,以此导向社会的健康发展,形成一种积极的社会控制力量。习近平总书记提出,在新的时代条件下,党的新闻舆论工作的职责和使命是:高举旗帜、引领导向,围绕中心、服务大局,团结人民、鼓舞士气,成风化人、凝心聚力,澄清谬误、明辨是非,联接中外、沟通世界。这正体现出新闻传播职业对整个社会具有的重大影响作用。

在我们国家,新闻传播媒体要体现双重的利益:它既要体现广大受众的利益,又要充当党和政府的喉舌。因此,作为新闻传播从业者,强烈的责任意识包括职业的敏感性、正确的判断能力、以大局为重的思维方式等,都是必须具备的道德修养。批判什么、导向什么,都要站在双重的角度反复掂量,以引导社会朝健康、完善、和谐的方向发展为己

---

① 张世刚:《与时俱进的马克思主义新闻学》,《新闻战线》2002年第5期。

任。特别是在当前形势下,国家面对西方文化的强烈冲击,作为媒体从业者,应该如何取舍? 以什么标准取舍? 面对市场经济的冲击,如何保持清醒的头脑? 又该如何正确导向社会价值观? 等等,都是媒体从业人员不容回避的责任与义务。

强烈的责任感需要正确的判断来实现,而这些都必须具有超前的眼光才能保证。现代科技的发展,使行业、学科、地域之间的界限越来越模糊,这需要媒体从业人员不仅具有丰富的知识储备,而且需要具有好学不倦的刻苦精神,一边工作一边不断给自己填充新的知识。

奉献精神,是一种为追求事业的理想道德境界,不求名利,不畏风险,忘我敬业,甚至在必要的时候置自己的生死于不顾的一种高尚品质。30 多年来的媒体改革,使媒体行业成为一个竞争十分激烈的行业。在这种激烈的行业竞争中,对人品、作品的要求自然越来越高。奉献高质量的新闻作品,常常需要更高的自我奉献。如西方一位女记者为了了解疯人院对精神病人的虐待情况,自己装扮成精神病人住进医院,揭露了令人震惊的内幕,引起政府的高度重视。在我们国家,著名的范长江新闻奖、邹韬奋新闻奖,其重要意义就在于弘扬范长江、邹韬奋那样一种无私奉献的职业精神。如范长江在东北沦亡、开发西北的呼声中,在生活、安全均无保障的情况下,自筹旅费,毅然起程赴西北考察,结果连续发表了轰动全国的通讯和报道。这些通讯搜集在《中国的西北角》中,被胡愈之誉为“一部震撼全国的杰作”。

3. 新闻传播职业道德活动的主要规范与操作技巧

在新闻传播职业道德教育中,对一些主要道德规范及其操作技巧的学习,也是提高与完善职业道德行为的重要内容。

中国新闻传播职业道德规范,现行的是 2009 年 11 月中华全国新闻工作者协会第七届理事会第二次全体会议修订的《中国新闻工作者职业道德准则》,这是中国新闻传播从业者在具体实践中必须遵守的基本行为规范。

西方国家对新闻传播职业道德行为的规定,也有一些可取的内容,我们可以通过学习来获取与借鉴。如英国报业投诉评议委员会批准的英国新闻界行为准则,在 1997 年 11 月修改以后被称为“欧洲最严格的传媒准则”。其对隐私权的保护、对未成年人的保护、对照片的拍摄和使用限制、对媒介借口公众利益滥用权利的限制等都有可供借鉴的作用。

此外,有些新闻传播媒体还制定本机构内部的新闻采编人员行为准则,国外的如《路透社采编人员手册》《美联社新闻写作指南》等,国内的如《广州日报采编行为准则》《石家庄日报社采编人员行为准则》等。这些准则一般和新闻传播职业道德有相同的追求和目标,但具有更实际的"强制性",因为新闻传播从业者一旦违背了这些准则,就会面临降薪或开除的后果。

具体的操作技巧是一个经验积累的问题,但已经取得的经验也可以在道德教育中进行传授,从而站在前人经验的肩膀上更快地实现应有的道德理想,如隐形采访的技巧,对公众人物的秘密采访要根据公众利益而定,对违法行为的秘密采访不渲染细节等。此外,新闻传播职业有一个道德界限,就是不能侵害受众的正当权益。但什么是受众的正当权益? 如何避免侵害? 对于此类的典型问题,我们也都可以通过对一些案例的分析与经验的总结,较快地传授给新闻传播媒体从业者,使他们能更快地提高职业道德水平。

三、新闻传播职业道德教育的方法

新闻传播职业道德教育的方法主要有三种:一是新闻传播行业内部的职业道德教育;二是新闻传播从业者的自我职业道德教育;三是针对在校新闻传播院系学生的职业道德教育。

1. 新闻传播行业内部的职业道德教育

新闻传播行业内部的职业道德教育,是指在新闻传播行业内部进行的有组织、有目的的定期、不定期的职业道德培训。这种培训一般是由各级记协与党委宣传部组织的,也有媒体内部进行的。如 2013 年央视开展的马克思主义新闻观教育活动;2000 年至今,上海市委宣传部多次举办的上海新闻从业人员马克思主义新闻观教育活动等。

其培训方法灵活多样:有短训班式的集体学习;有指定学习资料自学的,如上海市委宣传部组织编写学习教材《新闻工作者必读》《马克思主义新闻观百题》供新闻职业道德培训学习;有请资深专家进行专题讲座的;有组织不同形式的学习交流、知识竞赛,等等。甚至可以通过组织课题研究的方式,如对不符合马克思主义新闻观的新闻传播现象进行调查分析,以此来强化新闻传播职业道德学习的效果。

总的来说,新闻传播职业道德教育,就外部教育而言,基本是理论学习与具体实践相结合,创造一种积极向上的集体舆论氛围,利用正反两方面的典型进行诱导。正面典型的树立,如 1997 年年初,中宣部、广电部、新闻出版署、中国记协在全国推出中央和地方 41 家新闻传播媒体作为"精神文明示范单位",后来扩大到 43 家。这种先进典型的树立,对全行业形成很好的示范作用,使各媒体及从业人员有了更为明确具体的努力目标。

反面典型的治理,如对有偿新闻的整顿,中央从 20 世纪 80 年代到 90 年代反复发文,如 1985 年《关于加强广告宣传管理的通知》、1993 年《关于加强新闻队伍职业道德建设 禁止有偿新闻的通知》、1997 年《关于禁止有偿新闻的若干规定》等,并举办专门的学术讨论会,如北京 1996 年 5 月 7 日举行的"加强新闻职业道德建设,禁止有偿新闻"座谈会。1996 年《中共中央关于加强社会主义精神文明建设若干重要问题的决议》明确指出:"建立健全规章制度,加强队伍的教育和管理。严格禁止有偿新闻、买卖书号、无理索取高额报酬。"中国记协举报中心担负了受理举报、查处违规违纪的责任。全国许多新闻传播媒体向社会公布了自己的工作制度和举报电话,认真处理群众来信、来访和举报。人民日报社还专门成立报社廉政建设小组,调查与处理"有偿新闻"方面的案件。举报的有偿新闻一经查实,有的受到通报批评,有的受到行政和经济处罚,一些严重违反规定的新闻传播从业者和新闻传播媒体领导受到处分,有的甚至被调离新闻传播岗位。2003 年,全国百家报纸在京联合签署《全国报纸广告工作自律守则》,以树立良好的行业风气,抵制不正当竞争,促进报纸广告事业健康、规范、有序地发展。2012 年,新闻出版总署及中纪委驻新闻出版总署纪检组于开展了打击"新闻敲诈"治理有偿新闻专项行动;2013 年 1 月 4 日召开的全国新闻出版工作会议强调重点解决记者站违规、新闻敲诈、有偿新闻、滥发记者证、虚假违法有害广告、报刊摊派发行等问题;2013 年党风廉政建设暨推进廉政风险防控管理工作会,通报有关严重违纪违法案件,部署开展有偿新闻治理工作。许多新闻传播媒体制定严格的上岗培训制度,对上岗人员进行规范的职业培训,其中就包括新闻传播职业道德教育。

2. 新闻传播从业者的自我职业道德教育

自我教育,就是自我道德修养。是指个人依据相关的道德理论、道德原则、道德规范的要求,自觉地进行自我改造、自我锻炼、自我陶冶、自我道德提升的过程。其主体、客体都是"自我",目的在于使自我养成适合职业所需要的道德品质。

道德修养的方法主要就是自我学习、自我体会、自我提高。自古以来最为提倡的就是:内省与慎独。也就是通常所说的自我批评与严于律己。

"内省",源于《论语·学而》:"曾子曰:吾日三省吾身——为人谋而不忠乎? 与朋友交而不信乎? 传不习乎?"就是指做人每天要不断地反省自己,多问几个为什么,以此来检讨自己的行为是否合乎道德。用之于新闻传播职业道德修养主要是指新闻传播从业者自觉地运用职业道德规范与职业道德理想对自己的道德行为进行反思、审视与批判,从而在新闻传播实践中不断地完善自己、提高自己。

"慎独",源于《礼记·中庸》:"道也者,不可须臾离也,可离非道也。是故君子戒慎乎其所不睹,恐惧乎其所不闻,莫见乎隐,莫显乎微,故君子慎其独也。"是指做人时时、处处、事事都要严格要求自己,不仅在人前,即使在独处的时候也一样。对新闻传播从业者而言,无论何时何地都以最高的道德标准来要求自己,自我监督、自我控制,使自己的行为丝毫也不出现差错。相较于新闻传播行业所组织的外在的职业道德教育,自我教育具有更大的主观能动性。

3. 在校新闻传播院系学生的职业道德教育

改革开放以来,中国的新闻传播事业突飞猛进,吸纳了大批青年学生,新闻记者逐渐成为许多青年学生向往的理想职业。而各新闻传播院系也针对其所招收的学生,进行比较系统规范的新闻传播职业道德教育,使他们在毕业后的新闻传播工作中能严格恪守职业精神和职业道德,发挥了新闻传播从业者的积极影响力。

美国的许多新闻传播院校,很早就开设了新闻传播伦理道德课程,对学生进行职业道德教育。著名的哥伦比亚大学新闻学院传授给新闻学子最重要的两样东西就是:新闻工作技巧和"道德"。日本新闻传播学者也提出要把新闻传播史、新闻传播理论与新闻伦理学作为新闻传播专业教学的三门最基本的核心课程。

在中国,高校新闻传播职业道德课程的建设,从最初附属于新闻法之下,到逐渐独立成一门独立的课程,并从本科阶段发展到研究生层次,形成基本完备的理论构架。完善的新闻传播职业道德教育,对新闻传播院系学生进行的相关培训和教育,为他们今后的新闻传播职业行为做好了充分的准备。

学习思考题：

1. 简述新闻传播职业道德境界的形成及其影响因素。
2. 试析新闻传播职业道德评价的意义与作用。
3. 评析中国新闻传播职业道德评价的标准。
4. 举例分析中国新闻传播职业道德评价的现状。
5. 试析中国新闻传播职业道德教育的内容。
6. 谈谈网络时代新闻传播从业者的自律问题。

第十三章

新闻传播职业道德的历史发展

第一节　新闻传播职业道德及其建设

一、新闻传播职业道德的起源与初步发展

新闻传播事业的诞生,是新闻传播职业道德产生的客观物质基础。在欧洲封建社会末期,随着资本主义商品经济的发展,专以获取并发布新闻信息作为谋生手段的新闻传播从业者开始出现,古代的新闻信息传播活动发展成为一个独立的社会职业,即新闻传播事业。专门适用于新闻信息传播这一行业特点的道德要求,即新闻传播职业道德要求,也从一般的社会道德中分化出来,成为新闻传播从业者特有的道德行为规范。

由于真实是新闻的生命,因而新闻必须真实等传统的信息传播观成为刚刚形成的新闻传播职业道德的基本要求。但是,封建统治阶级为了维护自身的利益,总是想方设法地践踏、扭曲新闻真实性这些职业道德准则。对此,新兴的资产阶级提出了言论、出版自由的思想原则,以反对封建新闻统制制度,捍卫新闻真实性等符合新闻传播事业自身发展规律的职业道德要求。言论、出版自由的思想原则,不仅在当时的历史条件下给新闻传播事业发展以巨大的推动力,而且还作为一种崭新的、生气勃勃的新闻传播职业道德观念,为资产阶级新闻传播职业道德的确立与发展奠定了坚实的理论基础。资产阶级革命胜利后,言论、出版自由的思想原则成为资产阶级新闻传播体制的重要基石,也使新闻必须真实等新闻传播职业道德要求上升为占社会统治地位的新闻传

播职业道德原则与规范,并为广大新闻传播从业者所接受与信奉,将新闻传播职业道德发展到一个新的、更高的阶段。

但是,在资产阶级新闻自由体制确立后不久,新闻自由这一捍卫新闻传播职业道德的思想武器,被新闻传播从业者所滥用而开始变性。西方的大多数新闻传播从业者以新闻自由为护身符,在新闻传播活动中缺乏自我约束意识,对自己的过火之处或有失公正之处视若无睹。

在美国,滥用新闻自由的情况尤为严重。美国独立后不久,各党派在政治论战中往往对其政敌攻其一点不及其余,离开争论的主题进行人身攻击已是司空见惯之事,甚至由文攻发展为武斗。19世纪30年代商业报刊成为报业发展的主流后,新闻传播媒体及其从业者转而一切向钱看,以牟取最大的利润为目的,不择手段,不顾廉耻,广告可以冒充新闻,新闻可以借助幻想,甚至以讹传讹,诲盗诲淫。19世纪末,美国报纸出现黄色浪潮,大量传播凶杀、色情等刺激性报道,不仅在社会上造成许多不良的后果,而且还出现了媒体报道社会的权利与人们维护隐私、名誉和安宁的权利的激烈冲突。

19世纪末20世纪初,西方报业进入垄断阶段,新闻自由的权利日益集中于少数人手中。而传播渠道的减少,则使自由主义者鼓吹的思想的自由市场成为镜花水月,新闻自由的思想原则遭到了更为严重的损害。此外,处于无政府状态下的社会大生产又给自由放任以可乘之机,使新闻传播业进一步腐败。例如,广告在报纸上的比重日增,20年代时占报纸版面50%,后来发展到60%—70%,使报纸成为一种能赚大钱的好买卖,同时也使报纸为广告所左右。

这一状况,迫使西方新闻传播界以及其他各界的有识之士为之反思,其结果是以新闻自律为核心的职业道德新理念在19世纪上半叶应运而生。这种以自律为核心的新闻传播职业道德观念的萌芽,最早出现于一些有见识的报业主为其报馆制定的办报宗旨、方针与守则之中。1841年,美国近代著名报人霍格斯·格里利创办《纽约论坛报》。该报创刊广告称:"它将努力维护人民的利益和促进他们道德的、社会的和政治的权益。它将摒弃许多著名便士报上的不道德的、下流的警察局新闻、广告和一些其他材料。我们将尽心尽力地把报纸办成赢得善良的、有教养的人们嘉许的、受欢迎的家庭常客。"[①]1868年,美国著名报

---

① 张隆栋、傅显明编著:《外国新闻事业史简编》,中国人民大学出版社1988年版,第69页。

人查尔斯·达纳接办《纽约太阳报》,并为这家报馆制定了新闻与广告分开、不许用谩骂讥笑的文字发表言论等 13 条规约,被认为是世界上最早要求新闻传播从业者进行自律的"报人守则"。

与此同时,西方新闻传播职业道德建设也自 19 世纪 70 年代起开始起步。1874 年,瑞典发行人俱乐部成立,其主要目的是建立新闻传播事业的职业标准(包括业务和道德两个方面),定期检查各报社的执行情况,以免内部腐化或受外界攻击。这一发行人俱乐部,后改组为报纸发行人协会。1916 年,瑞典议会、报纸发行人协会和律师协会三方代表组成瑞典报业评议会,并任命了 5 名新闻督察员。督察员组成委员会,审议由督察员提交的重要案件,其判决、决议和结论具有约束力,率先推出提供免费判决的新闻督察制度。挪威也是世界上最早建立新闻评议会组织的国家之一,1910 年成立报业仲裁委员会,1927 年改组为报业评议会。

美国作为较早开展新闻传播职业道德建设的西方国家之一,其主要成果是制定与确立新闻传播职业道德行为规范。自 1896 年 10 月 25 日起,《纽约时报》每天在其报眼位置刊印社训:"所有的新闻都是适宜刊登的新闻。"1908 年,美国密苏里大学新闻学院创办人、首任院长沃尔特·威廉斯主持制定了《报人守则》,首次提出了一个全面系统的新闻传播职业道德准则。《报人守则》的主要内容是:新闻业是一种专门职业;一个大众的报纸应为大众所信赖,正确与公平是良好新闻事业的基础,报人应只写他所深信为真实的事情;广告、新闻与社论,均应为读者的最大利益服务,它们应有一个真实与廉洁的标准。1922 年,美国报纸编辑人协会通过《新闻界信条》。紧接着,美国各新闻传播职业团体也纷纷制定出适用于本团体内部的职业道德准则,其中以 1934 年由美国记者公会通过的《记者道德律》最为著名。这一《记者道德律》强调,新闻记者的第一责任是向公众报道正确的、无偏见的事实,要求记者遵守正确和公正两个原则,不为政治的、经济的、社会的、种族的及宗教的偏见所左右。

但是,早期的新闻自律思想并没有为西方新闻传播从业者所普遍接受,新闻传播职业道德建设也未能遏制住西方新闻传播职业道德水平的下滑。例如,在美国新闻传播界,职业道德准则虽然为数不少,且应用范围也十分广泛,但在实践中却因积习太深而收效甚微。客观主义、编辑自主权利等传统观念不断地同新闻自律思想、社会责任思想发生冲突。"只管报道事实""不必考虑后果"等极端的口号仍然甚嚣尘上,至20世纪40年代初仍占据上风。

二、社会责任论的提出与新闻传播职业道德建设的加强

20世纪40年代后,西方的一些新闻与传播学者开始对传统的自由主义新闻理论进行深刻检讨,认识到这一捍卫新闻传播职业道德的思想武器已经走到了极端,转而成了新闻传播职业道德建设的绊脚石。要解决新闻传播职业道德问题,保证新闻传播职业道德建设的顺利开展,就必须重新认识新闻自由,提倡一种与秩序并存的、基于社会责任的新闻自由,创建一个新的、以社会责任为核心的新闻理论,以与传统的自由主义新闻理论相抗衡。1947年春,美国芝加哥大学出版社出版《自由和负责的新闻业——关于大众传播系统报纸、广播、电影、杂志和书籍的报告》。这本小册子对新闻自由问题重新加以检讨,提出了一个新的、以社会责任为核心的新闻理论,即社会责任论,为西方新闻传播职业道德建设清除了路障。西方新闻传播职业道德的建设,进入了向纵深发展的新阶段。

1. 新闻评议制度的兴盛

新闻评议制度的兴盛,是西方新闻传播职业道德建设向纵深发展的第一个重要现象。

新闻评议制度是运用自律方式让新闻传播界履行社会责任的一个有效手段,其内容包括建立民间自愿性的职业道德评议组织、出版职业道德建设评议刊物、制定职业道德规范以及开展日常性的职业道德评议活动。从新闻评议会的权利看,绝大多数国家的评议会只有裁决权而无处罚权。新闻评议会的评议结果不具有强制力,仅在道义上对有关媒体施加影响或压力,以期改进新闻传播活动,促进新闻传播事业发展。自律机制的有效运行从根本上依赖于媒体的承诺和支持。只有日本等少数国家既有裁决权又有处罚权,可对违反新闻传播职业道德的媒体或个人予以警告、记过、罚款、开除会籍等处罚。评议会一般只受理违反职业道德案件,不受理违法案件。

1953年建立的英国报业总评议会,因其体制之完善、成效之显著而为其他西方国家所仿行。第二次世界大战结束后,英国议会鉴于新闻传播业的垄断已导致新闻传播职业道德水准下滑的事实,于1946年

建立了皇家报业委员会,对新闻传播业现状作了彻底的调查。1949年,皇家报业委员会发表其调查与工作报告,建议建立报业总评议会,以维护新闻自由与提高职业道德。1953年7月1日,在英国政府推动下,英国报业总评议会成立。该组织成员均为来自英国七个报业团体的编辑或经理代表,主要职责是受理外界对报界的控告和申诉,其裁决、决议和结论只有道义上的权威,并无实际拘束力。1963年7月,英国报业总评议会改组为由报界、司法界以及其他社会各界人士组成的报业评议会。20世纪80年代,由于少数报刊违反职业道德,致使不少国会议员认为报业评议会已丧失了媒体对它的信任而不可能再继续发挥效用,因而提议建立一个具有法律强制约束力的新闻仲裁机构。这一提议,遭到了新闻传播界的强烈反对。经过各新闻传播媒体的磋商和合作,一个新的独立的报业自律组织——英国报业投诉委员会于1991年1月30日成立。报业投诉委员会系根据英国王室法律顾问戴维·加尔克特负责的报业调查委员会的建议而创建,其成员大多数为与媒体无关的各界人士,以确保其独立性,资金来源则由新闻媒体承担。报业投诉委员会专门负责受理公众对报刊报道内容的投诉,其口号是"快速、免费、公正",对诸如报道不准确、侵犯隐私权、歪曲表达被采访者原意和胁迫知晓者等新闻失德问题作出裁决,其裁决书通过报刊公之于众。报业投诉委员会还制定用以规约英国报业的《业务准则》,1993年11月后获得英国报业的认同,被列入各报社与其从业人员签订的合同文本之中。2014年9月8日,报业投诉委员会为新建的独立报业规范组织所替代。独立报业规范组织由12名委员组成,其中7名为社会各界人士,5名为新闻业界人士,旨在推进与坚守最高的新闻职业行为标准,支持与帮助社会成员纠正新闻失德行为,其主要工作职责是处理有关新闻职业道德问题的投诉并有权将调查结果及裁决公开发布。

根据英国的经验,目前已有一大批国家建立了报业评议会或类似的新闻传播职业道德监督机构。在美国,明尼苏达新闻评议会于1971年成立,系美国第一个新闻评议会,其成员半数为记者、半数为律师,其资金来源的70%来自非媒体组织或个人。1973年,美国全国新闻评议会宣告成立。但是,由于《纽约时报》《洛杉矶时报》等主流媒体持反对态度并拒绝同新闻评议会合作,使该组织举步维艰,于1984年后宣布解散。此外,美国不少新闻传播媒体在内部设置专职的督察员或道德顾问,是西方新闻传播职业道德建设的另一种有益尝试。《路易斯维尔信使报》是美国第一家设置督察员的报社,目前设有督察员的新闻传播媒体已达50多家,如《华盛顿邮报》等。

2. 新闻传播职业道德规范的完善

新闻传播职业道德规范的日趋完善,是西方新闻传播职业道德建设向纵深发展的第二个重要现象。

目前,绝大部分新闻传播媒体比较发达的国家均已制定出适合自身特点的、成熟的职业道德规范与准则,有的是综合性的职业道德规范,也有的是单项性的职业道德规范,如报刊、广播、电视、公关、广告、摄影等职业道德规范。在制定新闻传播职业道德规范方面,数日本最为完备。1946年7月23日,刚成立的日本新闻协会就制定出《新闻伦理纲领》,以作为日本新闻业的行为规范。1954年12月,日本新闻协会制定出《日本报纸贩卖纲领》,以防止各报发行过程中的不正当竞争。1958年10月7日,日本新闻协会又推出《日本广告伦理纲领》,强调广告不得损害社会道德,广告必须对受众确实负责并注意内容的净化。此外,比利时报业道德委员会于1951年发布的《新闻记者的权利与义务》,共202节,长达200多页,是世界上最为详尽的报业道德规范文件。

纵观各国新闻传播职业道德规范的内容,其共同点大概有以下5条:一是新闻要真实、客观与公正,发现错误尽快更正;二是自觉守法,不损害公共利益和公民权利,维护国家安全与司法公正,不伤风害俗,尊重他人名誉与隐私,不诽谤或侮辱他人;三是清正廉洁,以正当方式从事本职工作,不受贿,不剽窃;四是坚持职业独立性,保守职业秘密;五是同情弱者,注意保护青少年、儿童以及其他易受伤害者。而为某些国家特有的规范有:提倡公平竞争、加强协作与交流;不得从事商业、广告活动(法国、加拿大等);一般不报道自杀或企图自杀的新闻(瑞典、挪威等);不得破坏种族关系与宗教关系(英国等);不得鼓励骚乱(印度等)。

3. 新闻传播评论运动和职业道德教育

开展新闻传播评论运动,加强新闻传播职业道德教育,是西方新闻传播职业道德建设向纵深发展的第三个重要现象。

新闻传播职业道德水平的提高,起最后决定作用的是新闻传播从业者的内在信念。于是,深入到新闻传播从业者内在道德信念层次的新闻传播职业道德内部建设悄然出现,美国走在各国的前头。一是开展新闻传播评论运动,以形成一个有利于解决新闻传播职业道德问题的社会舆论环境,并进而影响或改变人们的内在道德信念。早在 20 世纪 20 年代初,《时代》杂志自 1923 年 3 月创刊起即辟有一个名叫《报界》的小专栏,发表检讨报业活动的文章。40 年代后,《纽约人》杂志也开始在显著位置为利布林辟了一个专栏,让他发表针砭报界流弊的文章。此外,《新闻周刊》《星期六评论》等杂志也曾发表过评价新闻传播业的报道或文章。进入 20 世纪 60 年代后,新闻传播界内外赞成以各种方式对新闻传播进行批评与自我批评的主张日益强烈。1961 年,哥伦比亚新闻研究生院创办《哥伦比亚新闻学评论》,其发刊词宣称该刊的宗旨是:评价各种形式的新闻报道工作的表现,指出其缺点和力量所在,并协助确定或重新确定新闻报道工作的正直无私和认真负责的准则。在 20 世纪 60 年代末和 70 年代初,又有 10 多家旨在评论新闻传播的刊物在美国芝加哥、费城、休斯敦、圣路易斯、巴尔的摩等城市出版,形成了一个声势宏大的新闻传播评论运动。由于经费有限,这些刊物大多每月出版一次,甚至不定期出版,不支付稿酬。二是加强新闻传播职业道德教育,以培养新闻传播从业者以及未来的新闻传播从业者的职业道德素质。在美国,几乎所有的高等院校的新闻传播学系科都开设新闻传播职业道德的课程并将它们列为必修课程。由高等院校或基金会主办的、以新闻传播职业道德为主题的座谈会、学术讨论会也日益增多,研究重点开始转向潜在的新闻伦理意识方面,并取得了一些可喜的成就。

第二节　社会主义新闻职业道德的
形成与初步实践

一、社会主义新闻传播职业道德的历史来源与理论基础

社会主义新闻传播职业道德,是马克思主义经典作家汲取了人类新闻传播文化遗产的精华,并结合自己的新闻工作实践创建起来的一种全新的新闻传播职业道德理念与规范。马克思主义经典作家的新闻

传播伦理思想,是社会主义新闻传播职业道德的思想来源与理论基础。

1. 光辉的职业道德典范

报业工作是马克思走上社会后的第一个职业,也是他一生中所从事过的唯一的正式职业。马克思和他的战友恩格斯,在他们几十年的革命生涯中,一起创办、主编过 4 种报刊,协助创办、参与主编过 5 种报刊,指导编辑方针的报刊达 10 余种。在长期的新闻传播实践活动中,马克思、恩格斯不仅十分重视新闻传播从业者的职业道德问题,阐述了他们对职业道德问题的基本观点,尖锐地批评了当时许多报刊与报人的不道德行为,同时还以他们在新闻实践活动中的高尚品行,为新闻传播从业者树立了一个光辉的职业道德典范。

马克思认为,宣传真理、坚持真理,无论在什么情况下都毫不动摇、决不屈服,这是一个新闻传播从业者必须具备的最起码的职业品质。马克思把那些在恶势力和金钱面前摇摆不定以至无原则地妥协的报刊撰稿人斥之为"最无气节、最软弱、最糊涂的作家",是一个"可怜的两栖动物和两重人格的人"。他把迎合反动势力写文章看作是在做"政治投机生意",而这样的人是"出卖灵魂的报人",是丧失了"道德品格"的人①。他批评那些自认为是革命的但却不敢公开宣传真理,而只是在"偶然写写剧评之类的东西里"偷偷说几句新原理的报刊撰稿人是"不道德的"②。他尖锐地指出,资产阶级的报刊"在自己的字典里从来没有'美德'一词",他们为资产阶级效劳只不过是"奴隶劳动"③。马克思对那些在政治上见风使舵、在宣传上左右逢源的报刊厌恶透顶,他认为这样的报刊"既没有自己的理性,又没有自己的观点,也没有自己的良心",而它们之所以这样置职业道德于不顾,就在于它们自愿接受"黄金的链条和官方的链条"④。

在马克思、恩格斯看来,办报为广大人民群众的利益服务,乃是新闻传播职业道德规范的核心。马克思指出,人民的报刊和无产阶级新闻传播从业者应当"生活在人民当中,它真诚地和人民共患难、同甘苦、齐爱憎","真正的'好的'人民报刊,即和谐地融合了人民精神的一

---

① 《马克思恩格斯全集》第 13 卷,人民出版社 1962 年版,第 29 页。
② 《马克思恩格斯全集》第 27 卷,人民出版社 1972 年版,第 435 页。
③ 《马克思恩格斯全集》第 15 卷,人民出版社 1963 年版,第 337 页。
④ 《马克思恩格斯全集》第 1 卷,人民出版社 1956 年版,第 134、163 页。

切真正要素的人民报刊才能形成"①。恩格斯曾指出,读者"有权要求我们向他们提供的东西都是认真工作的成果"②。对那些自称表达人民利益的资产阶级报刊,马克思一针见血地揭露它们"只是捏造这些思想和利益","只是偷偷地把它们塞给人民",是"不值得一看的东西"③。

2. 坚持新闻真实性原则

关于新闻真实性问题,马克思和恩格斯都极为重视,对此也作过相当多的论述。马克思在《〈莱比锡总汇报〉的查封》一文中就报刊如何忠实地报道客观事实问题明确指出,最基本的要求就是"陈述事实",因为"报刊的本质总是真实的纯洁的"。马克思指出:"究竟什么样的报刊('好的'或是'坏的')才是'真正的'报刊? 谁是根据事实来描写事实,而谁是根据希望来描写事实呢? 谁在表达社会舆论,谁在歪曲社会舆论呢?"马克思提出的办报原则是:"把我们的全部叙述都建立在事实的基础上。"④

在《新莱茵报》时期,马克思更加注意维护这一办报原则,并且把它作为无产阶级报刊的一条基本原则确定下来。当《新莱茵报》因真实地报道了事实而遭受到当局的迫害时,恩格斯在审判案的法庭上义正词严地阐述了报纸坚持真实性原则的坚定立场:"如果禁止报刊报道它所目睹的事情,如果报刊在每一个有分量的问题上都要等待法庭的判决,如果报刊不管事实是否真实,首先得问一问每个官员——从大臣到宪兵——他们的荣誉或他们的尊严是否会由于所引用的事实而受到损伤,如果要把报刊置于二者择一的地位:或是歪曲事件,或是完全避而不谈——那么,诸位先生,出版自由就完结了。如果你们想这样做,那你们就宣判我们有罪吧!"⑤由于《新莱茵报》始终坚持了新闻报道的真实性原则,即使在强权和威逼面前也决不说假话,所以在广大读者心目中,它所提供的报道被认为是最可靠的,许多工人报刊和民主派报刊都转载它的文章,甚至连反动派的报刊也常常引用《新莱茵报》所提供的材料。《新莱茵报》以自己的实践树立了坚持真实性原则、恪守

---

① 《马克思恩格斯全集》第 1 卷,人民出版社 1956 年版,第 187、190 页。
② 《马克思恩格斯全集》第 39 卷,人民出版社 1974 年版,第 12 页。
③ 《马克思恩格斯全集》第 1 卷,人民出版社 1956 年版,第 187 页。
④ 同上书,第 188、191、223 页。
⑤ 《马克思恩格斯全集》第 6 卷,人民出版社 1965 年版,第 285 页。

新闻职业道德规范的榜样。

马克思恩格斯还把坚持新闻的思想性看作是新闻传播职业道德的一个重要方面,认为报刊是"促进人民的文化和智育发展的强大杠杆"①。因此,他们尤其反对在报刊上刊登不健康的、耸人听闻的东西。英国《泰晤士报》刊登过一篇题为《自杀成风》的文章,讲了许多在公开执行死刑后一些人由于精神受到刺激而出现的自杀的事例。马克思批评该报宣扬"野蛮理论""血腥逻辑","简直是公开歌颂刽子手"②。对于那些专门刊载激发人劣根性东西的报纸,马克思更是嗤之以鼻。他曾经愤慨地批评英国《每日电讯》道:"伦敦所有的厕所都通过一些鹅毛笔把它所有的生活脏物都排泄到一个纸制的藏污纳垢的大中心——《每日电讯》里……它把伦敦的生活脏物变成报上的文章……在纸制的藏污纳垢的大中心的大门上,用黑颜色写着:'此处随意便溺'!……它能够就某一强奸案写一篇三栏篇幅的社论……为了给一篇龌龊的文章腾地方,它可以不顾一切地删去最重要的报道。"③

3. 列宁确立了社会主义新闻传播职业道德的基本原则与规范

列宁一生没有脱离过报刊工作,自1900年至1917年先后主持或参加编辑、撰稿的报刊达40多种,其中有在国际共产主义运动史上享有崇高地位的《火星报》《无产者报》《新生活报》和《真理报》等。1921年,列宁在填写莫斯科市劳动人民代表苏维埃成员履历表时,称自己是"新闻工作者"。列宁对社会主义新闻传播职业道德的伟大贡献,是他在领导无产阶级推翻资本主义统治、建立社会主义政权的斗争中,进一步发展了马克思恩格斯的新闻传播伦理思想,确立了社会主义新闻传播职业道德的基本原则与规范。

一是坚持无产阶级党性原则。列宁认为,党报是党的一个"组织细胞",是党这个"巨大鼓风机"的一部分,因此,列宁把党性原则视作一条社会主义新闻传播职业道德的基本原则,一条贯穿在社会主义新闻传播职业道德体系中的生命线。要求社会主义新闻传播事业和新闻传播从业者"在一切条件下,在任何局势下,在各种情况下,都实行党

---

① 《马克思恩格斯全集》第40卷,人民出版社1982年版,第329页。
② 《马克思恩格斯全集》第8卷,人民出版社1961年版,第577—579页。
③ 《马克思恩格斯全集》第14卷,人民出版社1964年版,第656—657页。

的路线"①。列宁曾明确指出:"对于社会主义无产阶级,写作事业不能是个人或集团的赚钱工具,而且根本不能是与无产阶级总的事业无关的个人事业。无党性的写作者滚开!超人的写作者滚开!写作事业应当成为无产阶级总的事业的一部分,成为由全体工人阶级的整个觉悟的先锋队所开动的一部巨大的社会民主主义机器的'齿轮和螺丝钉'。"②

从党性原则出发,列宁认为,新闻工作的集体性和团结精神具有很大意义。1912年11月2日,列宁在给《真理报》编辑部的信中强调要有一个"团结一致的编辑部或全体撰稿人员"③。"编辑部和撰稿人对理论问题、当前的实际任务和怎样能编好报纸(或丛书)的基本看法要一致"④,因为只有有了一个团结一致的集体,只有有了业务上的协调一致,并且能够在最主要的原则问题上观点相同,才有可能保障机关报的高度思想性和必不可少的党的坚定性。当然,在一些非原则性的问题上,应尊重持不同意见者,善于吸取对方有益的东西,有的可经过讨论(甚至论战)后达到统一。据列宁夫人克鲁普斯卡娅回忆,列宁总是十分认真、负责地修改工人写的稿件,"他想方设法地保留原稿的思想、风格和特点,绝不能使这种特色有所减弱和过于饰文,而要使它保持其原貌"。列宁曾严肃地批评为工人读者办的《自由》杂志,认为它是一份"十分糟糕"的杂志,因为它篡改了作者们的语言,"给人的印象是,从头到尾似乎都是一个人写的"⑤。

二是坚持为人民群众服务的方针。列宁认为,报刊应当是人民的,因为它服务于广大的人民群众,它依赖于广大人民群众的最积极的支持。列宁曾指出,无产阶级的报纸,"不是为饱食终日的贵妇人服务,不是为百无聊赖、胖得发愁的'几万上等人'服务,而是为千千万万劳动人民、为这些国家的精华、国家的力量、国家的未来服务"⑥。坚持为人民群众服务的方针,就要求新闻工作者首先明确自己的服务对象,并彻底地为他们尽自己的义务。一方面,社会主义新闻事业要站在人民

---

① 《列宁全集》第15卷,人民出版社1959年版,第327页。
② 列宁:《党的组织和党的出版物》,《红旗杂志》1982年第22期。
③ 《列宁全集》第35卷,人民出版社1959年版,第43页。
④ 《列宁全集》第4卷,人民出版社1958年版,第183页。
⑤ 杨春华、星华编译:《列宁论报刊与新闻写作》,新华出版社1983年版,第24页。
⑥ 列宁:《党的组织和党的出版物》,《红旗杂志》1982年第22期。

的立场上,以人民的身份来说明社会生活中的各种现象,善于满足人民群众的需求与解答他们提出的各种问题,特别要注意发表群众来信来稿。列宁曾多次组织党报更多地刊登工农来信。另一方面,社会主义新闻事业要重视与加强新闻工作的舆论导向作用,"正确地体现着一切被剥削的劳动群众……的利益"①。对于部分人民群众头脑中的资产阶级与小资产阶级思想,报纸等新闻舆论工具不能持姑且迁就的态度,要坚定不移但又小心谨慎地进行引导,"教育这些小资产阶级人民走向斗争,帮助他们做好斗争的准备,提高他们的觉悟,加强他们的决心和坚定的意志"②。坚持为人民群众服务的方针,还有一个问题即文风问题值得注意。列宁指出:"应当善于用简单、明了、群众易懂的语言讲话,应当坚决地抛弃晦涩难懂的术语和外来的字眼,抛弃记得烂熟的、现成的但是群众还不懂得、还不熟悉的口号、决定和结论。"③在列宁看来,所刊登材料的朴实、通俗、生动保证了共产主义思想能深入到人民群众中。

三是维护新闻真实性原则。列宁说:"多用事实少用空话来宣传,要知道现在空话既不能说服工人,也不能说服农民,只有用实例才能说服他们。"④

列宁对于新闻真实性问题的态度是相当严格的,不能容忍报刊上出现的任何夸大其词和对事实的歪曲。据与列宁长年工作在同一个报社里的弗·邦契-布鲁也维奇回忆,列宁经常感到不安的是,"评论、通讯和报道中有没有不确之处。如果他对某个作者不大了解,那么他或是亲自查对其中的引语和数据,或是委托他人加以核实。他还对统计表等数字亲自进行运算"。列宁甚至设法使哪怕一条不长的报道也要做到"绝对准确,没有一丝一毫的误差;事实经过再三核对;材料来源可靠,引语和数据准确无误"。甚至在做地下工作的困难时期,列宁也严格维护布尔什维克报刊的真实性和可靠性。当他在国外的时候,还委托别人查对一些最重要的消息,要求在俄国地下工作的同志设法弄到各种材料⑤。更难能可贵的是,列宁还认识到新闻报道仅仅做到一

① 《列宁全集》第 30 卷,人民出版社 1957 年版,第 307 页。
② 《列宁全集》第 12 卷,人民出版社 1959 年版,第 395 页。
③ 《列宁全集》第 11 卷,人民出版社 1959 年版,第 274—275 页。
④ 《列宁全集》第 31 卷,人民出版社 1958 年版,第 387 页。
⑤ 杨春华、星华编译:《列宁论报刊与新闻写作》,新华出版社 1983 年版,第 17—18 页。

般意义上的真实显然是不完全、不充分的，必须做到从总体上把握新闻真实性原则。列宁在《统计学和社会学》一文中指出："在社会现象方面，没有比胡乱抽出一些个别事实和玩弄实例更普遍更站不住脚的方法了。罗列一般例子是毫不费劲的，但这是没有任何意义的或者完全起相反的作用，因为在具体的历史情况下，一切事情都有它个别的情况。如果从事实的全部总和、从事实的联系去掌握事实，那么，事实不仅是'胜过雄辩的东西'，而且是证据确凿的东西。如果不是从事实的全部总和、不是从联系中去掌握事实，而是片面的和随便挑出来的，那么事实就只能是一种儿戏，或者甚至连儿戏也不如。"①

列宁把出现在报刊上的那种"共产党员的吹嘘"和"用谎言来迷惑自己"等报道行为看作是道德上的堕落，一再告诫党的新闻工作者"决不要撒谎！""吹牛撒谎是道义上的灭亡，它势必引向政治上的灭亡。"列宁认为，报刊发生争论，应该完全排除私人成见，放弃诽谤等攻击性的东西，完全在事实的基础上依靠真理进行。1905 年，列宁对全党发出了"对吹牛者的斗争应当全力进行"的口号，要求报纸"向公众全面报道和阐明真相，不浮夸、不武断、不造谣，不作见不得人的私人报道"，"我们应当说真话，因为这是我们的力量所在"②。1920 年 1 月 24 日，列宁在勃列斯尼亚区非党工人和红军战士代表会议上所作的演说中指出："白卫分子在他们所有的宣传品上都说布尔什维克的鼓动工作很成功，说布尔什维克在鼓动工作上是不惜花钱的。但是，人民听过各种各样的鼓动，听过白卫分子的，也听过立宪会议派的，如果认为人民跟着布尔什维克走是因为布尔什维克的鼓动较为巧妙，那就可笑了。不是的，问题在于布尔什维克的鼓动内容是真实的。"③对于资产阶级报刊惯用的造谣、诽谤、谩骂、人身攻击等违背新闻真实性原则的报道手法，列宁也作了无情的揭露。列宁指出，资产阶级报刊常常通过一再说谎的手段来"给人留下某种印象"，"资产阶级的记者恬不知耻地撒谎，他们从来也没有引证过一件确切的、清楚的、经得起核对的事实"。资产阶级报刊还惯用"诽谤、谩骂、人身攻击和诸如此类的东西来搅浑人们的头脑，从而逃避说明自己的观点"④。

---

① 《列宁全集》第 23 卷，人民出版社 1958 年版，第 279—280 页。
② 《列宁全集》第 9 卷，人民出版社 1959 年版，第 281、213、283 页。
③ 《列宁全集》第 30 卷，人民出版社 1957 年版，第 273 页。
④ 《列宁全集》第 19 卷，人民出版社 1959 年版，第 43、59 页。

二、社会主义新闻传播职业道德建设的初步实践

1917 年,俄国经过十月革命的洗礼,成为世界上第一个实行社会主义制度的国家,后又发展成为苏维埃社会主义共和国联盟(简称苏联)。社会主义新闻传播职业道德建设,也在社会主义制度创建之初就开始起步。

十月革命胜利后,苏维埃俄国开始创建一种全新的社会主义新闻传播体制。在这一新闻传播体制下,报纸是党、政府、军队、团体或企业的机关报,广播电台与新闻通讯社是政府的一个组成部门,所有这些新闻传播机构必须根据党和政府的指示进行宣传报道工作。新闻传播从业者则是党和政府的工作人员,其中绝大多数是共产党员,新闻传播从业者和政府官员互换位置的情况屡见不鲜。社会主义新闻传播职业道德建设,被纳入党的思想建设的范畴。1919 年 3 月,俄共(布)第八次代表大会建议所有的党组织"把最坚强的、精力充沛的和忠心耿耿的工作人员调去从事报刊工作"[①]。1930 年,联共(布)中央发出《关于报纸工作干部的决议》,强调政治思想教育的任务以及新闻传播从业者的一般性和专业性培养任务。在党中央的领导下,自上而下地开展社会主义新闻传播从业者的思想道德教育、批评与监督活动,是苏联社会主义新闻职业道德建设的重要方式。在卫国战争之前,苏联共产党中央曾创办过一份专司新闻界自我监督的报纸,即《布尔什维克报》,其批评监督的对象偏重于中层与下层的报纸。此外,在苏联金字塔式的报刊体系中,每一级报刊都负有批评监督比它下一级的报刊的责任。《真理报》负有批评监督全国报纸的使命,其他不同类型的全国大报也都负有对属于自己一类性质的下级报刊实行批评监督的责任。

第二次世界大战结束后,南斯拉夫、波兰等东欧国家也建立起社会主义制度,出现了以苏联为首的社会主义阵营。建立新闻传播从业者自己的组织以实行新闻自律,是战后苏联、东欧社会主义国家在社会主义新闻传播职业道德建设方面的新现象。1945 年至 1946 年,南斯拉夫、捷克斯洛伐克、民主德国的新闻工作者协会在建国始即告成立。稍

---

① 　[苏]E.普罗霍罗夫等著:《新闻学概论》,赵水福等译,新华出版社 1987 年版,第333 页。

后,波兰、保加利亚、匈牙利的新闻工作者协会也在建国不久后创建,时间分别为 1951 年、1955 年和 1958 年。1957 年,苏联新闻工作者协会组织委员会宣告成立;1959 年,苏联新闻工作者协会第一次代表大会召开并通过了该协会的章程。这些新闻工作者协会成立后,在社会主义新闻职业道德建设中发挥了极为重要的作用。

20 世纪 80 年代,苏联、东欧各国掀起自发性的、自上而下的新闻改革运动,在新闻传播职业道德建设方面大胆借鉴西方的经验与成果。在匈牙利,参照西方新闻评议制度,其报业评议会于 1980 年率先建立,以处理新闻传播从业者违反职业道德要求的案件。1985 年 6 月,匈牙利第五次新闻工作者代表大会通过了《匈牙利新闻工作者道德公约》,对新闻工作者的主要任务和在工作中必须遵守的道德标准作了明确规定。其主要内容有:搜集、处理和发表新闻,必须以社会利益为指导思想,不得从个人物质利益和爱好出发,严禁侵犯著作权等侵权行为,严禁利用职权暗地从事广告宣传、滥用信息的行动。在波兰,波兰议会于 1983 年 7 月通过《波兰记者行为法》《波兰记者法庭法》,将新闻职业道德监管工作纳入法制轨道。波兰记者法庭分中央与地方两级,中央的称作最高记者法庭,设在波兰首都华沙;地方的分别设在格但斯克、卡托维兹、克拉科夫、罗兹、波兹南等七个地区。根据波兰记协章程、记者行为法、记者法庭法的规定,波兰记者法庭对犯有违反报道与言论自由权、违反职业尊严、违反人身权与著作权等行为的新闻传播从业者提出诉讼与裁决;裁决时可给予当事者以记过、警告、严重警告、停止记协会员权利三个月至两年、开除等处分。1987 年 10 月,波兰记者协会第二次代表大会通过《波兰记者道德准则》,对记者违反报道和自由发表权、违反职业尊严、违反人身与著作权等不道德行为应受的处分等作了明确规定。

这一时期,苏联和东欧各国的新闻职业道德建设,还有一个重要特点,即除了强调新闻事业与新闻传播从业者必须坚持新闻真实性原则、坚持真理与正义、不谋求个人私利等职业道德观念外,还强调要以马克思列宁主义为指导、为建设社会主义服务。作为新闻传播职业道德理想的共产主义概念,被认为是社会主义新闻传播职业道德的基础。在这一基础上,新闻传播从业者必须为自己的服务对象即人民群众尽自己的最大义务,必须在事实的充分性、分析的全面性和准确性以及结论和建设的论证性方面下功夫,必须做到不偏不倚、不先入为主、不急于下结论,必须认真对待来稿和写稿人,认真负责地对待在这个劳动领域内跨出的每一个步子。新闻传播从业者要忠诚于自己的编辑部,保守编辑部秘密,在同事之间要造成一种同志式、讲原则的气氛。

第三节　中国新闻传播职业道德建设的发展历程

一、中国近代新闻传播职业道德的建设

中国新闻传播事业在封建社会末期诞生,后在半封建半殖民地社会中艰难发展。在帝国主义和国内封建势力的双重压迫下,新闻界虽然充满了不道德的现象,不少反动势力主办或支持的报刊等媒体甚至成了藏垢纳污之地,但也有许多进步力量主办或支持的报刊等媒体和进步新闻从业者,出淤泥而不染,抗风雪而愈坚,表现出崇高的职业道德品质,在中国新闻传播事业史上留下了可歌可泣的动人业绩。许多进步报人还在西方新闻学术思想的影响与启迪下,结合自己的新闻传播实践,提出了不少有关新闻传播活动的行为规范与道德要求的思想与观点,至今仍不乏借鉴意义,成为当今新闻传播职业道德建设的渊源之一。

中国近代进步报人提出的新闻传播伦理思想,其主要内容有以下几点:一是新闻传播从业者以品性为第一要素。早在 1859 年,太平天国总理朝政的干王洪仁玕在其《资政新篇》中已经论及新闻传播从业者的品德问题,提出新闻官必须是"性品诚实不可阿者"[1]。此后,中国早期报刊活动家和政论家王韬、郑观应等对新闻传播从业人员的品德问题作了更为详尽的阐释。1876 年,王韬发表《论日报渐行于中土》的论文,首次比较系统地阐述了新闻传播从业者的职业道德问题。他说:"顾秉笔之人,不可不慎加遴选。其间或非通材,未免识小而遗大,然犹其细焉者也;至其挟私讦人,自快其忿,则品其计下矣,士君子当摈之而不齿。"秉笔之人"必精其选,非绝伦超群者,不得预其列",记事持论

---

[1]　《太平天国史料》,开明书局 1951 年版,第 41 页。

"其居心务期诚正",反映"人心之所趋向"①。郑观应在《盛世危言·日报》中说:"执笔者尤须毫无私曲,暗托者则婉谢之,纳贿者则峻拒之,胸中不染一尘,惟澄观天下之得失是非,自抒伟论。倘有徇私受贿,颠倒是非,逞坚白异同之辩,乱斯民之视听者,则援例告官惩治。"②邵飘萍在其《实际应用新闻学》一书中强调新闻记者要重视品德修养,因为新闻记者常与三教九流相周旋,种种利欲诱惑,环伺于左右,"最易流于堕落"。故新闻记者之要素以品性为第一,即人格、操守、侠义、诚实、勇敢、勤勉、忍耐及种种新闻记者应守之道德。"贫贱不能移,富贵不能淫,威武不能屈,泰山崩于前麋鹿兴于左而志不乱,此外交记者之训练修养所最不可缺者。"③邹韬奋认为,一个合格的新闻工作者,必须"大公无私","思想深入","有浩大的胸襟","有坚忍耐烦勇往直前的精神"④。

二是新闻报道务求真实、全面、客观、公正。洪仁玕在《资政新篇》中指出:"新闻馆,以报时事常变,物价低昂,只须实写,勿着一字浮文。……伪造新闻者,轻则罚,重则罪。"⑤王韬在其撰写的《论日报渐行于中土》一文中强调了新闻报道的真实性问题。他说:"至于采访失实,纪载多夸,此亦近时日报之通弊,或并有之,均不得免,惟所冀者,始终持之以慎而已。"⑥郑观应在《日报》中明确提出:"盖秉笔者有主持清议之权,据实直书,实事求是,而曲直自分,是非自见,必无妄言谰语、子虚乌有之谈以参错其间,然后民信无疑。"⑦梁启超在其撰写的上海《〈时报〉发刊例》中列举了该报有关新闻的真实、全面、客观、公正问题的实施细则:"本报论说,以公为主;不偏徇一党之意见。""本报论说,以周为主。凡每日所出事实,其关于一国一群之大问题,为国民所厝意者,必次论之。""本报论说,以适为主。虽有高尚之学理,恢奇之言论,苟其不适于中国今日社会之程度,则其言必无力而反以滋病,故同人相

① 复旦大学新闻系新闻史教研室编:《中国新闻史文集》,上海人民出版社1987年版,第13—14页。
② 同上书,第19页。
③ 余家宏等编注:《新闻文存》,中国新闻出版社1987年版,第388页。
④ 韬奋:《征求一位同志》,引自复旦大学新闻系编:《人民的喉舌——韬奋论报刊》,福建人民出版社1980年版,第46页。
⑤ 《太平天国史料》,开明书局1951年版,第31页。
⑥ 复旦大学新闻系新闻史教研室编:《中国新闻史文集》,上海人民出版社1987年版,第14页。
⑦ 夏东元编:《郑观应集》上册,上海人民出版社1982年版,第350页。

勘,必度可行者乃言之。""本报纪事,以确为主。凡风闻影响之事,概不登录。若有访函一时失实者,必更正之。""本报纪事,以直为主。凡事关大局者,必忠实报闻,无所隐讳。""本报纪事,以正为主。凡攻讦他人阴私,或轻薄排挤,借端报复之言,概严屏绝,以全报馆之德义。"①

三是报刊要反映民情,指陈时事,主持清议,为民请命。王韬认识到报刊具有沟通信息的功能,希望报刊在中国能够像在西方民主社会那样,"国家有大事,皆视其所言以为准则,盖主笔之所持衡,人心之所趋向也"②。梁启超在《敬告我同业诸君》中指出:"报馆有两大天职:一曰对政府而为其监督者,二曰对于国民而为其向导者。"③章太炎在上海《大共和日报发刊辞》(1912 年 1 月 4 日)中提出了"正言匡世"说,指出:"报章之作,所以上通国政,旁达民情,有所揖正。"④黄远生在《少年中国之自白》中主张,办报应"主持正论公理,以廓清腐秽,而养国家之元气"⑤,还勇敢地提出了"为民生社会请命"⑥的主张。徐宝璜在《新闻学》一书中强调报纸要对社会负责,新闻传播从业者"应默察国民多数对于各重要事之舆论,取其正当者,著论立说,代为发表之"⑦,"应有大无畏之精神,见义勇为,宁牺牲一身以为民请命,不愿屈于威武而噤若寒蝉"⑧。

四是报刊要力求通俗易懂,面向人民群众,办报要有读者观念。王韬、梁启超等一代进步报人,在其报刊活动中无不倡导简明浅显、平易畅达的报刊文风,并大胆改革报刊文体,使报刊从封建士大夫的案头走向大众生活之中。王韬说:"文章所贵在乎纪事述情,直抒胸臆,俾使人人知其命意之所在,而一如我怀之所欲吐,斯即佳文。"⑨梁启超在其办报活动中,为适应维新运动的需要,大胆地创造了一种全新的报章文体。这种新文体的特点,梁启超在其《清代学术概论》中作了准确的概括:"务为平易畅达,时杂以俚语、韵语及外国语法,纵笔所至,略不检

---

①　复旦大学新闻系新闻史教研室编:《中国新闻史文集》,上海人民出版社 1987 年版,第 66—67 页。

②　同上书,第 14 页。

③　同上书,第 54 页。

④　《大共和日报》1912 年 1 月 4 日。

⑤　黄远庸:《远生遗著》,上海书店 1984 年版,第 11 页。

⑥　同上书,第 4 页。

⑦　徐宝璜:《新闻学》,中国人民大学出版社 1994 年版,第 6 页。

⑧　同上书,第 120—121 页。

⑨　王韬:《弢园文录外编·自序》,第 15 页。

束"，"然其文条理明晰。笔锋常带感情，对于读者别有一种魔力"①。徐宝璜在《新闻学》一书中提出了办报要有读者观念的主张，所刊登的新闻，应是"多数阅者所注意之最近事实"②。邹韬奋明确提出要办人民的报纸，"言论要完全作人民的喉舌，新闻要完全作人民的耳目"，"以读者的利益为中心，以社会的改进为鹄的"③。

　　在新闻传播职业道德建设方面，最先是一些进步的或有识见的报刊自己制定的、约束其从业者的有关职业道德的规定。在新闻传播从业者的社团组织出现后，这些社团也兼负起监督新闻传播从业者职业道德状况的职责，并成为中国最早开展新闻职业道德建设的主要力量。1910 年成立的中国报界俱进会，是中国第一个全国性的新闻报业团体，其章程明确宣示："以结合群力、联络声气、督促报界之进步为宗旨。"④1919 年成立的全国报界联合会虽不满三年而解散，但在三年内通过的有关报业道德问题的议案就有六项，如维持言论自由案、请愿国会以绝对自由保障言论出版条文加入宪法案、表扬报界先烈案、劝告勿登有影响于社会之广告与新闻案以及两次拒登日商广告案。一些地方性的报业团体也明确宣示其肩负新闻职业道德建设之使命，如上海新闻记者联欢会在其章程中明确提出了"德"的建设问题："本会以研究新闻学识，增进德智体群四育为宗旨。"⑤1942 年，《中国新闻记者信条》问世，为中国第一个全国性的新闻职业道德准则。该《信条》系时任国民党中央政治学校新闻系主任的马星野执笔，其内容参照美国密苏里大学新闻学院院长沃尔特·威廉斯制定的《报人守则》，并结合当时中国新闻业的实际状况而拟定。

二、中国共产党新闻传播职业道德的建设

　　1921 年 7 月中国共产党诞生后，新闻传播事业作为党的事业的重要组成部分，在革命斗争中不断发展壮大，具有马克思主义新闻伦理思

---

①　梁启超：《饮冰室合集》第 34 卷，中华书局 1941 年版，第 62 页。
②　徐宝璜：《新闻学》，中国人民大学出版社 1994 年版，第 4 页。
③　邹韬奋：《〈生活〉周刊究竟是谁的?》，引自复旦大学新闻系新闻史教研室编：《中国新闻史文集》，上海人民出版社 1987 年版，第 16 页。
④　戈公振：《中国报学史》，中国新闻出版社 1985 年版，第 227 页。
⑤　同上书，第 240 页。

想内涵的中国共产党新闻传播职业道德也逐渐形成并日趋成熟。

从党的思想政治道德角度考察新闻传播伦理问题,并将新闻传播职业道德建设纳入党的思想道德建设之中,是中国共产党新闻传播职业道德的基本特点。中国共产党人把他们的政治道德要求注入新闻传播职业道德之中,把革命事业和政治斗争的需要用作评价新闻传播职业行为的善恶标准,并将坚持党性原则和正确的舆论导向、全心全意为人民服务、维护新闻的真实性、发扬团结协作的精神与清正廉洁的作风等新闻传播职业道德要求,纳入中国共产党思想道德建设的范畴加以贯彻执行。1942 年以延安《解放日报》为典型的中国共产党党报整风改革运动,1947 年由《晋绥日报》率先发起的解放区新闻界反"客里空"运动,就其道德意义而言,是两次具有深远意义的中国共产党新闻传播职业道德建设运动。正是经过这两次运动,中国共产党新闻传播职业道德走上了成熟的道路。1948 年 10 月 2 日,即中国革命胜利前夕,刘少奇在河北平山西柏坡对华北《人民日报》和新华社华北总分社的部分记者和编辑发表了重要讲话,强调了人民新闻工作者的修养问题。刘少奇指出:"马列主义的记者,要有马列主义的工具,要了解党的政策,有接近劳动人民的本事,有为人民服务的态度,要不怕独立地做相当艰苦的工作。"

中国共产党新闻传播职业道德的具体内容,主要有以下几个方面。

第一,坚持无产阶级党性原则。党的新闻工作必须坚持党性原则,在宣告党的诞生的第一次全国代表大会上就已经被提了出来,这次大会通过的党的第一个决议明确要求,任何中央地方的出版物均不能刊载违背党的方针、政策和决定的文章。1942 年延安《解放日报》开展的党报史上的第一次新闻工作改革,总结了党报工作的经验与教训,丰富和发展了新闻工作党性原则的内涵:一是强调党报是党的集体的宣传鼓动者和组织者。《解放日报》社论《党与党报》(1942 年 9 月 22 日)指出:"所谓集体宣传者集体组织者,决不是指报馆同人那样的'集体',而是指整个党的组织而言的集体,经过报纸来宣传,经过报纸来组织广大人民进行各种活动。报纸是党的喉舌,是这一个巨大集体的喉舌。在党报工作的同志,只是整个党的组织的一部分。"二是开展全党办报活动。《解放日报》社论《本报创刊一千期》(1944 年 2 月 16 日)指出:"我们的重要经验,一言以蔽之,就是'全党办报'四个字。"总之,从这一原则出发,党的新闻工作者应当具备的基本职业道德要求是,在思想上以马克思主义为指导思想;在政治上正确地宣传党的路线、方针与政策;在组织上,坚持民主集中制。

第二,全心全意为人民服务,联系实际、联系群众。全心全意为人民服务,联系实际、联系群众,是中国共产党人的基本政治道德要求,也是党的新闻工作者的基本职业道德要求。1945 年 5 月 16 日,延安《解放日报》社论《提高一步》明确指出:"我们的报纸是人民大众的喉舌,要向人民大众负责,因此,与群众联系的程度如何,为人民服务得好不好,是报纸办好或办不好的一个重要关键。""这就必须要把报纸办成人民的报纸,反映群众的生活和要求,介绍群众的活动和创造,与群众的脉搏息息相关;就要为人民兴利除弊,表扬社会上的好人好事,批评坏人坏事;就要吸引广大人民——特别是工农群众为报纸写稿,实行群众写,写群众,把通讯工作建筑在广大群众的基础上;就要经常供给有益人民的精神的食粮,社会科学与自然科学的各种知识,消除旧社会所遗留下来的愚昧落后,就要有一定园地来发表读者呼声,解答群众疑难,从事社会服务;就要征求读者对报纸的意见,语言文字力求通俗,适合读者口味,使报纸真正为广大群众所喜闻乐见。"总之,办报要为读者服务,报道要向社会负责。

怎样才能做到办报要为读者服务、报道要向社会负责?关键在于办报人员要有群众观点,心里要想着群众。毛泽东为纪念杰出报人邹韬奋所写的题词是:热爱人民,真诚地为人民服务,鞠躬尽瘁,死而后已,这就是邹韬奋先生的精神,这就是他之所以感动人的地方。党的新闻传播工作者必须像毛泽东给邹韬奋的题词所说的那样,丢掉记者的架子,抛弃"无冕之王"的观念,确立"人民公仆"的思想,热爱工农兵,要以小学生的态度去接近群众。

第三,坚持真理与正义,维护新闻的真实性。中国共产党人本来就是为人类的真理与正义而斗争的战士,因而在从事新闻传播工作中始终坚持真理与正义,并从坚持真理与正义的立场出发,主张在报道新闻时必须讲真话,维护新闻真实性原则。1930 年,毛泽东在指导出版《时事简报》时就强调指出:"严禁扯谎","《时事简报》不靠扯谎吃饭"①。他曾严格要求报纸、广播在发表战报时一定要准确、真实,不能多报一个俘虏,不能多报一支枪、一颗子弹。1943 年 9 月 1 日,陆定一在延安

---

① 《毛泽东新闻工作文选》,新华出版社 1983 年版,第 29 页。

《解放日报》上发表《我们对于新闻学的基本观点》一文,提出了"新闻的本源乃是物质的东西,乃是事实""新闻的定义,就是新近发生的事实的报道"等辩证唯物主义的新闻观,为新闻真实性原则提供了坚实的理论依据。

怎样才能真正做到维护新闻真实性原则? 关键在于能否在新闻工作实践中深入实际,调查研究。毛泽东对一切宣传工作者提出的口号是:"注重调查! 反对瞎说!"①1941 年 9 月 13 日,毛泽东在延安对中央妇委和中共中央西北局联合组成的妇女生活调查团的讲话中说:"我们是信奉科学的,不相信神学。所以,我们的调查工作要面向下层,而不是幻想。同时,我们又相信事物是运动的,变化着的,进步着的。因此,我们的调查,也是长期的。今天需要我们调查,将来我们的儿子、孙子,也要作调查,然后,才能不断地认识新的事物,获得新的知识。"②刘少奇认为,报纸工作人员是调查研究的专业工作人员,报上的一切文章应当是调查研究的结果。

1949 年 7 月 31 日,范长江在华东新闻学院讲习班开学典礼上明确提出人民新闻工作者的 4 项信条:第一,"消息绝对真实","要做到这样才能取得人民的信任,才能建立自己的威信";第二,"思想要正确","思想不正确便不能明白地看问题,不能把握政策";第三,"群众观点的建立","要联络各阶层的通讯员作为报纸的在群众中的基本基础";第四,"建立自我批评","要勇于公开的接受批评,建立严格的批评制度,这样可以少犯错误,促成进步"③。这 4 项信条,虽然尚未明确提出党的新闻传播职业道德这一概念,但不失为中国社会主义新闻职业道德规范的雏形。

三、社会主义中国新闻传播职业道德的建设

1. 新闻传播职业道德及其建设问题的明确提出

中华人民共和国成立后,中国共产党的新闻传播职业道德,随着新中国新闻事业的长足进步而同步发展。中国共产党在包括新闻在内的

① 《毛泽东著作选读》(甲种本)上册,人民出版社 1986 年版,第 27 页。
② 《毛泽东新闻工作文选》,新华出版社 1983 年版,第 59—60 页。
③ 范长江:《人民新闻工作者的四个信条》,引自中国社会科学院新闻研究所编:《中国共产党新闻工作文件汇编》下卷,新华出版社 1980 年版,第 298—299 页。

思想文化领域开展多次思想教育改造运动,虽然与新闻传播职业道德建设有很大不同,但在一定程度上也具有新闻传播职业道德建设的内涵。1978年12月中国共产党十一届三中全会召开后,随着改革开放的展开,新闻传播职业道德及其建设,作为一个新概念、新问题被明确提了出来。

新闻传播职业道德及其建设,最先被看作是一个有待讨论与研究的学理问题。1979年12月,复旦大学新闻系编印的内部刊物《外国新闻事业资料》(1979年第4期,总第6期)发表《新闻道德的准则》,首次将新闻传播职业道德(当时使用得较多的是"新闻道德"一词)这一新概念引入中国新闻学研究之中。之后一段时期,有关新闻传播职业道德的研究,大多为对外国新闻传播职业道德状况的翻译与介绍。这些介绍、分析与研究外国新闻传播职业道德理论与实践的学术成果,为中国的新闻传播职业道德及其建设提供了不少有益的启示。

1982年以后,新闻传播职业道德这一新概念开始在新闻界广为流行。是年9月,中国共产党召开"十二大",大会报告明确地提出要"在各行各业加强职业责任、职业道德、职业纪律的教育"。之后,新闻界开始将新闻传播职业道德问题作为一个重要课题,有计划、有步骤地加以系统、全面的研究。社会主义新闻传播职业道德及其建设问题,开始成为新闻传播职业道德研究的重点。

新闻传播职业道德及其建设问题的提出,首先是因为当时新闻界经过拨乱反正、正本清源,在理论上弄清了新闻事业的性质、社会定位等带有根本性意义的大问题。新闻传播界在反思了"文革"十年错误的指导思想所造成的理论上的谬误和实践中的危害后,终于明白了一个十分简单但又极为重要的道理:新闻传播事业,就其基本性质而言,不是阶级斗争的工具,而是大众传播的一种媒介;新闻传播工作,不仅是中国共产党和社会主义事业的一个重要组成部分,同时还是现代社会中一门具有独特的社会功能的职业。既然新闻传播事业是一门社会职业,那么就一定有其自身的职业道德要求。其次,新闻传播职业道德及其建设问题的提出,还因为新闻传播界在实践上亟须运用新闻传播职业道德行为规范以解决一些新老问题,如有新闻工作痼疾之称的新闻失实问题、新出现的追求不正当物质利益的行业不正之风等。

2. 反对"假大空":新闻传播职业道德建设的起步

新闻传播职业道德作为一个新概念提出后不久,新闻传播职业道德的建设也随之起步。由于当时"假大空""高大全"等"文革"中形成的新闻遗风犹存,因而新闻传播职业道德建设的重心,理所当然地落在维护新闻真实性原则、反对新闻失实这一当时新闻界最为关注的问题上。

在中国共产党新闻事业发展史上,党对新闻真实性问题虽常抓不懈,但苦于无根治之良药。在"文革"期间,"四人帮"把持了新闻宣传的大权,完全置新闻真实性原则于不顾,公然提出"事实为政治服务"等口号,把报纸、电台、电视台、通讯社等新闻机构办成了为其篡党夺权服务的谣言机关,并残酷迫害新闻传播界内外揭露与反对其倒行逆施的正直之士。"相信党报的是'精神病'、不相信党报的是'反革命'"这一民谣,真实地反映了当时的可悲局面。粉碎"四人帮"后,特别是经过由 1978 年 5 月《光明日报》发表的特约评论员文章《实践是检验真理的唯一标准》而引发的一场真理标准问题大讨论后,一场维护新闻真实性原则、反对"假大空"报道的运动在新闻界掀起,"文革"期间出笼的一大批假报道、假典型被无情地揭露了出来。但是,习惯于采写"高大全"报道的新闻传播从业者还是不断地生产出"假大空"的东西,新闻失实之风仍难以刹住。因此,新闻传播职业道德建设起步后,新闻界内外的有识之士尝试从新闻传播职业道德角度考察与解决新闻失实问题,以维护新闻的真实性原则。

1981 年,根据中共中央有关领导的指示,中共中央宣传部新闻局和首都各新闻单位共同研究制定了《记者守则》(试行草案)。"试行草案"的颁行,标志着中国新闻传播职业道德建设的起步。这一"试行草案"共 10 条,其内容基本上涵盖了社会主义新闻传播从业者所应遵循的职业道德要求,其中有关新闻真实性原则的达 6 条之多,直接相关的有第 2、3、4 条,间接相关的有第 5、9、10 条,可见,这一《记者守则》(试行草案)的重点,是维护新闻真实性的原则、反对新闻失实。

1982 年后,在中央和地方的报刊等各类媒体上,出现了一大批从新闻传播职业道德视角讨论新闻真实性问题的文章。1982 年 5 月,《新闻战线》发表署名"本刊评论员"的重要文章《报道失实贻害无穷》,严肃指出:"讲新闻道德首要的一条就是'言必信',就是报道要真实。以不真实的报道欺蒙读者就是不道德的行为。"这是中央级报刊上发表的第一篇将当时维护新闻真实性、反对新闻失实的斗争与新闻传播职业道德联系起来考察的文章。1983 年 12 月 22 日,中共中央机关报《人民日报》发表评论员文章《一定要维护新闻的真实性》,表明党中央对新闻界维护新闻真实性原则、反对新闻失实的斗争的关注与支持。

3. 反对行业不正之风：新闻传播职业道德建设重点的转向

1985 年前后，情况起了变化。新闻媒体在实行"事业单位、企业化管理"方针后，出现了各种利益的冲突，特别是社会效益与经济效益的失衡。因此，反对经济上的行业不正之风，开始成为新闻职业道德建设新的重点。

1978 年年底，《人民日报》等 8 家首都报刊已向中央要求试行"事业单位、企业化管理"的经营方针。1984 年 10 月中共十二届三中全会通过《关于经济体制改革的决定》后，几乎所有的媒体都实行"事业单位、企业化管理"的经营方针。这一全新的经营体制和运作机制，对于媒体来说，既带来了蓬勃的生机，也带来了不少新的问题。为了追求经济效益，各类冠以"经济动态""经济信息"等名目的"新闻广告"悄然出现在各类报纸、电台、电视台上，其收费标准为普通商业性广告收费标准的 80% 左右。与此同时，媒体"一切向钱看"、片面追求经济效益的不良习气，还传染给了不少意志薄弱的新闻传播从业者，出现了记者、编辑拉广告拿回扣、接受宴请贿赂乃至公然索贿、出卖版面或节目时间、走穴经商等不良现象。

这一切，促使新闻传播职业道德建设的重心开始转向经济上的行业不正之风。1985 年 6 月，中国记协在南京召开全国新闻业务经验交流会，一致认定搞"新闻广告"和名目繁多的赞助有损于新闻传播工作的声誉和新闻真实性原则，建议中国记协尽快制定《记者守则》，为新闻传播从业者制定职业行为规范。1986 年 1 月 2 日，《浙江日报》在头版刊登《本报启事》，率先公开呼吁社会各界和广大读者对浙江日报社记者的职业道德进行监督。1 月 31 日，《人民日报》在头版发表评论《赞这样的〈本报启事〉》，高度赞扬并大力推广浙江日报社的这一举措。之后，全国各地不少媒体纷纷效法浙江日报社的举措，公开呼吁读者监督。

1987 年后，党和政府的新闻主管部门公开介入新闻行业的职业道德建设。9 月 9 日，中共中央宣传部、新闻出版署和中国记协联合召开有关新闻职业道德建设的座谈会，发布《关于纠正当前新闻界不正之风的几点意见(草稿)》，提出不得搞各种形式的"有偿新闻"，记者不得利用采访之便索贿、受贿，划清新闻与广告的界限，专业新闻采编人员不得从事广告经营活动并从中提成，新闻单位不得向专业广告经营人员发放记者证等具体要求。

与此同时,中共中央宣传部新闻局、中国记协在 1986 年间开始着手起草全国性的新闻工作者职业道德行为准则。1987 年 9 月,中共中央宣传部、新闻出版署和中国记协等有关部门颁布《中国新闻工作者职业道德准则》(草案),提出社会责任、真实全面、客观公正、遵纪守法、坚持真理、廉洁奉公、增进友好和团结协作 8 条行为规范。1991 年1 月 19 日,中国记协第四届理事会第一次全会一致通过了《中国新闻工作者职业道德准则》。《准则》是新中国成立后出台的第一个全国性的新闻传播职业道德行为规范,是中国新闻传播职业道德建设的一项具有里程碑意义的举措。《准则》明确要求新闻传播从业者"发扬党和人民的新闻事业的优良传统,坚持新闻为社会主义服务、为人民服务的基本方针,抵制资产阶级腐朽思想的影响,反对违背社会主义道德的行业不正之风,加强职业道德修养"。《准则》将中国新闻传播从业者职业道德行为规范概括为全心全意为人民服务、以社会效益为最高准则、遵守法律和纪律、维护新闻的真实性、坚持客观公正的原则、保持廉洁奉公的作风、提倡团结协作精神、促进国际友好和合作 8 条,明确了全心全意为人民服务是社会主义新闻工作的根本宗旨和职业道德的基本原则,要求媒体及其从业人员必须基于这一基本原则,处理好社会效益与经济效益的关系,把社会效益放在第一位,自觉遵守宪法、法律及宣传纪律,坚持真实、客观、公正的原则,反对新闻商品化的倾向。

4. 向"有偿新闻"宣战:新闻职业道德建设高潮的出现

1992 年后,社会主义改革发展到从计划经济向市场经济转轨的新的历史转折点。在发展社会主义市场经济的过程中,报社、电台、电视台被推向市场,报纸、广播节目、电视节目等精神产品的商品属性在市场竞争中愈益凸显,媒体面临的道德考验也更为严峻。为追求经济效益,不少媒体常常忘记了新闻报道的社会责任。而机关、企业等各类社会组织,为收买媒体助其宣传,常常主动向媒体及其从业者赠送钱物。据报道,长江沿岸某市曾发文设立"市长特别奖":凡在《人民日报》、中央人民广播电台、中央电视台发表反映该市的新闻报道,一次性奖励一千至五千元不等。因此,"有偿新闻"一时泛滥成灾,并引起了整个社会的关注,某某媒体已被查办、某某记者已被拘捕的丑闻此起彼伏。

1993 年后,由于"有偿新闻"为主的新闻行业不正之风愈演愈烈,因而新闻界在党和政府的领导下,开始以整体的名义向"有偿新闻"宣战。新闻传播职业道德建设,也由此而进入高潮时期。

1993年5月上旬,中共中央宣传部发出通知,明确规定各媒体和记者个人均不得接受被报道地区或单位的金钱(或实物)奖励,被报道地区或单位不得直接给予媒体和记者以各种类型的奖励。6月9日,中共中央宣传部在北京召开新闻工作座谈会,强调要进一步加强职业道德教育,杜绝"有偿新闻";要加强内部管理,接受群众监督。七八月间,一场大规模的、自上而下的反对"有偿新闻"的斗争在全国范围内展开,将中国新闻传播职业道德建设推向高潮。7月31日,中共中央宣传部、新闻出版署联合发出《关于加强新闻队伍职业道德建设、禁止"有偿新闻"的通知》,提出了五项具体要求,如:"新闻单位和新闻工作者不得接受被采访或被报道者以任何名义给的礼金和有价证券,不得向被采访或被报道者索要钱物";"各单位不得以任何名义向新闻单位和新闻工作者赠送礼金和有价证券,也不得以重奖办法吸引新闻工作者到本地区、本单位采访报道";"新闻与广告必须严格分开,不得以新闻报道的形式为被报道单位做广告";"新闻报道与经营活动必须严格分开";等等。8月4日,中共中央宣传部在北京中南海召开加强新闻职业道德建设座谈会,讨论与研究《七·三一通知》的贯彻问题,强调各媒体要"不断完善各项规章制度,建立责任制,使新闻职业道德建设制度化、规范化"。人民日报社、新华社、中央电视台等媒体负责人还在会上介绍了揭露本单位禁止"有偿新闻"所采取的自律措施和体会,并郑重表态要从本单位做起,坚决纠正有偿新闻。之后,从中央到地方,各媒体根据《七·三一通知》和中南海座谈会的精神,抓紧制定适合本单位实际情况的各种规章制度,查禁各类"有偿新闻"。有些单位还授权党组和纪检监察部门监督实施情况,如新华社组织了一个由纪检、机关党委和办公厅等部门参加的联合检查组,对总社各部门、国内各分社的廉政情况进行了全面检查。

经过1993年同"有偿新闻"的决战,新闻行业风气有所好转。1994年,党和政府的有关主管部门又进一步要求各媒体将抓新闻传播职业道德建设列为一项重要的日常工作,继续严厉打击"有偿新闻"。4月15日,中共中央宣传部还为此召开座谈会,接着又发出《关于坚持不懈地抓好新闻队伍职业道德建设的通知》,强调各地党委宣传部门和媒体要坚持不懈地抓好新闻队伍职业道德建设,制定相应的规章制度,严格自律,并自觉接受社会监督。4月30日,中国记协第四届理事会第二次全体会议在北京召开,原则上通过了根据新闻工作的实际情况和新出现的问题而修订的《中国新闻工作者职业道德准则》,并由新华社于 6 月 9 日公之于众。1995 年 6 月 29 日,新闻出版署发出《关于转发上海市新闻出版局〈关于禁止用新闻形式进行企业形象广告宣传的通知〉的通知》。1996 年 5 月 7 日,中共中央宣传部在北京召开以加强新闻职业道德建设、禁止"有偿新闻"为主题的座谈会,提出进一步加强新闻职业道德建设、纠正行业不正之风的要求,并针对"有偿新闻"有所回潮的情况,提出了采访不能由被采访单位出"赞助费"、新闻报道决不允许收取"宣传费"、编辑记者不得接受采访对象给的奖金、车马费、误餐费等 6 项具有可操作性的治理措施。1996 年 9 月 26 日,中共中央总书记、国家主席江泽民视察人民日报社,在讲话中强调要加强新闻职业道德建设,新闻从业者要自觉抵制拜金主义、享乐主义、个人主义思想的侵蚀,恪守职业道德,坚决反对搞"有偿新闻"。1997 年 1 月 23 日,中共中央宣传部、广播电影电视部、新闻出版署、中国记协在北京联合召开全国新闻系统电视电话会议,要求全国新闻界加强职业道德建设,禁止"有偿新闻",开展创建文明单位、树立行业新风的活动。会议宣读了经第二次修订的《中国新闻工作者职业道德准则》,后于 1 月 26 日由新华社向全国发布。这一修订版,较之以前的两个版本,其内容虽然基本相同,但突出了坚持正确的舆论导向这一问题,其行文也更为简洁,以便于新闻传播从业者贯彻执行。会议还发布了中共中央宣传部、广播电影电视部、新闻出版署、中国记协联合制定的《关于禁止有偿新闻的若干规定》、中国记协制定的《关于加强新闻工作者职业道德建设、建立接受社会监督制度的公告》,宣布建立新闻传播从业者接受社会监督制度,还公布了中国记协举报电话号码和举报信通讯地址。接着,中宣部、广电部、新闻出版署、中国记协联合成立了举报中心。各级新闻单位也根据接受社会监督的精神,纷纷建立起本单位的接受社会监督制度,公布举报投诉电话号码和通讯地址,有的还宣布"全天候"(即每天 24 小时)接受社会各界人士的举报与投诉。

5. 反对媚俗与炒作,加强新闻传播从业者形象建设:新闻传播职业道德建设的战略性变化

20 世纪 90 年代的最后几年,新闻传播职业道德建设出现了战略性的变化。反对媚俗与炒作,加强新闻传播从业者形象建设,成为新闻传播职业道德建设的主要内容。

20世纪90年代末的最后几年,随着新闻改革向纵深发展,媒体的市场化程度日益加深,媒体与市民大众的距离日益接近。但是,不少媒体,特别是报刊的周末版或星期刊、电台电视台的娱乐综艺节目以及90年代末兴盛起来的都市报等市民报纸,对怎样为市民服务这一问题却不甚了然,为追求发行量或收视率,新闻界刮起了炒作与媚俗之风。不少或耸人听闻、或捕风捉影、或格调低下的东西,乃至揭人隐私的东西,堂而皇之地出现在报刊上、广播中、荧屏上。有些媒体甚至迎合社会上的低级情趣,把庸俗当有趣来大肆炒作。某运动明星不谙英语、穿着"操……"英文字样的裤子出现在公众场合已不雅之至,但自有记者把这一幕抢拍下来,登在报纸上"传销"给千千万万个男女老少。少年儿童从电视上学会抢劫杀人,过去我们一直当作西洋镜来看,现在也已出现在黄土地上。因此,自20世纪90年代末起,炒作与媚俗之风,开始成为朝野上下共同关注的热点。1999年1月21日,中共中央总书记江泽民在与出席全国宣传会议的同志座谈时也公开批评了新闻炒作现象:"不能把错误的东西炒热。""绝不要猎奇,不要追求所谓的'轰动效应'。"①此外,"有偿新闻"之风虽大为收敛,但虚报发行量或收视率以提高广告份额等不正当竞争现象却较前更为严重,反行业不正之风的斗争尚须常抓不懈。新闻失实这一痼疾也因炒作之风日盛而旧病复发,且其症状较前更为凶险。

针对新闻传播职业道德问题日趋复杂化这一新情况,党和政府除了继续强调坚持不懈地反对"有偿新闻"等行业不正之风外,还及时调整了新闻传播职业道德建设的战略,提出了反对媚俗与炒作、加强新闻传播从业者形象建设的新要求。

早在20世纪90年代初,新闻界在重拳出击"有偿新闻"等不正之风的同时,已开始展开树立正面形象、加强正面教育的活动,宣传、树立了一些先进榜样,以弘扬行业正气。1993年下半年,即新闻界以整体的名义向"有偿新闻"宣战之时,北京出版的《新闻出版报》、广州出版的《羊城晚报》适时地推出了在深圳清水河仓库爆炸事件中冒着生命危险坚持在一线采访的记者群像,为广大新闻传播从业者树立了学习的楷模,在新闻界引起较大反响。之后,媒体除了继续大力表彰具有崇高的敬业精神的新闻界先进人物之外,还组织过不少群体性的社会公

① 载《人民日报》1999年1月22日。

益活动,如刊登公益广告、开展新闻扶贫活动等。1996 年年初,江泽民在视察《解放军报》时所作的重要讲话中,明确提出了"要讲究职业道德,树立新闻工作者的良好形象"的新要求。

　　1998 年 6 月 15 日,人民日报社自 6 月 15 日即《人民日报》创刊 50 周年纪念日开始,在全社范围内开展"加强党中央机关报记者形象建设"活动,开新闻传播从业者形象建设之先河,是国内第一次具有全国影响的树立正面形象的活动。在这次活动中,人民日报社提出了党中央机关报记者形象建设的 5 条基本要求:立场坚定,方向正确;作风深入,实事求是;爱岗敬业,锐意进取;清正廉洁,遵纪守法;谦虚谨慎,团结互助。这一活动,以两年为一个周期,作为报社的一项常规活动持续进行。2000 年 9 月 26 日,中宣部、广电总局、新闻出版署、中国记协在北京联合召开全国新闻界精神文明示范单位交流电视电话会议,强调要加强新闻界的思想政治工作,要求全国新闻系统加强思想作风建设特别是职业道德建设,树立新闻工作者良好形象。之后,树立记者形象的活动,开始成为新闻传播职业道德建设的重要手段之一。2001 年年初,新华社也在全社范围内开展"护牌"活动,严厉打击社会上不法分子假冒新华社名义进行的各种违法违纪行为,坚决制止社内极少数工作人员违纪违规行为,以维护国家通讯社的崇高信誉。

　　在加强正面教育方面,自 20 世纪 90 年代末起,几乎所有的媒体都将新闻传播职业道德教育列入岗前培训和在岗培训的重要内容。有些媒体还把有无良好的职业道德列入《上岗规定》,作为能否上岗的条件之一。还有些媒体实行职业道德"一票否决"制,凡工作人员在社会上造成不良影响、损害单位声誉的,一概予以解聘。2000 年 3 月 28 日,中宣部、广电总局、新闻出版署、中国记协召开 2000 年度加强职业道德建设、禁止有偿新闻的电视电话会议,明确提出了"把他律与自律结合起来""加强职业道德建设,禁止有偿新闻,关键是要坚持党的新闻工作的基本原则"等新要求。2001 年年初,中共中央宣传部决定:在新世纪第一年,突出抓好马克思主义新闻观教育和新闻职业道德教育的活动,增强广大新闻工作者尤其是青年编辑、记者的政治意识、大局意识、责任意识、阵地意识、创新意识和职业道德意识,在培养一支政治强、业务精、纪律严、作风正的新闻队伍方面取得新的进展。2 月 27 日,中国记协在北京召开开展马克思主义新闻观学习教育活动座谈会,强调全国新闻界要进一步深入开展马克思主义新闻观教育活动,要把这一教育活动作为加强新闻队伍建设的根本措施坚持不懈地开展下去,认为这一教育活动是建设高素质新闻队伍的迫切需要。

新闻传播教育改革也与新闻传播职业道德建设紧密联系,高校新闻传播学专业的新闻传播职业道德教育得到进一步强化。1998年7月,教育部颁布实施经修订的《普通高等学校本科专业目录》以及与之配套的《普通高等学校本科专业介绍》。在《专业介绍》中,《新闻法规与新闻职业道德》《广播电视法规与广电职业道德》《中外广告法规与广告职业道德》三门20世纪90年代后才开设的新课程,分别被列为新闻学、广播电视新闻学、广告学三个专业的主要课程。各出版社也将新闻伦理学著作与教材列为重要出版选题,自1995年第一本新闻伦理学专著出版以来,至少已有数十本有关专著或教材先后问世。

新闻传播职业道德行为规范,作为改革开放后新闻传播职业道德建设的重要举措之一,也随着正面教育与行业自律建设的深入而不断完善。从中央到地方,大多行业主管部门和单位,还根据本行业、本单位的实际情况制定本部门或单位的自律信条。1999年12月,中国报协针对报社经营管理工作中存在的问题,根据广大会员单位的要求,制定了《中国报业自律公约》。

6. 从"三项学习教育"活动的兴起到新闻道德委员会的创建

2003年后,新闻战线"三项学习教育"活动全面展开。10月,中共中央宣传部、广播电影电视总局、新闻出版总署、中华全国新闻工作者协会联合发出《关于在新闻战线深入开展"三个代表"重要思想、马克思主义新闻观、职业精神职业道德学习教育活动的通知》,要求从2003年起,在新闻界广泛深入地开展"三个代表"重要思想、马克思主义新闻观、职业精神职业道德的学习教育活动,以提高新闻传播从业者的政治素质、思想素质和道德素质,改变媒体及其从业人员的社会形象,增加媒体的公信力。在"三项学习教育"活动中,人民日报社、新华通讯社、求是杂志社、光明日报社、经济日报社、中央人民广播电台、中央电视台等中央媒体联合向社会公布自律公约,在正面学习的同时开展打击虚假报道、有偿新闻、不良广告的行业不正之风和迎合社会低级趣味的媚俗炒作之风的活动。

为确保"三项学习教育"活动有领导、有计划、有步骤地深入开展,各地迅速成立了"三项学习教育"活动领导小组,制定工作方案,进行安排部署。北京市召开全市新闻战线开展"三项学习教育"活动动员会,要求把学习教育活动落实到每一个新闻记者,不留空白,不留死角。上海市要求各媒体的学习教育活动要在务求实效上下功夫,培训要有新内容,认识要有新高度,实践要有新成果,要严格执行向社会公布的自律规定,对群众反映强烈的问题要加大查处力度。天津市要求媒体在"三项学习教育"活动中,以正面教育为主,广泛开展"学榜样、找差距、树形象"活动。重庆市组织市属新闻工作者座谈会,就如何保持和发扬党的新闻工作的光荣传统,在新形势下做一名合格的新闻传播从业者进行切磋交流。广东省先后举办政法报道、文化娱乐报道、社会热点问题报道等专题学习培训班,对全省新闻媒体骨干进行集中培训,有针对性地解决相关报道中存在的认识问题。四川省要求各媒体,进一步建立健全规章制度,查处突出问题,强化规范管理。

2009 年 6 月 24 日,新闻战线深入开展"三项学习教育"活动电视电话会议在北京召开,对进一步深入开展"三项学习教育"活动提出了新的要求,强调要认真学习领会中央指示精神,把深入开展"三项学习教育"活动作为新闻战线学习实践科学发展观、确保正确政治方向的一项十分重要的任务抓紧抓好,以高度的政治责任感,不断把"三项学习教育"活动引向深入,着力解决突出问题,切实提高新闻队伍整体素质,促进新闻事业健康发展。

总之,开展"三项学习教育"活动,是党中央为加强宣传思想工作队伍建设采取的重要举措。2003 年 10 月以来,新闻界按照中央统一部署,紧密结合新闻队伍的思想和工作实际,把"三项学习教育"活动作为新闻队伍建设的重中之重,采取有力措施,着力解决突出问题,逐步引向深入,取得了重要进展和阶段性成果。广大新闻传播从业者在坚持用中国特色社会主义理论体系武装头脑的自觉性上有了新的增强,在坚持党性原则、把握正确导向上有了新的进步,在弘扬职业精神、恪守职业道德上有了新的变化,在加强和改进新闻宣传工作上有了新的成效,有力地推动了新闻队伍的建设和新闻事业的健康发展。

在此期间,中国记协于 2006 年开始启动《中国新闻工作者职业道德准则》的第三次修订工作,并于 2009 年 11 月 9 日在中国记协第七届理事会第二次全体会议上通过了《准则》第三次修订版,一般称之为2009 年版。2009 年版《准则》把中国新闻工作者职业道德建设推向了一个新的高度。

自 2013 年起,中宣部、中国记协首批选取河北、上海、浙江、山东、湖北 5 个省或直辖市,试点建立新闻行业自律的长效机制——新闻道德委员会。5 月 21 日,河北省新闻道德委员会率先成立;5 月 29 日,浙江省新闻道德委员会成立;5 月 30 日,上海市新闻道德委员会成立;5 月 31 日,山东省新闻道德委员会成立;7 月 10 日,湖北省新闻道德委员会成立,系由 2012 年 7 月 19 日成立的该省记协职业道德建设委员会改组而成。2014 年年初,启动第二批试点,北京、黑龙江、福建、江西、河南、湖南、广东、四川、贵州、陕西、辽宁、云南、内蒙古 13 个省、自治区或直辖市以及中国产业报协会的新闻道德委员会先后成立。截至 2015 年年底,除个别省份外,省级新闻道德委员会在全国范围内全面建成。2015 年 12 月 29 日,中国记协新闻道德委员会正式成立;2016 年 3 月 21 日,《中国记协新闻道德委员会章程(试行)》正式公布。此外,为数不多的省会市、地级市的新闻道德委员会也在此期间成立。

新闻道德委员会是新闻行业职业道德的自律机构,委员人数一般为 20 人左右,由新闻界代表和社会各界人士组成,旨在加强新闻行业自律和新闻工作社会监督。新闻道德委员会的建立,是新闻行业学习贯彻习近平总书记系列重要讲话精神、贯彻落实"四个全面"战略布局的重大举措,是新闻行业落实党管媒体原则、坚持以人民为中心工作导向的重要探索。中国记协新闻道德委员会以及各级新闻道德委员会,依据国家有关新闻工作的法律法规和新闻工作者职业道德准则,开展举报核查、新闻评议、案例通报等工作,规范新闻单位以及新闻传播从业者的职业道德行为,防范失德风险,推动行风建设,成绩斐然,为新闻媒体广泛关注与社会各界普遍认可。

中国记协新闻道德委员会,作为新闻行业加强职业道德建设的全国性自律机构,根据《中国记协新闻道德委员会章程(试行)》《中国记协新闻道德委员会章程实施细则》的有关规定,认真组织开展举报核实、新闻评议等工作,还担负起对地方新闻道德委员会工作的示范与引领作用。

为加强新闻传播媒体的社会责任意识,中宣部、中国记协自 2014 年起在新闻舆论战线组织开展媒体社会责任报告制度试点,选择部分新闻传播媒体每年定期公布上一年度履行社会责任的情况,推动新闻传播媒体自觉、主动地履行其本应承担的社会责任。

《经济日报》、中央电视台、《中国青年报》、人民网、新华网以及《河北日报》、《解放日报》、浙江卫视、《齐鲁晚报》、湖北日报传媒集团、湖北广播电台等 11 家媒体成为首批试点单位,对 2013 年度各媒体履行社会责任情况进行了全面检讨,具体内容包括以下 10 个方面:履行正确引导责任、繁荣发展文化责任、遵守职业规范责任、提供服务责任、人文关怀责任、合法经营责任、安全刊播责任、保障新闻传播从业者权益责任、存在的不足、改进措施和今后努力方向。2014 年 6 月 9 日,上述 11 家试点单位所撰社会责任报告在中国记协网上公开发布。2015 年,试点单位增至 28 家,于 2015 年 5 月 12 日发布社会责任报告。2016 年,试点单位增至 38 家,2016 年 5 月 26 日发布社会责任报告。

媒体社会责任报告制度试点工作采用综合评议机制。省级新闻道德委员会组织其委员对所属试点媒体的社会责任报告进行评议,中国记协负责对试点中央媒体社会责任报告进行评议。为增强评议的客观性与公正性,中国记协制定了《媒体社会责任报告制度评议和奖惩办法》,尝试通过定性与定量相结合的方法,对社会责任报告进行评议,对评议结果进行分级,与奖惩措施挂钩,并注重成果的运用。2016 年 3 月 28 日,中国记协新闻道德委员会召开首次评议会,评议经济日报、中央电视台、中国青年报、人民网、新华网等 5 家中央媒体或新闻网站 2015 年度社会责任报告。

此外,为加强新闻传播行业职业道德建设,中宣部等有关部门还不断加大治理力度,完善查处机制。2013 年 10 月,中国记协就原《新快报》记者陈永洲利用新闻采访权违法乱纪行为,发出《中华全国新闻工作者协会严厉谴责新快报记者陈永洲涉嫌有偿新闻、虚假报道等违规行为》的声明。2014 年 3 月,中宣部等 9 个部门联合印发《关于深入开展打击新闻敲诈和假新闻专项行动的通知》,在全国范围内开展打击新闻敲诈和假新闻专项行动。3 月 28 日,中国记协公布举报投诉电话和举报信箱,开设网上举报通道。

第四节　互联网时代网络传播道德的建设

一、国外网络传播道德建设

进入 20 世纪 90 年代后,互联网这一基于数字技术、网络技术的全新传播媒体横空出世,并随着商业化的大潮迅速漫延至地球的每个角落,并越来越深刻地影响着人们的生活、工作与学习。现实社会与虚拟社会相互影响,在现实社会中产生的种种问题传入网络社会,而网络社会出现的种种问题也传入现实社会。

因此,人们一方面尽情享受互联网带来的各种方便,但另一方面也不得不承受着它带来的负面效应。互联网给人们提供了空前的言论、表达与发表的自由,但也带来了大量的虚假信息、色情信息、有害信息;互联网倡导着共享、分享等新的时代精神,但也引发了侵犯包括著作权在内的各种知识产权的违法行为;人们惊叹着无数信息跨国界自由流动,但也看到了因网络发展水平的差异而造成的西方文化的肆意入侵;等等。

有鉴于此,人们开始把目光投向网络传播道德建设上来。制定网络道德行为规范,建立网络道德监管机构,被提上了议事日程。国外一些计算机及网络机构开始制定用户行为规范,以保障互联网的正常运作。

美国的计算机伦理学会制定了《十条戒律》,对用户提出以下 10 项要求:① 不应用计算机去伤害别人;② 不应干扰别人的计算机工作;③ 不应窥探别人的文件;④ 不应用计算机进行偷窃;⑤ 不应用计算机作伪证;⑥ 不应使用或拷贝你没有付钱的软件;⑦ 不应未经许可而使用别人的计算机资源;⑧ 不应盗用别人智力成果;⑨ 应该考虑你所编的程序的社会后果;⑩ 应该以深思熟虑和慎重的方式来使用计算机[1]。这 10 项要求,是任何一个计算机用户在任何计算机网络系统中都应该遵循的基本行为准则。

美国的计算机协会,作为美国的一个全国性组织,要求其成员遵循下列职业行为规范:① 为社会和人类作出贡献;② 避免伤害他人;③ 要诚实可靠;④ 要公正并且不采取歧视性行为;⑤ 尊重包括版权和专利在内的财产权;⑥ 尊重知识产权;⑦ 尊重他人的隐私;⑧ 保守秘密[2]。

美国的南加利福尼亚大学制定了《网络伦理声明》,明确划定了 6 种不道德的网络行为:① 有意地造成网络交通混乱或擅自闯入网络

---

① 黄瑚等:《网络传播法规与伦理教程》,复旦大学出版社 2006 年版,第 232 页。
② 同上书,第 232—233 页。

及其相联的系统；② 商业性地或欺骗性地利用大学计算机资源；③ 偷窃资料、设备或智力成果；④ 未经许可接近他人的文件；⑤ 在公共用户场合做出引起混乱或造成破坏的行动；⑥ 伪造电子函件信息①。

二、中国网络传播道德建设

1994 年,中国正式接入互联网。此后,互联网迅速发展,网民人数快速增长。截至 2016 年 12 月,中国网民规模达 7.31 亿,相当于欧洲人口总量,互联网普及率达到 53.2%②。

顺应网络传播行业高速发展的态势,特别是针对网络传播中出现并日益严重的失德、失范现象,党和政府以及社会各界,特别是互联网行业内部,开始大力开展网络道德建设,建立互联网行业自律机制,以规范网络传播从业人员行为,引导广大网民自我约束。

早在 1999 年 4 月 16 日,《人民日报》、新华社、中央电视台、《经济日报》、《北京日报》、《天津日报》、《解放日报》等 23 家已上网的中国媒体首次聚集北京,通过了《中国新闻界网络媒体公约》。《公约》本着"合作、公平、发展"的精神,旨在加强中国新兴的网络媒体之间的交流和合作,营造中国网络媒体公平竞争的良好环境,促进中国网络媒体的健康发展。《公约》呼吁全社会尊重网上的信息产权和知识产权,强调参加《公约》的各媒体应充分尊重相互之间的信息产权与知识产权,坚决反对和抵制任何相关侵权行为。

2001 年 5 月 25 日,中国互联网协会宣告成立。该协会由国内从事互联网行业的网络运营商、服务提供商、设备制造商、系统集成商以及教育与科研机构等 70 多家互联网从业机构共同发起,是中国互联网行业及与互联网相关的企事业单位自愿结成的非营利性行业组织。该协会的宗旨是:遵守国家宪法、法律和法规,遵守社会道德风尚;坚持以创新的思维、协作的文化、开放的平台、有效的服务为指导思想,为会员需要服务,为行业发展服务,为政府决策服务。制定并实施互联网行

---

① 黄瑚等:《网络传播法规与伦理教程》,复旦大学出版社 2006 年版,第 233 页。
② 中国互联网络信息中心(CNNIC):《第 39 次中国互联网络发展状况统计报告》,http://www.cnnic.net.cn/hlwfzyj/hlwxzbg/hlwtjbg/201701/t20170122_66437.htm,2017 年 1 月 22 日。

业规范和自律公约,发挥行业自律作用,是该协会的基本任务之一。

2002 年 3 月 26 日,《中国互联网自律公约》公布。130 家互联网从业机构在北京签署了这一文件,标志着中国第一部互联网行业职业道德规范的诞生。中国互联网协会作为《公约》的执行机构,负责组织实施工作。《公约》确立了中国互联网行业自律的基本原则:"爱国、守法、公平、诚信。"《公约》还规定了 13 项自律条款: ① 自觉遵守国家有关互联网发展和管理的法律、法规和政策,大力弘扬中华民族优秀文化传统和社会主义精神文明的道德准则,积极推动互联网行业的职业道德建设。② 鼓励、支持开展合法、公平、有序的行业竞争,反对采用不正当手段进行行业内竞争。③ 自觉维护消费者的合法权益,保守用户信息秘密;不利用用户提供的信息从事任何与向用户作出的承诺无关的活动,不利用技术或其他优势侵犯消费者或用户的合法权益。④ 互联网信息服务者应自觉遵守国家有关互联网信息服务管理的规定,自觉履行互联网信息服务的自律义务:不制作、发布或传播危害国家安全、危害社会稳定、违反法律法规以及迷信、淫秽等有害信息,依法对用户在本网站上发布的信息进行监督,及时清除有害信息;不链接含有有害信息的网站,确保网络信息内容的合法、健康;制作、发布或传播网络信息,要遵守有关保护知识产权的法律、法规;引导广大用户文明使用网络,增强网络道德意识,自觉抵制有害信息的传播。⑤ 互联网接入服务提供者应对接入的境内外网站信息进行检查监督,拒绝接入发布有害信息的网站,消除有害信息对我国网络用户的不良影响。⑥ 互联网上网场所经营者要采取有效措施,营造健康文明的上网环境,引导上网人员特别是青少年健康上网。⑦ 互联网信息网络产品制作者要尊重他人的知识产权,反对制作含有有害信息和侵犯他人知识产权的产品。⑧ 全行业从业者共同防范计算机恶意代码或破坏性程序在互联网上的传播,反对制作和传播对计算机网络及他人计算机信息系统具有恶意攻击能力的计算机程序,反对非法侵入或破坏他人计算机信息系统。⑨ 加强沟通协作,研究、探讨我国互联网行业发展战略,对我国互联网行业的建设、发展和管理提出政策和立法建议。⑩ 支持采取各种有效方式,开展互联网行业科研、生产及服务等领域的协作,共同创造良好的行业发展环境。⑪ 鼓励企业、科研、教育机构等单位和个人大力开发具有自主知识产权的计算机软件、硬件和各类网络产品等,为我国互联网行业的进一步发展提供有力支持。⑫ 积极参与国际合作和交流,参与同行业国际规则的制定,自觉遵守我国签署的国际规则。⑬ 自觉接受社会各界对本行业的监督和批评,共同抵制和纠正行业不正之风。至 2004 年 6 月,签约机构已超过 1 500 家。

之后,中国互联网协会以及其他行业组织和相关机构或企业,根据互联网行业发展的实际状况,又制定与发布了一系列网络传播自律公约。其中重要的有:

2003 年 12 月 8 日,中国互联网协会互联网新闻信息服务工作委员会成立,人民网、新华网、中国网、新浪网、搜狐网等 30 多家互联网新闻信息服务机构在会上共同签署了《互联网新闻信息服务自律公约》,承诺自觉接受政府管理和公众监督,不制作和传播淫秽、色情、迷信等有害信息,坚决抵制与中华民族优秀文化传统和道德规范相违背的信息内容,成为传播先进文化的重要阵地。该《公约》由中国互联网协会互联网新闻信息服务工作委员会负责组织实施工作。

2005 年 9 月 3 日,《中国互联网网络版权自律公约》公布。该《公约》旨在维护网络著作权,促进网络信息资源开发利用,推动互联网信息行业发展,由中国互联网协会网络版权联盟负责组织实施。

2006 年 4 月 12 日,《北京网络媒体自律公约》(后称《网络媒体自律公约》)公布,由千龙网等北京 43 家网络媒体协会及协会各成员网站共同制定。2011 年 4 月 26 日,重新修订的《自律公约》由北京网络媒体协会及 104 家成员单位共同签署后公布。

2006 年 4 月 19 日,中国互联网协会发布《文明上网自律公约》,号召互联网从业人员与广大网民以积极态度承担起应负的社会责任,始终把国家和公众利益放在首位,坚持文明办网,文明上网,促进互联网的健康发展。

2008 年 2 月 22 日,由人民网、新华网、央视国际、中国网、国际在线、中青网、中国经济网、中国广播网等 8 家中央网络媒体共同发起的"中国互联网视听节目服务自律行动"在京举行签约仪式,并共同签署了《中国互联网视听节目服务自律公约》。

2010 年 1 月 30 日,《博客圈自律公约》公布,由河北省五个博客圈圈主签署,系国内第一个博客自律公约。《公约》签署后,得到全国博客圈圈主和博友的积极响应,对博客圈的健康发展以及整个网络文化具有推动作用。

2012 年 7 月 13 日,《中国网络视听节目服务自律公约》公布,系网络视听节目生产与传播行业自律文件。该《公约》由中国网络视听节目服务协会理事会通过,缔约单位有人民网、新华网、中国网络电视台、优酷、新浪、腾讯、搜狐等 260 家,由中国网络视听节目服务协会负责组织实施。

2015 年 4 月 20 日,《全国移动媒体自律倡议》公布,是国内第一个移动媒体自律文件。2015 年 4 月,江西日报社主办"首届全国手机媒体看江西"活动。江西手机报在 20 日举行的启动仪式上倡议创建全国移动媒体联盟,得到人民日报客户端、新华社发布客户端、搜狐客户端、网易客户端、新浪客户端、今日头条、浙江新闻客户端、山东 24 小时、四川手机报等近 50 家中央及商业媒体新闻客户端和各省主流移动媒体的支持与参与。启动仪式结束后,参会移动媒体联名发布了这一文件。《倡议》是在移动新闻客户端迅猛发展的背景下提出的,有助于移动媒体自觉承担社会责任,有助于移动网络的健康发展。

为了更好地将上述网络道德规范落到实处,加强社会监督势在必行。除了政府机构的监管,行业协会的监督外,还须动员全社会的力量来加强对互联网企业和网民网络行为的监督,营造健康向上的网络氛围。社会监督的方式,主要有公布举报电话、受理公众投诉、聘请社会监督员等。

2005 年 9 月 1 日至 15 日,中央文明办等单位联合各大网站,开展了"网络十大不文明行为征集与评选活动",得到网友的积极反响,短短 5 天即跟帖 5 000 多条。截至该活动结束,参与网上投票的达 10 万多人次。2006 年春,中国互联网业界掀起了"大兴网络文明之风"活动,各大网站开展净化网络环境行动,坚持文明办网,引导网民文明上网。在这项活动中,吸引网民参与,接受社会监督成为各大网站的自觉行动,如新华网先后组织进行了三次大型的"网络文明系列调查",并举办"让我们共同搭建健康的网络"征文活动。北京网络媒体协会向社会公开征集了 200 名网络监督员,形成全民参与的网络不健康内容社会监督体系。

近年来,针对一些网站和媒体使用网络低俗语言污染社会环境的现象,中国记协于 2015 年 8 月向全社会发出《抵制网络低俗语言、倡导文明用语倡议书》,得到新闻媒体和网络的广泛响应。中国记协新闻道德委员会于 2015 年 10 月 15 日、2016 年 9 月 27 日两次召开网络文明用语专题评议会,筛选评议出 55 个网络不文明用语,倡导媒体和网站不使用、不传播。此外,中国记协新闻道德委员会办公室还专门组织有关专家撰写文章,就网络低俗语言的成因、危害及治理举措等剖析论述,所撰部分文章在 2016 年 5 月出版的《人民日报》《光明日报》刊发,对抵制网络低俗用语发挥了积极作用。

学习思考题:

1. 西方早期新闻传播职业道德建设的具体措施有哪些?

2. 社会责任论的问世,对西方新闻传播职业道德建设起了什么重要作用?

3. 中国近代进步报人提出了哪些新闻传播伦理观点?

4. 中国共产党的新闻职业道德是怎样形成与发展的?

5. 中国社会主义新闻职业道德建设是在什么历史条件下提出的?

6. 改革开放以来中国先后推出了哪些新闻职业道德建设的重要举措?

7. 中国制定了哪些网络自律规范或公约?

补篇

中国香港、澳门、台湾地区
新闻传播法制与伦理概述

第十四章

香港、澳门地区新闻传播法制与伦理概述

第一节　香港地区新闻法规与伦理综述

一、香港地区新闻法规与伦理的历史与现状

香港地区新闻法规与伦理制约机制,由三个层次构成。第一,具有惩罚功能的法律机制;第二,具有自律功能的业界自律机制;第三,具有监察传媒道德功能的社会团体。除了第一层次的法律机制外,第二、第三层次都是被称为"无牙老虎"的新闻伦理监察机制,对蓄意犯规的媒体除了谴责外,没有实质的制约功能。

控制着第一层次机制的特区政府及司法系统,将维护新闻自由放在首位,形成了立法严、执法宽的新闻自由环境。因此,香港在1997年回归之后,比长达一个半世纪的殖民统治时期,享有更高的新闻自由。

历史上,为了便于殖民统治,港英当局制定了一系列限制新闻自由的法律。1843年港英政府建立以后,按英国在海外属地适用英国法律的政策,于1844年、1845年、1846年接连颁布了三个《最高法院条例》,实施普遍适用英国法的政策。

1917年2月14日发布的《英皇制诰》及《皇室训令》,内容包括总督权力来自英皇室、皇室对香港政府的立法保留修改或否决权等。英国政府在法律上有权管治香港的立法机关,女王也可根据英国国务大臣的建议否决香港立法局通过的任何法例。总之,一切权力源自女王,传媒不可批评女王,也不能批评代表女王的香港总督。有位英国学者

曾经指出，"港督的法定权力达到这样的程度：如果他愿意行使自己全部权力的话，他可以使自己成为一个小小的独裁者"。港督是英女王派驻殖民地的最高代表，因此，历史上英国政府对香港内部行政事务的管理几乎从未行使法定权力；女王自 1913 年以来也没有行使过否决权①。

港英当局为了确保统治的稳定性而订立一系列出版法规。例如，在 1848 年至 1900 年期间，一共制定了 3 个出版法例，以监管出版物的注册及相关数据的准确性。1905 年至 1985 年，由于中国内地政局的变化，港英当局开始就刊物内容的监管进行立法。其间发生不少查禁事件，例如，清末民初没收及封禁内地革命派在港印发的报纸；1925 年省港大罢工期间，《中国新闻报》因每日报道罢工消息，遭港英当局封闭；20 世纪 50 年代初期判《大公报》停刊半年，以及"文革"中查封 4 家左派报刊。

以上事实说明，在港英统治年代，香港新闻界享有的自由受到不少法规的限制。香港回归前后，香港新闻界享有的近乎放任的新闻自由，其实是英国殖民者撤离前为香港新闻界"松绑"的结果。

1986 年，即中英联合声明发表的一年多后，港英政府开始取消或放松限制新闻自由的法律。有香港传播法学者称之为"监管自由化时期（1986 年至 1997 年）"②。是年 2 月，港英当局建议取消《刊物管制综合条例》对传媒的诸多限制，导致该条例名存实亡，终于在 1987 年被撤销，代之以《本地报刊注册条例》。1988 年 12 月，《公安条例》中制约传媒发放虚假消息的条款，被认为抵触普通法精神而被撤销。1991 年 6 月，港英当局通过《人权法案条例》（简称《人权法》），将联合国《公民与政治权利国际公约》适用香港的部分移植为可实施的本地法，正式给予香港市民言论及新闻自由的法律保证。其中第 16 条规定：人人有发表自由之权利，此种权利包括以语言、文字或出版物、艺术或自己选择之其他方式，不分国界，寻求、接受及传播各种消息及思想之自由。

踏入回归过渡期，港英当局接连撤销对新闻出版传媒的长期限制，目的很明显，要走了，还新闻出版自由于香港市民。同时，有批评意见认为，回归前才制定《人权法》，英国当局的真正意图是令其在香港回

---

① 香港法律教育信托基金编：《中国内地、香港法律制度研究与比较》，北京大学出版社 2000 年版，第 11 页。

② 梁伟贤等编：《传播法新论》，香港商务印书馆有限公司 1995 年版，第 58 页。

归后具有凌驾《基本法》的宪制地位。

香港回归，全国人大常委会颁令实行的香港《基本法》成为香港特区小宪法，成为在香港实行"一国两制"的法律之源。1990 年 4 月 4 日，全国人民代表大会通过的《中华人民共和国香港特别行政区基本法》第 8 条规定："香港原有法律，即普通法、衡平法、条例、附属立法和习惯法，除同本法相抵触或经香港特别行政区的立法机关作出修改者外，予以保留。"因此，《人权法》作为本地法，除了被视为抵触《基本法》的个别条款被废除外，得以在香港特区继续生效，其宪法基础即《基本法》。而香港《基本法》对此也有明确规定："香港居民享有言论、新闻、出版的自由，结社、集会、游行、示威的自由，组织和参加工会、罢工的权利和自由。"（第 27 条）较之中国内地《宪法》的相关条款，香港特区《基本法》增加了"新闻"二字。这些源自《基本法》的宪法保护，令特区新闻界享有更加宽松的法治环境。

二、新闻出版规管机制：淫亵物品申裁处

根据香港特区政府网页提供的资料①，截至 2015 年 8 月 31 日，全港有 54 份日报和 679 份期刊（当中包括多份电子报），还有 2 家本地免费电视节目服务持牌机构、3 家本地收费电视节目服务持牌机构、18 家非本地电视节目服务持牌机构、1 家政府电台，以及 4 家声音广播持牌机构。香港是多家国际通讯社或传媒机构的区域基地，例如《读卖新闻》和多份商业贸易杂志。《金融时报》、《亚洲华尔街日报》、《今日美国》国际版、《国际纽约时报》和《日本经济新闻》也在香港刊印。

香港特区政府通过一系列法律对上述新闻及大众传播机构实施有效的商业及社会道德管理。不同于大陆法系的国家或地区，普通法系的香港没有一部独立的新闻法或出版法，也没社会呼声要求制定这么一部法律。但是，法律对新闻出版活动的规管，通过散见于其他法例的相关条文，为新闻及大众传播活动编织了一张相对完备的法治网络。根据特区政府的资料，组成香港法律网络的是总数达 1 180 章的"现行法例"，尚不计主要涉及全国人大法规的"附属文件"。

至香港回归前的 20 世纪 90 年代中期，香港沿用的法例中，直接与

---

① http：//www.gov.hk/tc/about/abouthk/factsheets/docs/media.pdf。

大众传播媒介有关的共 31 项,包括主要法例 7 项:《本地报刊注册条例》《书籍注册条例》《电讯条例》《电视条例》《电影检查条例》《淫亵及不雅物品管制条例》《广播事务管理局条例》;另有 24 项因非直接监管大众传播媒介而被称为次要法例的法律①,如读者比较熟详的《诽谤条例》《不良医药广告条例》等。

香港特区政府设立电影、报刊及物品管理办事处。办事处下设报刊及物品管理科及电影科。与新闻出版事务有直接关系的报刊及物品管理科负责:根据《本地报刊注册条例》(现行法例第 268 章),为本地报刊和通讯社注册,并为报刊发行发出牌照;根据《淫亵及不雅物品管制条例》(第 390 章)执行任务。

一般而言,报章、杂志、书籍、漫画、VCD、DVD、海报、计算机游戏、经电子传递的图文及影像,及互联网上的数据,都受《淫亵及不雅物品管制条例》监管。条例规管淫亵及不雅物品的发布和展示。条例的精神,一方面容许成年人有阅览各类信息的自由,另一方面通过管制防止青少年接触不雅物品,从而保障他们的身心健康。

该条例规定成立司法机构"淫亵物品审裁处",对由出版商自愿提供、执法机关提交,又或是经裁判法院审讯后转介的物品厌恶程度作出裁决。"物品的作者、印刷人、制造商、出版人、进口商、发行人、版权拥有人,或设计、生产或发布的委托人,可向淫亵物品审裁处呈交有关物品,以便评定类别。律政司司长或其他获授权的公职人员,亦可呈交物品给淫亵物品审裁处评定类别。"

条例将物品分为三类。第一类是既非淫亵亦非不雅的物品;第二类为不雅物品;第三类为淫亵物品。淫亵与不雅,是指物品带有暴力、腐化和可厌成分。被界定为第二类的物品,不得向 18 岁以下人士发布,而且必须加上有警示文字的封套才能发布;被界定为第三类物品的,一律禁止发布。

在互联网发布的信息,亦受到这个条例监管。在互联网上展示有可能被列作第二类(不雅)物品时,必须加上写有警告字句的首页。有可能被列作第三类作品(淫亵)的信息,一律不准发布。

审裁处由一位主审法官及至少两位审裁委员组成。首次评级以非公开形式进行;如遇要求复核,主审法官会同至少四位审裁委员公

---

① 梁伟贤等编:《传播法新论》,香港商务印书馆有限公司 1995 年版,第 41 页。

开聆讯。不服评定结果的,可在 14 天内向高等法院原讼庭提出上诉。

各阶层人士均可申请成为审裁小组成员,获选者由终审法院首席法官委任,任期三年。审裁处评级的主要考虑是:一般合理的社会人士普遍接受的道德、礼仪及言行标准;涉案物品整体上产生的效果;拟发布或相当可能发布物品的对象是什么人,属哪一类别或年龄组别;如果是公开展示的事物,则须考虑展示地点及相当可能观看该事物的人属哪一类别或年龄组别;该物品或事物是否有真正目的,还是用作掩饰其不可接受的内容。

如果发布、拥有或输入第三类作品,最高罚款 100 万港元及监禁三年;向 18 岁以下青少年发布第二类作品的,最高罚款 40 万元及监禁一年,二次定罪者罚款提升至 80 万元。

电影、广播材料受《电影检查条例》及《广播条例》监管,审裁处不负责评级。

三、违规案例及法庭判例

• 案例 1:《东方日报》案

1996 年 10 月 6 日,《苹果日报》未经东方报业集团同意,私自转载一位歌星怀孕的独家相片,东方报业集团起诉索偿。最高法院(回归后改为高等法院)法官罗杰志 1997 年 4 月 8 日判《苹果日报》赔偿 8 001 元,但东方报业集团须付堂费。东方报业集团不服,上诉。主审法官高奕晖于同年 9 月 19 日驳回上诉,指未经当事人同意而拍的相片不受版权法保护。东方报业集团仍不服,除了在《东方日报》刊登批评法官文章,还派出狗仔队跟踪高奕晖。香港回归后,1998 年 9 月 14 日,东方报业集团就此案向终审法院上诉。终审法院 5 位法官一致裁定《苹果日报》侵权,须赔偿 30 000 元,并且负担大部分堂费。

对于《东方日报》用"极其恶毒"的措辞攻击司法机关,又派狗仔队跟踪主审法官高奕晖的违法行为,特区政府律政司则于 1998 年 1 月决定起诉《东方日报》"藐视法庭"。1998 年 6 月间,法官判蔑视法庭罪名成立,罚款 500 万元,时任总编辑判监 4 个月。《明报》7 月 1 日全文刊载的判词译文摘要如下:"司法独立和新闻自由是香港社会两大基石。如果新闻自由如本案般被滥用作中伤法庭的理由,司法独立和新闻自由都会受损;公众如对法庭失去信心,法治精神便会受到冲击,表达自由也将受到威胁。《东方日报》藐视法庭的行动,在现代社会绝无仅有。《东方日报》挑战的是法治本身,大概以为法庭会向舆论压力低头。派人跟踪法官,同样是史无前例的,类似高奕晖被骚扰案,我们过去闻所未闻,这并非真的为了教育他'狗仔队'的处事方式,而是就他过去一宗案件中没有认同东方报业集团的论据作出报复,这令案情更为严重。"翌年6月23日,终审法院驳回涉案总编辑上诉,维持原判。东方报业集团属下《太阳报》就此案以《我们的遗憾》为题发表社论:"(总编辑)犯了什么罪? 不过是他在主编《东方日报》期间,报纸刊出了一连串激烈批评某些大法官的专栏文字,另外,又派出'狗仔队'向上诉庭大法官高奕晖示范记者和'狗仔队'的分别。面对如此的倒退,不禁令人质疑香港的新闻自由何去何从,香港的言论自由还有没有明天?"可见,该报对言论自由的理解,有别于法官的法律解释。同年9月,该总编辑出狱时,东方报业集团派出5部车、约20名集团高层人员,在监狱大门外迎候。集团发表声明,称这是"香港特别行政区的司法机关首宗以言入罪,是一场冤狱"。

这是一个关于报纸之间的版权争论,亦涉及新闻自由及新闻界是否具有社会凌驾性的原则判例的典型案例。

• 案例2:《南华早报》规范新闻界

2000年5月31日,《南华早报》头版头条报道一位《苹果日报》记者行贿罪成立、判监十个月,两位受贿警员也分别判监七个月和九个月。案情称,在报业激烈竞争压力下,该位记者定期每月付钱给两位涉案警员,换取他们提供警方内部有关罪案的消息,以便抢先报道独家新闻。

这是另一个规范新闻界采访活动的知名法例,是维护及保证香港高度廉政的《防止贿赂条例》(第201章)。

• 案例3:《壹周刊》不雅报道案

2000年8月9日,《壹周刊》第648期的封面及内页刊登跳楼自杀的女艺人陈宝莲躺在殡仪馆棺木内的尸照及相关文章。不少市民向

"影视及娱乐事务管理处"①投诉。影视处起诉《壹周刊》，随后该期封面及相关内页被评定为二类"不雅"物品，因没装在附有警示文字的封套而违例，判罚5 000港元。有社会人士批评，区区5 000元罚款，对这本畅销周刊根本没有惩戒作用。这已是该周刊当年的第六次违例罚款。违例，罚款，再违例，再罚款，循环往复。由于判罚的金额与该周刊的利润相差巨大，审裁处机制的阻遏力相当有限。些微罚金，充其量只是刊物的廉价广告费。

此外，与《壹周刊》同一新闻出版集团的《壹本便利》，是青少年潮流杂志，被民间监察团体明光社指责时常以"色情、性交、卖淫等作招徕"，该刊多次被评定为二类"不雅"物品。面对此情，政府所能做的，只是将其从公共图书馆的购书列表剔走，管不了它在社会上的风气污染。

- **案例4：《东周刊》淫亵报道案**

这桩引起社会公愤的事件发生在2002年10月，《东周刊》封面刊登早年疑被娱乐圈黑势力挟持拍下的女星裸照。旧事重提，令该期周刊销量大涨。事件引起社会各界声讨，演艺界举行大规模反黑游行，警方介入调查。影视处起诉该期周刊。该期封面被列为第三类"淫亵"物品，禁止出售及传阅，成为香港首本被禁的刊物。在社会压力下，周刊出版人公开道歉，宣布停刊。停刊是出于出版人的自我反省，审裁处禁止的只是涉案那一期周刊。七年后，即2009年，原被判监六个月、缓刑两年的事发时的总编辑，因律政司上诉，法庭认为该位总编辑道德罪责重而改判实时入狱五个月。

- **案例5：《壹周刊》诽谤案**

这一涉及《诽谤条例》（第21章）的案件，是一家中草药洗发水生产商B集团起诉《壹周刊》诽谤并索价六亿港元的案件，是香港有史以来最高索偿额的民事案件。

2010年7月，《壹周刊》一篇大字标题称B集团的洗发水致癌，令该公司上市股票大跌，产品全年销量大减。同年，B集团向香港高等法

---

① 2012年重组为通讯事务管理局辖下的电影、报刊及物品管理办事处，签发娱乐牌照则交民政事务总署负责。

院起诉,要求索赔。六年后,2016年5月,法庭裁定周刊文章含有诽谤成分,但《壹周刊》只需支付300万港元赔偿及八成诉讼费(有香港传媒估计诉讼费达亿元),法官认为诽谤并非出于恶意动机,而且决定赔偿金额时必须考虑是否妨碍新闻自由(可能令周刊倒闭)。虽然与要求索偿的金额相差太大,B集团老板表示尊重法庭判决,但同时质疑法官的法律观点:该周刊不能进入内地,因此香港的原始发布者不须负法律责任。该老板认为法官的观点不公平,忽视了互联网令诽谤言论无界限迅速流通的时代特点。据《东方日报》2016年5月24日报道,对于B集团的损失,法官裁定B集团因事件损失的利润逾三亿九千万港元,当中三亿六千多万港元是来自内地的销量下跌。不过,法官指出,香港地区和内地法例不同,按内地法例,原始发布者不用为转载行为负责,《壹周刊》因此不用赔偿B集团在内地的利润损失。

• 案例6:《ELLE》组织非法奖券活动案

现行条例监管范围,涵盖了借助于互联网进行的传播活动。南华早报集团的杂志《ELLE》为增加吸引读者浏览其网站,2015年8月开展促销活动,逢第50、100、150、200、250名会员在它的Facebook按"赞",就可获得价值一百英镑的网上购物礼券。按"赞"的网上读者是否能中奖,纯粹靠运气,有点赌味。《ELLE》未就活动向民政事务局申请牌照,触犯《赌博条例》(第148章),被警方控以"组织非法奖券罪"。2016年8月庭审时,《ELLE》认罪,法官判罚款一万港元。

四、广播条例及裁决案例

广播电视的新闻传播活动,受《广播条例》(第562章)监管。特区政府通讯事务管理局依此条例,制定了《电视通用业务守则》。通讯局有权对犯规的机构施加适当的处分。《守则》列明规管的基本原则是,规管的程度必须因应可能会接收电视节目服务的观众层面,以及该等观众的期望而订定。

《电视通用业务守则》规定,由于收费电视或其他需要译码的电视,观众是自愿接受它们的电视节目,因此受到的规管比免费电视宽松。免费电视在"合家欣赏时间"(每日下午4时至晚上8时30分),任何不适宜儿童观看的材料,一律不准播映。

与《电视通用业务守则》对应的,有《电台业务守则》。该《守则》对制作与表演态度、语言运用、人伦关系、罪行、赌博、宗教、迷信、催眠等,都有相对详细的指引。

通讯局不受理《广播(杂项条文)条例》(第391章)、《广播条例》(第562章)、《电讯条例》(第106章)第ⅢA部、广播牌照的条款及条件,以及业务守则的规管范围以外的投诉,并建议投诉者直接向相关媒体投诉。

下面拟介绍几则该通讯局裁决的案例。

• 案例1: 无线电视台广告案

2013年,5位人士投诉,无线电视台8月1日至9月6日期间,一部电视剧非必要地在节目中出现某个饮品和某个品牌相机,间接为产品做广告。通讯局在调查中发现,节目还数次出现该剧赞助商的手表。通讯局裁决投诉成立,判处无线电视台罚款十万港元。

• 案例2: 无线电视台言语不当案

2013年,4位公众人士投诉,当年6月16日凌晨,无线电视台转播一场日本对巴西的国际足球赛时,男主持人用"慰安妇"形容支持日本队的女主持。通讯局调查后认为,"主持人以慰安妇开玩笑,是不顾他人感受、惹人反感和品味低劣,违反《电视节目守则》第3章第1和2(a)段的规定"。鉴于无线电视台承认错误,通讯局只给"劝喻"处分。

• 案例3: 无线电视台广告违规案

2013年,1位公众人士投诉,无线电视一个新闻节目出现广告背景。通讯局调查发现,该节目的访谈背景有一架占了该节目四分之一荧光幕的电视机,正在播放一个商业广告节目,持续约三分钟。通讯局认为:① 在访问期间显示了背景中的电视荧光幕上播放的广告材料,可能是并非故意的,而且在该情况下衍生的宣传效果并不强烈;② 但此个案仍然违反了《电视节目守则》第9章第7(f)段(不得把广告材料加入新闻报告内)的规定。据此,通讯局将其裁决为"轻微违规"。

• 案例4: 亚洲电视台造谣案

亚洲电视台抢新闻误报某位前国家领导人去世新闻。2011年7

月 6 日,亚洲电视台"六点新闻"播出某位前国家领导人逝世消息。很快,新华社斥为"纯属谣言",香港中联办表示极大愤慨,指责该台严重违反新闻操守。广播事务管理局(通讯事务管理局前身)接到 45 宗投诉,调查后认为亚视不准确报道新闻并延迟更正,裁决罚款 30 万港元。事后,该局调查亚视主要投资者在公司实际角色,认为该位大股东实际上是公司运作的幕后操控者,违反牌照条件。调查报告建议对亚视罚款 100 万港元,并撤换该股东及主要负责人。

• 案例 5: 通讯管理局裁决案

这个案例是受处分机构就通讯管理局裁决提出的上诉,显示通讯管理局的裁决并非终极判决。

2015 年,无线电视台一个节目出现艺员吃并赞美某品牌炸鸡的画面,有观众投诉明显为该炸鸡品牌做广告。通讯管理局调查后认可投诉,裁决无线电视罚款 15 万港元。2016 年 8 月 22 日,无线电视发表声明,声称不服裁决,已经上诉到高等法院。诉状称,通讯管理局裁决吃炸鸡节目犯规,但对另一个无线节目以类似手法安排艺员吃薄饼,则裁决合乎条例要求。无线电视认为有关条例的字眼模糊不清,通讯管理局的前后裁决令人难以理解。电线电视咨询的法律意见认为,罚款 15 万港元的裁决无理、不符逻辑、违反人权法,有关裁决侵犯表达自由权利,属于违宪。声明指出,"产品赞助是全球电视业界为制作提供资金的惯常做法,香港在产品赞助的严厉限制与国际趋势背道而驰,亦不利香港电视业发展"。

以上案例,显示香港特区诸多法例编辑而成的法律网络,在普通法与衡平法的法治精神下,如何构成了一套相对成熟的,既维护高度新闻自由又防止滥用新闻自由的法律机制。也具体阐释了由法例(立法)、监管部门(行政)、法庭(司法)三方组成的"立法严执法宽"的新闻自由生态特点。在这个新闻法治生态系统中,"宽"首先取决于律政司是否起诉,最关键的是法庭的量刑。

上述案例也暴露了香港的法治特点,用前述控《壹周刊》诽谤的那位洗发水生产商的话:时间长,金钱投入大。普通市民,除非申请到法律援助,用纳税人的钱请律师打官司,否则,难以挑战并非一般小企业的媒体公司。

五、新闻伦理制约机制

1. 香港报业评议会

香港报业评议会是唯一具有社会声誉与影响力的业界自律机构。该会于 2000 年 7 月成立,自称是"香港首个接受公众对本港报刊投诉的专业自律性团体。本会是特区政府认可的慈善机构,为独立的非牟利组织,经费来自业界委员缴交之年费及社会人士的捐赠。其权力除了来自公众的支持和认同之外,亦得到会员报章对报评会的意见的尊重,乐意承认错误,以及愿意为提高专业水平而努力"。

报评会的成立,源于 20 世纪 90 年代中期香港某类中文报纸的煽情行径极端化,完全不讲社会责任地践踏新闻道德,肆无忌惮地侵犯隐私。

其中最令人发指的案例是《苹果日报》导演的"陈健康丑闻"。1998 年 11 月间,一位草根阶层的家庭主妇因丈夫在内地有外遇而寻短见,跳楼自杀前先将两个儿子抛下楼摔死,酿成一案三命的天伦惨剧。但身为人夫人父的男事主陈健康毫无悔意,竟对传媒大谈寻欢心得,将其归咎夫妇性生活的不协调,等等。香港煽情报纸与电视煽情节目,像逐臭的苍蝇一样,马上对这桩"新闻"紧追不舍,编造导演后续故事,派人跟陈再度寻欢,现场"采访",直击报道。最令社会气愤声讨的是,《苹果日报》竟在头版连续数天报道陈在家庭惨剧之后去深圳找小三,小三闭门不见,陈染金发改运,转而到东莞嫖妓。报纸报道了每天行程时间表,最后是陈健康左拥右抱与两位妓女大被同眠的"新闻相片"。两家免费电视台由艺员主持的城中八卦节目,也加入炒作行列。城中新闻界一时群魔乱舞,煽情"新闻"臭气熏天,社会舆论终于咆哮起来。千夫所指之下,《苹果日报》不得不在头版全版刊登黎智英个人署名的道歉声明,承认只是在"事后"给了陈健康 5 000 港元。事后,陈健康透露包括《苹果日报》在内的数家传媒为此付钱给他。

在这桩事件之前,追踪名人揭秘隐私的狗仔队文化在香港盛行。香港法律改革委员会针对这种情况,于 1999 年 8 月发出有关传媒界侵犯隐私行为及侵犯隐私的民事责任的两份咨询文件,建议设立保障隐私报业评议会,即"法定的报业评议会",有权力对违例者判处最高 100 万港元的罚款。这个来自法律改革委员会的建议,马上引起香港新闻界激烈反响,担心政府出手有损新闻自由。业界开始倡议成立自律性质的报业评议会,以代替来自政府的有牙老虎即"法定的报业评议会"。

"陈健康丑闻"引起的社会公愤,加快了香港报业评议会的成立。1999 年 11 月,香港报业公会倡议筹组一个由报业人士和社会人士组成的、业界自律性质的独立评议会,对报章侵犯隐私的行为进行评议。经过数月的业内咨询,11 家中英文报章①、香港新闻行政人员协会及香港新闻工作者联会决定成立香港报业评议会。2000 年 3 月,香港报业评议会筹委会成立,《香港商报》社长李祖泽先生出任会议主席。2000 年 7 月 25 日,香港报业评议会正式成立,选出首任正副主席及执行委员会,通过采用由香港记者协会、香港新闻行政人员协会、香港新闻工作者联会及香港摄影记者协会共同制定的《新闻从业员专业操守守则》作为报评会专业守则基础。

香港报业评议会的章程规定,正副主席在被任命时需为非任职报业人士,以确保报评会能达至运作独立、公正和不偏不倚。主席由业界代表提名,并获三分之二出席会员大会的报评会成员同意通过,副主席将在公众人士中由报评会成员选出。报评会的委员来自报界及其他业界人士。报评会为自己制定了四项工作目标:提升报界的专业操守;维护新闻自由及业界的自律性;接受和公正处理公众对报刊的投诉;提高公众对传媒的了解及其社会角色。报评会只处理公众就报刊侵犯隐私、刊登色情淫亵、不雅或煽情的内容作出的投诉。换言之,上述三项以外的投诉,报评会不予受理。2000 年 9 月 1 日,香港报业评议会开始运作,接受市民投诉。

2003 年至 2004 年年间,一位陈姓变性读者向报评会投诉《苹果日报》侵犯他的隐私与报道失实。报评会受理后,认为该报的报道大多来自已经公开的网上资料,侵犯隐私投诉不能成立;至于报道失实,则不属报评会受理范围。报评会的裁决,令一位普通市民失去了寻找保护自身权益的公道与希望,不久,投诉者自杀。

由于没有法定的免于被控告诽谤的豁免权,报评会对个别媒体的谴责裁决,可能被对方反控诽谤,这也令有些媒体不敢转发报评会的相

---

① 因有的报刊结业,至 2016 年仅为 9 家:《香港商报》《星岛日报》《香港经济日报》《明报》《文汇报》《大公报》《中国日报》《英文虎报》《南华早报》。

关裁决,担心会连带被控诽谤。例如,2003 年 5 月间,"沙士"(非典)疫情期间,《壹周刊》报道一位中学女生在停课期间自拍裸照,标题"非典型的自娱裸照 DIY",配两张裸照;该期周刊推出后,报评会收到被点名的女生所在中学投诉,700 多师生一人一信,而且,校方澄清该校没有报道所称的那位女生。报评会认为,无法确认该位裸照女生是这所中学的学生,又认为该期周刊处理相片的手法意识不良,对青少年造成不良影响,因此决定公开谴责该周刊。《壹周刊》不是报评会会员,受到谴责后反告报评会诽谤。一个是财雄势大的传媒集团,一个是资源有限的业界道德机构,两年后,双方达成和解协议。

报评会的先天缺陷在于没有法定权力处罚违例媒体;此外,代表性也不够全面。在香港回归前后参与社会政治活动相对活跃的香港记者协会、香港摄影记者协会,没参加报评会;占七成以上全港报业市场的东方日报报业集团和壹传媒集团,对评议会置之不理。前者拥有销量最高的《东方日报》及其子报《太阳报》,后者拥有销量第二的《苹果日报》及畅销周刊《壹周刊》。

可见,香港报业评议会只是一个业界与社会共同维护传媒道德、倡扬传媒社会责任的民间机构,对来自社会各界的投诉,经评定之后,对违例媒体作出公开谴责。对不怕官的财大气粗的煽情报纸而言,这个非官的业界监察机制,监察效力可想而知。但是,它的出现与存在,它的公开谴责,在煽情中文报纸当道的特定历史时期,毕竟代表了新闻界的一股正义力量与声音。

报评会对业界道德操守另一个有净化意义的工作,就是前述与香港记者协会、香港新闻行政人员协会、香港新闻工作者联会、香港摄影记者协会共同制定了《新闻从业员专业操守守则》这一文件,以作为香港新闻界的自律约章。该文件宣称:"我们的理念:我们确信言论自由是一项基本人权。我们确信新闻自由是言论自由的具体呈现,获基本法保障。我们确信新闻从业员应竭力维护新闻自由,以公众利益为依归。我们确信新闻从业员须遵循真实、客观、公正的原则。我们认为传媒机构拥有者及新闻行政人员,更有责任鼓励和要求员工信守这些理念。"

该文件所规定的"操守守则"共 10 条:① 新闻从业员应以求真、公平、客观、不偏不倚和全面的态度处理新闻材料,确保报道正确无误,没有断章取义或曲解新闻材料的原意,不致误导大众。② 若报道失实、误导或歪曲原意,应让当事人回应,尽快更正。③ 新闻从业员在处理新闻的时候,尤其是涉及暴力、性罪行、自杀等社会新闻,应避免淫亵、不雅或煽情。④ 新闻从业员应尊重个人名誉和私隐。在未经当事人同意,采访及报道其私生活时,应具合理理由,适当处理,避免侵扰个人私隐。其中,儿童的私隐尤须谨慎处理,传媒报道涉及儿童私生活的题材时,必须要有合理理由;不应单单基于其亲人或监护人的名声和地位而作出报道;传媒报道公众人物的个人行为或资料时,须有合理理由;拥有公职的公众人物当其个人行为或资料涉及公职时,不属于个人私隐。⑤ 新闻从业员应致力避免利益冲突,在任何情况下,其工作均不受其个人、家庭成员、机构、经济上、政治上或其他利益关系所影响。其中,不应利用因履行职责而获得的消息,于消息公布前谋取私利;或转告他人而间接获益;不应因广告或其他考虑而扭曲事实;不应报道或评论自己有份参与的投资项目、组织及其活动;若须报道或评论,亦应申报利益;不应因外界的压力或经济利益而影响新闻报道或新闻评论。⑥ 新闻从业员不应因政治压力或经济利益而自我审查。⑦ 新闻从业员应以正当手段取得消息、照片及插图。⑧ 在处理有关年龄、种族、肤色、信仰、残疾、婚姻状况、私生子女、性别或性倾向等内容时,应避免歧视。⑨ 新闻从业员应保护消息来源。其中为免错误引导公众,应尽量避免引述不愿透露身份人士所提供的消息;如需引述,应加倍谨慎查证不愿透露身份人士所提供的消息。⑩ 新闻从业员应切实遵行本守则,除非涉及以下的公众利益范畴:其中揭露任何个人或组织滥用权力、疏忽职守、或不法的行为;防止公众受到个人或组织的声明或行动所误导;防止任何对公众安全、香港防务、公众健康受到威胁。

该文件还另为摄影记者规定了6条工作细则:① 新闻摄影以记录真实为首要任务,记者在新闻现场应据实拍摄,不得参与设计或导演新闻事件,作夸大和不实的报道。② 记者在拍摄意外事件时,应顾及受害人及其家属的感受,尽量把对他们的心理影响及伤害减到最低。③ 摄影记者在拍摄过程中应该尊重被摄者的私隐。④ 新闻摄影工作者(包括摄影记者和图片编辑)应谨慎处理血腥、暴力、恶心和色情图片。使用时须考虑:对说明新闻事件是否必要;对社会的影响;对当事人及其家属的影响。⑤ 新闻摄影工作者在处理照片时,应以拍摄现场所见的真实情景为依归,任何事前或事后的加工,都不能接受。⑥ 新闻照片在新闻媒体上有时会用作插图或作局部整合以配合版面编辑效果,但应注明照片曾经"加工处理",或指明是"设计图片"。

2. 民间监察团体:明光社

香港有不少民间团体,包括妇女与宗教团体,会对煽情报章的不良现象进行舆论谴责。其中明光社的监察频率与声音比较出色。明光社是一个非牟利的宗教(基督教)团体,1997年5月成立,口号是"关注生命伦理、正视社会歪风"。它的关注涵盖社会各个领域的伦理问题,尤其经常就传媒道德发表意见,包括严厉谴责,以及发起联署向监管机构投诉。

例如,2011年9月19日,明光社强烈谴责《苹果日报》的免费晚报《爽报》渲染色情,呼吁各界保护儿童及青少年心智。又如,2010年2月24日,明光社强烈不满《苹果日报》"动新闻"新闻报道"'大陆陈冠希'疑不堪被撤报复第一汽车模性交网上播",画面及内容极其露骨,呼吁:"请各界关注事件,并向影视处及该传媒集团反映你们的感受或不满,以免该报继续于网上用'动新闻'的形式荼毒网民。"

第二节　澳门地区新闻法规与伦理综述

一、澳门地区新闻法规与伦理的历史与现状

澳门地区的新闻媒体及团体,根据《澳门年鉴 2015》,这个有 450 年葡萄牙管治历史的中国特别行政区,拥有总印数超过 10 万份的 11 家中文日报:《澳门日报》《华侨报》《大众报》《市民日报》《星报》《正报》《现代澳门日报》《新华澳报》《濠江日报》《澳门晚报》《力报》(免费);中文周报 10 家:《讯报》《澳门脉搏》《澳门文娱报》《时事新闻报》《体育周报》《澳门观察报》《澳门早报》《澳门商报》《澳门会展》《经济报》;葡文日报 3 家:《句号报》《澳门论坛日报》《澳门今日》;葡文周报 1 家:《号角报》;英文日报 3 家:《澳门邮报》(*Macau Post*)、《澳门每日报》(*Macau Daily Times*)、《商业日报》(*Macau Business Daily*)。此外,电子传媒有 1 家公营电视台;2 家广播电台(1 家公营,1 家私营);4 家有线电视台:澳门卫视(卫视新闻台、中华功夫卫视、濠

江卫视)、澳亚卫视(2001 年 6 月启播)、莲花卫视(2009 年 1 月启播)、中华卫星电视(2014 年 5 月停播)。澳门的新闻团体有 8 家:澳门新闻工作者协会、澳门记者联会、澳门传媒工作者协会、澳门传媒俱乐部、澳门体育记者协会、澳门葡英传媒协会、澳门传媒工作者组织福利会、澳门摄影记者协会。

澳门地区的法律体系,与香港奉行的普通法系不同,属于大陆法系,起源于古代罗马国家的法律及其制度。1974 年"四·二五"葡萄牙国内民主政变之前,澳门的法律权力来自葡萄牙宪法和主要的法典,澳门总督制定的法令、训令在本地具有重要地位,规范着澳门的社会运作。

1999 年澳门回归前,澳门的法治机制由法律、法令、规章组成。法令是法律之外,总督根据立法权颁布的规范性文件;规章是行政部门在管辖范围内制定的专门规范,是低于法律、法令的法律形式。

由于地理关系,澳门地区与邻近的香港、内地华南地区有频密的商贸及民间联系,因此澳门法律也深受这些地区的影响。例如,与香港商人有所纠纷时,大多以香港法律为解决基础。此外,澳葡当局规范社会活动时,也须顾及澳门当地华人的习惯传统。因此,有葡萄牙学者提出,"澳门的法律是一种多元文化"①。

澳门立法会直到 1976 年才出现。之前,1974 年,葡萄牙国内发生年轻军官发动的"四·二五政变",推翻独裁政权。随着民主制度的建立,新政权开始去殖民化,不再将澳门视为海外省,承认中国政府对澳门的主权,澳葡当局随之撤销长期实行的新闻检查制度(澳门作为葡萄牙的海外省,原则上享有葡国宪法赋予的新闻自由,但抗日战争期间,澳葡当局受制于日特驻澳机关限制,1938 年开始实施新闻检查制度)。澳葡当局在葡萄牙 1974 年"四·二五"政变前规定:其一,所有中文报必须聘请一位具有大专学历的葡国人当督印人;其二,印刷出版前,各版大样必须送"政府新闻检查处"审查盖章后,才能启动印刷机出版;其三,凡涉及当年葡军血腥镇压非洲安哥拉、莫桑比克等殖民地人民,以及游击队反抗的消息,一律不准刊登,即使是副刊文章,也被抽掉,或开天窗,或遭黑墨浓盖;凡是"殖民主义""帝国主义"等字眼,都不许见报。《澳门日报》认为,中国人办的中文报纸,没有理由让不懂

---

①　米健等:《澳门法律》,澳门基金会 1994 年版,第 7 页。

中文的葡国人当督印人,故督印人应由持葡国护照的华人出任。该报坚决不送检,并为此与政府新闻检查处展开谈判,结果澳葡当局同意报纸印刷出版后才将大样送检查处。

葡萄牙新政府同时废除澳门长期遵行的葡国《出版法》(1935 年颁布),令澳葡当局及澳门新闻出版活动实际上处于无法可依的状态。1982 年,葡萄牙新宪法正式承认澳门的行政地位是"葡国管理下的中国领土"①,葡萄牙宪法正式停止在澳门实施。1989 年 9 月,澳葡当局颁布《视听广播法》(简称"广播法");1990 年 8 月颁布新的《出版法》,澳门大众传播媒介才结束无法可依的真空时期。

澳门地区回归前,澳门有三部规范新闻出版及大众传播活动的法律:出版法、广播法、广告活动法。回归后,这三部法律继续生效。

1993 年 3 月 30 日,全国人民代表大会通过澳门《基本法》,该法第 27 条规定:"澳门居民享有言论、新闻、出版的自由,结社、集会、游行、示威的自由,组织和参加工会、罢工的权利和自由。"澳葡当局源自欧洲传统的新闻自由原则,基本上都顺利过渡到"回归"之后的澳门特区。

除了相关法律之外,澳葡当局还采用向媒体发放津贴、保护弱势传媒的政策。20 世纪 20 年代开始,澳葡当局曾向所有报社每月发放几十元宣传津贴。1985 年,澳葡当局首先对葡文报纸实行现金津贴制度,理由是葡文报刊读者少,难以独力维持。翌年三月津贴制度扩大至中文报刊。澳门回归之后,特区政府保留了传媒津贴制度。特首何厚铧表示,"印刷传媒补助制度不但要保留下去,还计划将补助范围扩大至澳门记者随团前往外地,访问澳门特区行政长官,或者中国政府中央领导人的外访活动"②。

简言之,澳门地区目前的新闻法制,由回归前颁行的《出版法》与《视听广播法》组成,相关法律主要有《个人资料保护法》《著作权法》《打击计算机犯罪法》。

澳门地区的新闻伦理制约机制,主要由 8 家新闻从业员团体及其制定的规约组成,其中有澳门记者联会及其《记者专业守则》、澳门摄影记者协会及其《新闻从业员专业操守守则》、澳门传媒工作者协会及其《澳门传媒工作者协会守则》。上述新闻团体的自律约章,内容与精

---

① 柯达群:《港澳当代大众传播简史》,香港中国新闻出版社 2009 年版,第 228、241 页。

② 柯达群:《港澳当代大众传播简史》,香港中国新闻出版社 2009 年版,第 242 页。

神基本类似香港新闻界的自律约章。与香港不同的是,上述澳门新闻
传媒团体没有共同的自律守则,也没有类似香港报业评议会、香港报业
公会的业界自律组织。

二、《出版法》

澳门地区《出版法》一共 7 章 61 条,基本精神是在新闻与出版自
由原则下,保障新闻工作者获取信息与传播信息的权利,亦即采访、报
道和接受信息的权利。

第 1 章第 3 条(信息权)规定,信息权包括报道权、采访权和接收
信息权。信息权体现思想表达自由,包括:接近信息来源的自由、职业
保密的保障、新闻工作者独立性的保障、发表和散布的自由等。

第 4 条(出版自由)在规定出版自由获得保障的同时,提出了限制
自由的法律权利——对出版自由的限制,只能援引本法律和一般法的
规定,以保障人们身心完整性,其审议和适用只能由法院负责。

第 5、6、7、8、9 条,是关于信息自由、职业保密、新闻工作者独立性
保障、发布和散布自由,以及企业自由的条文,对新闻出版自由给予法
律保障。"职业保密",即新闻界的保护消息来源,在保障新闻工作者
权利的同时,该条款规定"当明显涉及犯罪集团或匪徒集团的刑事事
实时,经法院命令,职业保密的保障方得中止"。

与上述保障出版自由权利条文相平衡的,是第 5 章(不法行为引
致的责任)对滥用新闻出版自由设立法律防线。

第 5 章第 28 条(责任的形式)规定:透过出版品作出的刑事违法
行为,受刑事一般法例和本法律的规定所规范;透过出版媒介作出不法
行为而产生的损害赔偿请求权,受本法律的规定所规范,并以民法一般
规定作补充,但不影响相关的刑事责任。

第 29 条(滥用出版自由罪):透过出版品发表或出版文书或图像,
损害刑法保护的利益之行为,为滥用出版自由罪。

第 31 条(对公共当局的冒犯或威胁):透过出版品对公共当局作
出侮辱、诽谤或威胁,概视为当场对公共当局作出。

《出版法》第 4 章要求设立"出版委员会",监察新闻出版活动是否
遵照本法律进行。第 26 条(权限)规定,该委员会"审议由新闻工作
者、刊物社长、出版人或所有人,又或任何人士就违反本法律的行为而

提出的投诉","审议认为其权利受损者提出的投诉,以咨询性质对与其职责有关的规范案发表意见,在其职责范围内提出建议和劝告,要求报刊、编印或新闻通讯等企业的社长或所有人予以澄清,对职业道德和职业保密的遵守事宜发表意见"。第 27 条(不承担责任性)规定委员会在履行职责时,不负刑事、民事或纪律的责任。第 53 条(诉讼的快捷性)第一款明确指出,"滥用出版自由罪的诉讼具紧急性,毋需经辩论预审"。

显而易见,澳门《出版法》在保障新闻自由的同时,设立了防止滥用新闻自由的法律防线,在自由与限制自由之间取得平衡,尤其强调"滥用新闻自由的诉讼具有紧急性"。建议中的"出版委员会"是一个具有法定权力的"有牙老虎"的监察机制,因而长期未能成立,而且该条文也因具有争议性而在 20 年后的修订中与要求制定"新闻工作者通则"的条文一道被删除。《出版法》第 31 条以法律条文为"公共当局"的权威设立了不受新闻界"冒犯"的保护屏。

三、《澳门视听广播法》

《澳门视听广播法》(简称《广播法》)比《出版法》早一年颁布。1989 年 9 月颁布的《广播法》共有 82 条,与《出版法》一样,在强调保障新闻自由的同时,也规定了对这种自由的限制。

第 52 条(被禁止之节目)规定,下列情况均禁止传播:其一,违反公民权利、自由及基本保障者;其二,煽动犯罪,提倡排除异己、暴力或怨愤者;其三,法律订为淫亵或不雅者;其四,煽动对社会、民族或宗教少数群体采取专制或攻击行为者。第 72 条(对公共当局之攻击或恐吓)规定:对公共当局之诽谤、侮辱或恐吓,当透过广播工具作出时,被视为系在其面前作出者。可见,澳门当局在两个大众传播法律中,都对公共当局的权威及形象预设了保护条款。

概括而言,规管新闻出版界与广播媒介的《出版法》和《广播法》,立法原则的前提是保障新闻出版与思想传播的自由。新闻工作者有接收信息与传播信息的自由,有保护消息来源的权利,澳门的自然人与法人,有权依法成立报社、出版社、通讯社等从事新闻出版活动的企业。同时,法例规限新闻出版及广播电视业界的自由传播活动,都必须在遵守相关规定的情况下进行,违反者将受到法律或行政处罚。

四、修订《出版法》

《广播法》与《出版法》颁布后,有的条文长期未被执行。例如,两部法律都规定,法律生效一年内,应该成立法定监管机构"出版委员会"与"广播委员会";生效 180 天内,应该制定"新闻工作者通则"。两法生效后的 20 年间,其规定并未落实,徒有其文。

2010 年 3 月,两部法律跨越澳门回归执行了 20 年后,澳门特区政府新闻局启动《出版法》修订工作,2013 年 9 月公布修订草案,开始 33 天公众咨询期。

经过广泛咨询,新闻局确定这次修订的原则是"只删不增",删去一些已不适用的条文。新闻局提供的修订草案,明确保障新闻工作者的信息权,包括采访、报道和接收信息的权利;新闻工作者享有接近信息来源的权利,但不包括被视为涉及司法保密、国家机密、法律规定为机密、个人私隐的事实和文件。

修订草案提出国家机密概念,这是因应澳门特区政府在 2009 年 3 月 3 日正式颁行的《维护国家安全法》。这是特区政府根据《基本法》第 23 条要求,就维护国家安全法进行本地立法。《基本法》第 23 条规定:"澳门特别行政区应自行立法禁止任何叛国、分裂国家、煽动叛乱、颠覆中央人民政府及窃取国家机密的行为,禁止外国的政治性组织或团体在澳门特别行政区进行政治活动,禁止澳门特别行政区的政治性组织或团体与外国的政治性组织或团体建立联系。"澳门特区政府原定 2003 年就基本法第 23 条开始立法工作,后来受香港形势影响,拖到 2008 年才启动立法工作。

2014 年 4 月,澳门新闻局发表咨询总结报告。报告指出:"对于出版委员会的存废,业界及市民的意见并不矛盾——业界主流意见不赞成有官方代表的委员会,市民则倾向在法律框架外由业界成立委员会,并希望有市民的参与。两者的立场与政府坚持的原则并无抵触,即业界的自我规管组织应由业界自行决定。对于法律修订是否需要考虑纳入网上媒体的问题,传媒和公众各自有不同意见,未达共识。""至于《视听广播法》,因应电信市场全面开放,电信网络范畴的法例修订工作现已启动,当中对'广播'及'电信'将作出更清晰的定义及技术规范。考虑到《视听广播法》涉及较多对'广播'的技术规范,有需要配合和适应电信方面的立法工作,政府会先暂缓《视听广播法》的修订工作,优先处理《出版法》的法律修订。"

　　新闻局参考咨询意见后,建议按照"只删不增"的原则,集中对《出版法》作技术性的修改。其一,删除,取消规定成立"出版委员会"及制定《新闻工作者通则》相关条文;其二,适应化,处理《出版法》与基本法、《回归法》法律适应化的词句,以及与《刑法典》《刑事诉讼法典》及《民事诉讼法典》的规定及用词的配合;其三,更新,修正中文行文与中葡文翻译不准确的问题。

　　新闻局认为,《出版法》第5条涉及国家机密概念的修订,完全遵照并符合《澳门基本法》和《公民权利和政治权利国际公约》尊重言论、新闻和出版自由的原则及精神。《基本法》第40条明确规定:澳门居民享有的权利和自由,除依法规定外不得限制,且此种限制不得与《公民权利和政治权利国际公约》的规定相抵触。《公民权利和政治权利国际公约》第19条明确规定"人人有言论自由之权利,但相关权利之行使带有特殊的义务和责任,得受某些限制,并须由法律规定,包括尊重他人的权利或名誉;保障国家安全或公共秩序、或公共卫生或道德"。换言之,《出版法》与《广播法》,由二十年前的制定到二十年后的修订,都体现了《公民权利和政治权利国际公约》对新闻自由原则的阐释——新闻自由是保障自由与防止滥用自由的矛盾统一体,新闻自由是相对的自由,不是绝对的自由。

　　同年,澳门新闻局完成修订工作,《出版法》由原来的7章61条,删缩为6章44条。

第三节　港澳地区新闻法规与伦理机制比较

　　香港、澳门两个地区分属不同法系,香港奉行普通法,澳门奉行大陆法。实行大陆法的澳门地区,理论上法律解释更接近内地。然而,对香港地区法官而言,判案时的考虑正在引进大陆法因素。2016年11月15日,香港高等法院法官区庆祥在裁决特区政府告立法会主席胜诉时,于判词中明确指出,所谓的三权分立精神源自英国的普通法,但是,英国没有明文的宪法,香港特区却有明文的小宪法《基本法》。《基本

法》及全国人大的权威凌驾在香港普通法之上。判词明确理清了全国
人大奉行的大陆法与香港普通法的矛盾主次。

　　由于历史的原因,两地新闻传播生态中的对抗性因素有很大不同。
香港地区新闻传媒界激烈躁动,因为英国政府撤离之前撤销为方便殖
民统治而制定的限制性法例,回归后的新闻界享有几乎不受限制的新
闻出版自由。新闻界左右分野,阵线分明,对政府的监管与批评处在有
史以来的巅峰状态,极端煽情者甚至剑指中央政府。在这种情况下,法
官对相关法例的阐释与对严重违法者的量刑,成为是否能促使新闻界
负起社会责任的关键。澳门地区新闻传媒界则相对风平浪静,因为早
在1966年市民反抗澳葡当局的"一二·三"事件后,澳葡当局管治威
信一落千丈,台湾国民党当局在澳门的文化势力被迫撤离。自那以后,
新闻传播领域开始形成以爱国报纸《澳门日报》为首的左报独大格局,
一直持续到特区政府时代。正因为左派报业主导着澳门地区新闻出版
活动,所以1974年葡国政变后澳门地区停用葡国出版法的那段无法可
依的年代,新闻出版传播活动依然是基本有序地进行。

　　《香港基本法》与《澳门基本法》都保证了两地在一国两制之下沿
用原有法律制度与社会制度,都明确赋予两地居民享有新闻与出版自
由。两部基本法都在第23条要求两地特区政府就国家安全法立法。
澳门政府在回归十年时制定了《维护国家安全法》,并将国家安全概念
修订进《出版法》中。反之,早澳门两年回归的香港,至今(2016年)仍
未能就基本法23条立法。在由1 180章法例组成的法律大全中,在新
闻出版自由层面,国家概念及国家安全条例处于空白状态。

　　澳门《出版法》第31条(对公共当局的冒犯或威胁:透过出版品对
公共当局作出侮辱、诽谤或威胁,概视为当场对公共当局作出),令政
府及领导人面对新闻界的不合理或非理性批评时有了法律保护屏障。
而香港特区政府及领导人,在面对新闻界不合理或非理性批评方面,几
乎没有还手能力。

　　两地新闻界的共性是不欢迎政府的监管。香港报界抢在法律改革
委员会建议的法定报业评议会之前,于2000年7月成立了对违规者没
有法定惩罚能力,但对业界具有自律性质的报业评议会。澳门新闻界
没有类似的业界组织,也反对成立官方主导的业界操守监察组织。回
归前制定的澳门《出版法》规定,要成立一个法定的,不负法律、刑事、
纪律责任的"出版委员会",但这个委员会迟迟未能成立。以至二十年

后《出版法》修订时,业界要求删去这个条款,代之倡议成立业界自律的报业评议会。(《广播法》也有相同条款、相同情形。)

香港和澳门,两个由《基本法》确认实行资本主义制度并各自沿用既有法律体系的中国特别行政区,新闻立法精神都体现了自由与限制自由的平衡原则。同时,两个地区的执法,都体现了欧洲传统的自由主义,政府不轻易介入干预,业界也不欢迎政府介入。然而,这种宽松的自由主义精神,在特定情况下可能成为反社会责任与践踏社会道德底线的传媒或传媒人的滋生温床。

学习思考题:

1. 香港地区有哪些新闻传播法律法规?

2. 澳门地区有哪些新闻传播法律法规?

3. 香港地区有哪些新闻传播伦理性规定?

4. 澳门地区有哪些新闻传播伦理性规定?

5. 香港、澳门地区的新闻法规与伦理机制有何不同?

第十五章

台湾地区新闻传播法制与伦理概述

第一节 台湾地区新闻传播
法制的历史与现状

一、概述

1949 年后,台湾地区继续延续民国时期的制度,出版业的主管机关是"内务部"。1973 年,出版业与广电业一起划归"新闻局"管辖。至 20 世纪 80 年代,台湾地区有关出版刊物、言论自由的相关规定,分别为"宪法""戒严法""出版法"与"台湾地区戒严时期出版物管理办法",而出版物的主管单位分别为"新闻局""警备总部"和县(市)政府。直到 2012 年"新闻局"裁撤,传播事业管理业务拆分至"通讯传播委员会"(简称"通传会")、国际新闻业务分拆至涉外主管部门,新设立的"文化部"负责大众媒体与影视产业业务的承接。

台湾地区新闻传播法制的演变,大致可以分为 4 个阶段:第一阶段是 1988 年 1 月"戒严法"的解除,同时开放报业;第二阶段是"广播电视法"的通过与频道开放;第三阶段是"出版法"的废除;第四阶段是裁撤主管机关"新闻局",将新闻传播相关规定回归权力分立原则。

目前,由于新闻传播再无直接管理及其相关规定,加上台湾地区媒介生态骤变,各种竞争白热化,发生许多冲撞新闻专业主义与新闻职业道德的相关事件,导致新闻传播媒体被人们认为是社会乱源之一,岛内舆论对传媒的社会责任要求呼声渐高,民间也开始自发性地开展对媒体监督的相关工作,传媒也意识到自身问题,形成一股在法律基础与民间监督为主的"他律"与媒体机构、媒体工作者自我约束的"自律"下的"共律"。

　　根据资料,台湾地区新闻传播主管机关 2015 年明确裁罚的案例共有 189 件。其中最多为节目与广告未区分的案例,计 137 件,其次是广告超秒的案例,计 25 件,再其次为其他的各类案例,计 27 件。裁罚情况突显出媒介所传播的内容经常隐匿成有效的新闻信息,相较于其他地区的植入性营销始终局限于电影、广播电视戏剧节目、音乐录像带等范畴,台湾已将广告植入新闻领域,认为其具更高的说服效果。

表 2　台湾地区广播电视内容裁处件数及金额累计表(2015 年 1—12 月)

(单位:件)

违法事实	总　计		无线广播事业		无线电视事业		卫星广播电视事业		有线广播电视事业	
	裁处件数	裁处金额	裁处件数	裁处金额	裁处件数	裁处金额	裁处件数	裁处金额	裁处件数	裁处金额
总　计	189	12 715	89	2 310	32	1 275	68	9 130	0	0
妨害儿童或少年身心健康	0	0	0	0	0	0	0	0	0	0
妨害公共秩序或善良风俗	0	0	0	0	0	0	0	0	0	0
违反节目分级处理办法	7	900	0	0	0	0	7	900	0	0
节目与广告未区分	137	9 541	55	1 131	28	1 110	54	7 300	0	0
违规使用插播式字幕	0	0	0	0	0	0	0	0	0	0
违反性侵害犯罪防治法	0	0	0	0	0	0	0	0	0	0
广告超秒	25	1 104	22	504	0	0	3	600	0	0
违反法律强制或禁止规定	4	120	0	0	3	90	1	30	0	0
其他	16	1 050	12	675	1	75	3	300	0	0

二、1988 年"戒严法"解除

20 世纪 50 年代至 80 年代的 30 年间,台湾地区处于军事化政治年代。根据"戒严法"相关规定,地区最高司令官有权取缔言论、讲学、新闻、杂志、图画、标语等其他出版物中被认为与军事有妨害者。国民党当局以节约纸张为由,实施报禁,对报纸采取限证、限张与限印的"三限"政策。在"限证"下,台湾地区不再核准新的报证。当时岛内办报媒体 31 家,各报每日每份最多三大张的限制,加上各报局限在特定地域印刷,因而报业市场处于垄断或寡占的有限竞争局面之下,各家媒体在新闻内容上受当局严格管制,媒介生态基本没有较大的变化。舆论引导以公营媒体为主流,控制权属于当局,媒体主要负责人也由台湾当局派任。能创立民营媒体的人士,大多是与国民党关系良好,或有密切关系的人士。例如,《联合报》创始人王惕吾是国民党中央常务委员;《中国时报》创办人余纪忠是国民党中央常务委员;"国声广播电台"的创办人朱剑秋是蒋纬国的文职幕僚;《自立晚报》常务董事、发行人兼社长吴三连曾任蒋介石时期台湾省政府委员兼官派的台北市长,在蒋经国时期受聘"国安会"委员、"国策"顾问。

但是,随着台湾地区社会的发展变化,人民对各类信息的要求越来越高。1987 年,蒋经国宣布 7 月 15 日起"解严"。根据相关规定,"戒严"情况终止或经立法机构决议移请地区领导人"解严"时,应即宣告"解严",自"解严"之日起一律回复原状。台湾当局宣布解除"戒严法",也就是俗称"解严",过去根据"戒严法"所规定的媒介行政管理也一并解除,出版物的管理由防务部门警备机关移交警察机关及"新闻局"负责。换句话说,岛内报业从过去威权管制的时代,转向专业主管机关管理的时代。但是,所谓的专业主管机关负责人,也就是"新闻局"历任 28 位局长,最终全都是"空降"就任,而非机构内部晋升。"解禁"的目的,原是希望媒体能为社会提供多元信息,形成海纳百川的舆论空间,让人民享有出版自由并兼顾知情的权利,以利于提高民主政治的质量,但结果是媒体的专业度反而下降,出现了侵犯隐私行为、政治偏向、商业目的、引导舆论公审等恶性竞争下诸多违背新闻专业主义与职业道德的问题。

三、1993 年"有线电视法"公布

1962 年,台湾地区开始发展电视事业,台湾电视台、"中国电视台"、"中华电视台"为台湾仅有的三家电视台,被合称为"三台"(后来又被称为"老三台")。1976 年 1 月 8 日,"广播电视法"公布,旨在促进台湾地区广播、电视事业发展,内容包括电台设立、节目管理、广告管理、奖励辅导等。但事实上由于无线电波段受到当局管制,至 1990 年以前,广播与电视产业基本处于被特定对象寡占的局面。

与此同时,架设非法广播电台(俗称"地下电台")、非法的社区共同天线或区域有线电视台(俗称"第四台")纷纷出现。虽然这些业者都面临"新闻局"与"电信局"所采取全面剪线等严格取缔措施,但却因为播放非法内容能带来丰厚获利,再加上采取全天 24 小时播放节目的方式而受到用户喜爱等诸多诱因而有禁不止。

此外,有线电视台由于播放色情片及没有版权的盗版录像带,不但引起岛内录像带业者集体反弹,也引起美国对台湾地区展开智慧财产权的谈判,要求不得任意播放未授权的节目。至于不雅内容的管理,相关规定明确指出节目内容有妨害儿童或青少年身心健康情形者,应于深夜或锁码频道中播送。所谓"妨害儿童或青少年身心健康情形者"是指电影分级制度所列的限制级或辅导级节目,而限制级以上的节目,如成人电影则不准播放;所谓深夜,是指晚上 11 点至隔日凌晨 5 点为止。同时,"著作权法"修正规定后,"第四台"业者不得不重视对节目播映权的购买,相关规定均促使有线电视业者的经营规范化,用法律形成具有约束力的"他律"。

在此背景下,"戒严法"废除后,非法电台业者要求当局比照报业开放无线电波段,相关部门也开始规划有线电视合法化的工作。1993 年 8 月 11 日,"有线电视法"公布,其主要目的是促进有线广播电视事业之健全发展、保障公众视听之权益、增进公共利益与福祉、维护视听多元化。至 2016 年 12 月先后修订 6 次,现名"有线广播电视法"。

随着有线电视的合法化,各频道逐步采用卫星传送讯号,频道数量快速增加,新闻频道也由"老三台"延伸到卫星频道,竞争逐渐激烈,也对后来新闻内容造成负面影响。卫星频道如雨后春笋般急速成长,却面临无相关规定管理的情况,发生卫星频道播出烟酒广告,却让系统播

放者被处以巨额罚款的不合逻辑情况。于是,"卫星广播电视法"于
1999年出台,旨在促进卫星广播电视健全发展,保障公众视听权益,维
护视听多元化,开拓台湾地区传播事业的国际空间,并加强区域文化交
流。该法主要规范经营许可、营运管理、节目及广告管理与权利保护。
自此台湾地区上空密密麻麻的各种频道充斥,改变了传统对于无线电
波段的"频道稀有理论",部分实现了"公众的媒体近用权"的理想。

然而,广播电视产业的相关规定,主要是以媒体属性来进行规范,
而未来则以合并修正为目标。上述三项广播电视相关规定,俗称"广
电三法",由于不符传媒生态现况,目标是将三项规定整并,持续推动
"汇流五法",完备通讯传播规定,借以提升产业竞争力,增进消费者权
益与福祉。

四、1999年"出版法"废除

1999年1月12日,台湾地区立法机构通过废止"出版法",25日正
式公布废除。该"出版法"经过近70年的演变,其执行主管机构从民
国时期的内务部到台湾当局"新闻局",经历了海峡两岸关系变化与台
湾地区的政治变迁。

一般对出版的相关规定,有预防制与追惩制两种。所谓预防制,是
指"在出版品未出版之前,予以干预,以防止人民滥用出版自由之弊";
所谓追惩制,是指"对于出版品的发行,事前并不干预,许其刊行,仅于
发行之后,发现有违法情事者,则予惩处,以资制裁"。台湾地区"出版
法"属于预防制或追惩制,并无明文规定,但可解释为追惩制,因为出
版品如违反规定,主管官署得被处以警告、罚锾(款)、禁止出售散布进
口或扣押没收和定期停止发行撤销登记等行政处分。这些相关规定,
是造成许多图书、杂志和报纸被查禁,许多出版社和新闻机构被惩处、
作者和读者被处罚的来源依据。

"解严"后,台湾社会面临转型,台湾当局对图书、出版、新闻和舆
论界的政治控制大为减少,"出版法"实行的政治控制功能也逐渐弱
化。1997年7月,在"新闻局"举办的"共塑出版业美丽春天跨世纪研
讨会"上,与会的出版界代表提出应修订"出版法"的建议,为"新闻局"
所采纳。次年2、3月间,"新闻局"出版处草拟了"出版法"修订草案,
希望删除"出版法"中不合时宜的规定,如放宽发行人条件限制、允许

境外媒体在台发行、言论限制事项大幅缩小等。5 月间,在由报业、图书业、杂志业等主要出版业界代表召开的有关修订"出版法"的研讨会上,近半数代表认为在目前"出版法"的架构下,难以修订成合乎时代所需的相关规定,并且"出版法"的管理事项已有其他相关规定来管理与规范,因而"出版法"已没有继续存在的必要。

"出版法"正式被废除,标志着台湾不再以特别法规规范新闻传播业。但是,其所衍生出的是如何面对漫无节制的新闻自由与言论自由,媒体责任与媒体权利两者之间失去了平衡,使媒体自律、加强新闻传播媒体的职业道德建设开始日趋重要。

五、2004 年"通讯传播基本法"公布

随着传播科技快速变革,台湾地区为了因应数字技术变革所带来的通信业与新闻传播业的融合,于 2004 年制定公布"通讯传播基本法"。

"通讯传播基本法"规定:"为有效办理通讯传播之管理事项,当局应设通讯传播委员会,依法独立行使职权。"2006 年 2 月 22 日,台湾地区的"通讯传播委员会"成立,依据相关规定独立行使职权,除非特别规定外不受其他机关指挥监督,意味着过去"新闻局"的"球员兼裁判时代"结束。2012 年 5 月 20 日,"新闻局"裁撤,新闻传播相关规定回归权力分立原则,新闻再无直接规定管理。

新闻传播事业主管机关的设定,在一定程度上反映了当局对传媒角色定位及功能属性的认定。台湾地区的通信传播政策首先体现在行政管理组织机构具有独立性,"通讯传播委员会"仅负责提供裁决性、管制性或调查性的公共任务,不兼负政策咨询或政策协调统合的功能,其委员会成员均为专任,成为台湾地区电信通讯和广播电视等讯息流通事业的最高主管机关。它仿效美国联邦通信委员会,旨在使通讯及传播事业的管理能超然于政治权力影响。

2016 年 11 月 9 日,台湾"通讯传播基本法"修订后再次公布。其修订内容主要在平衡城乡差距,因为台湾地区数字化城乡落差严重,4G 移动宽带在都会地区都已经成功商业化转移,而偏乡落后地区网络覆盖率偏低,因此为了落实电信普及、通讯传播建设,将落后地区纳入优先考虑,以达成区域均衡。

目前,根据"通传会"编印的《通讯传播法规汇编》,已经形成四种主要类型的相关规定:一是基本大类;二是通讯大类;三是传播大类;四是其他大类。行使职权的主管机构,从原来的交通主管部门、"电信局""新闻局"等变更为台湾地区新闻传播最高级别的通讯管理机构,即"通讯传播委员会"。该会设置专任委员 7 人,由行政机构负责人提名,经立法机构同意后任命,负责执掌包含下列 14 项事项:通讯传播建立相关规定的订定、拟订、修正、废止及执行;通讯传播事业营运的监督管理及证照核发;通讯传播系统及设备的审验;通讯传播工程技术规范的订定;通讯传播传输内容分级制度及其他相关规定事项的规范;通讯传播资源的管理;通讯传播秩序的维护;资通安全的技术规范与管制;通讯传播事业间重大争议及消费者保护事宜的处理;通讯传播境外事务及交流合作的处理;通讯传播事业相关基金的管理;通讯传播业务的监督、调查及裁决;违反通讯传播相关规定的取缔及处分;其他通讯传播事项的监理。

第二节 台湾地区新闻传播
伦理的历史与现状

一、概述

在 20 世纪 50 年代,台湾地区即有呼吁媒体责任与新闻自律的文章,但主要是基于海峡两岸对峙的形势下,要求媒体"暂时牺牲自由争取生存"。

随着西方学者提出的"社会责任论"被介绍至台湾地区,在 1961 年 8 月 25 日至 31 日举行的阳明山第二次会谈中,与会者提出关于建立新闻自律的体制。在此影响下,社会责任论成为"戒严"时期新闻传播学界的主流学说之一。上述阳明山第二次会谈,围绕"当前教育措施问题""文化建设与新闻事业问题"等主题,其第三组在讨论"文化建设与新闻事业问题"时提出并讨论了台湾新闻界的新闻自由、新闻道德和新闻责任的情形等问题。台北市记者公会理事长、《联合报》发行人王惕吾与香港亚洲出版社社长张国兴分别就台湾新闻界滥用新闻自由的情形展开激烈辩论,最终得出的主要结论有盼望修改"出版法"、由新闻业本身订立"自律公约"、主管机构应另设置等。其中,由新闻业制定"自律公约"的内容主要有以下三点:第一点是根据"出版法"精神拟定,并包含其内容;第二点是组织新闻评论调查审议委员会及新闻业务调处委员会,分别调查审议新闻道德与责任问题及新闻同业间的争端问题;第三点是新闻言论记载违反法律者,除由审议委员会处分外,依相关规定举报。

1962年,由台北市报业公会参考英国报业评议会而成立的"台北市报业新闻评议委员会",是台湾地区第一个新闻自律组织。之后,因广电媒体的加入而于1971年改名为"台北市新闻评议委员会"。1974年9月1日,该组织扩建为涵盖台湾地区的"新闻评议会",由8个新闻事业单位团体组成,评议范围包括台湾、金门及马祖的所有报纸、通讯社、广播台及电视台的新闻报道、评论、节目及广告,使台湾地区新闻自律运动又向前迈进了一大步。台湾新闻评议会的成立,旨在"维护新闻自由,推行新闻自律,提高新闻道德标准,促进新闻事业善尽社会责任及健全发展"。新闻评议会的主要功能,一是保障新闻自由,二是防止滥用新闻自由。新闻评议会的具体职能有三:其一,受理新闻、评论、节目、广告所涉及之当事人的陈诉,或社会各方人士的检举,经调查、听证后作裁定。其二,本会委员或秘书处对有违新闻道德的新闻、评论、节目、广告,得检送数据提供委员会议研讨。在作决议之前如认为有必要,先经调查、听证程序。其三,就有关提高新闻道德标准的问题,由本会秘书处或委托新闻研究机构作专题研究或举行座谈会研讨。

尽管当时引入了西方的新闻评议制度,但其在台湾的实践在一定程度上还受到了台湾政治体制的控制与限制。"解严"后,台湾当局对传媒业的约束力降低,过去受原体制控制与限制所产生的新闻自律机制受到质疑而被再次调整。

1994年《自立晚报》的经营权转让事件,催生了台湾新闻工作者因争取新闻自主与资方抗拒而兴起的记者自主运动,并直接与间接地促成了"台湾新闻记者协会"的成立。

1994年,自立报系经营权转移,一群跨媒体新闻工作者为支持自立报系员工争取权益与新资方签订"编辑室公约",以保障新闻自主,成立了"九〇一新闻自主推动小组",并在"九一记者节"发起"为新闻自主而走"的活动,并以"落实内部新闻自由、推动编辑部公约、催生新闻专业组织"为三大要求。活动结束后,"台湾新闻记者协会"于 1995 年 3 月 29 日在台湾大学校友会馆正式成立,旨在维护所有印刷、广播和电视新闻媒体记者、编辑及其他新闻从业人员的职业、法律及社会权益,并争取新闻自由,提升专业水平,保障新闻工作者的独立自主,以落实新闻媒体作为社会公器的责任。作为台湾新闻工作者的行业自律组织的"台湾新闻记者协会",制定了《新闻伦理公约》。以下是台湾新闻记者协会执委会版《新闻伦理公约》的 12 项内容:

第 1 项:新闻工作者应抗拒来自采访对象和媒体内部扭曲新闻的各种压力和检查。

第 2 项:新闻工作者不应在新闻中,传播对种族、宗教、性别、性取向身心残障等弱势者的歧视。

第 3 项:新闻工作者不应利用新闻处理技巧,扭曲或掩盖新闻事实,也不得以片断取材、煽情、夸大、讨好等失衡手段,呈现新闻资讯或进行评论。

第 4 项:新闻工作者应拒绝采访对象的收买或威胁。

第 5 项:新闻工作者不得利用职务牟取不当利益或胁迫他人。

第 6 项:新闻工作者不得兼任与本职相冲突的职务或从事此类事业,并应该回避和本身利益相关的编采任务。

第 7 项:除非涉及公共利益,新闻工作者应尊重新闻当事人的隐私权;即使基于公共利益,仍应避免侵扰遭遇不幸的当事人。

第 8 项:新闻工作者应以正当方式取得新闻资讯,如以秘密方式取得新闻,也应以社会公益为前提。

第 9 项:新闻工作者不得担任任何政党党职或公职,也不得从事助选活动,如参与公职人员选举,应立即停止新闻工作。

第 10 项:新闻工作者应拒绝接受政府及政党颁给的新闻奖励和补助。

第 11 项:新闻工作者应该详实查证新闻事实。

第 12 项:新闻工作者应保护秘密消息来源。

总体说来,台湾地区的新闻自律机制,在 20 世纪 90 年代以前,受到岛内威权体制的影响,以及有目的性地"转译"西方社会责任论的作法,展现出"官督民办"的威权色彩。在"解严"之后,随着政治的去控制过程,台湾媒体转向以阅读率、收视率等经济效益为导向,加上国民党与民进党的政党斗争,使得媒体政治立场鲜明的情况普遍存在,导致自律机制付之阙如,成为媒体商业化、政治化、娱乐化的重要因素。尽管新闻传播相关规定及其最高级别的主管机构也在历经多方博弈后基本确立,还依然存在许多违反新闻道德的报道事件,引发社会争议,如脚尾饭事件、白晓燕命案、偷拍璩美凤光盘片事件等,皆有偏离新闻专业主义、反客观为主观企图主导舆论的现象。面对传播媒体的失实,民间社会要求媒体自律的声音不曾停止,进一步形成"官督民办"式的自律机制。

台湾新闻界的自律组织,除上述新闻评议会、新闻记者协会外,还有以下几个。

(1)卓越新闻奖基金会。

台湾当局废除金钟奖、金鼎奖中的新闻奖项,改由民间团体众筹,于2002年成立卓越新闻奖基金会,旨在透过颁发年度新闻奖,为新闻伦理及新闻专业建立标杆。该基金会积极推动以下工作:① 卓越新闻奖各类奖项之评审与颁发。② 奖助资深记者出版著作。③ 新闻伦理相关讲座、研讨活动。④ 举办符合本会设立宗旨之相关活动。2009年"曾虚白先生新闻奖"(1974年创办)并入卓越新闻奖颁发。

(2)社团法人新闻媒体自律协会。

社团法人新闻媒体自律协会,是2001年8月由台北市报业公会、广播电视事业协会、电视学会、卫星电视新闻发展联谊会、新闻通讯事业协会、新闻编辑人协会、台北市新闻记者公会及台湾省报纸事业协会、新闻评议会等团体组成,是岛内跨媒体的自发性自律组织。成立宗旨是在维护新闻自由的原则下,推行新闻自律工作,提高新闻道德标准,以促进新闻事业之健全发展。协会任务是基于独立、超然行使职权;受理新闻、评论、节目、广告所涉及的当事人的陈诉,或社会各方人士之检举,经调查、听证后作出裁定。

(3)财团法人台湾媒体观察教育基金会。

1988年年初台湾解除报禁,1993年先后开放广播频道和有线电视,台湾平面、电子媒体数量自此快速增长,但也因而造成传媒业恶质竞争、乱象丛生,传媒内容品质每况愈下,当时岛内并无任何由民间发起的媒体观察与监督组织。有鉴于此,当时的台湾大学法律系教授贺德芬结合学术界、新闻实务界等十几位人士于1999年6月21日,发起筹备"台湾媒体观察基金会",并于9月21日正式成立,定名为"财团法人台湾媒体观察教育基金会",成为台湾地区较早的媒体观察的非营利组织,由贺德芬担任首届董事长,并以"维护新闻自由、落实媒体正义、促进媒体自律、保障人民知之权利"为成立宗旨,展开媒体观察与监看、优质电视节目评鉴,并结合民间机构及专家学者组成"全民共观联盟",共同评鉴各类电视节目,为媒体观察发展奠下基石。

(4) 公民参与媒体改造联盟。

2005 年,由于有线电视爆发假新闻进而引发换照争议,8 月由台湾媒体观察教育基金会、妇女新知基金会、台湾新闻记者协会、妇女救援基金会、财团法人励馨社会福利事业基金会、社团法人台湾少年权益与福利促进联盟等 60 多个团体举行记者会,宣布组成"公民参与媒体改造联盟"。联盟呼吁,电视换照审议,都应以媒体与公民社会对话协商后所订定的自律公约为主要依据。唯有透过人民对话,才能有效结合大众监督与媒体自律,使媒体真正担负起发展的重要责任。之后联盟与"卫星广播电视事业商业同业公会"合作,推动形成"新闻咨询委员会",成为媒体与公民团体定期沟通与推动新闻自律之平台。2010 年起公民媒改联盟将秘书处移转并持续关注台湾地区媒体产业生态与新闻自律的发展,守护阅听人视听环境与权益。

(5) 新闻公害防治基金会。

"报禁"解除以来,报纸、广播、电视等新闻媒体先后自由化,专业水平却未见提升,媒体在民调中甚至被指为社会乱源之一。2002 年 10 月,专家学者、关心媒体健全发展的有识之士及资深新闻工作者成立新闻公害防治基金会。成立宗旨在于促进新闻机构善尽社会责任及功能,追求新闻从业员之尊严及荣誉。2003 年 6 月起,持续进行主要报纸观察报告,每月统计评比乌龙新闻、植入性营销,敦促媒体减少错误,回归诚信专业,向公众负责。会务重点是:① 就新闻不当报道案例,接受申诉,并提供法律匡正之协助。② 观察新闻媒体,定期提出报告。③ 针对重大新闻事件,举办或参与研讨会。④ 为公众、机关团体、企业及学生举办了解新闻媒体之活动。⑤ 举办有助减少新闻公害、提升新闻专业伦理及质量之活动。

(6) iWIN 网络内容防护机构。

网络虚拟世界与实体世界一样,互联网上所产生的各项问题,由各主管机关依照权责处理。实际上,互联网犯罪或脱序行为所触及的法律及相关事业主管机构也相当多且复杂。2013 年,台湾正式成立网络内容防护机构 iWIN,其为公务部门成立,但委托民间非营利团体经营,负责监督网络不当内容,接受大众通报不当内容并进行处理,以及倡导少儿网络安全保护观念。该机构是依照少儿相关规定授权,传播通讯主管机关邀请各事业主管机构共同筹设网络内容防护机构,以推动业者自律,采取必要防护措施,保障少儿上网安全。iWIN 推动以下七项任务:产业自律、倡导网安、提供过滤信息、网安咨询、通报机制、少儿上网行为观察、国际交流合作。其中受理大众举报并转送权责单位,最后依相关规定处理或通知改善要求业者自律。

二、新闻事实与新闻伦理

新闻报道必须真实,因此,记者在采访过程中需要面临可查证的经验事实和无法查证的非经验事实,只要报道就牵涉到排除与选择的过程,是真实的再现与建构。2005 年 6 月,台湾发生一起供奉死者的饭菜(即俗称“脚尾饭”)的新闻造假事件。事件突显出台湾传媒新闻抢快、编辑室沟通失衡,在不求新闻真实的查证情况下犯下技术性错误,对社会造成不良影响。

“脚尾饭”事件的起因是台湾媒体在新闻报道中未经查证即播放台北市议员王育诚所提供的录像带。录像带中显示,“脚尾饭”在祭拜后部分流入台湾大学附近公馆商圈的自助餐店,成为腌制酱菜的原料。随后,相关业者立即出面驳斥绝无此事,并说明实际情况,但是新闻播出后已经引起台湾社会的普遍关注与许多学生的恐慌,进而影响商圈店家的生意。在媒体继续追踪下,“脚尾饭”新闻出现了重大转折。王育诚所提供的录像带里贩卖脚尾饭的商家,都是地址不详或已经停业,且录像带的画面中还出现王育诚助理的影像,种种迹象均表明录像带可能造假。

最终王育诚坦承录像带是他模拟出来的新闻,造成岛内社会哗然。法律界人士认为,此事件可能触犯伪造文书、妨害名誉、侮辱公署、赃物、妨碍社会秩序维护等罪名。王育诚所属的亲民党向大众道歉,对其给以无限期停权的处分,王也自请开除党籍。“脚尾饭”事件受害商家控告王育诚,要求新台币 664 万的损害赔偿,其中包括新台币 460 余万非财产损害赔偿,牵涉在内的东森电视台则表示全案进入相关程序不表意见。

2006 年 2 月 22 日,台北检方侦查结束。检察官认为,王育诚等人的拍摄内容虽属模拟但并非虚拟,其中一段的确拍出黑衣人搜集祭品,不过无法归责于台北市殡葬业者,加上无人据此控告台北市政府人员渎职,因此不构成诬告罪。至于拍摄带内容看不出任何不法用意,也不构成伪造文书犯罪。此外,王等人在议会质询时,并非出于抽象的谩骂,也不构成侮辱公署要件。因此,将王及邵姓、孔姓、宋姓、卢姓助理等五人处分不起诉,不得再议。

岛内新闻公害防治基金会执行长表示,王育诚揭发"脚尾饭"造假演出,固然不可原谅,但新闻媒体却未经求证立即转播,造成推波助澜的结果,也是难辞其咎。新闻处理的原则是准确和公平,而揭发事件首要任务是查证,其次要给当事人澄清的机会。此事后来继续发酵,被认为是2005年台湾地区电视频道换照争议中主管机关撤销东森新闻S台执照的一个原因。

另外一起类似事件则发生在网络自媒体。2013年5月,《台湾立报》记者郑谚鸿在其个人Facebook发文,以第一人称指称其目睹台北市便当店拒卖盒饭给菲律宾籍劳工一事,并以情绪性词汇诋毁。随后引起网民董晓秋、潘鸿恩跟进发文,并受到媒体报道,还有网民翻译成外文,进而引起国际媒体关注。事件爆发后,真假引起热议,隶属于《台湾立报》的《四方报》总编辑张正在主动查证后表示,曾经在郑姓记者引介下见到事件的"老板",证实绝非造假。最后,在警方主动介入后,相关人士承认"便当文事件"是造假。同日,《四方报》总编辑张正及《台湾立报》社发表声明,说明事件是在郑姓记者找人假冒便当店老板,欺骗查证该事件的张姓主管下才越演越烈。最后,警方依违反"社会秩序维护法"将涉案人员移送台北地方法院,审理后对郑姓记者及假扮便当店老板的友人各裁罚新台币6千元及新台币3千元,对董晓秋、潘鸿恩判决不处罚,原因是两人帖文内容不足以使人产生恐慌,未影响社会秩序。

三、新闻采访与新闻伦理

新闻采访涉及的人身安全可以分成被采访对象的安全及记者本身的人身安全。

新闻采访首先要重视被采访对象的人身安全。1997年4月,岛内艺人白冰冰的女儿白晓燕遭陈进兴、高天民、林春生等绑架,由于被害人母亲具有高知名度,部分台湾媒体在未确认被害人安危前即抢发新闻造成人质惨遭杀害。白晓燕案前,岛内新闻界对掳人勒赎案都有行业默契,都是在确认人质平安或已遇害后才会报道,但《中华日报》南部版、《大成报》第二版及《第一手报导》杂志却罔顾人质安全曝光消息,引发一阵恶性的新闻竞争。事后虽然《中华日报》编辑部台北新闻中心发表声明指出,"对于本月十五日在深夜截稿前的匆忙作业时段,未及深思熟虑即刊登此一绑票新闻的不妥作法,向白冰冰女士和社会大众深致歉意",该报总编辑张潮江也已请辞获准。《大成报》编辑部则发表《遗憾与抱歉》声明:"新闻记者虽有报道新闻事件的责任,但基于保护被害人安全,该报十五日凌晨曾下令停止印刷,并立即设法追回一万九千份印刷完成并已经运出的报纸,遗憾的是,仍有二百多份报纸已分送出去无法追回",该报感到抱歉。台湾地区的新闻评议委员会发布新闻稿严厉谴责在被绑架者尚未脱险及警方尚未对外正式公布前即刊登此消息的媒体。台湾新闻记者协会也发表声明,除了强烈谴责3家媒体之外,呼吁各媒体签署《重大社会新闻采访规范协议》,以维护民众"知的权利",同时保护民众的生命权和隐私权,防止类似情况再度发生。此案在随后的缉捕行动采访中,继续发生媒体在新闻采访与职业道德间拉锯的情况,对当时台湾的社会造成相当大的震撼。

此外,在新闻采访中记者自身的安全也应受到关注。从20世纪90年代起,台湾传媒业掀起以市场为导向的新闻竞争,市场导向成为传媒经营主流,记者经常身陷新闻采访人身安全的险境。相关研究指出,台湾传媒生态越朝市场化发展,记者采访越会增加风险。台湾记者采访遇险,主要有交通意外、灾难新闻现场、黑道和暴力威胁、群众运动现场和记者积劳成疾等因素。

2004年10月,多家媒体记者接到通知,前往采访台湾行政主管部门领导游锡堃视察员山子分洪道开挖的新闻。由于采访现场发生变化,拍摄告一段落的记者平宗正和另外3名记者在赶回发稿的路上遇到洪水暴发而落水,平宗正不幸罹难。此事件引发各界对记者安全的重视,台湾新闻记者协会、媒体改造协会与学者们随后发表"平宗正条款",提出四点声明与三大呼吁。四点声明是:"一、新闻事业单位应为所有外勤员工加保新闻采访意外险。二、新闻事业单位应落实'人身安全重于报道与设备'的原则。三、新闻工作者采访与报道等工作上所必需使用的各项器材的维修、保养、与购置,应由新闻事业单位负责。四、减轻地方记者采访配备的重量,以确保记者安全。"第四点主要是考虑岛内电视台地方记者多采用单兵作战的方式,一位记者往往身兼文字、摄影、编辑等任务,且负责的采访责任区域广泛,过重的配备不但降低了记者的机动性,且严重危及记者人身安全,因而建议新闻单位采购与提供地方记者的配备以轻便为重要考虑因素。三大呼吁是:首先,在紧急事故发生现场,应尽速以黄色警戒线区隔危险区域,对一般民众、新闻工作者乃至救灾后勤人员等不同形态的相关人士,采取不同等级的隔离;其次,在紧急事故发生时,有效建立现场发言人制度,统一对媒体发布现场最新消息;第三,各级机关领导及民意代表,应尽量以较为节制且实际的"事后勘灾",取代灾害发生时的立即性勘灾,以真正展现其"民胞物与"的胸怀。这一事件发生后,台湾记协也主动发文给岛内近 70 家新闻媒体,呼吁媒体高层应该重视记者采访安全,避免事件再重复发生。

四、披露隐私与新闻伦理

相关研究指出,台湾电视新闻鼓励记者以偷拍、直击采访进行"小型调查报道",以获取较高的收视率,平均约有 3%的新闻使用非常规摄像的偷拍采访,主要集中在生活新闻与社会新闻[①]。非常规摄影泛滥受到各界的广泛讨论,随着"八卦"媒体进入台湾传媒市场,跟踪偷拍取材在新闻内容中无所不在,造成公众人物或非公众人物成为当事人后精神上的伤害,于是新闻自由与个人隐私的冲突与平衡成为职业道德的讨论范畴。

2001 年,台湾政媒名人璩美凤遭闺蜜郭玉玲在其住处安装微型摄影机,偷拍到璩与已婚电脑工程师的不雅视频。经《独家报导》周刊以光盘形式大量复制随刊出售,引起社会轰动。最终,周刊发行人沈嵘因此案被以妨害秘密判处有期徒刑 2 年,郭玉玲以妨害秘密、伪造文书等罪判处有期徒刑 4 年 8 个月定罪。

同年,另一起偷拍案件在历经 11 年的长期拉锯后定案。艺人深夜在别墅泳池旁的露天派对,被香港八卦杂志以"小 S、阿雅、范晓萱、陈

---

① 　廖士翔:《台湾电视新闻偷拍采访现象初探》,台湾大学硕士论文。

纯甄,露天摇头性爱派对"为标题,刊登 33 张照片,配上"肉欲横流"
"神情涣散"等负面词语影射行为不检。当期印刷销售近 27 万册,引
起岛内社会舆论哗然。艺人随后指控周刊负责人裴伟侵害隐私,"八
卦"杂志事后与艺人和解,但因图利妨害秘密罪属公诉罪无法撤回,判
裴伟 2 月徒刑,得易科罚金新台币 54 000 元,成为香港八卦周刊在台
创刊后首例"妨碍秘密罪"定案。判决书明确指出新闻采访要遵守法
律红线。尽管公众人物言行与公共利益有关,但私密行为就不容许被
非法刺探,它享有不被揭露的自由。别墅外的泳池属非公开领域,记者
刻意爬到附近制高点拍摄,然后将当事人非公开活动照片进行商业公
开,让小 S 等的名誉受到一定的损伤。媒体不能以空泛的公共利益为
名,上纲上线新闻自由以侵害他人隐私权;对公众人物非公开行为的采
访,不能逾越法律界限,如果公众人物涉及不法,应当依照相关法定程
序处理。

五、有偿新闻与新闻伦理

台湾地区新闻媒体中的软文、商业植入、有偿新闻等称为"业配
文"(业务配合),也是"广告新闻化"或"新闻化广告"的雅称。因为是
有偿内容,所以经费赞助者可以控制内容及形式。

1968 年,台湾的《经济日报》成立"工商服务部",在报纸版面中设
置专版登发广告,当时的广告与新闻有明确的区别。至"解严"及 1993
年第四台的开放后,广告被稀释瓜分,媒体的特殊经济属性使其必须仰
赖广告以维持营运,使得商业力量悄悄地取代了政治力量,成为控制台
湾传媒发展的重要因素。加上互联网新媒体时代所掀起的媒介生态变
革,媒体阅报率及收视率均呈现下降趋势,传统广告效果不彰,媒体将
时段或版面等内容形式转换成对价关系出售,纷纷以专题报道、专栏、
特别企划、座谈会、论坛、民调、电视新闻报道、跑马灯、现场联机、新闻
节目等形式呈现。台湾地区的植入性营销对媒体的影响力已越来越为
巨大。

植入性营销,或称为置入性行销,是一种付费信息,它以有计划和
不介入的方式,把有品牌的产品放入电影或电视节目中,意图影响受
众。它属于营销行为的一种,其目的在于将产品、品牌名称及识别、商
标、服务内容等策略性地植入平面媒体、广播、电视节目、电玩等各种形

式的娱乐商品中。台湾学界认为,公务部门及广告商进行新闻广告化植入是属于隐匿广告的事实,会影响消费者的判断,不符合阅听大众利益,且违反新闻事业追求的独立专业自主、守望社会公共利益、对大众负责等三个核心伦理价值。因此,台湾"通讯传播委员会"在参考学者意见、英国通讯传播委员会与欧盟"影音媒体服务指令"后,将媒体中的植入营销定义为"为公务机构以外之事业、团体或个人营销或宣传,基于有偿或对价关系,于节目中呈现特定观念、商品、商标、商业服务或其相关信息、特征等之行为,其目的在加强视听众对植入商标、商品或商业服务的正面情感及认同"。同时,"通讯传播委员会"严格规范两种类型节目禁止植入营销:第一种是以新闻本质为基础所延伸出来的各种形式节目,包含了各类型新闻报道、新闻座谈、新闻评论、新闻时事、新闻杂志等或其他本质属于事实呈现的内容;第二种是学龄前及学龄儿童所制作的节目及频道。另外,以信息来源区分,禁止公务行政部门对媒体进行植入行为,商业性的植入行为则是原则禁止、例外允许。2011 年,在一场由卓越新闻奖基金会、台湾新闻记者协会所举办的座谈会上,有离职的媒体记者表示,台湾媒体的新闻"业配文"在过去不会出现在头 5 版的重点新闻版面中,但近几年已经有逐渐往前推进的现象,而读者较难辨识自己到底是在阅听广告或是阅听新闻。另外,记者在面对受访对象时,不知该先拉广告或先采访新闻,出现记者沦为销售人员的现象。

2007 年,三立电视公司接受"新闻局"委托制作"二·二八事件"相关节目,将非"二·二八事件"的戏剧、国民党军队在上海枪决犯人、二战纳粹种族屠杀的画面,移花接木为"二·二八"史实,并错题为"台湾二·二八事件血染基隆港、码头屠杀纪实"误导观众。报道内容牵动台湾族群敏感神经,遭举报内容变造,引起社会舆论高度关注。三立电视台称"在不知情的情况下,误植画面","该画面主要是传达意象,并非误导",否认是故意使用错误画面。"通讯传播委员会"认为,三立受公务部门委托制播历史纪录性新闻节目,却未秉持维护公共利益的精神与维护客观公正的立场,故依"卫星广播电视法"对三立新闻台处新台币 100 万元罚款,并要求三立应于两个月内聘请新闻传播领域专家为所有部门主管进行至少八小时的新闻伦理教育课程。新闻伦理教育课程的象征意义大于实质意义,主要目的是提醒媒体在新闻制播过程中,应谨守自律与专业伦理原则。

六、舆论公审与新闻伦理

2016 年 5 月,一项由台湾民间提出并投票选出的"心中认为台湾最需要被解决的司法问题",排名前三的是:① 侦查中的不当报道,造成舆论公审;② 媒体未确实查证做出错误报道,伤害司法与当事人;③ 受刑人出狱后谋生困难,再犯率高。由排序可见,台湾媒体造成的舆论公审问题已浮现水面。

1961 年台湾发生的"瑠公圳分尸案"是"报禁"时期纸媒竞争引起舆论公审的案例。在获得国民党文工会特批情况下,报纸连续写下 52 天的报道,新闻量约占当时全部新闻版面的 5% 至 18% 左右。由于媒体在没有确切证据时,为了抢独家新闻就将嫌疑犯未审先定罪,造成台湾社会上的不安及相关人士的困扰与报道后无法弥补的伤害。警方破案的记者招待会上列出侦查中所遭遇的 7 个困扰点,其中 6 点直指新闻报道:① 凭以侦查的证物痕迹全部暴露;② 大部分侦查方向、重点、行动均见诸报载;③ 畏惧查证,怕见报登载,不敢具名提供情报;④ 整个台湾舆论压迫办案人员造成冤狱;⑤ 冷嘲热讽加"大侦探胡佬鸭""展览会"等漫画;⑥ 采访胜利,保密失败,犯罪人受益。

此事件之后,又出现了"艺人千岛茉树代等人殴打出租车司机事件""淡水妈妈嘴命案""腌头颅命案""台北捷运杀人事件"等新闻炒作事件,表明台湾无论是纸质媒体、电子媒体,还是网络媒体,仍然无法摆脱在案情尚未明朗的情况下,捕风捉影描述报道,导致伤害司法与当事人的舆论公审情况。更有甚者,有电视台以扮演方式重返命案现场,企图进行还原审判。台湾媒体对于社会新闻中发生的凶杀案报道过度侵犯相关涉案人隐私、媒体审判,在新闻中将犯罪嫌疑人主观地断定为罪犯等情事,不仅违背了无罪推定原则精神,也严重违反了新闻伦理。

七、新闻娱乐化与新闻伦理

新闻娱乐化不同于报道娱乐圈的新闻,新闻娱乐化在不同地区发展出不同样貌。台湾地区的新闻娱乐化以多种形式呈现,如主播偶像化、新闻戏剧化、综艺化、新闻动画等。其中,综艺化新闻分成两种,首先是主题上的综艺化,其次是形式上的综艺化。主题综艺化是指内容琐碎、不重要的新闻,如网上有趣影片的报道;形式综艺化则是报道方式偏向娱乐、综艺手法,降低新闻的专业性,破坏新闻本质甚至扭曲事实,新闻的可信度和权威也受到动摇。

2011年12月,朝鲜领导人金正日辞世,华视主播梁芳瑜以夸张的朝鲜口音及动作模仿朝鲜主播李春姬播报新闻,引发争议。华视新闻部在7点晚间新闻公开致歉,同时换掉主播梁芳瑜,晚间新闻制作人谢尧天调职,新闻部经理林淑卿请辞,副总经理陈申青、总经理周建辉自请送稽核调查。台湾新闻传播主管机关批评华视做法不当,却没有进行裁罚,主要是认为"广电法"处分的对象是违反公序良俗、"少儿法"等,新闻综艺化不在此列。2012年1月19日华视召开例行董事会,会中同意总经理周建辉请辞案,慰留已经提出辞呈的新闻部经理林淑卿,但记申诫两次;谢尧天卸任新闻部副理,转任专案制作人;主播梁芳瑜请辞获准。

学习思考题:

1. 了解台湾地区的新闻传播法制。
2. 台湾地区的新闻传播伦理问题主要体现在哪些方面?
3. 举例说明新闻事实中蕴藏的伦理问题。
4. 举例说明新闻采访中所产生的伦理问题。
5. 台湾地区新闻传播媒体的自律与他律有哪些限制性规定?

图书在版编目(CIP)数据

新闻传播法规与职业道德教程/黄瑚主编. —3 版. —上海：复旦大学出版社，
2017. 8(2024. 8 重印)
(复旦博学·新闻与传播学系列教材·新世纪版)
ISBN 978-7-309-13142-0

Ⅰ. 新⋯ Ⅱ. 黄⋯ Ⅲ.①新闻工作-法规-中国-高等学校-教材②新闻工作者-
职业道德-高等学校-教材 Ⅳ.①D922.16②G214

中国版本图书馆 CIP 数据核字(2017)第 183379 号

新闻传播法规与职业道德教程(第三版)
黄 瑚 主编
责任编辑/朱安奇

复旦大学出版社有限公司出版发行
上海市国权路 579 号 邮编：200433
网址：fupnet@ fudanpress. com http://www. fudanpress. com
门市零售：86-21-65102580 团体订购：86-21-65104505
出版部电话：86-21-65642845
浙江临安曙光印务有限公司

开本 787 毫米×960 毫米 1/16 印张 29.75 字数 448 千字
2024 年 8 月第 3 版第 14 次印刷
印数 92 901—99 000

ISBN 978-7-309-13142-0/D·898
定价：50.00 元